全国文化先进县定兴丛书

范阳潮

王振林 编著

河北大学出版社

图书在版编目（CIP）数据

范阳潮 / 王振林编著. -- 保定 : 河北大学出版社,
2017.8
ISBN 978-7-5666-1147-5

Ⅰ. ①范… Ⅱ. ①王… Ⅲ. ①定兴县—地方史 Ⅳ.
①K292.24

中国版本图书馆CIP数据核字(2017)第008407号

范阳潮 | FANYANG CHAO

出 版 人：耿金龙
封面题字：张 虎
责任编辑：王红梅
装帧设计：赵 谦
责任印制：靳云飞
出版发行：河北大学出版社
地址：河北省保定市七一东路2666号 邮编：071000
电话：0312-5073033 0312-5073029
邮箱：hbdxcbs818@163.com 网址：www.hbdxcbs.com
经 销：全国新华书店
印 制：保定市正大印刷有限公司
开 本：787mm × 1092mm 1 / 16
字 数：400千字
印 张：24.5
版 次：2017年8月第1版
印 次：2017年8月第1次
书 号：ISBN 978-7-5666-1147-5
定 价：128.00元

留住记忆
传承历史

为王振林著「色阳湖」题

马誉峰

丁酉夏

保定市人大常委会主任马誉峰题词

弘扬定兴文化

建设美丽定兴

赖晓庆 二零一七.九.十六

中共定兴县委书记赖晓庆题词

2017年6月28日，保定市人大常委会主任马誉峰（左四）考察义慈惠石柱并与县领导合影

2017年6月16日，中共定兴县委书记赖晓庆（左二）考察元代建筑慈云阁并与工作人员合影

2017年3月2日，定兴县县长韩朝红（左三）在燕都刺绣工艺品制造有限公司调研

2014年9月10日，保定市文物局局长王胜利（左二）考察定兴县城西南拒马河文物景观改造工程项目

序

这是一片神奇的土地。

历史从这里走来……

定兴，大定兴盛之意，金时冠名。

古称范阳，始于周朝，范水一方。

涓涓细流的古易水，一泻千里的拒马河，“荆轲刺秦”孕育了许多慷慨悲歌之士，“闻鸡起舞”点缀了华夏大地的勤劳文化篇章……先民择水而居、依水开市，逐渐形成了日后的古老文明，自有文字记载以来，定兴已有五千余年的历史，底蕴深厚，壮怀激烈——

这里是古时水路、旱路的交汇处，是通往京师的交通要道；

这里是范阳古地，是春秋战国时范阳卢氏祖先栖息的重要场所之一；

这里有战国时期燕昭王“招贤纳士”所筑的黄金台和“荆轲刺秦”时所留下的“荆轲渡”；

这里是秦王次仲隐居范阳，将篆书始变成隶书的地方；

这里的北齐石柱颂文，上承秦汉篆隶，下启隋唐楷书，集隶书、魏书、楷书为一体，开创了中国书法史上又一新的纪元；

这里是元代戏剧家王实甫生活、创作的源地，他的《西厢记》享誉华夏，至今令人叹为观止。

……

读到这些文字，想起那些故事，确实感到亲切。“定兴（古范阳）是我的故乡”这种感受就越浓重。这里有一大批文化工作者，他们默默无闻，辛勤耕耘，为定兴的文化发展做出了突出贡献。县文联主席王振林同志在这方面就做出了很好的表率。他出版的《范阳风》《义慈惠石柱》等书籍被国家图书馆典藏，丰富了作为全国文化先进县的定兴的文化内涵。我为《范阳潮》作序，不是我对定兴历史研究有多深，而是表明对文化工作者的尊重。《范阳潮》蕴含着作者的许多新观点，是值得推荐阅读的一本好书。其中，有以燕昭王“招贤纳士”为代表的“金台文化”，以范阳祖地为中心的“范阳文化”，以元代戏剧家王实甫为中心创作的“西厢文化”，以沙丘寺为载体的“佛教文化”，以天宫寺传说为核心的“西游文化”，以徐世昌、张燊为代表的“书画文化”，等等，可以说是五彩斑斓、蔚为大观。这些不同类别的文化，在《范阳潮》书中都有所涉猎，作者用心，可见一斑。

从全书内容看，文物卷包括黄金台、义慈惠石柱、广明大师塔、文庙、慈云阁、河阳书院、卧龙岗遗址、相盖古井、椒山墓、沿村古柏等，主要文物景点排列有序、脉络清晰。艺文卷总结了古今定兴文化名人及作品，这里有西汉文学家蒯通与《隽永》、唐代苦吟诗人贾岛与《推敲》、元代戏剧家王实甫与《西厢记》、清代文学家杜越与《紫峰集》等，特别是南宋诗人范成大写的《定兴》一诗，作于宋乾道六年（1170），是金大定六年（1166）史称定兴之后，范成大留给定兴最早的史料，弥足珍贵。人物卷中既有土生土长的定兴人（范阳人），也有来定兴定居或生活的，还有在定兴做官或为定兴做出过重要贡献、客籍定兴的名人志士，如高渐离、蒯通、祖逖、卢照邻、张弘范、王实甫、鹿传霖等，可以说名家济济，群星灿烂。非遗卷有后山奶奶庙、定兴澡堂子、棒子面饼、杨村火烧、石象戏剧盔头、金台陈村南乐圣会等项目，五行八作，各具特色。其中“定兴京绣”已入选国家级非遗项目，为传承祖国的民间文化发挥了独特作用。

综观《范阳潮》这本书，图文并茂，内涵丰富，笔法细腻，是对定兴古今文化较为全面的总结，具有知识性、可读性、通俗性、趣味性等特点，有很高的收藏价值，相信该书的出版，能为定兴县的文化发展起到积极的促进作用。晓言几行，是为序！

张　虎

2017 年 6 月 8 日

目　　录

定兴文化资源概况

定兴，位于河北省中部，北与首都北京相距 89 公里，南距省会石家庄 176 公里，东与“华北明珠”白洋淀相望，西与清西陵相邻。辖 16 个乡镇，1 个城区，274 个行政村，面积 714 平方公里，人口 59 万。京广铁路、京广高铁、京港澳高速公路、京昆高速公路、107 国道纵穿南北，定易公路、定津公路、固德引线横贯东西，交通便利。

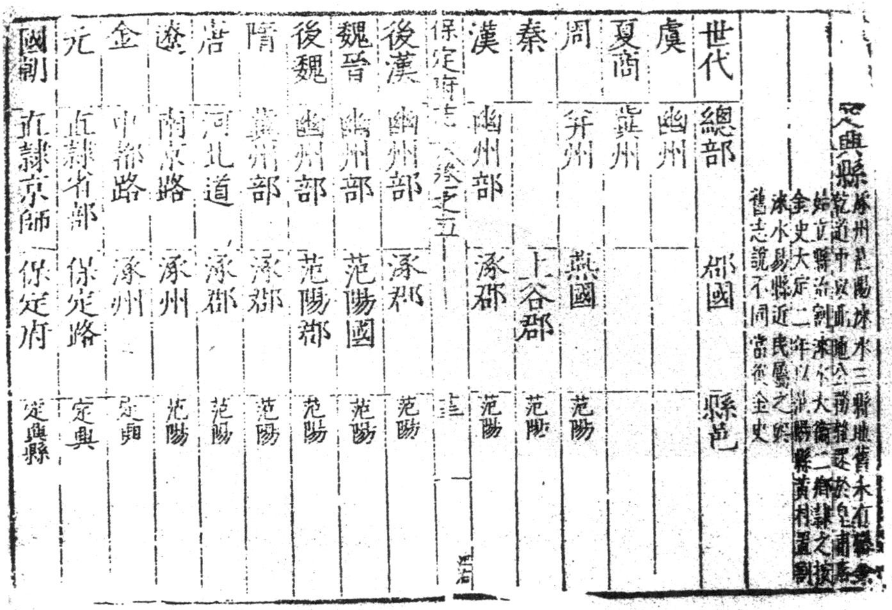
定興縣

世代	總部	郡國	縣邑
虞	幽州		
夏商	冀州		
周	幷州	燕國	范陽
秦		上谷郡	范陽
漢	幽州部	涿郡	范陽
後漢	幽州部	涿郡	范陽
魏晉	幽州部	范陽國	范陽
後魏	幽州部	范陽郡	范陽
隋	冀州部	涿郡	范陽
唐	河北道	涿郡	范陽
遼	南京路	涿州	范陽
金	中都路	涿州	定興
元	直隸省部	保定路	定興
國朝	直隸京師	保定府	定興縣

明万历《保定府志》定兴县沿革图表

定兴为古燕之地，历史悠久。据《河北通志》《万历府志》及清康熙《定兴县志》等记载：定兴夏属冀州，商属幽州，周属并州，春秋战国时为燕国领地。秦嬴政二十一年（前226）置范阳县，属上谷郡，治所在固城。至此，定兴始有县名。西汉、东汉时期又属涿郡，魏晋时属范阳国，后魏属范阳郡，隋唐属涿郡，辽金属涿州，元属大都路、保定路，明清属保定府管辖。历经西汉、东汉、三国、两晋、南北朝、隋唐，定兴一直称范阳。北齐武平七年（576），由于战乱等原因，范阳治所由固城迁至伏图城（今百楼村北），隋开皇十年（590），治所又移至容城县城子村，大业十三年（617）废。至金大定年间，金人以此地公务繁杂为由，于金大定六年（1166）在黄村（又称皇甫店）重新置县，取名定兴，大定兴盛之意。治所在今定兴县城，也就是定兴现在版图的基始。定兴是元曲的故乡，河北梆子的发祥地。历史上出现了郭隗、高渐离、蒯通、祖逖、卢照邻、贾岛、张柔、张弘范、王实甫、薛论道、鹿传霖等名人志士。昔日的黄金台，绮丽的易水，记载了燕昭王“招贤纳士”和荆轲刺秦王的壮举。

定兴县域属先商和夏文化交汇地带，境内文物众多，古文化发达。现有出土文物1497件。国家级文物保护单位2处，省级3处，县级68处。革命烈士墓10余处。最早出土的有旧石器时代的石斧、石镞等文物。1987年经专家测定，固城北庄头遗址和定兴镇南肖庄遗址为先商遗址，出土文物为先商和龙山文化、夏家文化范畴，具有不可忽视的重要意义。闻名遐迩的黄金台，位于定兴县城西15公里处的北章和金台陈村，是昔日燕昭王招贤纳士的地方。荆轲渡，位于县城南5公里处的北河大桥附近，古为河阳渡口，是水路、旱路的交汇处，素有“九省咽喉”之称。公元前227年，燕太子丹送荆轲于易水之上去刺杀秦王，高渐离击筑、荆轲和而歌，留下了“风萧萧兮易水寒、壮士一去兮不复还”的悲壮诗句。“河阳晚渡”又为古时定兴八景之一。坐落在县城西北15公里处的义慈惠石柱，位于石柱村北侧，柱高6.65米，记载了北魏时期葛荣、杜洛周起义的史实，集书法、雕刻于一体，为国家级文物保护单位。位于县城中央的慈云阁，建于元大德十年（1306），因佛教礼“心慈为贵、贵慈如云”命名为慈云阁，是国家级文物保护单位。位于县城西南5.5公里处的东引村，有卧龙岗遗址和明忠臣杨继盛墓地，该村东临南拒马河300米，西南界北易水河700米，遗址面积2.8平方米，中心高1.5米，两侧缓坡而下，自然形成自西北向东南伸延的土岗，综观全貌，蜿蜒若龙，故称“卧龙岗”。1976年被评为河北省文物保护单位，经专家确定为商、周遗址。杨继盛，字椒山，因弹劾奸相严嵩被杀，明万历三十年（1602），其墓地移至东引卧龙岗处。旧时墓地坟丘高大，有众多石像生，“文革”时被毁。此外，还有平章墓、驸马坟、青冢、沽酒、文庙、沿村古柏、鹿传霖四合院等文物遗址。在一个县同时具有像石柱、慈云阁两处国家级文物保护单位，在全省各地是不多见的。

定兴历史厚重，文化遗存较多。范阳城，建于周朝，位于今天的固城。秦王嬴政二十一年（前226），秦始皇统一中国后，实行郡县制，置范阳县，治所就在这里。北齐武平七年（576），由于战乱等原因，范阳治所由固城迁至伏图城（今百楼村北）。伏图城，即官城，位于今百楼村北。百楼，位于县城西南18公里处，相传东汉时公孙瓒筑百楼城以御敌。唐贞观十五年（641），唐太宗李世民征战归途中曾驻跸百楼，“百楼耸翠”是古时定兴八景之一。县治，即今定兴县城，始建于金大定七年（1167）。金大定六年（1166），金人在此地以公务繁杂为由，割涞、易两地在黄村置县，取名定兴。金大定七年（1167），开始修建城池，方圆五里八十步，也就是今定兴县城的起始。该城旧称金鸡城，位于城西拒马河一华里处。南宋诗人范成大于宋乾道六年（1170）秋，出使燕京，途经定兴时写下一首题为《定兴》的诗：“新城迁次少人烟，桑柘中间井径寒。亦有染人来卖缬，淡红深碧挂长竿。”描写了定兴初建时井邑未成的景象。1949年中华人民共和国成立前夕，定兴古城已形成以慈云阁为中心，东有城隍庙，西有文庙，南有鹿公祠堂，北有河阳书院，中有“同兴”典当、徐家深院，南北大街上立有木牌坊、石牌坊、四牌坊的格局。尤其是鹿宅和徐宅，雕梁画柱，院中套院。鹿宅中设有穆桂英院、花木兰院。徐宅中设有华士奎院，民国总统徐世昌曾在此生活工作数年。木牌坊、石牌坊题有“两朝甲第、六代勋名”匾额，古城有护城河环绕，城墙林立，东西南北设有迎阳门、天庆门、景化门、广化门，门楼高大，树木繁盛，商贾云集，非常气派，可以和山西平遥古城相媲美。谭城，位于县城东南30公里处，因是客（音同且）氏故里而闻名。客氏，原名客印月，明熹宗乳母。熹宗继位后，封她为“奉圣夫人”，权力鼎盛一时，和奸相魏忠贤相勾结，杀害朝廷大臣，后被崇祯皇帝诛杀。当时有“涝不涝，谭城庙”的说法。附近还有留村金代广明大师塔等遗址。在距县城东 12.5 公里处的天宫寺村，古有天宫寺一座，该寺建于唐代，是佛教圣地，香火旺盛。古时有吴承恩写《西游记》与此地有关的说法，密集分布着与天宫寺相关的村落，如南、北马坊，老君屯，天边，西黄河等。

定兴，是京畿重地，交通要道。据清乾隆四十四年（1779）《定兴县志》记载：“凡朝觐职贡仕宦商，自西南辐辏而来京师者恒必到此。驿骑交驰，栈车相击。”清代随着社会的发展，人口的增多，清政府用“四字四缺”法，对县进行了分类，四字：“冲”，代表地方要冲，过往人多，情况复杂，一般为交通要道；“繁”，代表事务繁重，人口多，工作量大；“疲”，民情疲顽，惰性大，社会基础差；“难”，强悍难治，不宜教化，统驭困难。保定府为“冲、繁、疲、难”四字，定兴为“冲、繁”二字。四缺：以上四字占一字为简缺；占二字为冲缺；占三字为要缺；占四字为最要缺。简缺级别低，最要缺级别高。从今固城往北如北河、小店、皇甫店（县城）、祖村店、高碑店、松林店、窦店等村名看出，这里是通往京师的重要古道，是历代兵家必争之地。秦末陈胜起义后，任命武臣为将军，率军三千攻打范阳县城，范阳县令徐公率部归降。东汉时期，光武帝刘秀北击义军尤来、大抢等部，官兵轻进，为义军所败，死者数千，散兵归守范阳。北魏时期，幽、瀛交界的范阳县，是葛荣、杜洛周农民起义的地方，战争过后，尸骸暴露，血流成河，惨不忍睹，北齐石柱详载此事。唐代“安史之乱”，安禄山起兵范阳，大战易水河畔，即今定兴北河一带。“半卷红旗临易水，霜重鼓寒声不起”就是真实写照。宋代杨延昭（杨六郎）驻守三关，驻扎在保州（今保定）、遂州（今徐水）、姚村一带，与辽兵交战。明末义士鹿善继（定兴西江村人）率部与清兵在定兴县城殊死战斗，最后坠城而亡，皇帝谥号“忠节”。李自成农民起义，攻打北京，路经定兴与清兵打得不可开交，等等。据记载：春秋时期，孔子周游列国到燕国，曾止宿阁台。东魏武定三年（545），孝静帝为增强幽、安、定三州险要地段修筑长城，为表示对此事的重视，他巡视长城，路经范阳，经石柱旁边驿道往北亲自视察。金章宗路经固城，视察龙泉井，诏命重修此井。元英宗召见平章政事张珪（定兴河内村）于易水之上说：“四世旧臣，朕畀卿以政。”明嘉靖皇帝经定兴去京城登基时，止宿祖村店，命定兴沿途五县为其贺拜，后南巡视察，留宿定兴相盖都佥事张镐家中。清乾隆皇帝微服私访，路经东引村，留下了“斩腰龙”的传说。1984年，胡耀邦总书记在固城火车站，听取了保定地委和定兴县委的工作汇报。“人均增百”活动全面展开。2004年4月4日清明节，时任国务院总理温家宝视察定兴“三农”工作，到定兴县三家疃、究室、东高里村实地调研。2008年9月20日，时任中共中央政治局常委、国务院副总理李克强来到定兴，代表党中央、国务院看望“三鹿”婴幼儿奶粉事件中患病的儿童，并考察了患儿救治工作和奶制品市场等情况。

定兴，人杰地灵，名人辈出。考古发掘显示，早在五千年前，我们的祖先就生活在这片广阔的土地上，历经夏商周至战国时期。公元前331年，燕昭王听了郭隗“千金买马”的故事，筑起了黄金台，开创了中国历史上“招贤纳士”的先河。郭隗，战国时期燕国人，今定兴县河内村人。高渐离，战国时期音乐家，今定兴县高里村人，高里，因其故里而得名。公元前227年，燕太子丹派荆轲刺杀秦王，与高渐离等人到易水之上为荆轲送行，从而留名千载。蒯通，汉初范阳人，今定兴县固城人。秦末陈胜、吴广起义，蒯通劝说范阳令徐公归降，徐公应允，此策略一成，遂不战而得燕赵30余座城池。郦炎（150—177），东汉诗人，字文胜，定兴县固城人，秦汉郦食后嗣，通音律，有文采，平生擅写诗，有《大道》《灵芝》存于《后汉书·文苑列传》，其中以《见志诗》著名。祖逖（266—321），东晋名将，字士稚，今定兴县祖村店村人，幼年聪颖，博览群书，少年与刘琨为友，均有大志，同居时，中夜闻鸡起舞，成语由此得名，誓死恢复中原。刘琨（271—318），晋愍帝时任大将军，曾率军在县城河边与少数民族将领石勒作战，河水暴涨，拦住了石勒军马的去处，拒马河由此得名。郭济忠、郭济道二兄弟，金正隆年间进士，郭隗后裔。金大定年间，郭济忠奉令在黄村划县而置，取名定兴。在元代统一中国不到一百年的历史进程中，出现了许多名人，如蔡国公张柔、淮阳王张弘范、平章政事张珪祖孙三代人和元戏剧家王实甫、中书左丞王结等。张柔（1190—1268），字德刚，定兴县河内村人，曾任定兴县令、保州元帅等职，是今保定市创始人，他率军重修保定城，今莲花池就是其公园。张弘范（1238—1280），字仲畴，张柔第九子，善马槊，以骁勇著称，能诗文。在元灭南宋统一中国的过程中立下了汗马功劳。元至元十六年（1279）他俘获南宋丞相文天祥，灭南宋于崖山，并在岩石上刻“镇国大将军张弘范灭宋于此”12 个大字后凯旋。王实甫，名德信，定兴人，元代的戏剧作家。一生著杂剧 14 种，流传至今的仅有《西厢记》《丽春堂》《破窑记》3 种，另有《芙蓉亭》《贩茶船》各一折曲文、散曲 4 首，曲词优美。《西厢记》是其代表作，至今令人叹为观止。此外，还有明代散曲家薛论道、清代文学家王太岳、清末军机大臣鹿传霖及现代诗人张秀中、抗美援朝一级战斗英雄孙生禄、中国第一位女飞行员张玉梅、中国十大杰出青年姜云燕、著名乒乓球运动员牛剑锋等人物，定兴为拥有这些名人志士感到骄傲。

文 物 卷

定兴是全国文化先进县，有着悠久的历史和深厚的文化内涵，几千年来，留下了丰富的文物古迹和文物遗存。挖掘历史，重在传承，盛世修史，造福当代，惠及子孙。本卷分不可移动文物、可移动文物、文物发掘与修缮等几部分。不可移动文物包含文物遗存、定兴古城、定兴八景、古遗址、古道、古井、古墓葬、古戏楼、古碑刻等篇章；可移动文物有瓷器、杂项等章节；文物发掘与修缮着重介绍了张石高速公路（张家口至石家庄）平堽段、南水北调定兴引线北祖村店北台上遗址发掘和义慈惠石柱、慈云阁、文庙等文物古迹的修缮过程。内容丰富、言简意赅，体现了定兴文化的博大精深。

一、不可移动文物

（一）文物遗存

黄金台遗址

【黄金台】 黄金台亦称金台、招贤台，位于今定兴城西15公里处的北章和金台陈村一带，是战国时期燕昭王为“招贤纳士”而筑的。燕昭王欲得贤士，以报齐仇，问计郭隗：“王必欲致士，先从隗始。”于是燕昭王置千金于台上，为其筑宫而敬以为师，以延天下之士，故名黄金台。随后乐毅自魏往，剧辛自赵往，士争趋燕。连克齐国70余座城池，打败了齐国。据考证，燕昭王于公元前311年即位，至公元前279年共执政33年。即位后即以卑身厚币招徕人才。公元前284年，联合赵等五国攻齐，占领70余城。推筑台时间为公元前310年。当时只言筑台而无“黄金”二字。南北朝时期南朝宋国诗人鲍照《放歌行》“岂伊白璧赐，将起黄金台”，始见黄金台之名。

《资治通鉴》记载，公元前311年，燕昭王在国家危难中继位，继位后“吊死问孤，与百姓同甘共苦，卑身厚币以招贤者”。昭王为名士郭隗“筑宫而师事之”，后又在易水河畔筑黄金台。当时金台陈村黄金台遗址台略成方形，占地 20 亩（1 亩≈666.6 平方米），高约 20 米，台顶平面约 10 亩。台顶上建昭王殿，高约 8 米，两侧为招贤馆，东有钟鼓楼，钟高 6 尺，重约 1 吨。殿后为前院，内有观音殿。再后为三进院，内建药王殿、孙圣殿、露天石佛等。整个台上殿、堂、阁等建筑共 25 间，树木花卉盈庭。并建一寺，名隆兴寺，正殿前上嵌玉镜，内有僧侣数十人。殿前凿有一井，后人称金台古井，传说每值夕照，通过宝镜反射，井内呈现类似松柏的影像。“金台夕照”是古时定兴八景之一。

明正德二年（1507）寺僧本海重修。树有一碑，名为《重修黄金台上隆兴寺记》，久经战乱，迄今寺毁碑存。

明万历二十七年（1599）八月复建燕昭王祠，也因年久失修倾圮。民国三十六年（1947）后，土台渐被民建所用，台基变为村民宅居区，唯有古井独存。1984 年台址、古井、碑刻均被列为县级文物保护单位。

黄金台一直被历代名人雅士所歌颂。唐代诗人李白、陈子昂，宋代文学家司马光，明代戏曲家汤显祖，清代皇帝康熙、乾隆等都留下了脍炙人口的诗篇。

银台

【银台】 银台，亦称“点将台”，位于定兴县城西 15 公里处，坐落在高里乡北章村，是战国时期乐毅的点将台，也就是乐毅指挥燕国部队练兵的地方。旧时台上有城隍庙，庙前设前殿、正殿和配殿，四周有围墙，后作宫门或官衙，清末毁于火灾。现遗址尚存，仅剩土台，高约 12 米，呈不规则长方形，土质黄色，台基部分断裂层中发现少量战国瓦片。

据明蒋一葵《长安客话》记载：“台胡燕昭王所筑，置千金于其中，以延天下士，后人因以台名；黄金台有二，故燕昭王为乐、郭而礼之者……其胜迹皆在定兴。”又据清康熙十二年（1673）《定兴县志》记载：“黄金台在北章村，在陈村者，形稍亚……”故此，北章村的“银台”和金台陈村的“金台”，历史上统称“黄金台”，都属于“黄金台遗址”范畴。

【义慈惠石柱】 又名北齐石柱，位于定兴县城西15公里的石柱村西北的一处高台上，建于北齐太宁二年（562）。高台上原建有沙丘寺，现仅存石碑两通。

义慈惠石柱

据《魏书》和《北齐书》记载，北魏孝昌年间（525—527）爆发了葛荣、杜洛周领导的农民起义。起义失败后，义士王兴国等7人，驱车历境，沿涿水（当时主要作战之地。“涿”为“溗”字的古文，“溗水”亦称“濡水”，即北易水，俗称“沙河”）东行，收拾义军及百姓等残骸，不辨男女，不究姓名，合葬一墓，立木柱于墓前，情同乡里，称为乡葬，碑文“标异乡”即含此意。这些义士都是乐善好施、急公好义、为桑梓服务者，所以称为义食、义堂，也是义慈惠石柱名之由来。北齐天统三年（567），皇帝下诏，由木柱改建石柱，历经三年，天统五年（569）竣工。1991年国家拨专款对石柱进行了抢修，2011年修建了保护亭，目前石柱保存完好。

石柱高6.65米，自下而上用六块石灰石垒叠而成。分基座、柱身和石层三部分，其结构为莲座之上建石柱，柱巅置水平盖板一块，其上建石屋。上部截面为方形，正面有“标异乡义慈惠石柱颂”题额等刻铭。柱身下半截面为不等边八角形，上刻铭文3000余字，记述了葛荣、杜洛周领导的农民起义的经过。

石屋架构式样为仿木建筑形式。石屋之柱有明显的卷刹。椽为二层，檐椽断面为半圆形，无卷刹，飞子则为矩形，左右下三面皆有卷刹，足见此工艺早在1400年前就应用了。檐椽与飞子的长度之比约五比二。角梁分大、仔角梁二层，角神坐于子角梁端，这是现存最早的角神实例。屋顶坡度平缓，微微向上反曲，瓦垄排列与椽飞相同。纵观整个石柱，各部位比例合适，形象逼真，是至今难得的北朝时代的建筑艺术佳作，填补了南北朝时期建筑结构形式的空白，是研究中国隋唐以前建筑史的重要证物。1961年3月义慈惠石柱被列为首批全国重点文物保护单位。

沙丘寺石佛
摄于民国二十年（1931）

【沙丘寺】 位于定兴县石柱村西北一高坡上，旧志云石柱村古有沙丘寺一座。其《石柱颂》中碑文有载。北齐太宁二年（562）石柱建立后，历经隋、唐、辽、金、元、明、清诸代，一直由沙丘寺环绕。关于沙丘寺建于何时，明天顺三年（1459）《重修沙丘禅寺山门记》载：“石柱之墟者。昔大齐大宁三藏法师之所营葺建创也。颓毁荒零。原来甚久，往古逮今，颇有年矣……”清顺治九年（1652）沙丘寺《创建金刚殿记》载：“……寺以沙丘名，相其址。约在村之西北隅。考其所由来。唯禅杖前一石柱参天，书大齐大宁年号于其上，或此即营建之始。”可见，沙丘寺在石柱建立时就开始修建。据说石柱村沙丘寺前有空地一方，大约亩许，不生五谷。相传为唐时黄巢杀寺僧之地。虽不敢深信，但乡人确有如此传言。沙丘寺历经数代，饱经沧桑，虽几次修葺，仍毁于清末，现寺毁柱存。

兴国寺

【兴国寺】 位于定兴县巨兰沟村。建于金皇统四年（1144），原址占地 240 余亩，旧时有僧众 500 余人。该寺古时是高、焦、巨兰沟三地共有寺庙，建在一处高坡上，寺内有一座高塔，俗称“塔台寺”。前几年，当地人在塔基遗址用土时，挖出几块佛祖舍利和几块方砖，砖上刻有皇统四年年号，证实该寺建于金皇统四年。据清光绪十六年（1890）《定兴县志》记载：“蓝沟兴国寺有浮屠，高二三丈，在寺之坤阳。”该寺位于定兴东部狼沟洼一带，地势低洼，过去洪水泛滥，这里是一片沼泽，唯有高处寺庙免于灾害。所谓兰沟，相传在今高、焦、巨、刘、王兰沟北面古时有一条运粮河，河两岸多种兰花，故称“兰沟”。其实，古时先人多以不同颜色命名地名，如白沟、红河、黄河、黑河等，兰沟古时应称“蓝沟”。寺内现存清道光二十四年（1844）《重修三义庙碑记》石碑，碑记称当地为“蓝沟”。明初，燕王朱棣定都北京后，在京城周边屯田，开始从山西等地移民，寺旁边的高、焦、巨、刘、王等村大都是明以后的移民村。由于年代久远，该寺已毁，现在原址一侧又建起了几处新的寺庙建筑。兴国寺在定兴和其他各地建有多处，如定兴县究室村古时就有“兴国寺”，建于唐代，明弘治十八年（1505）重修。此外，河北定州、安国，山东博兴等地也建有兴国寺。

【广明大师塔】 位于定兴县城东南25公里处，北南蔡乡大留村中心，高3.77米，建筑面积2平方米。

广明大师塔

该塔建于金泰和三年（1203）三月，在建筑造形上别具特色，整个石塔用13层八角石立地而起。每层八角石相接部位都用莲花石座相隔，塔身刻有佛像及文字，给人以高大壮观之感。

广明大师塔在20世纪60年代“四清”运动中被拉倒，后又由当地群众立起，并将地基、底层、塔檐和顶部七层修复。其他部分均散存该村各处，大部分保存完整，是我国为数不多的金代建筑之一，有很高的文物价值，为研究金代的历史提供了有利证据。

舍利塔佛像　1983年摄

【舍利塔】 也称释迦牟尼塔，坐落于杨村乡房家庄村，建于金崇庆元年（1212），通高约3米。清光绪十六年（1890）《定兴县志》卷十七《金石志》记载：“舍利塔记。正书在房家庄永泰寺前，刻佛顶尊胜陀螺尼经。”根据镌刻可辨认的文字可知，此塔是本庵宗主永玉，安荣化缘，门人延僧、延和、延兴、延淳、延进建立。

塔上正文首行刻有“佛顶尊胜陀罗尼曰”八个汉字。陀罗尼为梵语，意为“总持”，或译为“能持”，即集种种善法，持令不失不散，譬如完器盛水，水不散露；或译为“能遮”，即恶不善根心生，能遮令不生，若欲作恶罪，持令不作，故名陀罗尼。汉字之后，遍刻梵字经文、咒语。

永泰寺毁于战乱，目前塔亦倒塌，分放该村居间，已残缺不全。

天华寺

【天华寺】 位于定兴县章村村西，古称西大佛寺。始建于宋代咸淳年间（1265—1274）。旧时香火旺盛，1948 年毁于兵乱。1996 年 6 月，章村赵连英、卢秀荣夫妇于自家院内重建宝刹，更名天华寺。该寺殿前层弥勒殿居中，左有方丈室，右设念佛堂；殿后乃大雄宝殿。重塑的佛菩萨铜像 17 尊，殿宇雄伟，宝相庄严。2011 年 9 月又建舍利塔和四面观音圣像各 1 座。玉石观音高 10 米，青石宝塔 9 层，高 10 米。塔像周围松林掩映。八方信众纷至沓来，参禅问道，香火旺盛。

【铁瓦寺】 又称永安寺，始建于明正德九年（1514），位于固城西北角，占地约 12 000 平方米。地势很高，前有山门，居高临下，颇具气势。门内左右各有一个比丘僧守门，俗称站帅。院内有东西配殿，殿内各有两尊高大的泥塑，称大天王，正殿坐北朝南，巍峨雄伟，殿内有如来佛和十八罗汉。高 5 米的如来佛坐在正面面南背北，十八罗汉分列两边，身高约 2 米，都是生铁铸成。这些罗汉神态各异，伏虎罗汉怒目扬拳，抓着虎，成打虎姿势；降龙罗汉臂缠蛟龙，手扳龙角；其他的罗汉有的横眉立目，有的闭目垂眉，有的张口大笑，有的俯首问心，表情惟妙惟肖，

固城铁瓦寺

摄于民国二十二年（1933）

形象逼真，是不可多得的艺术珍品。

永安寺建筑奇特，山门和正殿屋顶全部为铁瓦覆盖，故称铁瓦寺。正殿瓦垅二百七十二条，铁瓦数目不详。所有铁瓦都各铸献铁人姓名、籍贯（州、县、村）。瓦分阴阳，所有阴瓦铸有女人姓名，阳瓦铸有男人姓名，建筑上暗合阴阳之意，工程浩大。2008 年 5 月在固城一户民居中发现一块铁瓦，铸铭文“山东青州府日照县僧会司普照寺掌印僧官道源法号本宗造铁瓦二十个，大明正德八年施”字样。

【南旺刘守真庙】 位于定兴县南旺村北。相传战国时期（前 475—前 221）村南有一亩地基很高的土台，紧靠古运粮河，登台南望是无边无际的水面，由此得名南望，后演变为南旺。刘守真（1110—1200），又名刘完素，河间人，自幼聪慧，耽嗜医书，很快学成并独立行医，人称“河间先生”。传说曾到过南旺村，在此行医。明神宗年间，神宗皇帝患重病，久治无效。一日，忽有医士请命治疗，皇帝应允，药后病除，留言“定兴县南旺村刘氏”。日后酬谢时，访查村中并无此人，疑为该村“刘守真君庙”显灵，于是扩建刘守真庙。据清光绪十六年（1890）《定兴县志》记载：“刘守真君庙在南旺，明万历三年三月建，同年九月竣工。”同时还建有南旺戏楼，戏楼坐南朝北，正对庙门。此庙于 1966 年“文革”时期被毁。2013 年 3 月，在村北又建起了新的“刘守真君庙”，于同年农历九月十五日举行了开光仪式。该庙建有正殿五间，东、西配殿各三间，建有门楼、广场，占地 6000 平方米，每年都引来四面八方的香客在此观光、祭拜，也为当地道教活动的重要场所。

南旺村新建“刘守真庙”

【固城后土皇地庙】 原名泰山行宫，位于固城镇三街村。始建于明崇祯年间，重建于 20 世纪 90 年代。1997 年 11 月，定兴县宗教局批准其为道教活动场所。泰山行宫改为后土皇地宫，山门横额仍为泰山行宫。庙宇坐北朝南，占地 2 亩，建筑面积 233 平方米，为一个南北长、东西短的矩形四合院，中轴线上有山门和后土皇地宫，西侧有西配殿，东侧有东配殿、车神殿和慈善阁。

固城后土皇地庙山门

后土皇地庙正殿

山门为硬山绿琉璃瓦顶门楼，坐落在11层台阶上。檐下为宽2米、高3米的红漆大门，门上饰有5排40个黄色大门钉。门上挂一蓝色大匾，上书“泰山行宫”四个金色大字。正脊上饰有鸱吻，斜脊上饰有角兽。

进山门往北是庙宇的主建筑后土皇地宫，为单檐歇山红琉璃瓦顶建筑，面阔3间，进深2间，坐落在9层台阶的月台上。月台长、宽各15米，中间两根红柱上写有对联：“诚焚香神显至高无上；恳礼拜愿达福泰安康。”门上悬一蓝色匾额“后土皇地宫”，门周围有8棵挺拔高大的白杨树，殿内正面供九母娘娘坐像，均高2.5米，为泥塑彩绘，东西山墙画有道教文化壁画。正殿前两侧建有东西配殿。东配殿南建有车神殿和慈善阁，车神殿面阔3间，殿内供轩辕皇帝，北为炎帝，南为文昌帝君。车神殿南侧是慈善阁，高8米，阁内供慈航道人神像。

北幸牌坊

【北幸牌坊】 位于定兴县贤寓镇北幸村。通高2.5米，宽1.2米，白色汉白玉石材。牌坊，又名牌楼，是封建社会为表彰功勋、科第、德政以及忠孝节义所立的建筑物，分功德牌坊和贞节牌坊。在古代，定兴县城南北大街上立有石牌楼、木牌楼、四牌楼，均为功德牌楼。此牌坊建于清乾隆十三年

(1748)，为北幸村张氏家族所立。据北幸村《张氏族谱》记载：“张氏始祖张儒，明初由山西小兴州徙居直隶保定府定兴县北幸村。以仁厚治家，为人敦道，七世祖张维明，其夫人孙氏于清乾隆十三年（1748）旌表节孝，建石坊于门前，今人呼为碑楼儿。”后张维明迁居本邑张家庄，其子张大用、张大才及其后世又分居本邑李家庄村。这是目前定兴县内仅存的清代牌坊之一。

【西辛告后土皇地庙】 也叫后山奶奶庙，位于定兴县城东北2公里处，107国道东侧。始建于清乾隆五十五年（1790），道光年间重修，同治十一年（1872）重修。据碑刻记载，当时的后土皇地庙坐落于西辛告村西部，有正殿、东西配殿、后殿和戏楼，1958年被毁，仅存碑刻。新庙重建于1992年，位于西辛告村西，占地约19亩，建筑面积约1378平方米，是一个长方形两进院落，建有山门、后土地宫、奶奶后殿、药王庄、护幼天尊殿、财神殿、观音殿及东西寮房。该庙的建立源于传说中的后山老奶奶。传说后山老奶奶是一位勤劳善良的妇女，西汉末年，光武帝刘秀被王莽的官兵追杀，在易县后山被老奶奶所救，刘秀称帝后，封她为“后土皇地”。后来她在山中修行，得道成仙。因后山老奶奶的娘家是定兴西辛告村，西辛告后山奶奶庙便被视为正宗后土皇地庙。1994年被河北省宗教厅定为道教活动场所。每年农历三月十五日前后，来自四面八方的香客都会到这里焚香祈福，最多可达15万余人次。

西辛告后土皇地庙牌匾

西辛告后土庙山门

【姚村行宫】 位于姚村古镇西北侧，是清光绪二十七年（1901）慈禧太后从西安返京路过此地时所建。行宫西依太行山脉，东临平地泉湖，占地50

亩，分前后两院和一个后花园。南端有一座气势威严的宫门，门口有一对造型别致的彩陶狮子，眼球是水晶石的，熠熠发光。宫里由大殿和几个具有典型民族风格的“四合院”组成。“四合院”里建有 5 间正房，东西配房各 3 间。后院中间是广场，东西两侧各排列着 7 间朝房，广场北端由东到西排列着 16 间朝房。北房后边是一个花园，园内种了各种花卉，还有土山、石人、石马、石兽等（原为一古墓）。行宫所有房子均为青砖所砌，前廓后檐，双层玻璃门窗，非常考究。行宫周围高墙环绕，整个行宫苍松翠柏，雄伟壮观。

【直隶陆军小学堂】 也称直隶陆军武备学堂或姚村陆军小学，创办于清光绪二十九年（1903），属直隶督练公所练兵处管辖。校址设在姚村行宫，第一任校长郑汝成，宣统元年（1909）后为廖宇春，民国三年（1914）秋停办。

直隶陆军小学堂，学制三年，共办三期，生源是各县高等小学中体质、学业兼优的学生。毕业升入陆军中学，中学毕业兼经军训后，正式升入保定陆军军官学校。该校历时十一年，共培养学生 1000 余人。

清宣统元年（1909）秋，兵部尚书、陆军上将荫昌曾到该校视察。美国总统威尔逊也曾到直隶陆军小学堂参观。

直隶陆军小学堂停办后，行宫成了驻军营房。1924 年后，国民三军四师第十六混成旅旅长门炳岳在此整编训练，长达一年之久。门炳岳走后，这里空旷无际，无人管理，年久失修，直到 1930 年被当地群众拆除。

张爷庙

【张爷庙】 位于定兴县城西南 25 公里处，张家庄乡西落堡村西北约 1 公里的地方。坐南朝北，西阔 3 间，进深 2 间，用柱 12 根，柱础是上圆下方石础。廊柱 4 根、檐柱 2 根、后檐柱 2 根、山柱东西各 2 根。廊柱与檐柱之间有单步梁相接，阑额已无。据柱上凿刻痕迹看拍枋成 T 字形，梁架为五架梁、上置瓜柱，没有托脚、杈手，随檩枋上有彩绘图案。五椽栿，前廊椽栿为后修的，前出抱头梁，没有斗拱。梁架全部彩绘，多为花草。墙四壁均为彩绘，图案多为人物、鸟虫。阁扇只有方棱窗一扇，前面墙已拆，只有次间前廊有一短砖墙后补。建筑形式为硬山顶布瓦花脊，吻兽皆全，重兽也有，似龙头蛇，保存基本完好。

张爷庙建于民国六年（1917）七月，建筑面积35.78平方米。庙前立石碑一通，刻有“新建张爷庙碑记”。民国知事彭守正撰文曰：“定邑城西四十里有曰落堡村……民国六年淫雨不止河水暴涨，惊涛骇浪……”庙用砖木建造，庙里四壁是画，庙前立旗杆两根，正前方有戏台一座。

相传，张爷是个看病的神仙，能给人看病，很灵验。后又在此发现龙潭古井，传说吃了香灰和喝了龙潭古井的水可以治病。人们在烧香时看到有条小蛇总在那里不走，当时人们就把它说成是张爷的化身，于是，人们在此修建了张爷庙。

【北关后土皇地庙】 位于定兴县北关，南距县城1公里处。建于20世纪90年代，是一处四合院建筑。建有山门、正殿、东西配殿。占地面积1.8亩，建筑面积195平方米。2007年7月15日，定兴县宗教局批准其为宗教活动场所。

北关后土皇地庙

山门坐北朝南，门楼为悬山布瓦建筑，面宽一间，坐落在三层台阶上。门上悬挂“后土皇地庙”匾额，山门东西两侧各立一石碑，记载了庙宇兴建的过程。进入山门，院内北面为后土皇地庙的正殿，面宽三间，进深一间，坐落在五层台阶上。殿内正屋供三清坐像，中为元始天尊，东为灵宝天尊，西为道德天尊。塑像高1.6米，为泥塑彩绘。殿内西屋北墙正中供后土皇地塑像，东山墙供眼光圣母和泰山圣母，西山墙供蚕姑圣母和子孙圣母。神像均高1.2米。东屋供慈航道人塑像，高1.8米。院内两侧分别建有配殿，为庙内办公室和道士的寝室。

（二）定兴古城

定兴古城，始建于金大定七年（1167），该城旧称金鸡城，位于城西拒马河一华里处。历经金、元、明、清、民国，到 1949 年前夕，已形成以慈云阁为中心，东有城隍庙，西有文庙，南有鹿公祠堂，北有河阳书院，中有同兴典当、徐家深院，南北大街上立有木牌坊、石牌坊、四牌坊的格局。古城有护城河环绕，城墙林立，东、西、南、北设有迎阳门、天庆门、景化门（迎熏门）、广化门，门楼高大，非常气派。清道光年间《五言杂字》关于定兴县城记载：

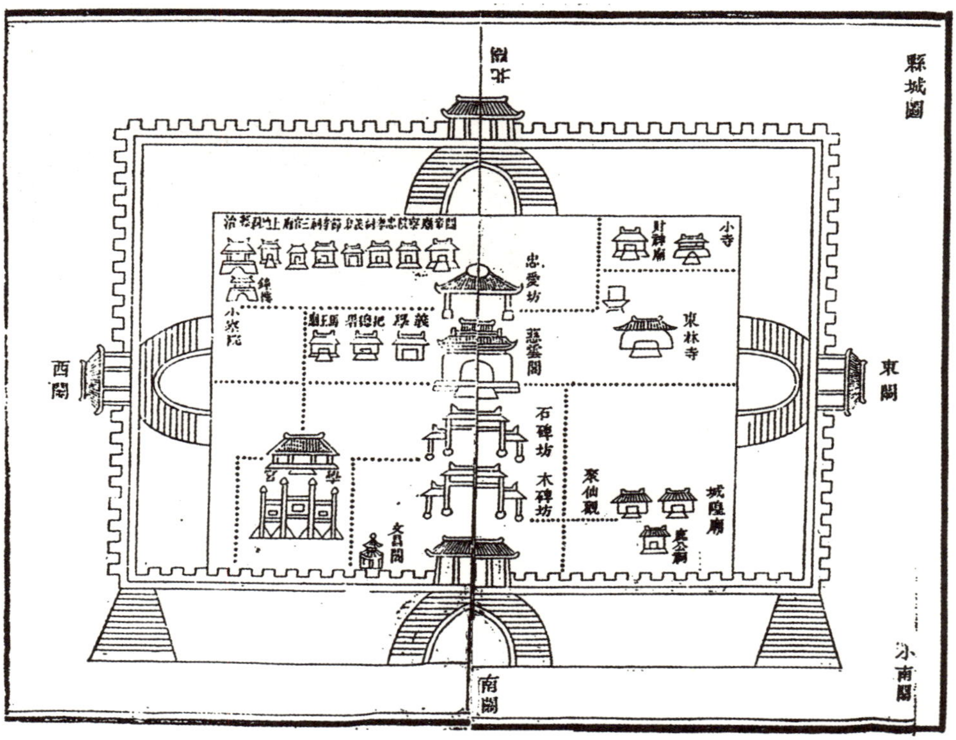

清光绪十六年（1890）定兴县城图

“（阴历四月）初八放大工，去逛定兴县，旧址属范阳，古镇皇甫店。天坛南关外，地坛北关占，东关挨大道，西关靠河堰。桥对火神庙，局设白沙岸……南城魁星楼，斜对圣人殿，殿后居老师，殿前祠乡宦，新贵来入学，采芹游水泮。黉宫学田地，乡试留善念。再瞧石牌楼，人马往来穿，飞禽与走兽，山水花草錾。城中慈云阁，壮哉实好看，上挂惊雀铃，车马周围转，中间全手佛，前有真武殿，后阁观世音，坐南向北面。北街四牌楼，河阳读书院，东去财神庙，西望衙门县。要瞧金刚像，东林寺去看，把门哼哈将，伽蓝大雄殿，钟鼓楼两座，俱是砖阀券，甬路莲花砌，月台巴砖墁……楼台与殿阁，庵观和寺院。来在城隍庙，铁狮门前站，旗杆钟鼓楼，司房阎王殿，东边菩萨堂，西边聚仙观，前有好戏楼，后有退宫院……庙前把戏看，生旦净末丑，腔调赛京班，各会把香进，五虎少林全……高跷抗箱会，胜鼓耍种幡，乡摊耍叉会，竹马跑旱船……”描写了清中期定兴古城的繁华景象。

定兴古城历经八百余年的历史沧桑，留下了许多文物古迹和美好传说。其中，定兴古城旧时有“有山不见山、有庙不见庙、有井不见井”的说法。所谓“有山不见山”是指古城南门关外过去有一片湖泽，清澈见底，湖中有一山尖，正好掩于湖面内，没有突出水面，从湖边可以看到湖里的山峰；“有庙不见庙”是指紧挨南门西侧有一小火神庙，平时南门大开，方便过往行人，南门西侧一扇大门开启，正好把火神庙遮掩，来往群众不细看，看不到此庙；“有井不见井”是指慈云阁内的古井，阁内大门长期紧闭，城内居民只听说此井，很少有人见到。1966 年“文革”后，古城文物大都毁坏殆尽，只留下慈云阁、文庙、清真寺等文物遗存。目前，古城南北长 918 米，东西宽 704 米，面积 73 公顷。现存国家级文物保护单位慈云阁 1 处、省级文物保护单位文庙 1 处、县级文物保护单位清真寺等 4 处、鹿传霖故居等明清四合院 9 处、百年以上古树名木 10 余株、地上可见碑刻 8 通，以及大量散落在街道或居民院内的柱鼎石、石磨、石碾等遗留物。

【城池】　定兴古城在拒马河东一里，金大定七年（1167）农历九月筑，土城基围五里八十步（约 2633 米），高二丈（约 6.67 米），阔一丈五尺（约 5 米），池深八尺（约 2.67 米）。明成化四年（1468），知县郭质增高五尺（约 1.67 米），添女墙千堞、门四（东为迎阳门、西为天庆门、南为景化门、北为

古城门楼

广化门）。嘉靖五年（1526），知县宗钺建北方城楼；十三年（1534），知县张文绣创敌台十六；四十五年（1566），知县吕文南重修，建议导马村河绕城，未果。隆庆二年（1568），知县王三聘补城台而恢广之，改景化门为“迎熏门”；隆庆五年（1571），知县任铠重修，始甃以砖。万历二十五年（1597）前后，知县李瑾、宋继登以此修筑隅台（即角台）。天启六年（1626）大水，城圮，知县王永吉重修。崇祯九年（1636），知县钟四达奉檄缮治。清顺治九（1652）、十（1653）两年霖雨，城圮，知县王德新重修。十一年（1654），知县蔡廷斗请帑改建“外砖内土”，围准旧基，高二丈四尺（约 8 米）、底宽三丈五尺（约 11.67 米）；四门各设门楼，每座三间，规模称备。康熙八年（1669）东门桥易石。北门桥毁于洪水，知县张其珍重修。乾隆三十六年（1771），知县王钺又奉帑修葺。咸丰三年（1853）知县沈纯，同治七年（1868）知县赵秉恒，光绪元年（1875）知县朱乃恭、九年（1883）知县严祖望相继重修。至民国时期，城墙高耸，巍巍壮观。20 世纪五六十年代城池内（包括城墙）的部分建筑设施陆续被毁。县治在城中西南隅，元至元十三年（1276）县尉赵德甫创立厅堂门库，元季毁于兵乱。明初县治迁至城中西北隅，洪武三年（1370）主簿费皋复创如旧，十三年（1380）主簿萧翰重修。嘉靖三年（1524）知县宗钺建库楼。儒学在县治南，元至元三年（1266）县尹孟伯英建。察院在县治东，阴阳医学、宣化驿站在县治东南，太仆寺府馆在县治南，东林寺道会司在聚仙观，预备仓在县治北。民国十九年（1930），城内的老艺人张寿岩将自己出售

城内古墙

的字画款捐献，用于四个城门的修缮。1951 年 4 月 22 日，根据上级指示，定兴县人民政府决定将全部城墙拆除。1966—1976 年“文化大革命”期间，城内部分古代建筑被毁。

【街巷】 定兴古城，以古城墙为界，东为迎阳门，西为天庆门，南为景化门（迎熏门），北为广化门。四周有东关、南关、西关、北关。以慈云阁为中心，原有南大街、北大街、阁前大街、小西街、驻节街、长街、县治前街、草厂街，后以南北大街为中轴线，由东西大街将定兴城分为一街、二街、三街、四街。

城内关井街

一街包括东大街以南、南大街以东区域。南北向有：振兴北街、振兴南街、何家胡同、东城根北街、东城根南街、曲折胡同、史家巷、水塔胡同；东西向有：兴华西路、箭杆胡同、水塔胡同、径道胡同、南径胡同。

二街包括东大街以北、北大街以东区域。南北向有：小寺街、安乐胡同、安达巷；东西向有北城根东街、陈家胡同、潘家胡同、薛家胡同、民用街（原辘轳把胡同）。

三街包括北大街以西、西大街以北区域。南北向有：江西濠胡同、清真寺胡同、马号胡同、桑园胡同、西城根胡同；东西向有：北城根西街、石狮子街、县佐街、剧场胡同。

四街包括南大街以西、西大街以南区域。南北向有：民安街、新建街、前学胡同、后学胡同、明畅胡同、明晰巷、西城根；东西向有：徐家巷、关井街、王家胡同、南城根胡同。

【陨石】 陨石原位于文庙西侧后学街南头，即古城墙西南角的壕坑内。陨石呈浅灰色，椭圆形，直径 40—50 厘米。传说金朝时期，陨石从天上掉到此处。据清乾隆四十四年（1779）《定兴县志》记载：一日，有人见陨星落地，似铁非铁，似石非石。雨后，出现彩霞，夜则生光。此陨石随着中华人民共和国成立初期定兴古城墙的拆除而不知所终。

北护城河遗址

【护城河】 始建于金大定年间，当时古城位于拒马河东一华里的高坡上，修建城池时，挖掘护城河，引拒马河水环绕。池深八尺（约 2.67 米）。明嘉靖四十五年（1566），知县吕文南曾建议导马村河绕城，未果。清康熙八年（1669），东门桥易石，北门桥毁于洪水，知县张其珍重修。乾隆三十六年（1771）、咸丰三年（1853）知县沈纯、同治七年（1868）知县赵秉恒、光绪元年（1875）知县朱乃恭等又重修。20 世纪 80 年代后，河水干涸，东城河床被填埋，建成一市场，后逐渐成为垃圾填埋场。

【文庙】 文庙，又称大成殿，位于县治南，是历代官员祭孔的地方，也是旧时儒学所在地。现为定兴实验小学校址，占地面积11 913平方米，校内文庙大成殿和月台为清代重修。据明万历《保定府志》及清《定兴县志》载：文庙草创于金大定年间，旋沦兵燹。元至元二年（1265）县尹孟世杰在城西南建大殿三楹橛，后县尹吴□□、杨□□、谢□□、赵□□修葺。至元二十二年（1285），县尹杨□□开始塑宣圣、邹兖二公像 42 幅。元泰定二年（1325）县尹梁羡作东西庑。元统元年（1333）县尹王居敬做泮池、棂星门，元季俱毁于兵乱。明洪武四年（1371）又奉召设立；八年（1375），知县卞礼重修；十八年（1385）知县熊文美再重修，置馔堂学仓、射圃。明嘉靖四年（1525）知县宗钺增殿为五间、两檩，亦广其制；庑寻坏，三十七年（1558）知县韩宁重修；四十年

文庙大成殿

（1561）知县赵讷更新，先师四配神龛。社学在申明亭南，知县陈廷瓒建。明天启六年（1626）大水，黉宫为壑，周垣倾圮殆尽，邑人鹿正慷慨解囊，大成殿、东西庑神、厨神库、戟门、棂星门又焕然一新。清康熙十一年（1672）知县张其珍、雍正五年（1727）知县张之珩、乾隆六年（1741）知县王源泗重修。光绪年间军机大臣鹿传霖又重修，宣统二年（1910）重修完毕。

大成殿坐北朝南，面宽五间，进深三间，东西长 19.35 米，南北宽 11.20 米，高（檐飞至月台）4.65 米，建筑面积 176 平方米。大殿建在高 1.22 米的台基上，前有高 1.10 米、宽 20.3 米、进深 8.6 米的月台。整体建筑为砖木结构，单檐庑殿顶，琉璃瓦剪边，前坡有一琉璃菱形块，正脊鸱吻相对，四飞檐翼角走兽各五个。2008 年 10 月 23 日，大成殿被评为河北省文物保护单位。2014 年 4 月，定兴县委、县政府对其修缮一新。

【准提庵】 位于东关南北大街的北端路东（今东关小学内），坐东朝西，与坐西朝东的“东关戏楼”隔路相对，是为纪念古时的准提道人而建。庵与戏楼同时建起，南宋咸淳年间（1266—1274）修建。戏楼北侧建有一座坐北朝南的“三官庙”。三官，东汉时奉天、地、水为三神，也称“三官”。每年农历二月十九日，东关居民便在戏楼演戏四天，传说这天是准提道人被封神之日，为了祈祷和祝贺，中午会员们在庵内烧香上供，以求神保佑。该庵位于东关大街旁，东关大街又是古时京南通往北京的必由之路，往来人员很多，香火旺盛。现东关小学内还矗立着清康熙十四年（1675）重修准提庵的石碑，以彰显知县张其珍重修准提庵的功绩。

重修准提庵石碑（清）

【城隍庙】 城隍，即道教所传守护城池的神。于《周礼》蜡祭八神之一的水（即隍）庸（即城）衍化而来。最早见于记载的芜湖城隍，建于三国吴赤乌二年（239），唐代以来郡县皆祭城隍，宋以后奉祀城隍的习俗更为普遍，明太祖洪武三年（1370）正式规定对各府州县的城隍神加以祭礼。定兴县城隍庙位于古城东南方，元朝元祐五年（1318）本县张伯祥建，元末毁于兵燹，明洪

定兴城隍庙及门前铁狮子　1933 年摄

武二年（1369），知县卞礼重建。庙门前有一对高大的铁狮子，明代铸，每狮重一万斤。并建有城隍庙戏楼。戏楼坐南朝北，与城隍庙正门南北相对，相隔约 70 米。戏楼前 60 米处有一影壁，正对庙门、影壁、戏楼的是一广场，占地 4.5 亩，戏楼题匾“繁会乐康”。该庙经明清两代重修，中华人民共和国成立前夕，庄严肃穆。1966 年“文革”开始时被毁。现在遗址旁还保留着清光绪二十五年（1899）邑人鹿学良撰书的《重修城隍庙碑记》石碑，以及其他明清时重修城隍庙的石碑三通。

【县衙】　又称县治，乡人们称衙门，是古代官员办公所在地，也是朝廷颁布法令、条例、征税纳粮和庶民百姓喊冤叫屈打官司的地方。定兴县衙位于古城西北处（原县委党校），东西宽约 50 米，南北长约 160 米，占地面积 8000 平方米。坐北朝南，规模适中，县衙为四进院落。牌坊为第一大门。大门前有一对石狮子，牌坊前一钟楼。进入大门，西为狱所，东为寅宾馆、土地祠。仪门即衙门，为二道门。东有库楼，西有捕厅，东西两侧有吏书房，沿仪门甬道穿戒石坊到大堂，周边筑乐台及护栏，是衙门最讲究的一处院落。穿大堂至后院，是县官日常办公议事的屋室，也是县府主官居住之地。知县宅东，县丞宅西。其他文书、兵皂班房在衙庑左右。元至元十三年（1276）县尉赵德甫创立厅堂、门库，元朝末年毁于兵乱。明洪武三年（1370）主簿费皋复创如旧，十三年（1380），主簿萧翰重修。嘉靖三年（1524）知县宗钺建库楼，周围有狱所等办公机构，清、民国延续。1966 年“文革”后破坏殆尽。其遗址在 2004 年后卖做民居使用。现遗址旁还有一对残损的

被毁坏的县衙门前的石狮子

石狮子底座。

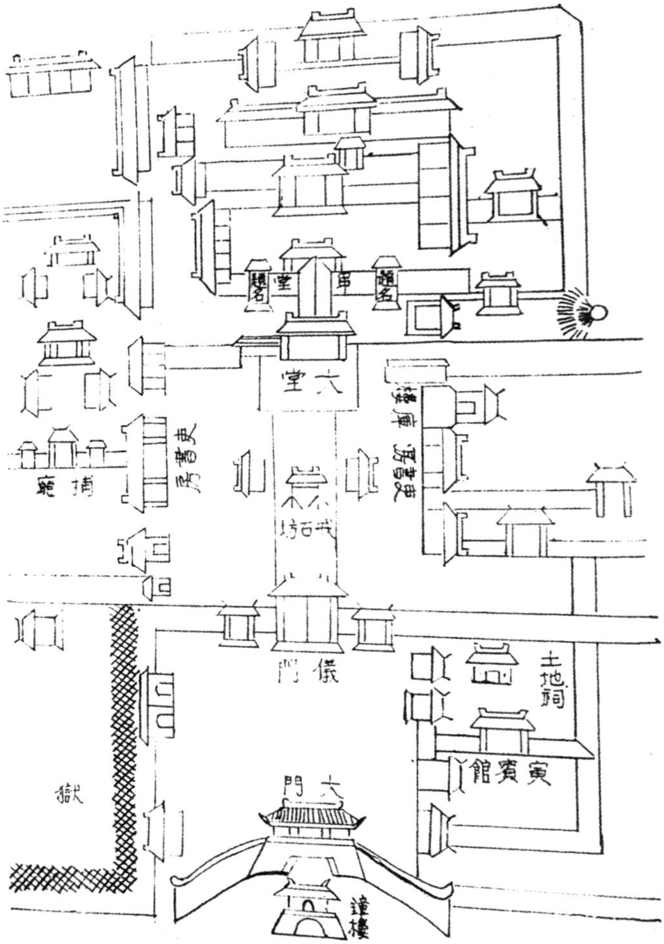

县治图

【学署】 亦称学宫、县学，是古时管理地方教育的行政官办机构。同时兼负着为朝廷培养生员、造就文化人才的职能，也是旧时儒学所在地，是县城内唯一的高等学府。定兴学署明伦堂位于县城文庙大成殿后，是旧时定兴考秀才、举子的地方。东有长街，门曰“儒学”（东向），西行转北入“仪门”（南向），正堂三楹（间），左有“进德”（增进道德），右为“修业”（指在校学习

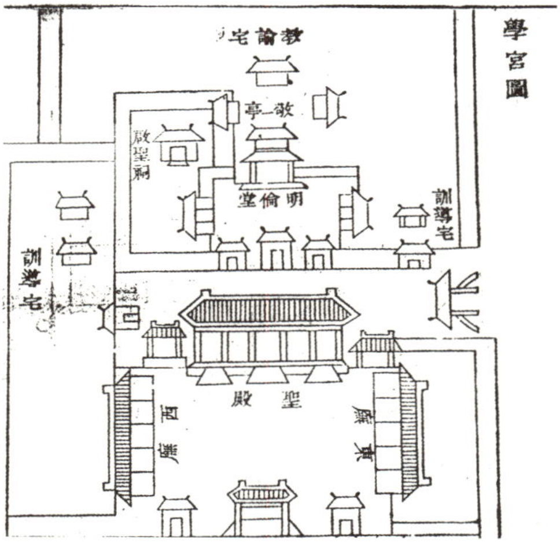

学宫图

或研究学术），二斋各有三楹（间）堂。有扁科贡院题名。元中统元年（1260）时，县尹王居敬建。明洪武四年（1371）知县卞礼、万历元年（1573）知县毕自肃、崇祯元年（1628）知县薛綦隆与邑人鹿正重修。清康熙十一年（1672）知县张其珍、乾隆四十四年（1779）知县王会燕、道光八年（1828）知县朱文奎、咸丰元年（1851）知县周灏、同治十一年（1872）知县彭虞孙又重修。敬一亭，在学署明伦堂后，明嘉靖十一年（1532）知县张文绣建，天启六年（1626）大雨后被毁。教谕宅在明伦堂、敬一亭后，训导宅在明伦堂左右，各厅事三楹（间），另有号房数间，旧时都是诸生读书之所，生员课程主要是四书、五经。在此期间，定兴大多秀才、举子都是从这里走出的。随着时代发展，至民国时，学署（学宫）变成学堂，1949 年中华人民共和国成立后变成学校，现为定兴实验小学所在地。

【慈云阁】 位于定兴县古城中央。原名大悲阁，因阁内塑有大悲佛像而得名。占地面积 150 平方米。始建于元大德十年（1306），明万历年间重新修葺，取佛教“心慈为贵，贵慈如云”，故更名为慈云阁。清康熙五十二年（1713）、嘉庆二十四年（1819）修葺。原为一组建筑群，分前、中、后三部，即前后山门、画廊、香亭、东西配殿，整个造型为一“船”形殿宇建筑，喻示定兴古城是一艘永不沉没的“船”，距今已有 700 余年的历史。1957 年 10 月，因扩展马路拆除前后附属建筑。慈云阁坐北朝南，平面近方形，面阔三间，进深三间，南北长 12.6 米，东西宽 11.9 米，建筑面积 142

慈云阁

平方米，二层楼阁式，为重檐歇山灰瓦布顶建筑，通高 13.3 米。构架及做法均很有特点，内外檐柱相距很近，均包于墙体之内。屋架只有东西两壁。载于山面上檐昂尾上，四隅施垂柱及抹角梁。上檐斗拱五铺作双下昂，其中上昂为真昂。下檐四铺作。慈云阁工艺精巧，彩绘华丽，雄伟壮观，为元代建筑的典型作品，是中国古代建筑从辽金风格向明清风格过渡的最好例证。1996 年 12 月，列为全国重点文物保护单位。1998 年慈云阁落地重修。

【圆通寺】 又名东林小寺，在县城东北隅。旧为“三皇庙”。元名将张柔将三皇庙移置家乡定兴河内村。原碑尚存，今失。后人在故址基础上建大殿、供奉观音，又称“观音寺”。在观音寺右边复建“十三庙”，今毁。

【木牌坊】 木牌坊，俗称木牌楼，位于县南门内。建于明崇祯二年（1629）四月，是为李士成、李福、李俊、李鸣凤、李高、李文深所建。李士成等六代人，是定兴西靳村人，在明代相继为官，皆以廉政著称，享誉四方，牌坊正中题有“六代勋名”四个大字。其中，李福，字伯贞，明永乐十二年（1414）举人，曾任监察御史、都督府督事、大理评事、山西按察佥事等职，并以八子李俊官进奉政大夫。李士成以儿子李福官赠文林郎、后军都督府都事。李俊，字文英，六岁能文，二十明经传，且善骑射，明正统初年（1436）擢升御史，景泰元年（1450）侍经筵，后升任山西按察副使，又迁陕西按察使，解官八年后死于乡里，后以儿子李鸣凤官进正议大夫。李鸣凤，明天顺三年（1459）举人，明天顺八年（1464）进士，兖州府知府。其兄李翔凤，明天顺三年（1459）举人，荆州府同知。李高，明成化十七年（1481）举人，大同县知县。李文深，明成化十七年（1481）举人。此牌坊高大雄伟，气宇轩昂，中华人民共和国成立之前毁于兵乱。现在南门东西两侧仅存一处夹杆石。

木牌坊　夹杆石（明）

【石牌坊】 石牌坊，俗称石牌楼，位于城内南大街，慈云阁和木牌坊中央。明天启六年（1626）九月为尚书王尧封、布政史王家宾二人合建。整个牌

石牌坊（明）

摄于清光绪三十一年（1905） 张冲 供

坊用汉白玉雕砌而成，非常精美。牌坊正中题有“两朝甲第”四个大字。

王尧封，字伯圻，定兴县西靳村人。明弘治十七年（1504）举人，弘治十八年（1505）进士，正德中期授襄阳府推官，后升任御史，嘉靖中期两为巡抚，后任户部尚书、南京兵部尚书等职。明万历八年（1580），县署奉旨在城内南街为其修建两京都宪牌坊和大司马坊，后又在两坊邻近建尚书坊，均因年久失修而毁。其父王谅（万历《保定府志》称王京）以儿子尧封官进中宪大夫，累赠正议大夫户部右侍郎。祖父王得辛以孙尧封官赠正议大夫，户部右侍郎。儿子王继之以父尚书尧封荫南京前府都事。王家宾，字国重，定兴固城人。明万历二十五年（1597）举人，万历三十三年（1605）进士。曾任户部郎中、青州府尹、陕西右布政史等职，一生为官清廉，治政有声。此牌坊于20世纪60年代初因拓宽公路拆除。

【四牌坊】 四牌坊，俗称四牌楼，又称忠爱坊。位于县城北大街十字路口。此牌坊全部为木质结构，四个牌楼按东南西北叠加而成，明清重修。修建年代不详，一说早于县城。传说，一年县内大旱无雨，庄稼不长，人畜饮水困难，乡民祈盼天降大雨，以解燃眉之急。于是，焚香祷告，求神拜佛。于是大雨倾盆，沟满壕平，故立牌坊以示纪念，起名“忠爱坊”。在南牌坊正中又题写“喜雨楼”。经过数年，在东牌坊留有“厦庇重复”字样。在西牌坊上留有民国时期知事彭守正题写的“此之为民之父母”匾额。此牌坊于1958年破“四旧”时被毁。

【小明湖】 古窑址。位于定兴古城东北处，今定兴植物园内。面积30余亩，深7—8米。定兴古城始于金大定七年（1167），初为土城，周长2633米，高6.67米，宽约5米；明成化四年（1468），知县郭质增高1.67米，添女墙千堞，东建迎阳门、西建天庆门、南建景化门、北建广化门；嘉靖五年（1526）

知县宗钺建北方城楼；隆庆五年(1571)知县任铠重修始甃以砖。清顺治九年（1652）、十年(1653)霖雨城圮；顺治十一年(1654)知县蔡廷斗请帑改建“外砖内土”。以后清历代知县张其珍、王钺、沈纯、赵秉恒、朱乃恭、严祖望等又奉帑修葺。明清时期古城修建改造需要大量方砖，就在古城东北角现场取土烧制，时间长久，形成了一个大炕，周边长满杂草，经过雨水浸泡，形成湖面，成为一个美丽的景观，为区别于济南大明湖，当地人称此处为“小明湖”。

“小明湖”遗址

鹿善继殉难处石碣
摄于民国二十二年（1933）

【鹿公殉难处石碣】 位于县城南门外，指明末义士鹿善继殉难处。鹿善继（1575—1636），定兴县西江村人，是清末军机大臣鹿传霖的祖上，早年追随名将孙承宗督师山海关，崇尚王阳明的理学，开创了我国北方理学的先河。鹿传霖的祖父鹿荃曾为鹿氏子孙定了“宗传理学，世笃忠贞，必由其本，时乃日新”十六个字轮转，就是指鹿善继推崇的王阳明的理学。明崇祯九年（1636），清兵攻打定兴县城，鹿善继与去官回家的原兰州知州薛一鸣共同与清兵作战，坠城而死。他死后被追赠大理寺卿，谥“忠节”，明崇祯九年（1636），鹿善继之子鹿化麟上书崇祯帝，崇祯帝下旨在定兴城内东南隅建鹿忠节公祠，旌表其就。

【鹿氏祠堂】 位于定兴县城内南大街南径胡同，始建于明崇祯十年(1637)，原占地面积9339平方米，为定兴县西江村鹿氏家族奉旨所建。该祠堂供奉鹿氏家族明清两代在朝廷供职的显赫官员，如明末范阳三烈士之一的鹿正、忠节公鹿善继、清壮节公鹿传霖的父亲鹿丕宗等。清末至民国年间，每年的祭礼活动，均由当地知县或县长等主祭，有官祭祝文和题诗作赋等。现存鹿氏家庙，北房五间，东西夹间各三间，南为三门及檐门，成一小四合院格局，占地 200 余平方米。东西夹间为双坡屋正脊，硬山式建筑，南面为檐房卷棚顶，回廊式建筑，为清代建筑风格。

鹿氏祠堂拱券门　摄于民国二十二年（1933）　鹿杰忠（右三）供

据鹿氏二续谱记载："鹿氏祠堂原位于县城南门内南小街，缭以周垣，门西向，南北长二十丈三尺，东西宽四十五丈五尺，最西为忠烈祠（鹿善继），东为太公祠（鹿正），前有北海亭，又东为家庙，又东为壮节祠（鹿丕宗）。太公祠东有井，忠烈祠西有屋四楹，为守祠者栖息之所，凡碑记联额均附于各祠之后。"现广电局、农发行后院为鹿传霖祠堂和老宅部分建筑。

明崇祯九年（1636），鹿氏家族第九世孙鹿善继为抗清兵守定兴城而殉难，其子鹿化麟上书朝廷，崇祯皇帝下诏，于崇祯十年（1637）在殉难处立碑建祠。后于清康熙年间鹿谦吉捐资修建，乾隆五十六年（1791）六月由鹿荃又扩建家庙等，将其世祖供奉于此。嘉庆六年（1801）邑侯赵锡蒲倡议重修太公祠。

鹿氏祠堂于1966年“文革”前被毁坏殆尽，仅剩部分鹿宅建筑，2002年11月15日由定兴县人民政府公布为县级文物保护单位。

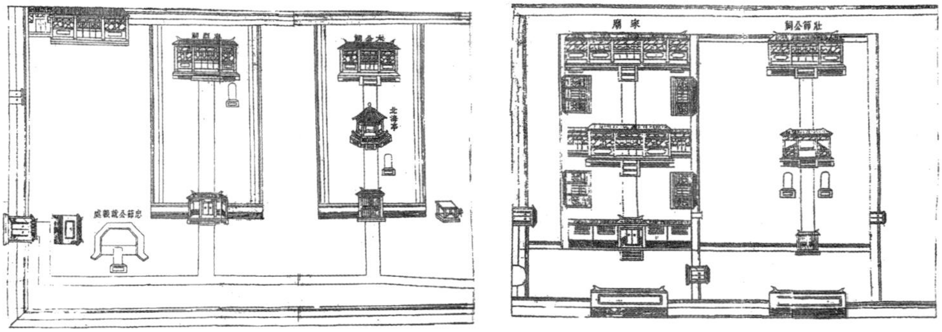

鹿氏祠堂图（清）

【二圣庙】 位于今南关小学，坐南向北，明天顺五年（1461）知县甄铎为纪念二郎妙道真君和嗣圣帝君而修建。清嘉庆九年（1804），知县赵锡蒲重修。1949年中华人民共和国成立初期被毁，现存清嘉庆九年重修二圣庙石碑一通。

【关帝庙】 位于定兴古城西门外，明万历十年（1582）知县易可训修建。坐西向东，有三间西房，与正东的慈云阁相对。殿内有泥塑的关公神像。庙底下有吊桥，吊桥底下有护城壕，又称蔡家沟。大殿两侧有副对联：兄玄德，弟翼德，德兄德弟；师卧龙，友子龙，龙师龙友。横批：亘古一人。该庙于中华人民共和国成立初期被毁，现存明万历年间修建关帝庙石碑一通。

【巽阁】 又称文昌阁，建于明崇祯十年（1637），位于古城东南的一处高坡上，是明清文人墨客汇集、饮酒赋诗的地方。“巽阁笼烟”是古时定兴八景之一。该遗址毁于20世纪90年代。现有清代“巽阁笼烟”石碑残存该处。

【魁星楼】 位于定兴古城南城门楼西侧的城墙上，地点在十八磴，即上城墙的18步台阶处。魁星楼位于文庙东南角，斜对圣人殿，三层，塔形，比圣人殿高出许多。清《五言杂字》有“南城魁星楼，斜对圣人殿”的记载。魁星楼与城外的文昌阁都属于文庙的范围。魁星是天上的一颗星，面对北斗星。民间有魁星点状元之说，魁星楼就是状元楼。据清康熙十二年（1673）《定兴县志》记载："宋金时期，张九成，范阳人（即定兴人）"，是状元。古时，定兴城墙高大雄伟，城墙上两辆马车可以并排行走。每年正月初二、初六、初九、十五在城墙上转灯，非常热闹。魁星楼在1951年拆城墙时被毁。

河阳书院童试卷

【河阳书院】 位于古城北大街十字路口西北处。清嘉庆九年（1804）知县赵锡蒲倡修。清道光二十四年（1844）知县梁宝书、邑人鹿传珣修建。现发现鹿笃周河阳书院第九名童试卷。鹿笃周，字恪亭，生于清光绪四年（1878），卒于民国二十二年（1933），定兴鹿氏后裔。该书院同保定莲池书院齐名，旧时享誉四方。现为实甫中学使用。

【徐宅】 即徐坊宅院，建于清道光年间，位于慈云阁西南处（原县政府所在地）。徐坊（1864—1916），清代官员，著名藏书家，清宣统皇帝老师。字士言，号梧生，一号蒿庵。直隶州临清（今山东临清）人，定居河北定兴。曾任户部主事，擢升国子丞，卒后为正一品封典。是清末军机大臣鹿传霖的四女婿。此处宅院是鹿传霖的父亲鹿丕宗在贵州都匀做知府时，说服徐坊的父亲购买，几经扩建而成。民国总统徐世昌早年曾在这里执教，甲午战争和1900年八国联军进北京时，徐世昌曾举家在这里避难，现仅剩门前一处清代建筑供人使用。

徐坊宅第（清）

【"同兴"典当铺】 典当，是旧时农民以土地、房屋或衣物等做质押向一些富户借钱或粮的一种方式。后来，有些富户在城区开办当铺，收物借款。清道光年间，定兴县究室村王氏家族在县城北大街开起典当铺一处，起名"同兴"典当铺。该当铺位于北大街十字路口，紧靠四牌楼，毗邻河阳书院，占地

10余亩，前后两进四合院，有伙计10余人。收当货为金银珠宝、衣服布匹、铜锡器皿、木制家具、名人字画等。穷苦农民亦有粮、棉、农具作押品，按物定价，10个月满期，利率3分，现扣一个月利息，到期不赎，当物归典当铺所有。清光绪二十六年（1900），八国联军入侵定兴，该当铺被抢，后有所恢复。民国二十七年（1938），赵玉昆部队攻打定兴县城时，当铺彻底被抢。“同兴”典当铺是清末洋务运动以来定兴兴起的早期民营企业之一。此典当铺的开办带动了后期“因利官钱局”“德成厚”银号、“泰昌号”“天顺恒”银楼的发展，是定兴早期金融机构的前身，现遗址尚存。

“同兴”典当铺（中为本书作者）

郭葆昌宅第 1998年摄

【郭宅】 即郭葆昌旧宅，位于古城北大街西侧，建于20世纪20年代末，是郭葆昌在定兴的宅邸。旧时院内有亭榭楼阁，雕梁画柱，景致一新。郭葆昌（1879—1942），字世五，别号觯斋主人，定兴县三街人。清末民国时期著名的古瓷学家、收藏家。清乾隆皇帝命名的“三希”宝贴中的《中秋帖》《伯远帖》孤本珍品曾被其收藏，并有《瓷器概说》等传于世。此院遗址20世纪90年代末被卖作民宅。

【清真寺】 位于城内清真寺街路西。占地面积3600平方米。建筑面积600平方米，是回族人民聚会、节日和进行宗教活动的场所。

该寺建于清道光年间，名为清真义学。初建时在路东，有西殿房4间半，南房1间，东房3间，因地基小，民国三年（1914）迁至现址。时经二年竣工，建成一所四合庭院，大殿16间（礼拜集会用），南北配房各3间（教长宿舍及办公室），水房5间（供沐浴用），殡仪室5间，过厅6间，共计38间。

清真寺门楼

清真寺院落（民国）

该清真寺在建筑造型上别具一格。前面是三个花瓣形高耸拱门，门顶上镶嵌着精美的宗教图案装饰，正中为正门，西旁为便门，具有中国式伊斯兰教特有的古老建筑风格。进门为宽敞明亮的过厅，是回民小型集会的地方。正殿为高大的三歇山顶连为一体的五进大厅，门正中悬挂清同治四年（1865）定兴县知县德成所书“遵训无差”匾额。砖木结构，磨砖对缝，为民国时期的建筑形式。综观整个建筑，布局合理，结构严紧，庄严雄伟，恢宏大气，给人以肃穆清雅之感。1966—1976 年“文化大革命”期间，寺内一些建筑遭破坏，回民的宗教活动也被禁止。

1982 年，在党和政府的关怀下，清真寺得到重新修复，并恢复了正常的宗教活动。寺内设管理委员会，有委员 7 人、教长（阿訇）1 人。教长主持处理日常事务，并负责寺内勤杂事宜。

张秀中故居　1984 年摄

【张秀中故居】　张秀中（1905—1944），定兴城内一街人。1929 年加入中国共产党，先后任中共河北省委副秘书长、北平市委宣传部长、太行文联秘书长等职。发表了多篇文艺评论和诗歌，在抗日战争中产生了重要影响。是清著名画家张槃后裔，其故居在其后代张宝义处，现已翻盖新居。

附：

定兴古城重点文物古迹名录

名称	始建时间	地址	备注
长街	金	学署明伦堂大成殿东	已毁
涿鹿卫驿马厂	金	县治东南	军民兵役养马于此，已毁
东林寺 东林寺戏楼	金大定八年（1168）	驻节街（慈云阁东街）	已毁
关帝庙	元至元二年（1265）	县治东	明弘治九年（1496）、万历十三年（1585）、万历四十一年（1613）重修，已毁
县治（县衙）	元至元十三年（1276） 明洪武三年（1370）	县城东南隅移县城西北隅	已毁
城隍庙	元延祐五年（1318）	县治东南	明洪武二年（1369）重修，已毁
聚仙观	元	城隍庙内	明正德年间（1506—1522）始定现名，已毁
宣化驿	明洪武三年（1370）	县治东南驻节街后在县署左	已毁
察院	明洪武年间（1368—1398）	县治东	已毁
两察院	明洪武年间（1368—1398）	县治前偏西	已毁
太仆寺行署	明洪武年间（1368—1398）	县治南偏东	又名府厅，已毁
道会司	明洪武十二年（1379）	聚仙观内	明万历年间（1573—1620）移置城隍庙左边，已毁
僧会司	明洪武十二年（1379）	东林寺左	已毁
阴阳医学院	明洪武二十七年（1394）	阁前大街路西	清同治十二年（1873）在北关路南重修，平房5间，已毁
社学	明嘉靖元年（1522）	县治前街西	已毁

续表 1

名称	始建时间	地址	备注
戊戌进士坊	明嘉靖七年（1528）	北街	已毁
都御史坊	明嘉靖二十四年（1545）	北街	已毁
大都尉坊	明万历二年（1574）	阁前大街	已毁
两京都宪坊	明万历八年（1580）	南大街	已毁
大司马坊	明万历八年（1580）	南大街	已毁
尚书坊	明万历年间（1573—1620）	南大街	已毁
恩荣坊	明万历中（1596 年左右）	南大街路西，北街路东	共三处，已毁
财神庙	明万历年间（1573—1620）	东林小寺西	已毁
文昌阁	明万历年间（1573—1620）	学宫南城墙上	已毁
忠爱流芳坊	明天启元年（1621）	北街	已毁
六朝甲第坊	明崇祯二年（1629）	南城门内	已毁
显佑伯坊	明崇祯十年（1637）改建	南大街城隍庙口	已毁
三官庙（二）	明	东关、西关	已毁
文昌君帝	明	东关	已毁
火神庙	明	西关	已毁
白衣大士菴	明	东关	已毁
寅宾馆	明	移县东南街	已毁
范阳书院	清康熙前（1662 年前）	县治偏东	已毁
白河书院	清康熙前（1662 年前）	县治东北	已毁
义学	清康熙初年（1662）	小西街路北	已毁
忠孝祠	清雍正八年（1730）	县治东	已毁
节孝祠	清雍正八年（1730）	县治东	已毁
清真义学	清乾隆元年（1736）	西街	已毁
留养局	清乾隆年间（1736—1795）	县城东关 固城十方院	马房 9 间，已毁
鹿宅 （鹿传霖宅院）	清乾隆年间（1736—1795）	县城一街	现存
徐宅 （徐坊宅院）	清中期（1796 年后）	县城四街	已毁
雷氏宅院	清中期（1796 年后）	县城一街	现存

续表 2

名称	始建时间	地址	备注
杨氏宅院	清中期（1796 年后）	县城一、四街	现存
张氏宅院	清中期（1796 年后）	县城二街	已毁
养济院	清乾隆年间（1736—1795）	县治东南草厂街 后移东林小寺	养孤贫 70 名，已毁
马神庙	清同治十一年（1872）	县署左驿内	已毁
“同兴”典当铺	清中期（1796 年后）	北大街四牌坊东侧	现存
“瑞兴”杂货铺	清中期（1796 年后）	西南大街北段东侧	现存
兴源斋	清中期（1796 年后）	西北大街南段西侧	现存
清真寺	民国五年（1916）	清真寺街路西	现存
郭宅 （郭葆昌宅院）	民国十八年（1929）	县城三街	已毁
图书馆 文化馆	1949 年 5 月	南大街北段东侧 慈云阁前后院内	已失
新华书店	1949 年 5 月	南大街北段西侧 慈去阁西南处	已失
展览馆	1953 年	西南大街北段西侧	已失
定兴剧场	1953 年	东大街西段路北	已失
人民剧场	1953 年	城内三街	已失
工人俱乐部	1953 年	桑园胡同与石狮子胡同交叉处（原县委党校）	已失
百货一〇、二〇、三〇	1956 年 10 月	南大街西、东大街北、北大街东	已失
第一机电厂	1956 年	城内二街（原东林寺）	已失
县中医院	1956 年	城内一街振兴北大街路西	现存
“五一”旅馆	1956 年	西大街西侧	1956 年作为县文化馆使用，现存
“五一”照相馆	1956 年	北大街西侧	现存
“五一”浴池	1956 年	北大街东侧	现存

注：以上根据明万历《保定府志》，清康熙十二年（1673）、乾隆四十四年（1779）、光绪十六年（1890）《定兴县志》等资料整理。

（三）定兴八景

各地八景之说，始于宋元时期。定兴八景最早见于清康熙十二年（1673）《定兴县志》。据清康熙十二年《定兴县志》邑人王任相羽庵氏记载：“邑以景传志胜也……予师洛阳张志杭（即张其珍，定兴知县），千秋胸函，万象夫固，深于景志，兹谱邑景有八……画家范士杭云：蚤孤依伯兄橘山人（即范士楫，清初文学家，定兴相盖村人）从师读书京邸，弦诵余复好绘事，先生每让焉，伯兄不甚过也。壬子（1672）秋，与苗翁（苗天培，定兴人）、董志事会之，画手因以景图见托，余愧且泣，图成附笔……”由此可知，定兴八景为当时定兴知县张其珍所定，范士楫委托其弟范士杭、苗天培等人于清康熙十一年秋天绘制而成，并载于清康熙十二年《定兴县志》中。据此，定兴八景依次为：督亢春晴、金台夕照、百楼耸翠、河阳晚渡、北海孤亭、易水秋风、长安晓月、巽阁笼烟。

【督亢春晴】 督亢，地名。战国时为燕国膏腴之地。燕太子丹遣荆轲携

督亢春晴　范士杭画

督亢图入秦谋刺秦王嬴政，即指此地（今定兴固城、阎台一带）。昔为要塞，今为大观。一带长堤，旷渺无际，春晴日洁，气象万千，忽而雾若平林，忽而云连野木，晴空万里，景色宜人。

【金台夕照】 金台，指的是黄金台，位于今定兴县城西 15 公里处。黄金台又为招贤台，相传土阜雄伟高大，庙宇轩昂。在其饱经历史沧桑后，现已面目皆非。战国时期，燕昭王欲得贤士，以报齐仇，问计燕人郭隗。隗曰：“王必欲致士，先从隗始。”于是燕昭王置千金于台上，为其筑宫而敬以为师，以延天下之士，故名黄金台。随之乐毅自魏往、剧辛自赵往，士争趋燕。燕连克齐国七十余座城池，打败了齐国，逐渐强大起来。每当傍晚，夕阳洒落在古老的黄金台上，景色尤为壮观，它唤起人们对往事的沉思和对燕昭王招贤纳士的敬佩之情。

金台夕照　范士杭画

【百楼耸翠】 百楼，指今贤寓镇百楼村。相传，东汉时期公孙瓒筑楼以御敌。据清康熙十二年（1673）《定兴县志》载：唐贞观十五年（641），唐太宗李世民征战途中曾驻跸百楼。北齐武平七年（576），范阳县治所移至伏图城，即今定兴县百楼村北之“官城”。当时，百楼林立，高大雄伟，耸立云端。

百楼耸翠　范士杭画

【河阳晚渡】 河阳渡口，指今北河渡口。北易水、中易水、南拒马河汇合处，古时水路、旱路在此交汇，素有“九省咽喉”之称。每当傍晚，渡口人来人往，熙熙攘攘，非常热闹。斜阳、晚景犹如一幅美丽的图画悬系于天空。

河阳晚渡　范士杭画

【北海孤亭】 北海，是指今柳卓乡西江村。相传该村有一泊湖水，湖中有一孤亭，恰似北京的“北海”，当地人俗称“小北海”。西江村是清末军机大臣鹿传霖的祖地。定兴鹿氏家族原籍小兴州，明初鹿荣迁至西江村。从明万历八年（1580）鹿久征中进士以来，至清末鹿传霖止，其家族出了12位进士，33位举人，明清两代在全国为官的很多，家族显赫。明末，文学家杜越、茅元仪等曾在此与鹿善继切磋诗文，杜越有《紫峰集》、鹿善继有《认真草》流传于世。

北海孤亭　苗天培画

【易水秋风】 易水，河流名。《战国策》燕一：“燕南有呼池易水。”其水有三，皆发源河北易县。起自定兴西南入拒马河，为中易，今大部分已干涸。在定兴西沙河流入合于中易者为北易，即今之北易水。经徐水县瀑河者，为南易。据乾隆四十四年（1779）《定兴县志》等有关资料记载，公元前227年秋，燕太子丹送荆轲于易水之上刺秦王时，高渐离（定兴县高里村人）击筑，荆轲和而歌，留下了“风萧萧兮易水寒，壮士一去兮不复还”的悲壮诗句。此景发生在今北河渡口的大沟村附近，有碑文可考。荆轲的悲壮之举，为后人描绘了一幅可歌可泣的宏伟画卷。

易水秋风　苗天培画

【长安晓月】　指长安城村。长安城，建于汉宣帝（前 74—前 49）时期，因幽州刺史李宣娶范阳公主而得名，又因范阳公主忆长安乃筑长安城。相传长安城村古时栽有枣树，只开花不结果，皆向西南开放，名曰“思乡枣”。图中有“枣向西南”字样。村内确有城池，村南筑有土台。当一轮圆月悬挂在天际，公主登台赏月，遥望长安，思念家乡之情油然而生。

长安晓月　苗天培画

【巽阁笼烟】 巽阁，清康熙十二年（1673）《定兴县志》又称“羽阁”。位于古城东南处，建于明代，是古时文人墨客汇聚、饮酒赋诗的地方。每当傍晚，风带松声，云缥香霭，凌空嘉树，烟雾缭绕。葱葱佳气、炯炯文光，实乃一处佳地。

巽阁笼烟　苗天培画

（四）古遗址

【督亢陂】 督亢，古地区名。旧时在新城、定兴等县界，中有陂泽，周围五十余里，支渠四通，富灌溉之利。战国时期为燕国著名的富饶之地。据明万历《保定府志》载：“督亢陂，在范阳（定兴）东南，新城（高碑店市）西南地。”刘尚云录曰：“督亢，燕膏腴之地。燕太子丹使荆轲献督亢地图入秦即此也。”《地理志》曰：“上古圣贤冢地。今故安县南有督亢陌，幽州南界也。”故安县，南北朝时指今易县。故安县南，幽州南界，是指范阳故地，今定兴固城阎台附近。定兴，战国时燕国属地，燕太子丹送荆轲刺杀秦王时，就发生在古时定兴北河一带。荆轲所携督亢图就包括今定兴版图。“督亢春晴”为古时定兴八景之一。

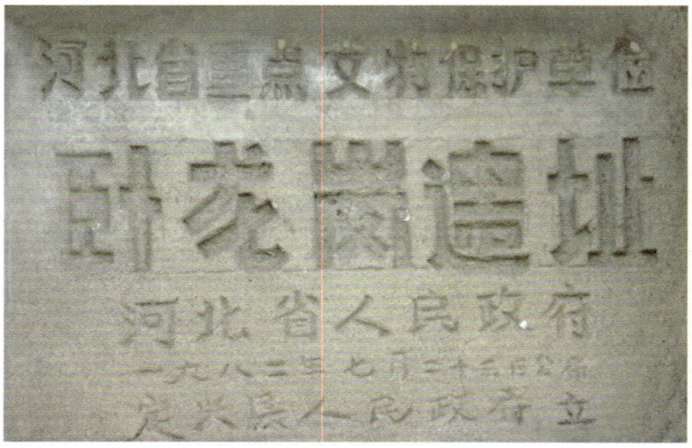

卧龙岗遗址标识

【卧龙岗遗址】 位于县城西南东落堡乡东引村，距县城 4 公里。遗址东 300 米临南拒马河，西南 700 米是北易水河，两河在遗址东南汇合向东流泻。遗址面积 2.8 平方米，高 1.5 米，西侧缓坡而下，自然形成自西北向东南伸延的土岗。纵观全貌，蜿蜒若龙，故称“卧龙岗”。1976 年，被列为河北省重点文物保护单位。

卧龙岗的形成，来源已久，昔日乾隆帝私访曾过此地，截岗开路的民间传说。1975 年 10 月平整土地挖土时，在岗址附近农田中，发现沙红陶片（鱼骨盆）、绳纹筒瓦、板瓦、灰陶豆颈、罐劲部、盆口沿、牲畜骨骸、灶和灰炕等；1976 年 5 月，省、地、县三级考古工作者，对该遗址进行了钻探，探明文化层深度为 2 米，呈东南至西北走向，经考证为商、周遗址。

卧龙岗遗址

1984—1987 年，省、地、县文物工作者，先后几次对遗址进行了重点复查，采集了大量标本，其中石器有石镰、石斧、石镞；骨器有骨针；陶器有纺轮、豆柄、鬲足等器物残片。质地以加沙灰陶为主，红陶次之；纹饰大部为绳纹。从采集的遗物标本看，与 1976 年钻探调查结果相符。该遗址是南拒马河边首次发现的一处新石器时代的文化遗存，对研究这一区域的史前文化有着极为重要的意义。

【河阳渡口】 河阳渡又称荆轲渡，位于今定兴县城南 5 公里许，南拒马河、北易水、中易水汇合处，战国时属燕国领地。公元前 227 年，燕为维护自己的统治，派侠士荆轲去刺杀秦王嬴政，燕太子丹及宾客在易水之上皆白衣冠

荆轲亭

以送行，高渐离击筑，荆轲和而歌，留下了“风萧萧兮易水寒，壮士一去兮不复还”的悲壮诗句。据清乾隆四十四年（1779）《定兴县志》记载：“易水……经长安城、河内、东引等村与拒马河会流，燕太子丹诅荆轲于易水之上及此处。”民国二十年（1931）《定兴县新征志料》又载：“大沟村西拒马河口为昔燕太子丹送荆轲处，有碑文可考。”近日发现此碑为清道光年间所立，碑阳为“燕太子丹送荆轲刺秦王处”字样。古往今来，历代文人墨客无不赞美荆轲壮举。如“初唐四杰”之一骆宾王咏荆轲道：“此地别燕丹，壮士发冲冠，昔时人已没，今日水犹寒。”“河阳晚渡”又为古时定兴八景之一。

【辛木遗址】 位于定兴县辛木村西北约 500 米，为一高土台地，面积 2 万平方米。遗址的西面有一条古河道。1987 年 4 月，省文研所，地、县文保所，北京大学考古系对该遗址西部进行了为期 10 天的考古发掘。出土陶片有素面筒形鬲、敛口三足瓮、豆、盆等，还有石镰、石斧等石器。陶质以夹砂陶为主，也有部分泥质陶，陶色以灰色为多，纹饰以绳纹为主，还有旋纹、划纹和锥纹等。从所发掘的陶片分析，该遗址至少有两种文化因素：其一是先商文化的因素，如锥足鬲、敛口瓮等；其二是夏家店下层文化的因素，如素面筒状鬲等。定兴在夏商周时期是属于多种文化交汇的地带，而目前类似辛木遗址还发现不多，加上该遗址又保存较好，因而具有不可忽视的重要意义。

【大沟遗址】 位于定兴县大沟村南。遗址面积 5 万平方米，文化层深 1 米左右，土质为褐土。1987 年 6 月在南拒马河防洪清障工程中发现该遗址，在公安、水利部门的配合下，县文保所于 7 月中旬派人前往勘测，并邀省、地文物部门和北京大学教授参加，对遗址、灰坑进行了清理，发现了大量的陶片，有夹砂褐陶、鬲口沿、泥质褐陶罐口沿、鬲足等遗物，纹饰以绳纹为主。根据出土陶片，初步鉴定为商代中晚期遗址。1987 年 8 月该遗址被列为县级文物保护单位。

南肖庄遗址　1984年摄

【南肖庄遗址】　位于定兴县南肖庄村北。为一高土台，高2—5米不等，遗址北面有灰坑一处，采集有夹砂红陶瓮棺碎片，大部分为手制。遗址南侧有灰坑二处，初步鉴定为龙山文化遗址。1987年8月该遗址被列为县级文物保护单位。

【黄金台遗址】　位于定兴县金台陈村。黄金台又名金台、燕台，相传是战国时期燕昭王为招募人才而建。此台原为一方形土台，高10米，面积约6600平方米。上有寺庙建筑，名为隆兴寺。现存台基已成为村中宅基地，其原土台夯土遗迹皆无。其他建筑已被毁。现存明正德二年（1507）《重修黄金台上隆兴寺记》、明万历二十七年（1599）《黄金台燕昭王祠碑》、清道光十二年（1832）《观音大士碑》等碑记。1987年8月该遗址被列为县级文物保护单位。

【北章银台遗址】　又称黄金台故址。位于定兴县北章村，西距燕下都10公里，西北1.5公里为金台陈村。建筑台基高15米，东西长70米，南北宽50米，面积3500平方米，现存约三分之一，破坏较严重。相传战国时期燕国名将乐毅在此点将时筑，俗称银台。昔日台上曾建有城隍庙，设有前殿、正殿和配殿，周围有围墙，规模可观，清末毁于战火，台基部断层中曾发现少量战国瓦片，因此定为战国时代遗址。1984年12月该遗址被列为县级文物保护单位。

【石柱村建筑台遗址】　位于定兴县石柱村，为战国时期遗址。东侧700米是北易水河，西南8公里是燕下都。建筑台基高约7—8米，长30米，宽30米，面积900平方米，为土台，北面基部断层有零星战国残瓦，有夯层10厘米。传说为虚粮冢，与燕下都等遗址有一定的联系。1984年12月，该遗址被

石柱村建筑台遗址

列为县级文物保护单位。

【南引屠宰场遗址】 位于定兴县南引村东北角，距村约 80 米远的高坡上，四周道路很低。在 20 世纪 70 年代“农业学大寨”平整土地活动中起高填低，绝大部分土丘被平掉，从而发现大量兽骨，特别是下颌骨和牙齿，还发现汉代瓦片和陶器、灶炕、灰土、砖地面、牛角刀。1976—1986 年钻探，文化层因暴露于表层而遭破坏。经文物部门勘查认为，该处是汉代屠宰场。

【究室村战汉遗址】 该遗址位于定兴县究室村西南 50 米处，位于北易水河西岸的黄土台地上。台地高约 2.5 米，东 500 米为北易水河，北为小河沟，再往北为定兴至易县公路。东 50 米为通乡小路，西为干渠，南为冲击形成的河沟。

究室村战汉遗址

究室村出土汉代战锅

遗址东西长 70 米，南北宽 50 米，土质肥沃，松软，适宜种植棉花、杂粮、蔬菜。东北两面已被破坏，形成断壁，断壁上发现文化层、灰坑。文化层深 0.8—1 米，灰坑厚 0.6 米，包含物比较丰富。采集遗物有夹砂红褐陶器口沿及其他陶片，泥质灰陶片及其口沿。初步判定为战国、汉代遗址。

近年来，在遗址附近开办砖窑场，在挖土工程中，经常出土战国、汉代的碗、鬲等陶器，说明早在战国、汉代以前，人类在此地已经繁衍生息了。

【范阳城遗址】 在今定兴县固城，初为土城。固城古时为范阳故地，据《汉书·地理志》记载：“易水至范阳入涞，今易水至县南北河店与拒马河会是

土城墙

也。”应劭曰：“在范水之阳。”《元和郡县志》云：“范阳故城秦范阳县也。”郦道元《水经注》：“范阳陂，俗谓之盐台陂，陂水南通梁门淀，淀水东南流注易（南易水），谓之范水。易水自下有范水通目，又东经范阳故城南……”范阳故城，魏孝昌时为杜洛周所破，北齐武平七年（576）移至伏图城，唯固城北 19 公里百楼村有官城，以道里方向计之，疑即伏图城。又按《魏书·地形志》：范阳县有范阳城，范阳城有梁门陂。魏时，北方大乱，邑里为墟，疑此时县已移治，不始自齐。而范阳之名尚如故也。隋开皇元年，以范阳为遒（时兼有容城也）。大业十年（614）又移遒县于伏图城西南。十三年（617），陷入于寇，而二城俱废矣。隋末移遒于故容城，按《容城县志》即今城子村，定兴南界。至金立县，又故名定兴。始有定名定界。

【东林寺】 又称贾岛寺，位于今定兴县平堼村。明洪武年间僧人曾本瑗建。贾岛，字浪仙，初为浮图，名无本，唐代著名诗人，以“推敲”二字闻名于世。唐书称范阳人，即今定兴人。清康熙十二年（1673）《定兴县志》有其传。相传贾岛削发为僧人，从法善寺返归故里，居住东林寺，有诗为证。按东林寺寺碑记载，明天顺元年（1457）年赐额，东林寺也记载此事。定兴城内也有东林寺，金时所建。元陈章过东林寺诗云：“故庵尚在青山里，却说长安片瓦无。早有诗名惊吏部，劝加巾帽变浮图。回看桃李风斯下，上接岑王道不孤。我独爱君诗瘦健，推敲想亦费工夫。”

【桃花坞】 定兴县境旧时盛传有“桃花坞”。《绿牡丹》一书称：定兴县西门城外十里之遥，有一胜地名曰“桃花坞”。其地多种桃花，每年农历二三月间，桃花争艳，士女争观，老少男女，携盛馔络绎来此看桃花。佳景如画，名不虚传，实乃定兴之胜地。邻近的，搬运桌椅容易；若远处来的，只能提壶携盒。于是有些商旅之人，买些木料，造些桌椅，逢桃花将放之时，士人游春

桃花坞

时候预先点缀些落花，把桌椅摆设其间，供远方游人备用。真可谓桃花香飘，沁人心脾；士人络绎不绝，流连忘返，大有“看遍好花春睡足”“优游乐闲静”之感。古时，桃花坞是定兴县城通往高里、易州的必经之处，由此推知，“桃花坞”的位置应为现在的东落堡村与究室村交界的北易水河一带。据说，究室村东南，有一高坡，当地人俗称“天坡”，意思“坡”上可摩天，“地”下可依水，是古时交通要道。河船摆渡，商贾云集，人声鼎沸，非常热闹，此地多种桃花，故称“桃花坞”。

王实甫故里碑

【王实甫故里】 位于定兴县究室村。据当时河北省元曲研究会秘书长、河北师范学院中文系教授张月中先生考证，定兴县究室村为王实甫故里。1993 年 7 月 28 日，首届元曲国际研讨会的海内外专家到该地参观，对王实甫故里予以确认，并立碑为证。著名书法家张虎先生题写了碑名。究室村位于定兴县城西 12 里许，东靠北易水河，地势高低起伏，定易公路东西穿行，交通便利，耕地 4200 余亩，人口 3100 余人。该村以王、李、孟氏居多。相传，西汉初期，郝、李两家在此建村。不久，喻氏从四川迁来。金初，王氏从陕西、山西一带到此处安家落户。明末清初，孟、刘氏等从东北迁到此地，他们相互依存，促进了本村经济文化的繁荣。究室王族可追溯到金初太宗时期，王大用从陕西、山西一带贫瘠的山区跋山涉水到土地肥沃的易州究室村安家落户，历经王国良、王作梅、王逖勤等五代至王实甫，实甫生子王金、王结、王千。随王结职位升迁，王家重修私第。新宅高墙环绕，僻静幽深；院中套院，绿叶扶持；院内楼阁，斗拱相接，回环四舍，互相连属。正院几处为王结居住，东院为实甫住处，小巧玲珑，白天不显嘈杂，夜间尤为安静，正门平日严闭，只在重典时开启。王家院外东西各有戏台一座，供王氏及村民娱乐。王家祖坟在村西二公里处，占地二十余亩，世代有人看守。到清道光年间，王家分为南、北二王，现在看到的是二王分家后的遗址。

【巽阁遗址】 位于定兴古城东南500米处，东西长240米，宽61米，占地14 640平方米。巽阁又称文昌阁，据清康熙十二年（1673）《定兴县志》记载："巽阁在城东南，奉文昌神，明崇祯年间范文源倡建，邑文士多集其上，会课赋诗。"因其风景秀丽，"巽阁笼烟"古时被列为定兴八景之一，后也曾做过定兴县文化活动的场所。现仅存高台部分及清代嘉庆年间定兴知县赵锡蒲刻"巽阁笼烟"石碑一通。1987年8月该遗址被列为县级文物保护单位。

【大沟义和团旧址】 位于定兴镇大沟村。建于清代，为一长方形庭院，面积13 000平方米，是清末义和团练拳习武之处。光绪二十六年（1900）春，该村田和顺、王洛岳发起组建"大沟村义和团"，号称"坎"字团，亦称"六十团"。李氏村民自愿腾出了这所宅院作为义和团教练武功之地。1987年8月该遗址被列为县级文物保护单位。

（五）古河、码头、渡口、古桥

定兴县境西高东低，河流密布，有中易水、北易水、南拒马河、界河、鸡爪河等河流。涓涓细流，在定兴古老大地上穿梭而过，孕育了丰富的古燕文化，今将古河、码头、渡口、古桥等独立成篇，主要介绍古往今来，在易水河畔、拒马河旁、界河边上曾经发生的历史故事，使其不被淹没在历史的长河之中，给后人以启迪。

1. 古 河

【易水】 易水，是一条古老的河流，是流经定兴境内的北易水、中易水、南易水河的总称。随着时代的变迁和地质结构的变化，南易水在定兴境内已经消失，只剩下中易水、北易水，几近干涸。

中易水，古称武水，亦名白涧河。发源于易县西部五峰寨南麓，经东水冶至柳林庄转向东至周任村入定兴境内，复向东南经沽酒、百楼、郑村、仓巨至东引村南与北易水相汇，至北河铁路桥以西汇入南拒马河。全长 100 公里，定兴境内 24 公里。

北易水

北易水，古称濡水。源于易县西北云蒙山孟津岭南麓，经易县西陵向东至长安城村西入定兴县境，经石柱村、沿村、古桑村北，东南流过大任村、东落堡村西、究室村、王村、河内村东与中易水、南拒马相会，定兴境内 17.2 公里。

据清康熙十二年（1673）《定兴县志》记载：公元前 227 年，燕太子丹送荆轲于易水之上刺杀秦王，高渐离（定兴高里村人）击筑，荆轲和而歌，留下了“风萧萧兮易水寒，壮士一去兮不复还”的悲壮诗句，此事就发生在河阳渡口（大沟村南）一带。西晋建兴二年（314），石勒袭击王浚于蓟，过易水时，刘琨与之隔水相拒，夜间“闻鸡起舞”，誓死恢复中原。唐代“安史之乱”时期，安禄山起兵范阳，与官兵大战于易水河畔，唐代诗人李贺的诗“半卷红旗临易水，霜重鼓寒声不起”就是其真实写照。又据清光绪十六年（1890）《定兴县志》记载：光绪十六年（1890）八月，中易水、北易水泛滥，附近禾苗、民房被淹，庄稼子粒未收。民国九年（1920）直皖战争后，县境连遭兵乱，北河渡口一度停运，夏秋季节行旅艰难。民国十七年（1928）十一月，民国时期建设局重新建起河阳渡口（北河渡口），并造船两只，以备航行。

南拒马河

【拒马河】　拒马河，发源于涞源，经易县、涞水、北京房山后分两支。北支称北拒马河入涿州。南支称南拒马河，经涞水县城东南从定兴吴村入境，经定兴西关至北河店村北，与北易水、中易水相会，转向东南至谭城村南流入高碑店，注入白沟河。全长 223 公里，定兴境内 41.9 公里。

西晋建兴二年（314），少数民族首领石勒袭击王浚于蓟，过易水时，刘琨与之隔水相拒，河水暴涨，挡住了石勒的骏马，拒马河名由此得名。辽统和四年、北宋雍熙三年（986），北宋大将曹彬与辽将耶律休哥战于岐沟，宋师败退，夜渡拒马河，死伤惨重。辽太平八年（1028），契丹置戍长于拒马河，肆意掠夺，民遭苦难。清顺治元年（1644）六月，清兵与农民起义军首领李自成部战于河阳渡口（今北河拒马河处）。清嘉庆六年（1801）七月，淫雨 40 天，拒马河泛滥，庄稼严重受灾，民房被淹，颗粒未收。1963 年 8 月 3—9 日，连日暴雨，降水量达 422 毫米，拒马河水泛滥，加之山洪暴发，淹死 26 人，伤 89 人，倒塌房屋 47 733 间，全县 26 个公社，25 个受灾。1993 年 7 月 28 日，首届元曲国际研讨会的代表云集定兴，来到北河拒马河口参观“荆轲渡”，凭吊“荆轲刺秦”的故事。

【界河】　界河是宋辽时期的分界河，也是今定兴县与高碑店市的分界河。明万历《保定府志》记载：“界河源起于新城（今高碑店市）闫庄，南至定兴东，北经东西两斗门，南行于斗门河仍入新城之西沟河（今属定兴县）。”清康熙十二年（1673）《定兴县志》云：“界河今邑（今定兴县）与新城分界也。源起新城闫家

界河

甫，由斗门而南，淘洼有湾，东流与之会。越铺头东及王家庄入界河铺。金辽旧筑以备宋者也，其下流为西沟河（今属定兴县）。”该河是一条运粮河，北通北京琉璃河，南接白沟河，注入大清河水系，旧时商贾云集，人声鼎沸，“铜帮铁底斗门河”就指此地。

相传，此处是宋辽交战之地。宋辽军队以界河为界安营扎寨、相互对峙。界河边的顺河营、李八营、闫家营、老君屯、界河铺等村因此得名。辽圣宗统和二十二年（1004），辽圣宗和萧太后以收复瓦桥关（今河北雄县南关）为名，发兵南下，攻打宋国。萧太后“亲御戎车，指麾三军”，率十万大军攻城野战，避实就虚，长驱直进，在此与宋军主力相遇，宋辽军队打得不可开交，辽兵总攻不下。一日，萧太后乘辇到此亲自督战，见辽军粮草已绝，军心涣散，士气不振。当晚，趁着夜色，萧太后急令部队疏浚界河通道，在界河旁边，用干草扎起很多“人字形”谷堆，用战船装满谷物，运至阵前，官兵见粮草如山，士气大振，一鼓作气，冲破敌阵，把北宋部队杀得尸骨遍野，迫使宋与辽签订了“澶渊之盟”，开创了宋辽和平发展时期。萧太后（953—1009），名萧绰，是辽圣宗耶律隆绪之母，世人称“萧太后”，她就是《杨家将》中杀伐决断，生擒宋代名将杨继业的政治家、军事家。战争结束后，士兵方知，界河边上的谷堆不是真正的谷物，是干草；战船上麻袋装的谷物并非谷子，是谷糠，是萧太后在紧急情况下的战术之一。后来，宋在此屯兵驻守，两国在此进行贸易活动。

宋辽时期，北宋太宗与辽国约定，禁止辽人在界河捕鱼。宋在界河南岸植树数里，现界河铺古槐尚存。北宋政治家、文学家王安石在《边户诗》中写道：“身居界河上，不敢界河渔”，描述了界河两岸的生活状况。据《宋史·赵滋传》记载：“契丹违约渔界，河中滋捕杀之。辇其舟，移文还涿州。”赵滋，字子深，北宋名将，强力精悍，有智略，有吏能。北宋政治家、文学家范仲淹（989—1052），经略陕西，举荐赵滋为镇戎军西路都巡检，平叛西北贼乱，历任安肃（今徐水）、保州（今保定）、雄州（今雄县）知事。当时，契丹辽民违反宋辽在界河捕鱼的协议，乘船到界河捕鱼，对北宋进行骚扰，北宋官吏怕生事，多年不敢禁止。后来辽民更加肆无忌惮，又多次派十余艘大船从渤海边运盐入界河，供辽民食用。又据《宋史·赵滋传》载：“辽人渔界河，擅引兵北渡。辽持此挑衅，数暴边上。”北宋朝廷以为心病，派猛将赵滋解除边患。赵滋赴任后，派兵沿界河巡视，见到辽民乘船到界河捕鱼，立即将辽民抓捕杀掉，将其船只拖走，并下谍文诏令辽国，宋将其扣留的船只返还涿州。契丹边民对他望而生畏，辽国渔民随意在界河捕鱼之事被制止。赵滋在任期间，契丹闹粮灾，边民大饥，米出塞不得过三斗（村）。赵滋曰："彼亦吾民也。"把契丹边民当成大宋子民，下令北宋边民送给契丹边民谷物等粮食，帮助契丹边民渡过难关，深得辽民赞许。

2. 码　头

民国以前，县境水路较为发达。南拒马河、北易水、中易水在北河河阳渡口交汇，东至西靳村北又有周家庄小河汇入，入白沟河，经大清河水系注入海河到达天津。河道水深流缓，极易水运，自古通航，是天津通往山西的重要水上通道。定兴为水路、陆路运输的交汇点，南拒马河来往帆船不断，运输繁忙。沿河岸有西关、北河、杨村码头屯货，获舟楫之利丰厚。芦汉铁路建成前，生产生活物资多靠水路运输。随着卢汉铁路的通车，水路逐渐衰落。民国二十八年（1939），仍有帆船可顺流去天津。1949 年中华人民共和国成立后，公路、铁路运输发展迅速，加之河水源头兴建水库，河道水量逐年减少，水上运输随之停止。

【杨村码头】　紧靠南拒马河南岸，水道宽广，深有丈余，水流缓慢，极易停船。码头为东西走向，长约 0.5 公里。日常泊船 10 余只，多时可达 40 余只。船载 1 万—5 万公斤不等。码头南岸有"福泰盐运"，从天津运来的食盐经此待发新（城）、定（兴）、易（州）、涞（水）、广（涞源）各县。南北两岸各有一个炭场，从山里运来的石灰、煤炭经此装船运往天津。码头上设有脚行。负责货物的装卸，日常有 30 余人，多时则增加到 60—70 人。

码头备有 7 只集船，往返于天津、杨村之间。日发 1 只，回 1 只，沿途送往来客商。码头两岸设有饭食、糕点、小食品等摊位，供来往过客选用。

【西关码头】　原址在定兴县城西关外南拒马河东岸，主要为县城商户服务，其规模远不如杨村码头。每到秋后至翌年汛期前，由于受北河大桥的架设和上游搁浅的影响，仅有装载量较小的船只逆行至此，并按客户意见停泊，停泊点随意性较强，如有时改停在下游的南肖庄村西。

【北河码头】 设在大沟村南的南拒马河北岸，今京深公路107国道北河大桥东侧，装运范围以北河村以南的镇店、村庄为主。清代以来冬春季节受北河大桥的阻隔，县城商户也在此装卸货物。

3. 渡口

1997年在未建永久性桥梁以前，定兴境内南拒马河设河阳渡口（北河店—大沟间）、西河沿渡口（西关—西陈庄）、大任渡口（大任—究室）、杨村村北渡口。清雍正十一年（1733），庠生赵坤倡议捐资百金造船，设河阳渡为官渡。民国九年（1920）直皖战争后，境内连遭兵乱，即行废止。民国十七年（1928）冬，定兴建设局成立，第二年春，制造新船2只，供给河阳渡口、西河沿渡口各1只，杨村渡口、大任渡口仍依照旧例集资造船1只，也有私人出资造船的。1956年后，北河渡口（河阳渡口）有船2只，北河店、大沟村各备1只，西河沿渡口有渡船3只，由西关村、西陈家庄村、大田村、相盖、田侯村联办；大任、杨村渡口分别由大任、杨村主办，各有渡船1只，渡船最大载重不过5—6吨。1957年2月，根据保定专署公路管理处的《公路渡口管理施行办法》，县公路交通部门对渡口实行管理，贯彻“安全第一，服务第一”的方针，以渡口为单位，合作经营，统一结算，统一收费。1978年以后，渡口被永久性桥梁所代替，渡口随之消失。

4. 古桥

1958年以前，定兴境内有古桥10座，多建于交通要道、缓流小河之上。故多为石板桥。

【南桥】 位于定兴县城南5公里北河店与大沟之间，古为“河阳渡口”，是京师至保定驿道跨越南拒马河的桥梁之一。因位于定兴城南而得名，为临时性草木桥，春拆秋搭，夏季为渡口，设渡船，称为河阳渡。桥长60丈，宽1.6丈，高0.6丈，40孔。每孔1.5丈，木桩。1966年北河大桥建成后，原桥不复存在。

北河公路大桥　1983 年摄

【西桥】　位于县城西 0.5 公里西关与陈家庄村之间，古为西河沿渡口，是定兴至易州驿道跨越南拒马河的桥梁之一。因位于城西而得名，为夏拆秋搭的临时木便桥。桥长 25 丈，宽 1.2 丈，高 0.6 丈，20 孔，夏季设船，改为渡口，1977 年西关胜利桥建成后，原桥不复存在。

【杨村大桥】　位于杨村村北，古为杨村渡口，是城内至杨村大路跨越南拒马河（三河下梢）的必经之地。因清代陈浩善（定兴县东韩村人）乐善好施，出资建桥，又称陈浩善大桥。桥长 60 丈，宽 1.2 丈，高 0.6 丈，夏拆秋搭，夏季设船摆渡，1982 年杨村大桥建成，原桥不复存在。

【时济桥】　位于固城镇西，南门附近，在京师至保定驿道上，为半永久性石拱桥。长 4.2 丈，宽 2.7 丈，高 1.5 丈，明成化年间建。明嘉靖六年（1527）重修。民国三十五年（1946）国民党军队在此修筑碉堡将桥炸毁。

【大石桥】　位于固城镇陈村营西 0.5 公里处。明成化年间重修。桥长 2.4 丈，宽 0.9 丈，高 0.7 丈，4 孔。在固城至易县塘湖的大道上，桥下通过北起拒马河南入漕河之水。民国三十三年（1944），抗日军民为切断日军进村之路，将此桥拆毁。

兰沟河悦来桥

【悦来桥】 位于巨兰沟村西0.25公里处，跨过兰沟河，为石盖板桥。该桥长1.8丈，宽0.9丈，高0.6丈，2孔。始建年代不详，清乾隆二十六年（1761）重修，1958年拆毁。

【利济桥】 位于贤寓村西1公里通向姚村的大路上，建于清康熙四十八年（1709），光绪十年（1884）重修。长2.5丈，宽0.9丈，高0.7丈，3孔，1958年拆毁。

西石桥

【西石桥】 西石桥位于西石桥村东0.5公里处，石盖板桥，长2.3丈，宽1丈，高0.8丈，3孔。桥旁有石碑："自从盘古开天地，三皇五帝到如今。"石桥有传没记，不知何年所建。据查，辽宋时期，有肖姓人家迁此定居，后发展成村。村中修一石桥，后为东、西石桥村，村名因此而得。到了明代，该桥不固，张景芳曾易以木，后其孙以石复建。沿至清代，桥下河水潺潺南下，四季不干。而石桥位于大路，四通八达，东去杨村趋容城县界，北往定邑之城，延入涞水之地，成为黔首交往、商客通行之道。清雍正八年（1730）、乾隆十四年（1749）、嘉庆二十五年（1820）、道光二十年（1840）重修。

【永济桥】 位于固城镇二街西门附近，在固城通向姚村的大路上，长1.5丈，宽0.9丈，高0.6丈，2孔，始建年代不详。民国十八年（1929）张计宾的祖父重修。

【古城四门石桥】 定兴古城四门外均建石桥，每座2孔，条石墩台和基础上铺条石板。桥长1.5丈，宽1.4丈，高0.6丈，上有石柱栏杆和石塑板。

北、西两门石桥解放战争中损坏。1949 年中华人民共和国成立后，西门改为石墩台砖拱桥，北门改建为条石盖板桥，东门、南门两座石桥除栏杆失落外，遗址尚存。

（六）古道

1. 行驮道

自秦置范阳，县治所几经变迁，其交通中心亦随之变化。

以范阳（今固城）为中心的行驮道

汉代以范阳为枢纽的行车大路仅有南北大路：新昌（今高碑店）—范阳（今定兴）—新城（今徐水）

南北朝时期又有东西大路（亦称去山西大路）：遒（今容城）—范阳（今定兴）—宣化（今姚村）—故安（今易县）

以遒（涞水）治所至伏图城（今百楼）为中心的行车大路

南北大路：祖村（今祖村店）—皇甫店（今定兴）—龙泉镇（今固城）—遂城（今徐水）

去杨村大路：遒（涞水）—杨村

去上谷（今易县附近）大路：遒（涞水）—易县—上谷郡

去山西大路：龙泉镇（今固城镇）—宣化（今姚村）—易县

以定兴为中心的行车大路

金大定六年（1166）置定兴县，治所在黄村（今定兴城内）。县下设四乡：西北金台（今金台陈村）、西南宣化（今姚村）、东南兴仁（今杨村）、东北汇川（今天宫寺），遂形成县乡大路网。

2. 驿 道

驿道为官府大道，由秦汉驿道发展而来。定兴境内驿道自元代始设驿站。元设宣化驿（今姚村），明设河阳驿（今北河），清代始设驿铺。境内驿铺有北河铺、泥瓦铺、九汲铺、固城铺、祖村铺。此五铺设于京师至保定驿道，故为急递铺。另有高里铺、铺头铺、宣化驿。

柏油公路 摄于20世纪80年代

清代县境内的驿道有：

京师至保定驿道，自祖村店入境，经北关、南关、杜家庄、小店、大沟、北河店、六里铺、泥瓦铺、九汲、尚汲铺、六里屯、固城出县界入安肃（今徐水）。

定兴至易州（今易县），自定兴县城经肖庄、相盖、东落堡、究室、景安、高里店出县界入易州。

易州至保定，自北营邱村入县境，经南营邱、宣化（今姚村）、辛木出县界入安肃县境（今徐水县）。

（七）古井

相盖古井　摄于20世纪40年代

【相盖古井】　其遗址坐落在定兴县城西偏南1公里处，西相盖村南。清光绪十六年（1890）《定兴县志》卷四“祠祀”记载：“龙母庙会在相盖村，古井石底七孔，大汉渫之，祈雨极灵验。”故昔有“相盖井，百楼淘，不过三天下满壕”的古老谚语。

此井约凿于上古时期，春秋战国时期建村时，传说该地五龙圣母庙有一古井，舜王淘井，被其弟象将井口盖上，欲加害以谋其政，故取名象盖。1939年分成东、西两村。“相”“象”同音，后演变为东、西相盖。

1947年2月，古井后面“龙王庙”被国民党二十七军全部拆毁，1958年7月，村民平整土地时，该井亦被填平，现仅存古井遗址。

【金台古井】　位于定兴县城西南15公里处的金台陈村，现金台已废，仅有古井一眼。

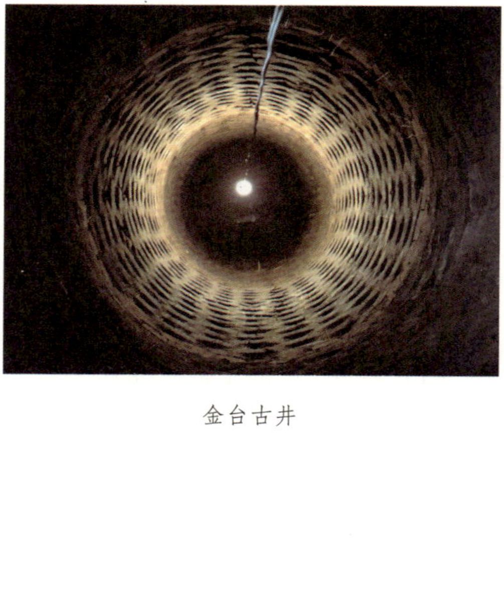

金台古井

古井建于何代，无从考究，传说战国时期就有。20世纪40年代寺庙被毁，50年代土台被取土整平，唯古井尚存。

据调查，古井凿于黄金台上隆兴寺前。相传，隆兴寺正殿前嵌一宝镜，每值夕阳照镜，光反射井内，遂呈现“干类松、叶似柏”的奇观影像，加上台上环境幽美，因此“金台夕照”被列为古时定兴八景之一。1984 年 12 月被列为县级文物保护单位。

【龙泉井】 又称观音井，位于定兴县固城。据清康熙十二年（1673）《定兴县志》记载：龙泉井在固城镇，苻秦时，上井泛滥，给乡民造成危害，遂建大士刹镇之，于是井水停止泛滥。金代，金章宗视察路过此地，诏命重修此井。元代总管万户张柔曾经疏通过此井，获大士像一尊，净水瓶一个。清康熙年间，井虽然有溢，但不越其限，因此得名圣井。明万历二十年（1592）进士、定兴辛木村人、曾任太原府同知的蔡梦齐察看龙泉井后写诗称赞：其一，“定水闲成照，幽花亦自开。何妨封世路，点点印苍台。”其二，“籁静香云细，天空鹤唳遥，小山丛桂渺，梦里自相招。”其三，“命寄县系宇，心安熟食禅，但能空一切，举足是青莲。”

【天宫寺古井】 位于定兴县城东 12 公里处的天宫寺内。天宫寺在今天宫寺村西北，始建于唐代，占地 50 余亩。古时寺院高大雄伟，众神汇聚。道教中的玉皇大帝、王母娘娘、太上老君、托塔天王，佛教中的如来佛祖、观音菩萨等应有尽有。寺内原有僧人很多，香火旺盛。后经明、清重修，至 1966 年“文革”时被毁。

据了解，此地先有的寺，后有的村。除天宫寺外，还有南（北）马坊、老君屯、天边、界河铺、孙各庄、李八营、西黄河等村，至今还流传着许多关于吴承恩写《西游记》的传说，密集着与《西游记》相关的村名，在全国实属罕见的。

天宫寺古井在天宫寺西南处。传说是观音菩萨把甘露水洒在此地，当地人修成“圣水”。此水长年溪流不断，从古至今，清澈见底，甘甜醇香，养育了天宫寺内及附近村的人。经勘测，此水为国际一级矿泉水质，正待有关方面开发。

【阁儿古井】 慈云阁，俗称阁（音通稿）儿，位于定兴古城中心，建于元大德十年（1306），是由相盖村住持德宝募捐而成。慈云阁以前有一大悲阁，毁于战乱。相盖住持德宝看到后，发誓在原址重修。古时，慈云阁前边有山门，后边有禅房，是一“船”形建筑。古城四周高墙林立，周围有护城河水环绕，象征古城是一个永不沉没的“船”。传说阁儿的建筑没有一个钉子，在修阁儿时，住持德宝派去一个木匠，让他去砍楔子，他去了三天三夜，就是不干

阁儿古井

活，工头说你为什么不干，那个木匠说，阁儿的椽子短，用不着为它着急。工头说，你要是不干就走吧，木匠二话没说就走了，走时留下一块方板，正是做好的楔子模板，建完阁儿后，楔子正好用完，再找那个木匠，怎么也找不到，说是化作神仙去了。

阁儿建好后，在阁儿中心塑有千手观音佛，阁儿中间凿有一口古井，古井深不见底，井中有一铁链，井水清澈，香甜可口。抗日战争时期，农民挖地道都修到了阁儿井的底下。关于阁儿里的古井，人们有着美好的想象：有的说阁儿的井深不可测，有的说井里的铁链怎么也倒不完，等等。其实，阁儿的井有几种用途：一是阁儿是佛教建筑，里边住着很多和尚，阁儿的井水可以供和尚食用；二是阁儿井位于古城中心，四周有护城河，而护城河和西边的拒马河相连，水系相通，古井正位于“龙眼”上，可以起到防干燥、防火的作用；三是阁儿内院空间狭小，把井放在大殿中间，可以节省空间。近年来，随着拒马河水干涸，护城河消失，阁儿古井随之湮灭。1998 年阁儿重修时，将古井填埋，阁儿古井只能留在人们美好的记忆中了。

【龙通井】 位于定兴县尤旺村北。旧时井沿用圆形整块大青石镶嵌，青石厚约一尺，直径五尺，井口直径三尺，尖滑圆润，井筒为青砖砌制。井深六七丈。井边有一块厚一尺、三尺见方的汉白玉小石桌，井周围长满了密密的尖草。此井传说是在明初定都北京时，徐达从南向北射的第一箭的箭坑形成的，燕王朱棣迁都北上时在此饮过水。井水无色、无味、清澈甘甜，喝上一口沁人心脾。此井非常神奇，不管有多旱也从未干过。井底的泉眼南通拒马河，北联兰沟河，如果打水的木头筲掉到井里，不用急，也不用捞，三天后你去两公里以外的南拒马河的“五马口”去等，筲就会从那里飘出来。为了方便过往群众舀水喝，井台上放着一个木梆勺，勺上刻有一组字：“梆梆勺儿撂井台，只等喝水人儿来，谁要拿了梆儿去，日后烂脚遭天灾。”20 世纪 80 年代后，水位下降，此井逐渐干涸。

【五芳井】 位于定兴县城内。明崇祯九年（1636），清兵攻打定兴县城，明末义士鹿善继率兵与清兵作战，壮烈牺牲，清兵攻陷定兴县城，烧杀抢掠无恶不作。明末文学家、定兴相盖人范士楫之妻马氏隐于城中，为保贞节、守孝廉，携其子女五人跳入井中，后奴婢九人也跳入井中遇难，人称“五芳井”。明末文学家孙奇逢曾写诗称赞范士楫一门节烈，明文学家黄道周曾写《五芳井纪》以示纪念。五芳井因此流芳百世。

【龙潭古井】 位于定兴县城西南20公里处的西落堡村北，张爷庙东侧。该井龙眼与北边的中易水相连。旧时，井水泉涌，滋润附近良田。现张爷庙和龙潭古井遗址尚存。

龙潭古井

（八）古墓葬

1. 墓葬群

【人头骨丛葬遗迹群】 在定兴县张家庄乡中陶沈、西魏家庄两村附近，至今还有5座人头骨丛葬遗迹群。其中两处是3—4米的高丘，三处化为平地，露有遗骨。中陶沈、西魏家庄西与易县郎井一带相接，郎井又是燕下都遗址的中心，方圆十几里。该处遗迹作为燕下都14座人头骨丛葬遗迹群的一部分，早在20世纪60年代就已被发现，70年代对其遗迹做了部分发掘。连同在易县境内的9座人头骨丛葬遗迹群，总共埋葬着高达3万之多的头颅，实属罕见。

关于“人头骨丛葬遗迹群”所处的时代和涉及的历史事件，迄今也未发现文字资料，文献亦无记载。有关专家根据人头骨丛葬遗迹封土中出土的器物残片与附近已发掘的墓葬随器物及封土中器物残片特征基本相似这一点判断，这些人头骨丛葬遗迹的时代属战国中期后段。关于所涉及的历史事件，有不同说法：一说与燕国“子之之乱”有关。换句话说，人头骨是死于“子之之乱”的燕国人，也就是说燕下都城南人头骨丛葬遗迹群与墓葬应是燕国国内动乱后保留至今的重要文化遗存。另一种说法与燕昭王二十八年（前284）大将乐毅伐齐有关。也就是说，人头骨是战争中缴获的齐国人首级。

积尸封土

牙骨

燕下都城南“人头骨丛葬遗迹群”历经两千多年的风雨，部分被夷为平地，但尚有半数地面仍存留高大的夯土堆，有的高达4—5米。从发掘出的头骨看，有的头骨上残留有铜镞“箭头”镞锋部分，有明显的被砍杀的痕迹。据文献记载，战国时期多以“斩首”报功邀赏。《商君书·境内》记载秦国就是以“斩首”所得首级的多少而论功行赏的。因此，这些人头骨为战争中缴获的敌国首级当最有可能。人头骨丛葬墓群对研究战国时期燕国的历史具有重大的历史价值。

【北大位汉墓】　位于定兴县东落堡乡北大位村北，距县城西北8.5公里的北大位村林场内。原有墓冢11座，1966年前后，群众平整耕地时，将这些墓冢挖掘6个，平掉4个，仅残存的1个，封土高2.5米，长8.65米，宽7.3米。其封土尚不足原来的五分之一。挖掘平整土地时，发现墓丘内有大量绳纹砖及陶片，根据器物造型及其他情况定为汉代墓葬。保护范围：东西宽500

北大位汉墓

米，南北长600米，面积300 000平方米。2008年7月县文物部门对北大位汉墓进行调查发现，墓区平整，仅剩墓冢一座，高50厘米，长宽各2米，墓区为林场，墓区内有残存汉代墓砖等。

【姚村汉墓】 位于定兴县姚村村西。面积为500平方米。1984年4月，村民使土时发现墓区，发掘出陶片，经修复后有灯、盏、盆、豆、漏、碗、仓、酒壶、牌楼、瓶、灶等10余件。1997年村民挖土时又暴露墓区，经保定市文保所清理，发现汉墓5座，清理部分车马饰件和画像石门一对、铜镜一面、陶仓一个。1987年8月，被列为县级文物保护单位。

谭城汉墓

【谭城汉墓】 位于定兴县城东南25公里的北南蔡乡谭城村东500米处。该墓原为河北省级文物保护单位。墓封土高于地表3米，顶部呈长方形。1966年在破“四旧”运动中，坟头被毁，挖出大青砖一车。1973年当地群众又在墓南边发现砖墓室，墓葬至今保留原状。1984年12月被列为县级文物保护单位。保护范围：东西长37.8米，南北宽5米。近年来由于村庄外扩，墓区南侧、西侧、北侧均已盖起民房。墓封土稍有减少，但砖瓦仍很多，杂草丛生。

【长安城墓葬群】 位于定兴县长安城村东北，面积约2100平方米。群众用土时发现。台地东部断面残存汉墓5座，挖出大量墓砖，出土了陶罐、陶托盘、五铢铜钱等器物。北京大学考古学家徐天进1987年4月对墓地进行过勘查。1987年8月被列为县级文物保护单位。

河内村张氏墓葬群

【河内村张氏墓葬群】 即张弘范家族墓葬群。位于定兴县河内村，县级文物保护单位。据清光绪十六年（1890）《定兴县志》载：“河内张氏，世居定兴河内村。”元至治二年（1322），元英宗曾召见张珪于易水之上，说：“四世旧臣，朕将畀卿以政。”可见张氏家族的荣耀。除蔡国公张柔及其子张弘略、张弘规等墓在满城外，河内村还埋葬着蒙古汉军都元帅张弘范、平章政事张珪等张氏家族数百人。张弘范墓位于村西一华里的高坡上，占地十余亩，墓前有神道和石人、石马、石羊等石像生，周围还有其子张珪及家族其他墓葬多处。1982年村民取土时误触墓区，发掘出百余件元代随葬品。张弘范墓志铭碑，中华人民共和国成立前被赵玉昆部队偷劫到易县，现藏于易县文保所。1984年出土了张氏家族张德福的六角石质经幢，高60余厘米，记载了张氏家族世居定兴河内村的历史，弥足珍贵。

西江村鹿氏墓葬群

【西江村鹿氏墓葬群】 位于定兴县西江村村南。县级文物保护单位。占地75亩，始于明代永乐年间（1403—1424）。鹿氏家族于明初由山西小兴州徙居于此，分东园和西园，由北向南进入，原有松柏、神道和墓表碑刻，其中有朱珪、李光地等明清名人的铭文、撰文。墓穴有170余座，西江村鹿氏墓地在定兴县有多处，但自明清以来葬于该墓地的墓穴主人，知县以上的官员达28位，实属明清两代当地望族。该墓地现为一梨园，封土皆无，“文革”期间部分墓葬被破坏，现墓地碑刻已修建，竖立墓碑20余通，尚有部分埋于地下，大部分较完整，其家族现代墓葬也建于该地。

【田侯村鹿氏墓葬群】 位于定兴县城西北2公里处的田侯村，占地100

余亩，建于清乾隆时期。这里曾埋葬着以清末军机大臣鹿传霖祖父鹿荃为首的几百名鹿氏子孙。鹿荃（1735—1792），定兴县西江村人。曾任江苏镇江知府，浙江两淮盐运使，是定兴鹿氏家族的分水岭，人称“都转公”。鹿荃发迹后，将自己较近的鹿氏一支从西江村迁到定兴县城鹿氏祠堂附近居住。鹿荃先后重修了鹿氏祠堂，于清乾隆五十六年（1791）为其祖上重立了石碑，修订了鹿氏家谱，为其子孙定立了“宗传理学，世笃忠贞，必由其本，时乃日新”十六个字轮传，现定兴县城鹿氏后裔应为鹿荃和其兄鹿葵的后代。清咸丰六年（1856），鹿传霖的父亲鹿丕宗，因捻军起义在贵州都匀遇难，鹿传霖扶其衣冠冢回乡葬于田侯墓地，清代状元张之万为其撰写墓志铭。宣统二年（1910），清末军机大臣鹿传霖去世后，也葬于田侯村。此墓地抗日战争时期被土匪头子赵玉昆盗挖，1966—1976 年“文革”时期被夷为平地。

田侯村鹿氏墓葬群

2. 名人墓葬

【乐毅墓】 位于定兴县金台陈村。乐毅，战国时期燕国著名将领，中山国灵寿（今河北平山东北）人，魏名将乐羊之后，擅长用兵之术。燕昭王置千金于黄金台上，以延天下士，他由魏国前往燕国，被留任为亚卿。公元前 284 年，他受任为上将军，率兵伐齐，大胜于济西，后带燕军攻克齐国 70 多城池。燕昭王封其于昌国（今山东淄博东南），号昌国君。燕昭王死后，惠王即位，误信齐人田单的反间计，派骑劫代替乐毅统帅军队，乐毅被迫出奔赵国，受封于双津（今河北武邑东南）。后乐毅不计前嫌，来往于燕赵之间。

定兴境内的黄金台，是古时乐毅练兵的地方，也是乐毅的点将台。当年，乐毅在这里整肃燕国军队，操练人马，励精图治，为燕国伐齐做好了充分准备，攻下齐国 70 余座城池，打败了齐国。晚年乐毅心系燕国，奔走其间，死后葬于金台陈村黄金台旁。

定兴金台陈村乐毅墓　1923 年摄

定兴金台陈村乐毅墓位于黄金台一侧，周围有高约 1 米的围墙，墙旁边有一高大的门楼，周围树木环绕，古朴端庄。不少达官贵族、文人墨客前来凭吊，缅怀乐毅为燕国创下的丰功伟绩。北魏卢道将（范阳人）任燕郡太守，到任后就表乐毅之墓，为其立祠。此墓于 1966—1976 年“文革”期间被夷为平地，破坏殆尽。现存有民国年间定兴金台陈村乐毅墓照片。

【王昭君墓】　位于定兴县青冢村。青冢位于定兴县柳卓乡东南处，地势低洼。据清康熙十二年（1673）《定兴县志》载：王昭君墓在该村西，借此取名青冢。王昭君，西汉南郡秭归（今湖北）人，名嫱，字昭君。相传是古时“四大美女”之一，汉元帝时被选入宫。竟宁元年（前 33），匈奴呼韩邪单于入朝和亲。她自请远嫁匈奴。入匈奴后，被称为宁胡阏氏。王昭君对汉朝和匈奴和好起了积极的作用，促进了胡汉之间的经济和文化交流。她的故事后来被编为诗词、戏曲、小说等广为流传。王昭君死后建有多处墓葬，仅呼和浩特市就有 10 余处。此处昭君墓原为河北省重点文物保护单位之一，位于青冢村西边，距村约有 50—60 米，当初是一个高大的土台，面积约 5—6 亩，“文革”初期土丘被平，挖出许多陶片、瓦片。1977年5月经探查，确定为汉墓，墓址遭破坏。1995年京深高速公路施工到该村西段时，昭君墓全部被毁坏，出土了大量汉代的文物。据推测，该墓可能是慕名而建。

【张柔墓】 位于满城县城西北7.5公里岗头村月明山下，依山傍水，地势高峻。有“头枕九龙（墓地北边是九龙山），足登八宝（墓地南边是八宝嘴山），左揽日光（墓地东边岗头村内有日光庵），右抱明月（墓地西边是月明寺），腰系银条玉带（墓地南边有漕河）”之说。

张柔墓

张柔（1190—1268），定兴县河内村人。曾为金经略史，后降蒙古，在灭金中屡立战功，其部成为灭南宋的重要武装力量，是蒙古三大汉族武装势力之一，为元统一中国立下战功，任荣禄大夫。《元史》记载张柔有11个儿子，其墓志铭载有12个儿子，以张弘略（张柔的八子，中奉大夫）、张弘范（张柔九子，镇国上将军，江东道宣慰使）最为显赫。张柔墓与其子张弘略、张弘规墓合葬一处，形成墓群。墓地南北长80米，东西阔60米，总面积约为4800平方米。张柔墓呈圆锥形，高6米，封土周长94.2米，占地面积707平方米。墓前有翰林学士王磐撰写的神道碑一通。碑前原有马、羊、虎、狮、文臣、武将等石像生8尊，分两厢排列。张弘略墓位于张柔墓西南20米，高6米，封土周长89.3米，占地644平方米。墓前有神道碑一通，残存石像生5尊。张弘规墓位于张柔墓西边44米，高5.5米，封土周长69米，占地面积379平方米。张弘略等墓现只有残存遗址。2006年6月，被列为全国重点文物保护单位。

【平章墓】 即张弘范墓。位于定兴县河内村。张弘范（1238—1280），元大将。字仲畴，定兴县河内村人。张柔第九子。元中统三年（1262）为行军总督，随亲王哈密赤围李坛于济南，至元元年（1264）任顺天路管民总管。至元六年（1269）任益都、淄莱等路行军万户，参与围攻襄樊之役。至元十一年（1274），又从中书左丞相伯颜攻打南宋，为前锋渡江，占领建康（今南京），

（元）石像生

进师瓜洲。至元十三年（1276）平台州之乱，授“镇国上将军”，江东道宣抚使。至元十五年（1278）任蒙古汉军都元帅，南取闽广。使其弟弘正为前锋，俘南宋丞相文天祥于五坡岭（今广东海丰北）。次年（1279）正月，在崖山（今广东新会南）击败张世杰所统水军，左丞相陆秀夫抱宋帝赵昺投水而死。弘范获南宋符玺印章，磨平崖山之阳，在石壁上刻“镇国大将军张弘范灭宋于此”12大字凯旋。1279年十月，弘范瘴疠突发未痊，至元十七年（1280）正月十日端坐而死，年43岁。赠银青荣禄大夫、平章政事、加太师齐国公，延祐六年（1319）加封淮阳王，谥献武。著有《淮阳集》。弘范死后，皇上闻之震悼，下诏京尹操办丧事，灵柩所过郡县，以礼迎送，归葬其乡定兴河内村。其墓位于村西一华里的高坡上，占地10余亩，墓门前有石人、石马、石羊等石像生，世人称为平章墓，元大学士王磐撰神道碑。1940年，赵玉昆率部盗墓，掠走大部分随葬品，1966—1976年“文革”中墓葬被夷为平地。1982年在其墓葬中发掘出几十件元代随葬品。墓志铭在1949年中华人民共和国成立前被赵玉昆部队偷运到易县，现藏于易县博物馆。

【椒山墓】 即杨继盛墓。杨继盛（1516—1555），明代著名谏臣，字仲芳，号椒山，嘉靖进士，河北容城人。自幼家贫，就学于定兴县东江村永传寺，学习勤奋，秉性刚直，出任后敢直言。明嘉靖三十年（1551）任兵部员外郎，因弹劾大将军仇鸾误国，被贬官；三十二年（1553）再被启用，任兵部武选员外郎，后因弹劾严嵩十大罪状，下狱受酷刑而死。赠太常少卿，谥忠愍。著有《杨忠愍集》。其墓初在容城县东，万历三十年（1602）移葬定兴县东引村东（卧龙岗附近）。坟前半截石碑上写有“明忠臣杨椒山墓”“清康熙三十六年”字样。杨忠愍祠，明天启中建于定兴县大沟村西，清康熙二年（1663）被洪水冲毁，清嘉庆年间知县赵锡甫重修，继而移建定兴县北河店村北。传说杨继盛被严嵩杀头后，其身长时间不倒，后人埋葬其身时，为他装了金头。此墓

“文革”时曾被人挖开，金头早已被盗，只剩水银棺木和其妻余骨。每当清明时节，其容城后裔和定兴东引后裔汇集一起，祭扫灵墓。据杨继盛十三世孙杨德才介绍，该墓位于东引村“卧龙岗”上，东南有南拒马河、易水河环绕。墓区原约有百亩，墓分主次，按辈排列。主墓为杨椒山墓，封土高 15 米，两旁有神道碑、石供桌、石鼎等物，周围种植大量松柏，茂密成林。

明清以来，迭经战乱，林墓遭洗劫；民国初年墓被盗掘。到“文革”时期，地面建筑全部被毁，仅存杨椒山墓碑残半。经后代修整后，现墓高（封土）1 米左右，墓区基地约 500 平方米。

【驸马坟】 位于定兴县东落堡村北面高坡上。其坟丘旧时高大，中间有甬道，两边有石人、石马、石羊等石像生，占地百余亩，树木成荫，非常壮观。经过历代变迁，坟丘现已成为平地，石人、石马等石像生大都被破坏，仅剩下两个墓表和两块功德碑矗立在田间。墓表，又称擎天柱，俗称望天吼，高约 5 米，两个墓表左右对称，顶部有两个猴东西相对朝天吼叫。两块功德碑都是明万历皇帝下旨兴建的：东面一块碑体阳面是篆书，是明万历十九年（1591）祭颂驸马许从诚的碑文；西面一块碑体阳面是楷书，是明万历三十六年（1608）祭颂驸马许从诚的父亲许婉如的碑文。两个碑底部有赑屃相托，顶部有四龙盘绕，中间写有篆书“钦赐御祭”四个字。据记载，此坟是为驸马许从诚而建。许从诚，定兴县石象村人，明嘉靖皇帝第五个女儿嘉善公主的驸马，因死在这里，明万历皇帝下令保定府知府王国祯等为其修建墓地。因驸马许从诚缘故，其父许婉如、其弟许从 谦等受到皇封，得到皇宠，其家族兴盛一时。

驸马坟　1998 年摄

【鹿传霖墓】 位于定兴县田侯村。鹿传霖（1836—1910），字滋轩，定兴县西江村人。清咸丰九年（1859）乡试中举，同治元年（1862）中进士，次年任广西兴安知县，后升桂林知府。之后又任陕西巡抚、四川总督、两广总督、

鹿传霖像 1903年摄

左都御史、礼部尚书、户部尚书、军机大臣等职。宣统元年（1909），加封太子少太保，晋太子太保，历任体仁阁、东阁大学士等，宣统二年（1910）七月卒。死后，赠“太保”，谥号“文端”。据定兴城内三街陈炳麟（1899—1998）先生回忆，鹿传霖去世后，其灵柩从京城运回定兴，沿途当地官员迎候，黄土垫道，清水泼街，场面非常热闹。鹿传霖葬于定兴田侯鹿氏墓地。1966—1976年“文革”期间，当地百姓将鹿氏家族墓地挖开，陪葬品被洗劫一空，将鹿氏灵柩置于空地。其中，有一灵柩上写有“东阁大学士鹿文端公”字样，此灵柩就是鹿传霖的棺木，后这些灵柩和墓地全部被毁坏。2012年7月21日，定兴突降暴雨，鹿传霖的墓志铭被冲出，上有清末大臣陈宝琛用篆书写的“皇清诰授光禄大夫、东阁大学士，赠太保鹿文端公墓志铭”字样，现被妥善保存。

鹿传霖墓志铭

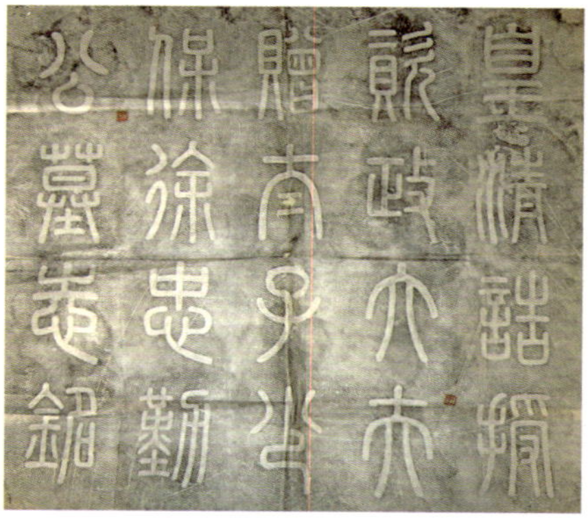

徐坊墓志铭 （清）陈宝琛 书

【徐坊墓】 位于定兴南关小学。徐坊（1864—1916），清代官员，著名藏书家，宣统皇帝的老师。字士言，号梧生，山东临清人，定居定兴。曾任户部主事，擢升国子丞，晋赠太子少保衔，谥“忠勤”。其墓志铭呈方形，白色大理石面，长、宽各约40厘米。墓正面是清末大臣陈宝琛篆书款“皇清诰授资政大夫赠太子少保徐忠勤公墓志铭”字样，背面是徐世昌用楷书款书丹的“皇清诰授资政大夫赠太子少保徐忠勤的墓志铭，膠州柯劭忞撰文，天津徐世昌书丹，闽县陈宝琛篆盖”。徐忠勤指徐坊，鹿传霖的四女婿，1916 年去世，葬于定兴县南关（现为南关小学所在地）。20 世纪 90 年代末，南关小学平整土地建操场时将徐坊墓推平，露出徐坊墓志铭。墓志铭主要记载了徐坊曾祖、祖父和徐坊在大学士鹿文端公家做幕僚的一些情况。墓志中的鹿文端是指鹿传霖，是鹿传霖去世后的谥号。陈宝琛，清宣统皇帝老师，清末“翰林四谏”之一。徐世昌 1918—1922 年民国总统，早年曾寄读在定兴，1894 年中日甲午战争时举家迁往定兴，1900 年八国联军进北京后在定兴避难。卸任后寄养在天津，1939 年去世。此墓志铭是徐坊去世后所刻，有较高的文物价值。

3. 其他墓葬

·元平章政事张珪墓在河内村，虞集撰墓志铭。

·元万户解诚墓在浑酒店（沽酒村）南，渠水之侧，有碑，嘉靖中知县赵讷移碑置学宫（今定兴实验小学文庙内）（旧志）。

·元易州太守郭宏敬墓在河内村，刘因撰墓志铭。

·明山西按察司佥事李福墓在西靳村，张柷撰墓志铭。

·元荆州府同知李翔凤墓在西靳村，李东阳撰墓志铭。

·元兖州府知府李鸣凤墓在西靳村，林瀚撰墓志铭。

·元佥都御史张镐墓在相盖村西。

·元御史鹿久征墓在西江村，孙承宗为其选地并撰神道碑，韩炉撰墓志铭。

·容城杨忠愍公继盛墓在东引村，旧在容城县东，明万历三十年（1602）迁此，张凤翔撰墓志铭。

·陈所见，字朝用，明万历十四年（1586）进士，曾任户部主事，定兴南关人。其家族墓在杜庄村，今定兴二中校门南侧，有残碑尚存。

·许从诚，石象村人，明嘉靖皇帝第五女嘉善公主驸马。其墓在东落堡村，有明万历十九年（1591）驸马许从诚和明万历三十六年（1608）其父许婉如两块墓碑和两个望天吼等建筑遗存。

·明太常少卿鹿善继墓在西江村，范景文撰墓志铭。

·明兵部侍郎耿好仁墓在百楼村东，有明诰命碑三通。

·明鹿化麟墓在西江村，李光地撰墓表。

·清渭源县知县李涓墓在西靳村，有御祭碑文。

·清御史鹿宾墓在西江村，刘谦撰墓志铭。

·清两淮盐运使鹿荃墓在田侯村，朱珪撰墓志铭。

·清按察副使鹿迈祖墓在西江村，姚鼐撰墓志铭。

·清都匀府知府鹿丕宗墓在田侯村，刘有铭撰墓志铭。

·清著名画家张槃（字小蓬）、张寿岩（字第恩）墓在田侯村。

·王国昌，字洛平，清道光二十九年（1849）武举人，其王氏家族墓在究室村。

·张文焕，定兴东落堡村人。清光绪十六年（1890）进士，曾任工部主事。其墓在东落堡村。

·郭葆昌，清末民国时期著名瓷器家、收藏家。其墓在田侯村。

（九）古戏楼

【东林寺戏楼】 位于定兴城内二街东北角，坐南朝北，南与寺殿后身相邻，筑于2.5米的高台上，台高、台长、台宽各11米，四周以石包砌。整个戏楼为砖木结构，建筑形式与“城隍庙戏楼”相同，而规模较其宏伟。始建金大定八年（1168），是城隍庙戏楼建筑的典范。

戏楼前台东西两楹朱红色，直径二尺，高有丈余，无楹联，正前方卷檐下悬一长3米、宽0.8的匾额，正中题词为“永远欢乐”四个大字，左上方镌有“大定八年九月一日立”九字，右下方遍刻资助商号及个人姓名，蓝底白字，皆为阳文，字体苍劲有力，书写人不详。大雄宝殿匾额年号与此匾相同，是沿用原来的建筑年号所致。

昔日，每年旧历九月初一为寺院香火日，戏楼演戏三天，共庆太平。群众焚香祈祷，百货摊贩争相叫卖，熙来攘往，热闹非凡。1937年农历八月，侵华日军进驻寺院。十月下旬戏楼突然起火，日本人围观不救，村民欲救不敢。大火持续了五六天之久，致使历时八百多年的古老建筑化为灰烬，唯存戏台一方。1939年空场先后作交易场、日军靶场，中华人民共和国成立后垦为菜地。1980年以后，逐渐划为宅基地，戏台亦随之消失。

东关戏楼

【东关戏楼】 位于东关南北正街的北端路西，坐西朝东，与坐东朝西的准提庵隔路相对，是为纪念古时的一位武将——准提道人而建。戏楼与庵同时建起，南宋咸淳年间（1265—1274）修建。戏楼北侧建有坐北朝南的三官庙（三官，东汉时奉天、地、水为三神，也叫三官）一座，故后人传说戏楼又为“三官”和“准提”多神而建。该戏楼虽为砖木材料，但建筑形式独特。最引人注目的是前台檐檩置于柁下，南北两柱离地尺许悬于空中，遂以“悬梁吊柱柁压檩”称奇于后世。

戏楼建成后至民国初年，每值农闲季节，都有远路游人到此观赏，更有携带纸、笔或高粱秆之物者，在此描绘、制作模型。传说，一次有人将要完成模拟工程，模型却被突然刮起的一阵旋风卷走。其工程结构精巧，人们认为凡人难以设计，且又无法追溯其始建人，故有“鲁班修建”之说。其他建筑形式与城隍庙戏楼相似，但建筑规模与占地面积较小。整个戏台约为9平方米，高1.6米左右，前台卷檩下中间悬有一匾，题词为“康衢遗韵”四个字，因戏台窄小，每次演戏，文、武需另搭“跨台”。

东关居民，很早就有“兜兜会”的群众组织，每当夏收后各户到会里献交小麦后，管会人便以这项收入在此戏楼演戏四天，开始时间是农历二月十九日。传说，这天是“准提”被封神之日，为了祈祷祝贺，中午会员们要在庵内烧香上供，以示求神保佑。清代中叶，“兜兜会”曾与外地戏班签订三十年合同，每年届时来此演出，合同期满，本县东韩村、彭各庄的蹦板戏，相继在此演出。但因经济条件所限，历年演戏多为小戏班，对群众的影响面较小。

1947年春，国民党九十四军为了加强县城防御工事，将戏楼全部拆毁。

城隍庙戏楼　摄于民国二十八年（1939）

【城隍庙戏楼】　城隍庙，位于古城东南方，元延祐五年（1318）本县张伯祥建。元末毁于兵燹。明洪武二年（1369），定兴知县卞礼重建。“城隍庙戏楼”就在此时所建。

戏楼坐南朝北，与城隍庙正门南北相对，相隔约70米，戏楼前60米处有一影壁，正对庙门，影壁、戏楼间为一广场，占地面积4.5亩，戏台高于地面2米，成10米正方形，四面皆为石砌。戏楼为砖木结构，前后台各占一半。后台东西两山各砌一圆形窗口，屋脊为古瓦房式建筑；前台屋脊略低于后台，前后台屋脊凹陷部位相接，形成“双脊”型。正面为卷檐，东西两楹雕有醒目的凸字楹联，前檐檩下的方木上，绘有“二龙戏珠”彩图，正中悬挂一匾，题有“繁会乐康”四个大字。前、后台分界为木制隔扇，直插檩部，东、西两边各一门，外露木制构件呈朱红色，整个建筑庄重肃穆，为当时的城隍增添了不少威势。

根据清光绪十六年（1890）《定兴县志》等有关资料记载，该建筑落成后，明朝天顺、正德、嘉靖及清朝道光、同治等朝多次修葺。1942年秋后，人们因求神得雨，再次进行修整。1949年中华人民共和国成立时戏楼依然矗立无损。

戏楼建成后，每年在此演戏六至七次，其中农历四月初八庙最为兴盛。信盛合科班的刘四红、顺德合班的刘洋娃、涞水班的李晓楼等河北梆子著名演员，以及贤寓的王森亭、韩村的活娘儿们等蹦板戏，北方昆曲著名演员白云生、韩世昌、侯永奎，涿州的黄岐调演员等，都多次在此演出。

1952年，城关“业余京剧班”曾在此搭棚售票，为抗美援朝募捐演出。每次演戏，全场均以席棚覆盖。棚下可容观众3000人左右，都是站立观看，若连棚外观众也计算在内，可达四五千人，是定兴县当时最大的娱乐场所。1968

年“文革”期间，戏楼被全部拆除。

【究室村戏楼】 位于究室村“兴国寺”内，建于金元时期，为究室王氏家族所建。古时，从元曲小调到明清戏曲都在这个舞台上演出过，特别是王实甫的《西厢记》等一批不朽剧目，使该地戏曲名扬天下。明清以来，该地地处京津畿辅之地，戏班较多，剧目纷呈，许多剧种在此落地生根，如河北梆子、老调、哈哈腔等，经过不断传承，成为艺苑奇葩。究室村河北梆子剧团，成立于清光绪十七年（1891），成员40多人，传统演出剧目有《蝴蝶杯》《打龙袍》《断桥》《打金枝》等，活动在北京、天津、保定及其周边地区，成为定兴乃至保定地区最早的艺术演出团体之一。该团于1981年解散。

【南旺戏楼】 位于定兴县贤寓镇南旺村。明神宗患重病，久医无效，一日，忽有医士请命治疗，皇帝应允，药到病除，留言“定兴县南旺村刘氏”。日后酬谢时，访查村中并无此人，疑为该村“刘守真君庙”显灵，于是扩建刘庙。据清光绪十六年（1890）《定兴县志》卷四“祠祀”篇记载：“刘守真君庙在南旺，明万历初建。”

南旺戏楼　1987年摄

据查，戏楼是为纪念刘守真随庙同建。明万历三年（1575）三月破土，同年九月竣工，历时六个月。戏楼坐南朝北，正冲庙正门。台高1.5米，周围石砌，为8.5米的正方形。全部砖木结构，东西砖墙隔为前后台，隔墙两侧各有一门；双马鞍形屋脊，相接处成V形。后台两山墙各一圆窗无棂，两旁无门；前台正前方横排四棵明柱，紫红色，直径尺余，当中两柱相隔5米，左右各1.5米，柱高3米。前檐略微卷起，檐下无匾额，唯有顺檩方木横贯。清光绪年间曾有修葺，1949年中华人民共和国成立初还完整。每年两次庙会，村中以聘请河北梆子为主，但也有唱哈哈腔、蹦板之时，盛况空前。1958年，旧戏楼拆除，同时建了一座新戏楼，每年农历三月初五和九月十五两次庙会，迄今依然盛行。

永盛楼　1987 年摄

【永盛楼】　位于定兴县张家庄乡张家庄村，坐落于村中心位置，坐南朝北。楼座用砖石砌成，楼身为起脊硬山顶，筒瓦拢重檐。内部分前后台，正面四棵明柱，柱、梁及椽头尚有彩画痕迹。前后台中间有隔墙，两侧有旁门。整个建筑为砖石木制结构，占地面积约为 50 平方米。

此楼始建年代应为明代，清光绪八年（1882）整修，1951 年再次重修。省考古专家根据其建筑结构判定为辽代建筑。

据老人回忆，很早以前，村里没有戏班，主要是邀请外地戏班来村演出。永盛楼即为此而建。一开始曾有安新县马村“元盛班”“高腔戏班”来本村演出。后来本村成立“丝弦戏班”，1923 年改为哈哈腔，从清苑县请来教师教戏。全班共有演员 40 余人，曾在易县凌云册、裴山，定兴县城内演出。1958 年停演。由于永盛楼年久失修，破烂不堪，2011 年坍塌。

【杨村戏楼】　始建于明朝末年，位于杨村西街。楼高 6 米，坐南朝北，砖本结构，雕梁画栋。建筑形式为双马鞍脊形，筒瓦盖顶，立字架，阴三暗六，北面（前面）条石压顶。

“杨村戏楼”复原图

戏楼东西为 12 米，中间有木隔断。南北为 10 米，以木隔断为界。北边为前台，纵深 6.5 米，台高 1.6 米；南边为后台，纵深为 3.5 米。东西山墙各有一圆孔为窗，木隔断两边各有一门为上、下场门。戏楼前观众场地约 300 平方米，道北是奶奶庙和后土皇地庙。

过去的杨村，是定兴的重镇，水旱陆交通均很发达，本县和外县的戏班接踵而来。尤其是杨村每年的四个庙会，戏楼的演出更是盛况空前。戏楼因年久失修，于1957年拆毁。

【中斗门戏楼】 位于定兴县天宫寺镇中斗门村。始建于明代。传说戏楼周围的建筑像个乌龟。本村的“洪炎寺”建成后，南面建起了戏楼，被称为龟头，东北、东南、西南建桥三座，为三条龟腿，只有西北无桥，故“乌龟”只有三条腿。“三条腿的乌龟不能动”，人们都说这是块宝地。

戏楼坐南朝北，砖木结构，其建筑形式独特，用料讲究，前檐上拱下卷留天沟，日久天长，从未漏过，前面有两根立柱支撑。上有横匾一块，题字为“神人共月”。据传，此楼为定兴城内一姓王的木匠所建。楼内镶有一块方形木砖，记载戏楼始建年月和承建人，以作后世留传。

戏楼曾在清光绪二十二年（1896）整修，民国十七年（1928）拆除，拆除戏楼时因有三人乳名都叫“狗儿”，而戏楼横匾又是“神人共月”，因此乡民给此事起了题目叫作“三狗吃月”，流传至今。

【谭城戏楼】 位于定兴县北南蔡乡谭城村。建于民国十二年（1923），坐南朝北，与本村“二郎庙”相对，纵深15米，宽约12米，总面积约180平方米。

戏楼为砖木结构，前台左右有两棵红漆明柱。明柱边1.5米，为文武场用地；前后台用砖墙隔开，左右各一门。戏楼布局讲究，外观古朴典雅，楼顶双脊造型，跌宕错落，皆以砖瓦覆盖；壁墙上有两个圆形窗孔；正面彩色卷檐与明柱相配，更觉古色古香。

1924年以前，谭城已有“坐乡戏”。坐乡戏是本村或本地民间艺人自由组成的演出团体，因其不去外地，只在本村，故得名。演出时不化妆，宛如坐台腔。由于坐乡戏的发展和影响，村民商议用公产修建了这座戏楼。

戏楼落成后，除本村戏班在此演出外，还曾邀请外地戏班登台献艺，当时著名演员铁公鸡、金凤仙、田纪云、田纪芬、张国清、刘四红、大吉高、活娘儿们等演出尤其频繁。1937年以前，谭城戏楼演出活动达鼎盛时期。

戏楼接待戏班演出以农闲季节为主，若遇庙会或烧香的日子也请戏班演唱，有时还有花会在台下助兴。每值此时，谭城及邻村居民都会接亲唤友上庙看戏，买卖人也赶来做生意，有时台下竟达万人。台上演戏，台下花会，叫买叫卖，热闹空前。

戏班演出以河北梆子为主，也有评剧、二黄等。剧目以传统为主，也有极少的时装戏，如《送郎上战场》等。1937年七七事变后，日寇侵入谭城，下令禁止演戏，戏楼亦遭拆毁。及至1944年，侵华日军渐趋劣势，戏楼曾一度修复，但其规模远不如原来，演出活动越来越少。1949年春，戏楼被全部拆除，如今戏楼旧址已成为居民住宅。

（十）古树名木

沿村古柏
摄于民国二十二年（1933）

【沿村古柏】 位于定兴县高里乡沿村东100余米处。古柏的种植年代和原因，无从考究。据民国二十年（1931）《定兴县新征志料》记载：沿村村东南隅高敞之地有八蜡神庙一间，其庙前有古柏树一株。其枝干四出，殊异寻常，有孔明祠前古柏之奇。民间传说系战国末期栽种，距今已经有2000余年的历史。树高10.2余米，树身周长6米，树叶茂盛，遮阴面积75平方米，长势较为突出，尤以顶部枝条猛向外伸，形成座椅状。

沿村，原名严村、阎村。位于定兴县城西北10公里处。相传，古时有一老奶奶来到沿村这儿乞讨，当时天色已晚，她左手持一根柏树棍儿，右手持一根松树棍儿，走到庙前休息。她把松、柏棍儿插在一起就睡着了，第二天醒来发现松柏棍儿拧在一起，已经生根发芽，再也拔不出来了，一直长到根深叶茂。所以，古树顶端的树枝，有的是松树枝，有的是柏树枝，非常奇特，别无他见。

古柏原种植于耕地边缘，后大兴水利，平整土地，树周围形成了独立土台，略呈正方形，边长约6.4米，台高2.03米，因而大大影响了它的生长，远不如以前枝繁叶茂。2004年正月，因故被焚毁。

东林寺前古槐

【城内八大槐】 古时定兴县城内植有八棵大槐树。其中慈云阁前一棵，河阳书院（今王实甫中学）门口前二棵，旧剧场后二棵，北门一颗，慈云阁东街（原东林寺门前）一棵，东关一棵。槐树最大直径 2 米以上。枝繁叶茂，郁郁葱葱，成为县城的一大自然景观。

据说，先有大槐树，后有县城。此槐始于唐代。因唐玄宗李隆基、杨贵妃崇尚槐树，槐树被立为“国槐”，各地多有种植。金朝在黄村置县时，槐树已有几百年的历史，修建城池时作为古迹保留下来。历经元、明、清几代，直到 1945 年日本投降前，还保存完好。解放战争时期，国民党士兵做饭需用木柴，伐掉几棵。位于东关的古槐，1994 年因遭雷击起火而毁掉。现仅剩慈云阁东街原东林寺前的一棵古槐。

姚村 108 槐之一

【姚村 108 槐】 姚村位于定兴、易县、徐水交界处，距定兴县城 36 公里，是历代军事要地。清末姚村行宫和直隶陆军小学堂就位于姚村古镇。此地还是古时京都通往西安、保定等地的交通要道。1900 年，八国联军进北京时，慈禧太后携光绪帝逃亡西安回京时准备在姚村行宫驻跸。姚村经济发达，商户林立，买卖兴隆，是重要的物资集散地。相传，这里唐代建村，宋代即成为京、保之间的重镇，街道整齐，布局合理，南北大街三华里，两旁高阶瓦房鳞次栉比。宋代杨六郎（杨延昭）镇守三关时在此植国槐108棵，俗称一百单八槐。现仅存九棵。枝叶繁茂，郁郁葱葱。著名的姚村行宫就掩映在苍松翠柏、林荫蔽日中，远远望去，非常壮观。现在该地还有三山、四水、五井、二桥三孔、石漫坡、石孤钉等历史传说。

【界河铺古槐】 位于定兴县天宫寺镇界河铺村东后土奶奶庙内，距今已有一千多年的历史，当地人称为“神树”。

界河铺古槐

界河是宋辽时期的分界河，是一条运粮河。相传，此处是宋辽交兵之地。宋辽军队以界河为界安营扎寨，相互对峙。界河边的老君屯、界河铺因此得名。界河边栽植了许多槐树，以示纪念。此树正是宋辽时期栽种的。历经千年洗礼，树高和树冠约有10米，南侧的树枝已和地面相连，东南侧一个直径20—30厘米的树枝几乎折断，但顶部依然枝繁叶茂，树干已中空，需三个成年人合抱才能合拢。

【易上古槐】 易上村三清观（今易上小学校址）有一颗千年古槐，树身周长2.5米，高20余米，直径1米。此树原有东、西、南、北、中五枝，由于自然灾害，现仅存北边一枝和中间半枝。遮阴面积有一亩有余。此树原处于三清观四合院中央，是道士夏天乘凉、习武、演练法术的吉地。在古槐南侧还有一棵直径一尺以上的华楸。据此推测三清观应建于辽金时期，华楸和古槐至今已有千余年历史。

三清观为何建于此地，古代流传一则民间故事。很早以前，有一个智勇双全的大王，带着千军万马，驰骋在大江南北，有一天，他的一个谋士对他说："大王，我们总这样游玩不行，得选合适的地方建立国都，安营扎寨，才能安居乐业。"大王说："建在何处好呢?"谋士献计说："大王何不蒙上双眼，手搭弓箭，在原地转圈，随意向空中射一箭，箭落之处即天定福地。"按谋士的说法，大王向空中猛射一箭，说也奇怪，箭升空后向北飞去，刚要落地，飞来一只凤凰，叼住箭又往北飞去，凤凰叼着箭飞过一片片树林和一条条河流后，围着一高土台上的一棵槐树盘旋一圈后，径直往北飞去，在一座大山的南山脚下把箭丢下。凤凰开始叼箭的地方，就是现固城一带，历史上此地是范阳故地，很兴旺。凤凰围着槐树盘旋的地方即易上小学。最后箭落的地方即大王建都城的地方，大王在箭落点修了一个城门，名为箭门。正因为有此传说，故世世代代的易上村人，对这棵古树倍加珍重。因是吉祥鸟看中的树，故称吉祥树。三清观于清宣统元年（1909）开始改建为学校，现古槐尚存。

易上古槐

【常乐富古槐】 位于贤寓镇常乐富村刘家鼐家门前。树高 7 米，直径 1 米左右，树向西北倾斜。常乐富在贤寓镇西北 2 公里处，有耕地 9132 亩，人口 6000 余人，是当地的大村之一。相传，该村建于战国时期，一日有一将军路过此地，见村北有沽酒村，南有鲜鱼村，比较繁华，故取村名常乐富。此树位于路旁。古时在路边多植槐树，经过岁月变迁，仅剩一株。经考证古槐已有千余年的历史，应植于宋金时期，与姚村一百单八槐同一时期种植。姚村古槐品种为杨槐（俗称白槐），树干显得粗壮些，常乐富古槐为笨槐（俗称黑槐），树干略显细些，但时代基本相同。

（十一）古碑刻

定兴文化底蕴深厚，在漫长的历史长河中留下了大量的文物古迹和碑刻，清光绪十五年（1889）冬，在时任陕西巡抚鹿传霖的授意下，清末贡生鹿福世骑着毛驴利用一个多月的时间，走遍了定兴的每个村庄，对定兴的重要碑刻进行了考察、整理，编纂在清光绪十六年（1890）《定兴县志·金石志》中，留下了珍贵的史料。随着时间的流逝，如今《定兴县志·金石志》中所记载的碑刻和散落在民间的重要碑刻大部分已经散失，今将主要碑刻辑录如下。

【范阳王墓砖】 两块。一块长 38 厘米，宽 7 厘米，灰色，周边有回纹、波浪纹，中间有龙纹图案，砖一侧刻有篆文“魏故司徒范阳王墓”字样；另一块墓砖长 29 厘米，宽 14 厘米，周边没有花纹，中间隐约有龙纹式样。这两块墓砖 1986 年出土，现被著名书法家张虎（定兴人）先生收藏。

定兴，古为范阳之地。经张虎先生考证，三国时期，此范阳王为曹操尹夫人生之子王矩，因早薨，无子。建安二十二年（217），以樊安公均子敏奉矩后，封临晋侯。黄初三年（222）追封矩为范阳闵公；五年（225），改封敏为范阳王。范阳王墓砖正是那时的遗物。

范阳王墓砖及篆文

北齐石柱碑刻

【北齐石柱碑刻】 北齐石柱又称义慈惠石柱，位于定兴县石柱村。建于北齐太宁二年（562），柱体刻有3000余字颂文，记载了北魏孝昌年间葛荣、杜洛周农民起义的史实，具有极高的史料价值和文字价值。字体涵盖了隶书、魏碑、楷书技法，贯穿了中国文字发展史，在中国书法史上有着重要地位。

【李君墓志铭】 墓志为青色，呈正方形，长宽各约40厘米，楷书，有方格，200余字，无撰写人姓名。上有方盖，呈梯形，志盖上刻有“大齐天统四年（568）岁次戊子十二月朔二十三日李君之墓志”字样。墓志记载了李君为范阳人，并记载了他的先祖李蔡为汉丞相，九世祖李灵为长沙太守、城门校尉，六世祖李嘉在后燕为官，曾祖为李铄，祖父李鳞，父李欣。李君于北齐天统四年（568）十二月薨，葬于旧茔，有子李晖、李伯等。李蔡，汉武帝时丞相，政绩卓著。李欣，定兴旧志有传。此墓志铭2011年4月出土于定兴县古桑村南的一土坡旁，村民使土时将其挖出，当时墓葬还露有尸骨，后遭破坏。这块墓志铭的发现有重要的史料价值，说明在南北朝时期定兴属范阳县管辖，是有关定兴是范阳县的最早的史料之一，弥足珍贵。

李君墓志铭盖

李君墓志铭

【石柱辽代墨文】 位于定兴县石柱村义慈惠石柱顶端石屋檐内。石屋上有石檐，下置一块长方形石板，底面刻莲瓣、花环等装饰花纹，石屋正中央为一间火焰龛门，南北正面各刻有佛像一尊，南侧一尊保存较佳，北侧受风雨剥蚀，大部已毁。据考证，南侧石佛像应为幽州刺史觚律羡的化身、北侧应为觚律羡父亲觚律金的化身。1990 年 8 月，在义慈惠石柱落地重修时，在石屋与石托盘之间发现宋祥符（1008—1016）以前钱币数十枚，这说明至少在宋辽以前石柱重修过。墨笔应为此时重修时留下的，字迹清晰。修建石柱功名俱在，时间为辽大康九年（1083）正月十日，从中不难看出辽代书法字体式样，对于丰富辽宋时期书法的史料有着重要的价值。

石柱辽代墨文

【张德福墓铭碣】 原立于定兴县河内村西张德福墓前，汉白玉石质，高 0.75 米，八棱形石柱，各边宽 0.175 米。经幢刻文共分两大部分，前半部概述其生平简史，后半部分为佛教经典咒语。幢文记载：张德福，定兴河内人，祖上三代务农，德福赋性刚明，临事果断，曾奉诏亡金，收复境土立奇功，授“镇国上将军顺天节度使元帅监军”之职，终年 66 岁。据《元史》记载：蔡国公张柔，字德刚，定兴河内村人。从经幢上看，张德福与张柔（张德刚）是同一家族，是同辈，是“镇国大将军”张弘范的叔伯。该经幢现存定兴县文保所，为国家二级文物。

张德福经幢

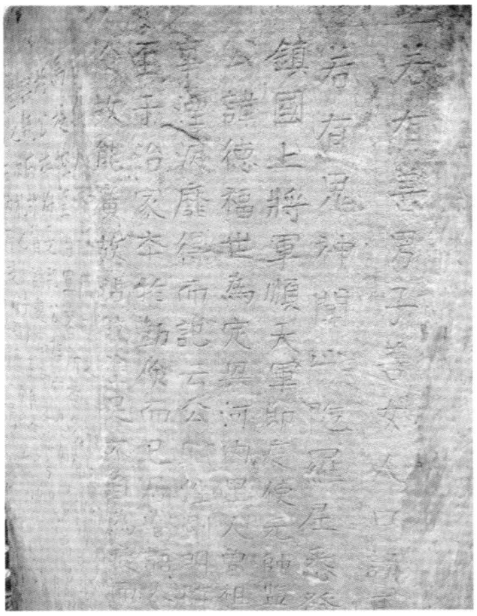

张德福经幢经文

【张弘范墓志铭】 20世纪30年代在定兴县河内村出土。抗日战争期间，被汉奸赵玉昆掠夺到易县，初置易县清真寺内，后移入回民小学，1984年由易县文管所收藏。墓志为汉白玉石质，志盖已失。志石长0.79米，宽0.84米。志文首行题“故镇国上将军江东道宣慰使蒙古汉军都元帅张公墓志铭并序”，下署“翰林待制李谦撰并书丹，都元帅府经历李处巽篆盖”。志文楷书，57行，满行50字。志文后题“至元十七年（1280）四月一日，男昭勇大将军保定等路管军万户张珪立石，石匠秦德进刊”。

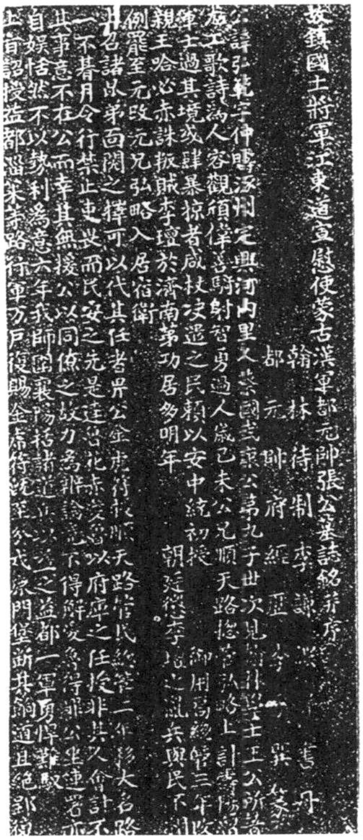

张弘范墓志铭文

张弘范，定兴县河内村人，元朝著名军事将领。率军参与了攻打南宋都城临安，逼宋恭帝出降；在潮阳俘获宋丞相文天祥，在灭南宋、统一中国的战争中起了重要的作用，他的墓志是研究宋元历史的重要资料。

撰者李谦，郓城（今山东郓城）人，字受

益，世祖时为太子谕德，成宗即位升学士，迁集贤大学士，文章醇厚有古风。篆盖李处巽，字元让，东平（今山东东平）人，元至元间书法家，能小篆。

【三尚书碑】 在曲阳县北岳庙内。碑通高 4.77 米，宽 1.22 米，厚 0.35 米。碑文大楷书，23 行，行 50 字。碑额篆书，“曲阳县重修北岳庙碑文”两行，每行 5 字，共 10 字。碑文书法线条流畅、笔力遒劲、结构严谨、张弛有度，是难得一见的珍品。河北省古代建筑保护研究所藏有整幅拓片，不仅碑体保存完好，拓片也十分精美完整，是北岳庙中明代碑刻中较为重要的一通。

王尧封篆额

此碑刻系明世宗（朱厚熜）嘉靖十六年（1537）重修北岳庙后，由吏部尚书许赞撰文、兵部尚书张瓒书丹、户部尚书王尧封篆额、真定府知府宋宜所立的重要碑刻，其目的是为了纪念这次大规模修葺。碑文对研究北岳庙在明代的规模和祭祀情况有重要价值，它是曲阳北岳庙内唯一的三尚书碑。王尧封，字伯圻，定兴人，明弘治十八年（1505）进士，正德年间授襄阳府推官，后任御史、巡抚、户部尚书、南京兵部尚书等职。万历八年（1580）在定兴城内南大街为其建两京都宪坊和大司马坊，并题有“两朝甲第”匾额。后于两坊邻近建尚书坊，均因年久失修而不复存在。北岳庙内的碑额是迄今为止王尧村唯一留下的墨迹。

【杨继盛草简碑刻】 位于定兴县城西南 4 公里处的东落堡乡东引村，是明朝杨继盛的墓地。杨继盛，字仲芳，号椒山。碑刻存 6 通，均为汉白玉石质，年代为明代。根据碑刻记载，杨继盛列举严嵩罪恶事实，向皇帝呈递奏折，共分十项，恳请皇上对内明察除奸，对外抵御胡掳，以兴帝业。草稿字迹大体尚能辨识。后人唯恐遗损，故铭刻于石头，以传后世。草简碑刻现保存于东引村杨氏后人家中。1987 年 8 月被列为县级文物保护单位。

【杨继盛祠堂碑刻】 位于定兴县城南 7 公里处的北河镇北河村，原杨继盛祠堂处。为汉白玉石质，赑屃座。碑首为蛟龙纹，碑额为“万古流芳”，高 3.8 米，宽 1.06 米，厚 0.37 米。清嘉庆年间，直隶总督熊枚重立石，定兴知县赵锡蒲监立。碑文阳面刻“明太常寺少卿谥忠愍杨椒山先生墓道”。1987 年 8 月被列为县级文物保护单位。杨继盛祠不止北河一处，在北京、保定等地都建有杨继盛祠堂。

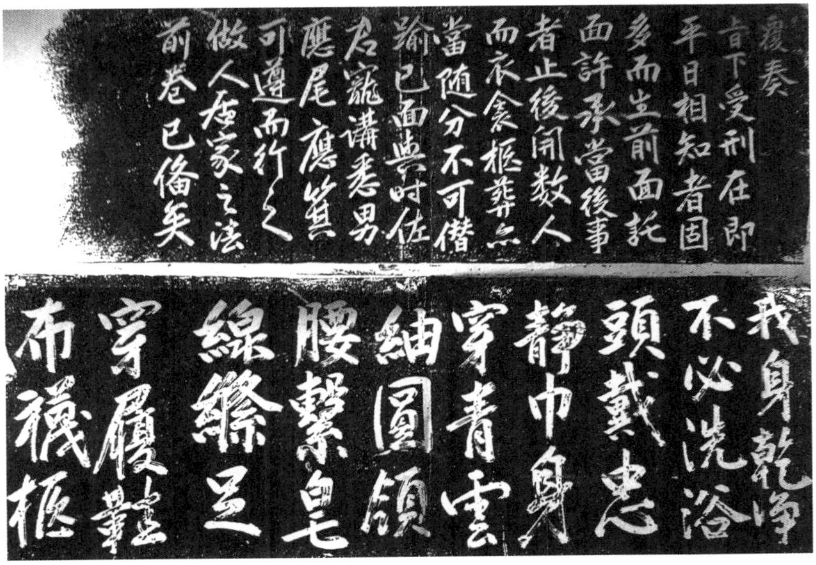

杨继盛手书遗嘱刻石　清光绪十三年（1887）九月刻

【铁瓦寺铭文】 铁瓦寺原名永安寺，位于定兴县城南 20 公里处的固城。始建于明正德九年（1514）。原山门和正殿屋顶皆为铁瓦覆盖，故称“铁瓦寺”。20 世纪 50 年代被毁，所有建筑无存。刻碑现存于固城原铁瓦寺遗址西北侧，碑首蛟龙纹，碑文“重修永安禅寺记”，青石质，明万历三年（1575）四月立。1987 年 8 月被列为县级文物保护单位。2008 年 5 月，在固城发现一块铁瓦，铭文：“山东青州府日照县僧会司普照寺掌印僧官，道源法号本宗造铁瓦二十个，大明正德八年施。”

铁瓦（明）

铁瓦铭文

【辛保庄华表碑刻】 位于定兴县辛保庄村。现存碑刻两通，均为汉白玉石质，雕刻精制，造型美观，建于清乾隆年间。华表碑刻全高 4.8 米，由四部分组成，底座和主体均呈八角形，周围遍刻图像，中部有各种姿势的仙鹤 56 只，下部为八仙，各部分图像空白处俱有题词，整个图文皆为阳文，盖帽呈球形，衔接于下边的横石（云翅）。顶部为一蹲式的望天吼。1987 年 8 月被列为县级文物保护单位。

【重修西石桥碑刻】 位于定兴县西石桥村。立于清道光二十六年（1846）。汉白玉石质，此碑记载该村东有石桥，明天启六年（1626）复建，清康熙十年（1671）遭水患，雍正八年（1730）倾，乾隆四十四年（1779）又被水冲刷，至道光二十六年（1846）共重修七次，碑刻简略记述了历次重修的史实。1987 年 8 月被列为县级文物保护单位。

【巽阁碑刻】 位于定兴县南关村。清石质，方座，长 2.75 米，宽 0.76 米，厚 0.22 米，方首抹角，立碑人赵锡蒲，邑人蔡绂书丹，碑阳书“巽阁笼烟”，并记有巽阁（文昌阁）的位置面积：“围合四十三亩，南北二至道，东至潘、雷二姓，西至刘姓。”赵锡蒲，山东冠县人，清乾隆四十二年（1777）拔贡，清嘉庆六年（1801）任定兴知县。蔡绂，定兴人，清中期书法家。1987 年 8 月被列为县级文物保护单位。

“巽阁笼烟”石碑

【西辛告后土庙碑刻】 位于定兴县城东北 4 公里的西辛告村。该村现存清代碑刻三通：碑一为清乾隆五十五年（1790）撰，字迹已不清楚；碑二为清道光年间碑刻；碑三为清同治十一年（1872）方首二龙戏珠浮雕，题额“与人为善”，正文为重修后土庙碑记，记载了西辛告后土皇帝庙的修建时间和经过及各捐资人员和商号，反映了当时民众的宗教信仰。2002 年 11 月被列为县级文物保护单位。

附：

定兴县历代重要碑刻名录

名称	年代	撰文、书丹或刻石	所在地	备注
汉金城太守殷君碑	汉代			清《定兴县志》载
王兴国等造石柱颂	北齐太宁二年（562）		石柱村	清《定兴县志》载
唐开元经幢	唐开元十年（722）	魏靖、昝仙童	北幸村	清《定兴县志》载
辽重熙经幢	辽重熙三年（1034）	郑卞	东韩村	清《定兴县志》载
辽空乡寺经幢	辽重熙二十二年（1053）		南张村	清《定兴县志》载
寿昌经幢	辽寿昌元年（1095）	田氏	固城	清《定兴县志》载
祝寿寺经幢	辽乾统元年（1101）	潘阿里	西靳村	清《定兴县志》载
南引寺经幢	金天会十四年（1136）	李照奉	南引村	清《定兴县志》载
东韩村经幢	金大定十一年（1171）	王进	东韩村	清《定兴县志》载
斗门村石幢	金大定二十三年（1183）		斗门村	清《定兴县志》载
郑瞻碑	金明昌二年（1191）	何国	谭城村	现立于本村
舍利塔记	金承安四年（1199）	邢铣、李嗣周	金台陈村	清《定兴县志》载
广明大师塔记	金泰和三年（1203）	智浅、焦仲山	东留村	清《定兴县志》载
十方院记	金泰和六年（1206）	张委、张子荣、田宝	百楼村	清《定兴县志》载
善照塔幢	金大安元年（1209）	费组、田辉	北侯村	国家图书馆存拓片

续表 1

名称	年代	撰文、书丹或刻石	所在地	备注
舍利灵塔记	金崇庆元年（1212）	化缘	房家庄	清《定兴县志》载
张弘范墓志铭	元至元十七年（1280）	张珪、秦德进	河内村	易县文保所存
大元保定路易州定兴县砌建大悲阁记	元大德十年（1306）	田义男、田定祖	定兴城内	清《定兴县志》载
龙泉井碑	元延祐二年（1315）	刘洪秀、肖让	固城	清《定兴县志》载
重修沙丘寺山门记	明天顺三年（1459）	甄铎、慧堂	石柱村	现立于本村
云峰寺	明成化五年（1469）	李俊、许张缙	大任村	本村出土
重修洪觉寺碑	明成化十年（1474）	文亮、娄智、魏友智	沿村	本村出土
重修天宫寺碑	明弘治九年（1496）	傅潮、姜立纲、刘通	天宫寺村	本村出土
重修兴国寺碑	明弘治十八年（1505）		究室村	本村出土
重修黄金台上隆兴寺碑记	明正德二年（1507）	韩鲁、徐表、张会	金台陈村	本村出土
圣庙碑记	明		定兴城内	清《定兴县志》载
重修永安寺碑	明正德十三年（1518）	普元其	南冬村	本村出土
御祭驸马许从诚碑（篆）	明万历十九年（1591）	李长春	东落堡村	现立于本村
黄金台燕昭王祠碑	明万历二十七年（1599）	刘日升、刘济北	金台陈村	本村出土
明故显考登仕左郎小泉张公墓碑	明万历三十五年（1607）	张鸿渐、张鸿澄、张鸿浩	北幸村	本村出土
御祭驸马父亲许婉如碑	明万历三十六年（1608）	王国祯	东落堡村	现立于本村

续表 2

名称	年代	撰文、书丹或刻石	所在地	备注
勅修建谭城村灵感庙碑记	明天启四年（1624）	梁溪、王永吉	谭城村	现立于本村
沙丘寺创建金刚殿记	清顺治九年（1652）	海钿	石柱村	现立于本村
重修关帝庙碑记	清雍正二年（1724）	孟衍、刘艺田	究室村	本村出土
重修洪庆寺碑	清道光十一年（1831）	杜文茂、万裕中	天宫寺	本村出土
魏源县知县李昌墓御制碑	清		西靳村	清《定兴县志》载

（十二）古村落

定兴县现有 274 个行政村。以京广铁路为界，分铁道西、铁道东。其村庄分布特点为：铁道西每个村较大、人口较多、村与村距离较远，各村历史较悠久，属古燕之地，地势平坦，土地肥沃；铁道东村小、村密、每村人口相对较少，形成村庄的历史较短，属兰沟洼地，地势低洼、土质潮湿，大部分是明清移民村。古时，有寺叫村，无寺叫庄，一般村名带有“营、场、店、铺”等字样的村历史较短。据统计，民国以前，定兴有寺庙 144 座，由此形成的村 100 余处；带“营”字的，如易上营、藏官营等 18 处；还有很多古村落和文化村，如平堙、易上、阎台、杨村、南（北）重楼、天宫寺、西靳，等等。这里只选取 11 个文化底蕴较深厚的古村落做介绍。

【相盖】 位于定兴县城西 1 公里处，地势平坦，为褐土质。有 2200 多人，均为汉族，耕地面积 3241 亩，为东、西相盖党支部、村委会所在地。该村建于春秋战国时期。传说该地五龙圣母庙有一古井，舜王淘井，被其弟象将井口盖上，欲加害以谋其政，故取名“象盖”。因“相”“象”同音，后演变成“相盖”。1939 年分成东、西两村，故为东相盖、西相盖。据清康熙十二年（1673）《定兴县志》载：龙母庙在相盖村。昔日有“相盖井，百楼淘，不过三天下满壕”的古老谚语。

【固城】 位于定兴县城南 20 公里处，古时有范水、南易水、范阳陂（即阎台洼）、梁门淀、督亢陂等大面积水泽，是水路、旱路交通要道。据《河北通志》《保定府志》《定兴县志》记载：固城为古范阳之地。范阳始于周代，因固城附近有一条“范水”而得名，如同洛水之北称洛阳一样，范水之北称“范阳”。公元前 226 年，秦始皇统一中国，实行郡县制，秦置范阳县，属上谷郡，治所就在今天的固城。至此，定兴始有县名，历经西汉、东汉、三国、两晋、南北朝，定兴一直称范阳。北齐武平七年（576），由于战乱的原因，范阳治所由固城迁至伏图城（今百楼村北），金大定六年（1166）定兴重新置县，取大定兴盛之意，始称定兴。同时，范阳县降为范阳镇。自公元前 226 年至公元 576 年，固城作为范阳治所，一直是范阳主体和政治经济文化中心。

范阳古城标志碑

范阳人杰地灵。春秋时期，孔子周游列国到燕国去，曾止宿范阳（今阎台）；秦王次仲隐居范阳，苦练书法，在篆书的基础上创变出了隶书；公元前 385 年，卢氏一支从山东迁居范阳，以范阳为郡望，后世称范阳卢氏。范阳卢氏在秦代有大名鼎鼎的五经博士卢敖、东汉时尊为“士之楷模、国之桢干”的大儒卢植，成为中国历史上著名的名门望族；蒯通，汉初范阳人，今定兴固城人，秦末陈胜任武臣为将军攻打燕赵之地，蒯通劝说范阳令徐公归降，徐公应允，此策略一成，遂不战而得燕赵 30 余座城池，成语“固若金汤”“铜墙铁壁”由此得名；郦炎，东汉诗人，字文胜，定兴固城人，秦汉郦食后嗣，通音律，有文采，平生擅写诗，有《大道》《灵芝》存于《后汉书·文苑列传》，其中以《见志诗》著名。

固城历来是兵家必争之地。东汉时期，光武帝刘秀北击义军尤来、大抢等部，官兵轻进，为义军所败，死者数千，散兵归守范阳。东魏武定三年（545），孝静帝为增强幽、安、定三州险要地段修筑长城，路经范阳，亲自视察；北魏时期，幽、瀛交界的范阳县，是葛荣、杜洛周农民起义的地方，战争过后，尸骸暴露，血流成河，惨不忍睹，北齐石柱详记此事。唐代"安史之乱"，安禄山起兵范阳，大战易水河畔，就发生在今北河、固城一带。金代金章宗，路经固城，视察龙泉井，诏命重修此井。

固城街坊（20世纪60年代建）

固城作为京城以南建制最早的县城治所之一，是中国北方最古老的重镇，城区还有铁瓦寺、范阳书院等文物古迹遗址。铁瓦寺，又称永安寺，始建于明正德九年（1514），位于固城西北角，占地约12 000平方米，建筑顶部全部为铁瓦覆盖。范阳书院是清康熙年间知县张其珍和定兴武举张亮修建而成。至今该地还有龙泉井、文昌阁等文物遗存。

【河内】　位于定兴县城西南8公里处，地势平坦，为褐土质。有3200多人，均为汉族，耕地面积3752亩，为河内村党支部、村委会驻地。该村建于春秋时期，因位于中易水河、北易水河、南拒马河汇合处，形成三面环水之势，故取名河内。河内历史悠久，战国时期谋士郭隗，金代正隆年间进士郭济忠、郭济道，元代的张柔、张弘范、张珪祖孙三代，南宋的张世杰等都是河内村人。公元前227年，燕太子丹送荆轲刺秦的故事就发生在易水河畔；唐代"安史之乱"，安禄山起兵范阳，"半卷红旗临易水，霜重鼓寒声不起"描写的就是这一带。1982年张弘范家族墓先后被发掘，出土了一批宋元时期的瓷器和石像生。近年来，张氏家族墓屡遭破坏，亟待保护。除此之外，该村还有明清时期究室村王氏一

河内史家门楼（清）

支家族墓一处（已毁）、清代史家门楼一座等。

【金台陈村】 位于定兴县城西 15 公里处，地势平坦，为褐土质。有 2300 多人，均为汉族，耕地面积 4350 亩。为金台陈村党支部、村委会所在地。

相传战国时期，燕昭王在此命军士用土筑高台，置黄金于台上，以延天下士，因此称为黄金台。后在此陈兵布阵，取村名金台陈村。燕昭王筑黄金台后，乐毅等纷纷投奔燕国，操练兵马，打败了齐国，开创了中国历史上“招贤纳士”的先河。另外，该村还有金台古乐、九曲黄河灯阵等省级非物质文化遗产。

【高里】 位于定兴县城西 12 公里处，地势平坦，有 4200 多人，均为汉族。耕地面积 6618 亩，为东高里、西高里、高里店党支部、村委会驻地。据《河北通志》《保定府志》《定兴县志》等记载：高里为战国时期燕国乐士高渐离故里，借此取名高里。公元前 227 年，燕太子丹送荆轲于易水之上，高渐离击筑，荆轲和而歌，留下了“风萧萧兮易水寒，壮士一去兮不复还”的悲壮诗句。

【长安城】 位于定兴县城西北 15 公里处，地势平坦，为褐土质，有 3400 多人，均为汉族，耕地面积 5164 亩，为长安城党支部、村委会驻地。据《定兴县志》记载：汉宣帝时（前 73 年），幽州刺史李宣娶范阳公主为妻，因公主怀念长安，在此筑城，以象征长安，借此取名长安城。《一统志》云：长安城在县西北二十五里。《环宇志》云：在易州东南二十七里。传说长安城中有枣树，只开花不结果，皆向西南方向开放，人们称之为思乡枣。明末清初文学家范士楫诗曰：帝子乘楼无限思，枣花为引西南枝。清康熙十二年（1673）《定兴县志》主编之一，定兴县石象村人许启祥《长安城怀古》诗曰：“贵主宫兰野草荒，城虽酷似亦沦亡。夕阳空照乌衣巷，谁为吹萧引凤凰。”清康熙十二年《定兴县志》苗天培画的定兴八景之一“长安晓月”中也有“枣向西南”字样。现该村有清末民初重修的奶奶庙一座。

长安城村奶奶庙（清末民初）

【青冢】 位于定兴县城东南 20 公里处，地势平坦，为潮褐土质。有 3800 多人，均为汉族，耕地面积 5017 亩，为青冢党支部、村委会所在地。

相传，西汉时期，此地是王昭君墓地。据清《定兴县志》等史料记载：王昭君墓在塞外，墓草独青，故曰青冢。今县境东南有青冢村，相传是其墓葬处。古时王昭君墓有 10 余处，汉元帝时，范阳在内地，其墓如何在此，还待辨明。本村王昭君墓可能是慕名而建。明文学家范士楫诗云：如何青冢徒青草，却逐东风无限吹。该村盛产小麦、玉米、白薯。特别是生产的白薯粉条，清脆香甜可口，“青冢粉条”作为一种品牌已风靡北方各地。

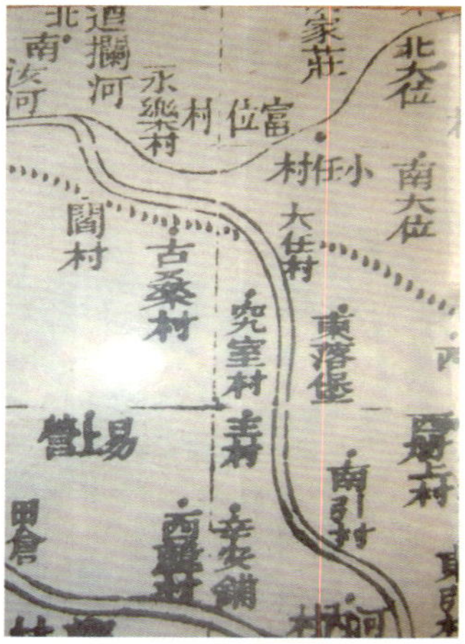

清光绪十六年（1890）《定兴县志》究室村周边图

【究室】 位于定兴县城西 6 公里处，地势平坦，多为褐土，少为沙壤土。有 3100 多人，以汉、满为主，耕地面积 4222 亩，为究室村党支部、村委会驻地。相传，西汉初年，有郝、李两户人家在此建村，后王、孟等姓迁来。古称沟深，后为究室，再后来演变为究室。在这里，“究”是小河的尽处，“室”，是“坡”的意思，顾名思义，究室就是在靠近村东北易水河旁边的坡上建村。村中心有“兴国寺”一座，始建于唐代，明弘治十八年（1505）重修。据河北元曲秘书长张月中教授等考证，这里还是元代伟大戏剧家王实甫故里。1993 年 7 月 28 日，首届元曲国际研讨会的代表云集定兴，到究室村考察，对究室村王实甫故里予以确认，并立碑为证。2004 年 4 月 4 日，时任国务院总理温家宝同志到究室村视察“三农”工作，详细询问了这里的农业生产、文物古迹等情况。2014 年 7 月 6 日，国家旅游局副局长杜一力和当代著名作家叶梅到究室村考察王实甫故里情况，并与乡村代表进行座谈。

【石柱】 位于定兴县城西北 15 公里处，地势平坦，多为褐土，少为沙壤土。有 4000 多人，均为汉族。耕地面积 5947 亩，为石柱村党支部、村委会所在地。北齐太宁二年（562），此地建一石柱，柱高 6.65 米，柱身刻着 3000 多字颂文，记载了北魏时期葛荣、杜洛周农民起义后尸骸无数，义士王兴国等人打扫残骸将他们合葬于此的历史。初立木柱为标志，后改为石柱。有人在此定居，发展成村，取名石柱。石柱经过1400多年的风霜，至今仍矗立在石柱村西北的高坡上，成为首批国家级文物保护单位。除此之外，该村还设有天主教堂，是定兴县最大的天主教徒居住地。古时造纸业发达，石柱村民生产的白纸（窗户纸）、黑纸（烧纸、包装纸）远销山西、甘肃等地。

石柱村古时造纸用的石槽和磨盘

【百楼】 位于定兴县城西南18公里处，地势平坦，为沙壤土质。有4000多人，均为汉族，耕地面积6352亩，为百楼村党支部、村委会所在地。东汉末年公孙瓒筑城于此，为加强警戒，四周建有许多岗楼，借此取名百楼。百楼，又名伏图城，也称官城。北齐武平七年（576），由于战乱等原因，范阳治所由固城迁到伏图城（今百楼村北）。唐贞观十五年（641），唐太宗李世民征辽，归途中曾驻跸百楼。“百楼耸翠”是旧时定兴八景之一。此外，“百楼耿氏”是古时定兴名门望族之一，耿氏家族历史上曾出现耿好仁（明万历进士）、耿极等著名人士，丰富了该村的历史文化内涵。

【石象】 位于定兴县城西南20公里处，地势平坦，为潮褐土质。有4600多人，以汉族为主，耕地7000余亩，为石象村党支部、村委会驻地。相传隋唐年间，本村建有石佛寺一处，寺内有大石佛像，借此起村名石像村，后取其太平有象之意。据记载：明代驸马许从诚请旨重修过石佛寺，石象村名沿用至今。除此之外，本村还有崇宁寺一座。

石象人杰地灵，明嘉靖年间曾出现定兴唯一的驸马许从诚。据清光绪十六年（1890）《定兴县志》记载：明嘉善公主，名素慎，明嘉靖皇帝第五女，下嫁许从诚。以贤淑著称，皇宫赐珍膳，必先进奉舅姑，虽显贵而勤俭。许从诚，定兴县石象村人，嘉靖三十六年（1557）被选为驸马。其墓地在定兴县东落堡村北。现有明万历十九年（1591）驸马许从诚和明万历三十六年（1608）许从诚父亲许婉如的功德碑矗立在田间。定兴许氏家族当时是名门望族，明永乐年间从山西大宁迁到定兴石象村。始祖许伯元，第六代许瑶，曾任山东省乐陵县令。第八代是驸马许从诚。许从城之孙许显纯，明万历四十七年（1619）

武进士，擢锦衣卫都指挥佥事。明熹宗时曾杀害杨涟、左光斗等“六君子”。清代许启祥著有《邑史畜料》10卷，清康熙十二年（1673）与尚新民同纂《定兴县志》10卷，并有《督亢故址》《百楼耸翠》《石柱吟》留存至今。许鸣凤，工草书、善书法。当代许玉河（1964—），河北康城建设集团董事长。近年来，他带领集团一班子人，努力拼搏，锐意进取，在北京、安徽等地房地产市场上树精品楼盘，留百年建筑，相继在北京开发了中国房子、熙湖、香溪度、玉河湾，在定兴开发了昌盛苑小区、水榭康都，并参与了安徽六安城市改造项目。特别是定兴南关片区改造，共完成建筑面积达上千万平方米，大大改善了人居环境。最近，又以全新的视角投入王实甫文化创意产业示范园和非遗中华小镇建设，成为建筑行业和文化产业方面的佼佼者。

（十三）烈士墓

定兴县有革命烈士陵园10余处，分别纪念在抗日战争和解放战争中牺牲的革命烈士。陵园建有纪念碑，植有松柏树。1984年后，平堽、肖村等烈士陵园先后成为县级保护单位。2012年起，县政府拨款对革命烈士陵墓进行了修缮。每年清明节，各陵区所在乡镇政府都组织干部、学生祭扫陵墓，缅怀先烈，进行爱国主义教育。

常乐富烈士陵园大门

【常乐富烈士陵园】 位于定兴县常乐富村东小学东侧50米处，占地1580平方米，陵园内安葬着227名烈士，均是抗日战争、解放战争时期在固城、姚村等战争中牺牲的晋察冀纵队独立四旅、定易涞支队的广大指战员官兵。革命先烈用生命和鲜血谱写了一页页的光辉史篇，他们不顾个人安危，前仆后继，面对种种酷刑临危不惧，视死如归，为革命坚持到最后一刻。功勋卓著，流芳百世。

【小王庄烈士陵园】 位于定兴县小王庄村东北，这里安葬着抗日战争、解放战争、抗美援朝、对越自卫反击战时期的革命烈士 106 人，无名烈士 16 人。该陵园所在地为抗日战争时期小王庄惨案发生地。第一联合县抗日游击大队大队长薛山，带领 17 名队员在小王庄休息时，因叛徒出卖，遭敌包围，薛山带领县大队队员同日伪军进行了殊死搏斗，但终因寡不敌众，全体壮烈牺牲。

小王庄烈士陵园大门

【南旺烈士墓】 位于定兴县贤寓镇南旺村，为纪念 1945 年与敌作战中牺牲的八路军官兵而建。

【仓巨烈士墓】 位于定兴县北河镇仓巨村，为纪念 1946 年攻克北河店牺牲的解放军官兵而建。

平堽烈士陵园门楼

【平堽烈士陵园】 位于定兴县城西 15 公里处的高里乡平堽村西，占地面积 1.2 万平方米。陵园内安葬着 1947 年 11 月 23 日平堽村阻击战中牺牲的解放军官兵 30 名。1988 年该村军人李宝东在对越自卫反击战中牺牲，也葬于此地。1984 年 8 月，该陵园被列为县级文物保护单位。2013 年 8 月，县民政部门下拨资金对陵园进行了重修，院内重新塑造了平堽革命烈士纪念碑以及抗战时期革命烈士张秀中像与抗美援朝时期战斗英雄孙生禄像。

【平堽革命烈士纪念碑】 位于定兴县高里乡平堽村，南傍中易水河，建于 1973 年 4 月 30 日，2013 年 8 月重建。

此碑是为纪念 1947 年 11 月 23 日解放军一个连阻击国民党残敌四个团兵力

平堽革命烈士纪念碑

战斗中牺牲的烈士们而建的。在激战中解放军牺牲干部、战士30名，掩埋在平堽村西东林寺周围。

碑高4.1米。青砖砌成，水泥抹面。碑正面（南面）镌刻着“革命烈士永垂不朽”八个金字，背面刻有“万古长青”四个字。碑心磨砖对缝，书刻着颂文，记述了在阻击战中英勇牺牲的烈士们的伟大功绩。碑北面是高1.5米的墓体，掩埋着烈士们的遗骨。常青柏树环绕烈士墓，四周是白杨树林。每逢清明节会有干部、群众、学生前来瞻仰悼念。

【留村烈士陵园】 位于定兴县姚村乡留村西古石佛寺遗址，占地1760平方米。2014年8月重修。烈士陵园大门两侧写有“革命烈士永垂不朽，人民英雄万世流芳”对联。园内苍松翠柏，绿意葱葱，中间影碑上写有“功在千秋”四个大字。院内埋葬着解放战争时期晋察冀三纵队八旅在解放固城、李家庄、留村等地牺牲的364名烈士的遗骸。

留村烈士陵园

肖村营烈士陵园

【肖村营烈士陵园】 位于定兴县肖村营村北，东临本村小学，面积520.5平方米，始建于1947年4月。墓区正门坐北朝南，在两排坟墓的中间，自南向北，依次排列筑起碑、亭，碑文书“革命烈士永垂不朽”八个大字。陵园内埋葬着

1947 年中国人民解放军野战八旅 22 团在攻克固城战役中牺牲的 32 名解放军战士。该陵园于 1987 年 7 月 21 日被列为县级文物保护单位。

【阎台南店烈士陵园】 位于定兴县固城镇阎台南店村西，建于 1947 年，占地面积 1330 平方米。南店烈士陵园内安葬着 1946 年解放固城时光荣牺牲的解放军官兵，也是定兴县烈士墓人数最多的一个。中华人民共和国成立后党和政府多次拨款进行维修，先后为烈士陵园建立围墙，并在墓区进行绿化。每值清明节，附近部队、学校都在此集会，以纪念这些革命先烈。该陵园 1984 年被列为县级文物保护单位。

阎台南店烈士陵园

【阎台北店烈士陵园】 位于定兴县固城镇阎台北店村西。墓区东西宽 25.77 米，南北长 47.40 米，面积 1221 平方米。该墓区埋葬着 1946 年 5 月中国人民解放军野战八旅 23 团攻打固城守敌时光荣牺牲的 108 名革命同志。1986 年 10 月，为缅怀先烈业绩，阎台北店村党支部重修了阎台北店烈士墓，培起 86 个烈士坟墓，并建有办公室一间、展室两间，悼念烈士英灵。该陵园于 1984 年被列为县级文物保护单位。

阎台北店烈士陵园

【西城烈士陵园】 位于定兴县西城村北 200 米处，陵区长 36 米，宽 15 米，占地面积 540 平方米。这里埋葬着 1946 年第一次解放定兴县城时光荣牺牲的解放军官兵。中华人民共和国成立后建此陵园。陵区中央立“革命烈士纪念碑”一通，六棵马尾松分植两旁，令人肃然起敬。该陵园于 1984

西城烈士陵园

年12月被列为县级文物保护单位。

【周家庄烈士陵园】 位于定兴县周家庄村北，定兴飞机场西侧。该陵园于1956年为纪念因公殉职及空军训练时牺牲的烈士而建。1984年8月被列为县级文物保护单位。

易上耿大娘纪念亭

【易上耿大娘纪念亭】 位于定兴县高里乡易上村东0.5公里处，占地10余亩。中间建有一座灰色六角石亭，亭内立有黑色大理石碑一通，碑上刻有杨成武将军题写的“拥军模范”四个大字。院内植有松柏，庄严肃穆。此陵园是2002年当地政府为纪念抗战时期拥军模范耿大娘而建。耿大娘，原名曹兰芝，易上村人，抗战时期掩护了大批八路军干部，深受人民的尊敬，曾出席晋察冀边区群英会，聂荣臻司令员亲授“爱国拥军模范”称号。1974年10月病逝，享年78岁。

易上营村纪念亭

【易上营村纪念亭】 位于定兴县易上营村中心，是为纪念在抗日战争和解放战争中牺牲的革命烈士而建。该亭建于1981年，高6.5米。1943—1948年该村共牺牲干部群众18人，其中13人被追认为烈士。如烈士王润，1943年9月某日，日军突然进入易上营村，他临危不惧掩护县、乡干部脱险，最后壮烈牺牲；1948年2月，国民党第16军于某日清晨进入易上营村，对转入地道的干部群众放烟放毒，干部和群众宁死不屈，坚持两天两夜，王绍文等9人被熏死在地道里，在定兴革命史上留下了光辉一页。

二、可移动文物

定兴历史悠久，境内地下文物丰富，至今出土文物1497件，其中国家二级文物25件，国家三级文物50件。早期出土的有旧石器时代的石斧、石耜、石镞；战国时期的青铜器、玉器；汉唐时期的铜像、佛像；宋元时期的瓷器；明清时期的金银器、钱币等，多为生活、装饰用品，其中陶器、瓷器数量较大，占出土文物的40%，尤以战国时期青铜器带钩和燕王喜戈、元代单色釉瓷器、钧窑、龙泉窑、磁州窑等文物最珍贵。

1982年，在定兴县河内村元代张弘范（蒙古汉军大元帅）墓葬群中，出土了宋元瓷器130余件，绝大部分是均窑和龙泉窑的盘、碗、碟等器物，造型艺术精致完美，有的已列入珍贵文物，曾在北京故宫和易县清西陵展出。

（一）瓷器

【龙泉窑花口刻花盘】 元代，瓷质，定兴县河内村西张弘范家墓出土，保存完好。口径14.5厘米，高3.2厘米。通体施龙泉青釉，侈口，花边沿，盘内刻画菊花纹，施釉均匀。盘内中心凸出，高1厘米，蕊状纹饰，圈足，平底，圈足内部施青釉。胎体较薄，造型美观，工艺精良。

龙泉窑花口刻花盘

龙泉窑葫芦瓶

【龙泉窑葫芦瓶】 元代，瓷质，定兴县河内村西张弘范家墓出土，口稍残。高24厘米，重1.5千克。呈葫芦状，平底。浅灰釉，瓷釉光滑，瓶口略外鼓，通体施龙泉釉，施釉较厚。下腹部略内收，底部施护胎釉，造型逼真，胎体厚重。

【龙泉窑荷叶龟纹碗】 元代，瓷质，定兴县河内村西张弘范家墓出土，保存完好。口径11.3厘米，高4.9厘米。口沿呈荷叶莲花形，内腹有荷叶基纹，外腹有不规则弦纹，碗内底部凸起0.5厘米，呈龟形。小圈足，底部施护胎釉。整体青釉均匀，较厚明亮，略有棕眼，胎体较薄，器型小巧玲珑，有冲口。工艺精巧，新颖别致。

龙泉窑荷叶龟纹碗

龙泉窑刻花大盘

【龙泉窑刻花大盘】 元代，瓷质，定兴县河内村张弘范家墓出土。保存完好。口径33.5厘米，高7厘米，底径16.5厘米。内外施青绿釉，敞口折花沿，卷唇，腹部刻有菊瓣纹一周，盘底刻缠枝花卉，盘底略下坍，中心向上隆起，外底部施釉，施釉较厚，略有棕眼，胎大体重，体现了元代龙泉窑特点。

【钧窑八角形杯】 元代，瓷质，定兴县河内村西张弘范家墓出土，保存完好。口径8.5厘米，高5厘米，通体施钧窑天蓝色釉，有棕眼，小圈足，底部沾有窑渣，无釉，足内施钧窑釉。敛口，口沿为八角形，底为圆形，胎体较薄，造型美观独特。

钧窑八角形杯

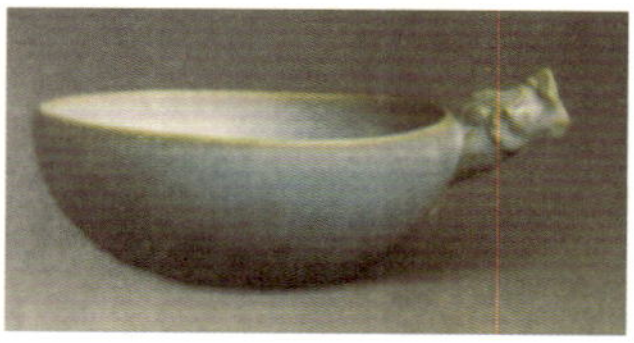

钧窑龙首匜

【钧窑龙首匜】 元代，瓷质，定兴县河内村西张弘范家墓出土，保存完好。直径18.5厘米，高8厘米。敛口深腹，口沿下有一龙首，龙口与器内相通，口沿、龙须、角、口均施酱釉。圆底，有支点。器胎薄厚均匀，施钧窗釉，造型美观、别致。

白釉黑彩盆

【白釉黑彩盆】 元代，瓷质，定兴县河内村西张弘范家墓出土，保存完好。口径37厘米，底径23厘米，高8.5厘米。敞口，平折沿卷唇，内施白釉，折沿部划莲草纹和菡瓣纹，腹部有一弦纹及兰草纹，底部画三圈弦纹及缠枝菊花纹。外施酱釉，平底无釉，有覆烧支点，胎体厚重，器型较大，敦实美观，体现元磁州窑特点。

白釉黑彩双鱼盆

【白釉黑彩双鱼盆】 元代，瓷质，定兴县河内村西张弘范家墓出土。口径35厘米，底径20厘米，高约6厘米，胎白釉黑色，敞口，平折沿，卷唇，折沿花莲草纹，盆内两边波浪纹，底双圈，圈内有双鱼盘绕。平底，无釉，胎体轻薄，器型美观，盆内放入水，清亮见底，双鱼有游动的感觉，视觉效果很好。1982年出土，保存完好，具有元代磁州窑特点。

弦纹长颈瓶

【弦纹长颈瓶】 瓷器，定兴县河内村西张弘范家墓出土。高23厘米，口径6.5厘米，蓝灰釉，长颈，圆鼓腹，圈足，施釉均匀，胎厚，器形美观，宋官窑器，属国家二级文物。

高足杯酒器

【高足杯酒器】 高足杯酒器，俗称“把杯”。元代器物，1972年在定兴县出土。为元代最流行的酒器具。造型别致，做工精致，现被河北省博物馆收藏。

（二）杂项

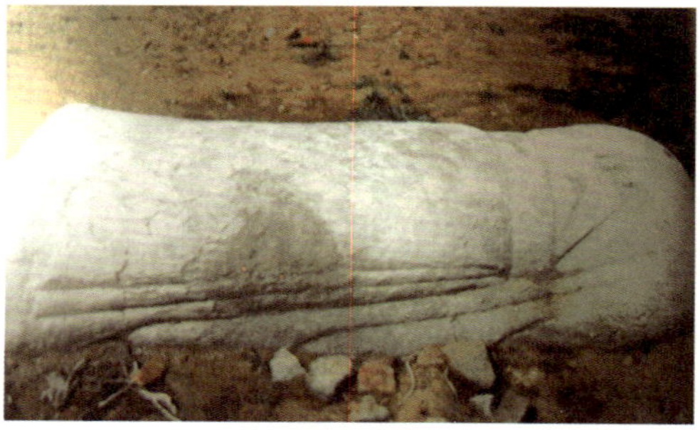

张弘范墓前无头石像生　1987 年摄

【张弘范石像生】　张弘范（1238—1280），字仲畴，元初大将，张柔第九子。中统三年（1262）为行军总管，后升万户。至元十五年（1278）任蒙古汉军都元帅，南征闽广，俘南宋丞相文天祥。至元十六年（1279）击败张世杰、张秀夫所率水军，灭宋。至元十七年（1280）病逝，时年 43 岁，葬于定兴县河内村张氏墓地。大学士王磐作墓志铭，传元代著名书法家赵孟頫撰额，墓前立有石人、石马、石羊、石狗等石像生。1966 年"文革"时期墓地和石像生遭破坏。石人，包括文官、武官等石像生在 1993 年还存在，被推倒掷于墓坡边。近年来，文物贩子盗窃猖獗，石人、石马等石像生大部分被盗，仅剩的石羊也于 2012 年 4 月被窃走。所见无头像，是张弘范墓前文官俯卧的照片，其文物也不知何时被偷走，实属可惜。

铜镏金观音像

【铜镏金观音像】　明代，高 38 厘米，头戴法冠，身披云氅，左手托盏，右手施指印，趺迦趺坐，双目微闭，唇微合，面带慈祥，体态匀称。属国家二级文物。

【未央宫东阁瓦】　瓦两侧各高 21 厘米，中间高 22 厘米，上宽 17 厘米，下宽 16 厘米。此瓦于 1967 年在定兴西江村鹿宾墓穴中被发掘出来。鹿宾（1646—1714），字鸣嘉，号诚斋，廪生。清康熙十七年（1678）举人，康熙二十一年（1682）进士，定兴县西江村人。曾任湖南郴州桂阳县知县，陕西道监察御史、浙江道事，授文林郎，以孙鹿迈祖官晋赠奉政大夫，崇祀乡贤祠。死后葬于祖茔右。此瓦是清康熙五十二年（1713）阴历三月十八日康熙皇帝六十寿诞，鹿宾进宫祝寿时康熙皇帝所赐。据清《鹿氏家谱》记载：康熙“癸巳祝嘏复其官，并赐尚方所制砥石山砚一枚，有御书铭识盖异数也”。然其形酷似屋瓦，其凹面中央刻有“未央宫东阁瓦”六字，上款刻有“大汉十年”，下款刻有“酂侯萧何监造”，凸面有一凹槽，表面刻有六七十个小字，清晰可见“沂翁书”字样，下款刻有某某珍藏。未央宫，位于陕西西安西北3000米处，西汉时属皇家宫殿，汉高祖七年（前200），丞相萧何主持修建，汉高祖九年（前198）未央宫基本建成。此瓦刻有汉高祖十年（前197）和萧何监造字样，与当时年代相符合。鹿宾去世后，此瓦随葬鹿宾墓穴中，“文革”期间被挖出，现遗失。

未央宫东阁瓦

【掷子石】 共三块，2014年7月在定兴县究室村出土。两块为汉白玉方体石块，长60厘米，宽40厘米，厚12厘米；一块为青石长方体，长60厘米，宽40厘米，厚10厘米。两块汉白玉，石块上有字体，青色石块无字。一块汉白玉石块，有“花瓶式”的挖手，厚边上刻有大写汉字“贰佰捌拾斤”字样；另一汉白玉正面刻挖手，厚边上刻有长方形边框，框内刻有“究室”字样和一些小字，字体模糊，分辨不出来。青石块除正面刻有挖手外，无字仫，但石块

掷子石（清）

重量似乎比两块汉白玉石块重些。

所谓“掷”是抛、投的意思。“掷子石”是古时练武之人用于“抛掷”的石头，是崇文尚武之家练臂把玩的东西。

掷子石（清）

古时究室王氏家族、孟氏家族是名门望族。王氏家族旧时良田万亩，孟氏家族是满族、旗人，都是本村的大户。他们相互融合，促进了本村经济文化的发展。本地除“崇文”外，还有“尚武”的习惯，历史上出现过举人、拔贡。据民国二十年（1931）《定兴县新征志料》记载：王国昌，究室村人，道光己酉（1849）科武举；孟恩第，究室村人，光绪己丑（1889）科举人；孟鸿逵，究室村人，宣统元年（1909）科拔贡。这些东西应为究室村王氏、孟氏家族留下的东西，时间约为清中晚期。

三、文物发掘与修缮

定兴县文物保护由政府统一管理，主管部门负责具体业务工作，由各级政府核定公布各级文物保护单位，县、乡、村具体负责，并确立各保护单位及义务保护员。文物发掘与修缮等费用以国家拨款为主，地方政府为辅，文物修缮以国保单位为主要保护对象，其他次之。

（一）文物发掘

【青家村文物发掘】 1991 年 8 月，为配合京深（北京至深圳）高速公路建设，在河北省文物研究所领队队长郭瑞海带领下，在定兴县青家村进行抢救性发掘，发掘出汉、唐、辽、金时期墓葬 11 座，出土文物由省文物研究所予以妥善保存。

【定兴开发区古墓发掘】 1994 年 5 月，由保定市文物保护管理所领队，在经济开发区（现沃美超市西侧）配合基本建设进行文物勘探，发掘元代古墓 5 座，出土文物 10 件。

定兴开发区元代古墓

【定兴第二中学古墓发掘】 2000 年 3 月，定兴第二中学在学生公寓建

定兴第二中学元代古墓

设中，为配合基本建设进行文物勘探，发掘元代古墓2座、明代古墓2座，清理清代墓葬6座，出土文物50件。所发掘古墓跨越元、明、清三代，是定兴城内陈氏墓葬群。

【张石高速公路平堽村发掘】 2006年5月为配合张石高速公路建设，由河北省文物局文物研究所统一领队，进行沿线文物调查，并在定兴县平堽村西进行文物发掘工作。发掘面积600余平方米，清理墓葬4座，其中汉代墓2座、灰沟2条、灰坑5个，均为战国和汉代遗迹，出土器物有陶罐、陶井，战国时期箭镞、瓦当等。

定兴平堽战汉遗址发掘

【祖村店北台上遗址发掘】 为配合南水北调定兴引线工程建设，2014年4月至7月，河北省文物研究所对定兴县祖村店村北台上遗址进行了考古发掘，该遗址位于定兴县祖村店北台上村东140米处。主要遗迹有灰坑230个、灰沟4条、井5个、窑1个，发掘5×5米探方40个，抢救清理发掘瓮棺葬6座。挖掘平均深度1.8米，出土文物以陶器为主，器类有碗、豆、盆、罐、壶、釜等。通过发掘确定为战国晚期到西汉晚期古村落遗址。

祖村店村北台上遗址发掘

（二）文物修缮

【义慈惠石柱落地重修】 因年代久远，地基变动，义慈惠石柱向西南倾斜了 34°（重心倾斜），石屋顶测定重心偏离 22 厘米，莲座南北断裂成两块，基石断裂，两节石柱中间错位。经定兴县人民政府申请，国家文物局批准，河北省古建筑研究所制订方案，国家文物局拨款 19 万元，定兴有关部门于 1990 年 8 月 1 日开始对义慈惠石柱进行落地重修。拆除了保护亭，更换了基石，粘接断裂石件，石柱中间加一石榫，护坡 90 米。工程于 1991 年 11 月 25 日竣工。

【慈云阁落架重修】 由于慈云阁木柱腐朽，木构件结构性损坏，濒临倒塌。经定兴县人民政府申请，国家文物局批准，河北省古建筑研究所测绘并制订维修方案，国家文物局拨款 40 万元，1998 年 9 月 16 日开始对慈云阁进行落架重修。河北省古建筑研究所工程师聂金录等主持施工。维修中更换金柱、檐柱 17 个，墩接 7 个，斗拱 394 件（其中大斗 24 件，小斗 370 件），檐檩、脑椽、檐椽、飞檐等大多更换，工程浩大，经过半年多重修，于 1999 年 4 月 19 日竣工。

【修建义慈惠石柱保护亭】 为加强对义慈惠石柱的保护工作，2011 年春，定兴县委、县政府对义慈惠石柱进行了修缮工作。工程于 2011 年 3 月开工。一是修建了石柱保护亭。亭高约 8 米，底部砌有六步台阶，四周有汉白玉护栏相围，六柱，柱施有粉红色，顶部椽有彩绘，上安避雷针，美观大方。二是护坡，对石柱遗址范围内现有土台的南、北、西面进行了修砌。三是在土台周围安装防护栏。四是确立了遗址保护范围。五是做好义慈惠石柱规划设计方

修建义慈惠石柱保护亭

案。2011年8月竣工。

维修文庙大成殿

【定兴文庙大成殿修缮】 定兴文庙位于定兴古城西南隅（今定兴实验小学），草创于金大定年间，明、清时重修，占地4911平方米。2008年10月17日公布为河北省级文物保护单位。“文革”时期遭到破坏，仅剩大成殿、台基等建筑。随着岁月推移，大成殿殿顶等架构不断遭风雨侵蚀，亟待修缮。2014年5—10月，定兴县人民政府报请省市文物部门批准，投资75万元，对文庙大成殿进行了修缮，对墙体、架构进行了维修，重新在殿顶挂了彩色琉璃瓦，使其面貌焕然一新。在修缮过程中，在顶部梁柱上发现有清雍正年间（1723—1735）重修文庙字样，仅“雍正”字体可以看出，其他字体分辨不清，但清乾隆六年（1741）知县王源泗和清宣统二年（1910）清末军机大臣鹿传霖重修文庙字样清楚，清晰可辨。经查阅有关资料，雍正年间重修文庙的时间为雍正五年（1727），知县张之珩重修。

四、定兴县各级文物保护单位一览表

名称	地点	年代	文物级别	保护面积（平方米）	公布时间
义慈惠石柱	石柱村	南北朝	国	11600	1961.3.4
慈云阁	县城中央	元	国	10000	1996.12.25
文庙	城内实验小学	金	省	11913	2008.10.17
清真寺	城内三街	民国	县	3600	1984. 12.17
鹿氏祠堂	城内南大街	清	县	8000	2002.12.15
石桥	东石桥村西	隋	县	300	1984.10.17
南肖庄遗址	南肖庄村北	龙山文化	县	3750	1984.10.17
大沟遗址	大沟村南	商	县	50000	1987.7.21
小店遗址	小店村南	战国、汉	县	10000	1984.10.17
义和团旧址	大沟村中	清	县	1200	1987.7.21
巽阁遗址、碑刻	南关村东	明	县	14640	1987.7.21
后土皇帝庙碑刻	西幸告村西	清	县	200	2002.12.15
石桥碑刻	西石桥村	清	县	100	1984.10.17
张秀中故居	城内一街	民国	县	500	1987.7.21
西城烈士墓	西城村北	现代	县	540	1984.10.17
黄金台遗址	金台陈村	战国	县	6667	1987.7.21
石柱西南遗址	石柱村西南	战国	县	15000	1987.7.21
石柱建筑台遗址	石柱村东	战国	县	900	1984.10.17

续表 1

名称	地点	年代	文物级别	保护面积（平方米）	公布时间
北章黄金台故址	北章村西	战国	县	3500	1984.10.17
石柱楼碑记	石柱村	民国	县	50	1987.7.21
重修金台寺碑	金台陈村	明	县	100	1987.7.21
平堤烈士墓	平堤村西	现代	县	1200	1984.10.17
金台古井	金台陈村	战国	县	50	1984.10.17
沿村古柏	沿村	战国	县	144	1984.10.17
台上遗址	台上村西	战国	县	4000	1984.10.17
铁瓦寺遗址、碑刻	固城	明	县	12000	1987.7.21
北店烈士墓	阎台北店村	现代	县	1221	1984.10.17
南店烈士墓	阎台南店村	现代	县	1330	1984.10.17
南庄头遗址	北庄头村南	新石器	县	8000	2002.12.15
卧龙岗遗址	东引村东	商、周	省	40000	1984.10.17
北大位汉墓	北大位村北林场	汉	县	300000	1984.10.17
驸马坟	东落堡村北	明	县	20000	1984.10.17
杨继盛墓	东引村东	明	县	500	1987.7.21
杨继盛草简碑刻	东引村	明	县	500	1987.7.21
鹿荃墓志铭	田侯村	清	县	100	1987.7.21
相盖古井	西相盖村南	春秋战国	县	100	1984.10.17
长安城墓群	长安城村东北	汉	县	2100	1987.7.21
长安城遗址（1）	长安城村东北	汉	县	31400	1987.7.21
长安城遗址（2）	长安城村西南	汉	县	89600	1987. 7.21
河内墓群	河内村西	元	县	60000	1984.10.17
广明大师塔	北南蔡乡大留村	金	县	100	1984.10.17
谭城汉墓	谭城村南	汉	县	945	1984.10.17
辛保庄华表	辛保庄村北	清	县	50	1987. 7.21
北七汉墓	北七村	汉	县	10000	1987. 7.21

续表 2

名称	地点	年代	文物级别	保护面积（平方米）	公布时间
肖村营烈士墓	肖村营村	现代	县	530	1987. 7. 21
小王庄惨案遗址	小王庄村北	民国	县	200	1987. 7. 21
姚村遗址	姚村村南	商	县	10000	1987. 7. 21
姚村汉墓	姚村村西	汉	县	500	1987. 7. 21
辛木墓群	辛木村西南	明	县	6000	1987. 7. 21
辛木遗址	辛木村西北	商	县	2000	1987. 7. 21
杨六郎饮马池	姚村	宋	县	200	1987. 7. 21
龙潭井	西落堡村北	战国	县	100	1984. 10. 17
东陶沈遗址	东陶沈村东南	汉	县	67600	1984. 10. 17
中陶沈丛葬墓	中陶沈村北	战国	省	36000	1992. 8. 17
永盛楼	张家庄村中	明	县	5000	1987. 7. 21
张爷庙	西落堡村北	民国	县	1000	1984. 10. 17
释迦牟尼塔	房家庄村	金	县	300	1987. 7. 21
张里村遗址	张里村北	战国	县	180000	1987. 7. 21
鹿氏家族墓	西江村南	明、清	县	32130	2002. 12. 15
杨继盛祠碑刻	北河村	明	县	200	1987. 7. 21
仓巨烈士墓	仓巨村	现代	县	100	1984. 10. 17
南旺烈士墓	南旺村	现代	县	1000	1987. 7. 21
周家庄烈士墓	周家庄村北	现代	县	500	1984. 10. 17

艺 文 卷

定兴文化浩如烟海，古燕之地，文化璀璨。从战国时期“风萧萧兮易水寒，壮士一去兮不复还”的易水歌到元代王实甫“碧云天，黄花地，西风紧，北雁南飞……”的长亭送别，跨越时空，贯穿古今，展现了定兴这片沃土上的优美画卷。本卷分为文学、戏剧、史志等部分，详细介绍了定兴在不同历史阶段所取得的辉煌成就。文学方面，以古代文学为主，介绍了定兴或与其相关的一些人物的文学作品，蒯通、郦炎、祖逖、卢照邻、贾岛、张弘范、王实甫、薛论道、杜越等在中国文学史上耳熟能详的文坛巨匠在这里都有所展现。戏剧方面分剧种、表演、剧团等章节，定兴不仅是元曲的故乡，也是河北梆子的发祥地，一部王实甫的《西厢记》光耀华夏，映古千秋。史志方面详细介绍了定兴修志的过程，对清康熙、乾隆、光绪《定兴县志》和其他史志做了详细的说明，对现今出版的《范阳风》《定兴方言》《义慈惠石柱》《中国民间故事全书河北·定兴卷》《黄金台》等图书做了介绍，歌颂了 1949 年中华人民共和国成立以来，特别是 1978 年改革开放以来定兴发生的翻天覆地的变化，展现了定兴文艺事业百花齐放、欣欣向荣的局面。

一、文　学

文学作者与作品

【荆轲与《易水歌》】　荆轲，战国末期卫国人。喜好读书击剑，卫人称之“庆卿”，后游历到燕国，拜为上卿。公元前227年，燕太子丹派荆轲带燕督亢图及樊于期头颅前往秦国刺杀秦王，临行前，燕太子丹送荆轲于易水之上，即今定兴县北河河阳渡口一带，高渐离（今定兴高里村人）击筑，荆轲和而歌，留下了“风萧萧兮易水寒，壮士一去兮不复还”的悲壮诗句。荆轲决心以牺牲生命而刺秦王的壮举，被名人志士所敬仰，这首《易水歌》也被历代所传诵。

【蒯通与《隽永》】　蒯通，汉初策士，范阳（今定兴固城）人。善言辞，史称纵横家。秦末陈胜起义后，任武臣为将军，率军三千攻秦国燕赵之地，蒯通劝说范阳令徐公归降，此策略一成，遂不战而得燕赵30余座城池。成语“固若金汤”就是由此而来。蒯通著有《隽永》81篇，《汉书·艺文志》“纵横家”又有《蒯子》5篇，皆佚。唐代大学者颜师古对《隽永》一书评价说：“隽，肥肉也；永，长也。言其所论甘美而义深长也。”从此，人们常以“隽永”称赞意蕴丰富、耐人寻味的文学作品。

【郦炎与《见志诗》】　郦炎（150—177），字文胜。东汉诗人，范阳（今定兴固城）人。精通音律，有文才，擅写诗，其中以《见志诗》最为著名，有《大道》《灵芝》二诗存《后汉书》。《见志诗》抒发了作者的凌云壮志。

大道夷且长，窘路狭且促。
修翼无卑栖，远趾不步局。
舒吾陵霄羽，奋此千里足。
超迈绝尘驱，倏忽谁能逐。
贤愚岂常类，禀性在清浊。
富贵有人籍，贫贱无人录。
通塞苟由己，志士不相卜。
陈平敖里社，韩信钓河曲。
终居天下宰，食此万钟禄。
德音流千载，功名重山岳。

【刘琨与《扶风歌》等三首诗】 刘琨（271—318），东晋将领，诗人。少时与祖逖为友，互相激励，为国建功。所作诗歌今存《扶风歌》《答卢谌诗》《重赠卢谌》三首，表现出强烈的爱国思想，文学史家对其有很高的的评价。《扶风歌》抒写他从洛阳赴并州时的生活情况，并表现出对当时政局的不满和忧虑。诗中写道："资粮既乏尽，薇蕨安可食？揽辔命徒侣，吟啸绝岩中。"在粮食路绝之时，他"顾瞻望宫阙，俯仰御飞轩。据鞍长叹息，泪下如流泉"，想的仍然是国家的安危和个人守边的责任。《答卢谌》写他看到中原沦陷，感到国破家亡，想在战场上建立功勋，"横厉纠纷，群妖竞逐。火燎神州，洪流华域"是其中的名句。《重赠卢谌》则是一曲英雄末路饱含血泪的壮烈悲歌："功业未及建，夕阳忽西流。时哉不我与，去乎若云浮。"除诗以外，刘琨还有约 20 多篇表、笺、书、谏、盟文传于世，其中以《劝进表》较为著名。原有文集 9 卷，别集 12 卷，已佚。明人辑有《刘中山集》。

【祖台之与《志怪》小说集】 祖台之，字元辰，范阳人，东晋小说家。生卒年不详。孝武帝时当过尚书左丞，后被免职。安帝时官至侍中、光禄大夫。祖台之著有《祖台之集》16 卷、《志怪》小说集 4 卷，皆散佚于宋朝年间，现仅存辑佚本一卷。鲁迅在《古小说钩沉》中辑引佚文 15 条。他的小说多记述汉晋年间的奇闻逸事，就其内容看，大致可分为两类：一是说教故事，旨在劝善惩恶；二是人与神鬼的爱恋故事。其构思奇特，叙事委婉，有较高的艺术性，在我国小说发展史上占有重要的地位。

【祖鸿勋与《与阳休之书》】 祖鸿勋，范阳（今定兴）人。生卒不详。原在魏做官，初为州主簿，后去官还乡。北齐时，任高阳太守。为政清廉，有美名，善文章，他的名篇《晋祠记》为时人所喜读，已佚。《与阳休之书》存于《北齐书·文苑传·祖鸿勋》中，流传至今。

《与阳休之书》是祖鸿勋去官归里后写给阳休之的一封信，堪称是一篇美文。此信分上下两段。上段写自己归隐后的生活和愉快心情，他这样描绘自己的处所："即石成基，凭林起栋；萝生映宇，泉流绕阶；月松风草，缘庭绮合；日华云实，傍沼星罗。""心悠悠以孤上，身飘飘而将逝。"下段笔锋一转，直指阳休之，愿与他"把臂入林，挂巾垂枝，携酒登岳，舒席平山"。散文作品艺术特色鲜明。此文虽取骈文形式，但对文思无伤，运笔流畅自然。

【卢思道与《从军行》】 卢思道（535—586），字子行，范阳人。身经北齐、北周、隋三朝，历任黄门侍郎、仪同三司、武阳太守和散骑侍郎等官职。他的诗绚丽多文采，不少是游宴酬赠之作，原有集，已散佚。明人辑有《卢武阳集》。卢思道早在北齐时代就颇有文名。文宣帝高洋去世，当朝文士各作挽歌十首，以备择优而用。大多文士只被采用一二首，而卢思道一人就被选用八首，时人称他为"八米卢郎"（意为多而好，形容他文才过人）。卢思道在我国文学史上占有一定的位置。他的诗歌《从军行》《听鸣蝉篇》《游梁城》等较有名，其中《从军行》是他的代表作。"朔方烽火照甘泉，长安飞将出祁连""白雪初下天山外，浮云直上五原间""长风萧萧渡水来，归雁连连映天没"是诗中的名句。

【祖君彦与《为李密檄洛州文》】 祖彦君（？—618），范阳人。隋代散文家，他是北齐中书省、诗文家祖珽之子。大业末年任东平郡书佐，后来加入瓦岗农民起义军，为李密记室，军书羽檄，均出其手。祖君彦身材短小，其貌不扬，口齿木讷，拙嘴笨舌。但其人"内秀"，才学表现在笔端，他写的《为李密檄洛州文》成为传世之作。

《为李密檄洛州文》是声讨隋炀帝的檄文，写于公元617年4月，是李密领导的农民起义军极盛时期的作品。檄文包括三项内容：一是揭露隋炀帝的罪行，二是宣扬起义军的军威，三是敦促隋军将士归降。檄文长达3900多字，用典140余个。文章规模宏大，气势磅礴，结构严谨，语言生动有力，不仅是一篇具有重要历史价值的文献，而且是一篇骈文佳作，具有较高的文学价值。

【卢照邻与《长安古意》】 卢照邻，“初唐四杰”之一，范阳（今定兴）人。长诗《长安古意》是他的代表作。

《长安古意》，名为写古，实为写今，借托“古意”而抒今情。长安即西安，是西汉、隋、唐等朝的都城，卢照邻采用借古讽今的手法，写长安形形色色的现实生活。“玉辇纵横过主第，金鞭络绎向侯家”“龙衔宝盖承朝日，凤吐流苏带晚霞”，写出了长安是达官贵族的极乐世界；“娼家日暮紫罗裙，清歌一啭口氛氲”“罗襦宝带为君解，燕歌赵舞为君开”，写出各色人物陶醉在淫乱糜烂的夜生活之中；“别有豪华称将相，转日回天不相让”“专权意气本豪雄，青虬紫燕坐春风”，写出了上层社会的权臣们相互倾轧，争权夺势。四句结尾是：“寂寂寥寥扬子居，年年岁岁一床书。独有南山桂花发，飞来飞去袭人裾。”作者以西汉文学家、哲学家扬雄做比较，认为西安的达官贵族虽显赫一时，但随着时间的推移，都会声名俱灭。而扬雄却清心寡欲，埋头著书，以文名流传百世。全诗68行，用64行写长安的繁荣，仅用4行给予有力的批判，显示了作家的功力和构思的奇巧。

【卢鸿与《枕烟庭》】 卢鸿，又名卢鸿一，字颢然，又字浩然。范阳人，徙居洛阳。生卒年不详。唐代诗人、书法家，兼工山水画。

卢鸿早年隐居嵩山，唐玄宗即位，多次征召不应。717年，朝廷再次下诏，他才不得不去面见唐玄宗，见了唐玄宗，既不跪也不拜，并说：“我听老子说，礼者，忠信之薄，不足可依。为此，我卢鸿岂敢不忠信晋见。”唐玄宗听之有理，不加怪罪，还授他为谏议大夫。卢鸿坚辞不就，唐玄宗也不勉强，并赐予隐居服和万钱允其还山。卢鸿归山后，名声大振，广召门徒500人。除授徒之外，还吟诗作画。主要诗作有《嵩山十志》10首，均为楚辞体，其中《枕烟庭》一诗为：

临泱漭兮背青荧，吐云烟兮合窅冥。怳欻翕兮沓幽霭，意缥缈兮群仙会，窅冥仙会兮枕烟庭。竦魂形兮凝视听。闻夫至诚必感兮祈此巅，契颢气，养丹田，终仿像兮觏灵仙。

此诗描绘了嵩山的美丽与幽静，也抒发了诗人虔诚的学佛敬佛之心。

【卢仝与《走笔谢孟谏议寄新茶》】 卢仝，唐代诗人，范阳人。一生爱茶成癖。朋友孟谏议送他新茶后，欣喜若狂，立即吟诗一首，题为《走笔谢孟谏议寄新茶》，其中写道：

一碗喉吻润，两碗破孤闷。
三碗搜枯肠，唯有文字五千卷。
四碗发轻汗，平生不平事，尽向毛孔散。
五碗肌骨清，六碗通仙灵。
七碗吃不得也，唯觉两腋习习清风生。
蓬莱山，在何处？
玉川子，乘此清风欲归去。

此段文字至今仍被爱茶者吟诵。

【卢藏用与《夜宴安乐公主宅》】 卢藏用，字子潜，范阳（今定兴）人，生卒年不详，唐中宗至唐玄宗年间在世。唐代学者、诗文家、书法家。著有《陈子昂别传》《春秋后语》和《子书要略》等。《全唐诗》存其诗 8 首，《全唐文》存文 13 篇。

卢藏用唐初中进士，隐居终南山。武则天临朝当政时，他为安乐公主写了《夜宴安乐公主宅》一诗：

侯家主第一时新，上席华年不惜春。
珠钉缀日那知夜，玉斝流霞畏底晨。

此诗写出了公主宅第的豪华气派，连宫壁上的饰物都镶缀上红日，映照在盛满琼浆玉液的青铜酒器上，就像是初升太阳放射出的朝霞，令人误以夜晚为清晨，把公主宅第描绘得犹如仙境。从此，他官运亨通，历任济阳令、中书舍人、吏部侍郎、昭文馆学士、工部侍郎、尚书右丞等要职。一日，他遇到司马承祯道士，指着终南山说："此山有仙气。"道士讥讽说："依我看来，此山有求官的捷径。"卢藏用羞得面红耳赤。成语"终南捷径"源出于此。后人对求官不择手段的人，常用此语予以讽喻。

【贾岛与"推敲"】 贾岛（779—843），唐朝诗人，字阆仙，范阳（今定兴）人。初落拓出家为僧，名无本，后来韩愈读了他的诗劝他还了俗。曾屡举进士不第。到唐文宗时才任长江主簿，人称"贾长江"。他的一生始终在贫困中度过。贾岛作诗喜写荒凉枯寂之境，寒苦之辞颇多。以写五律见长，写作态度严谨，注意词句锤炼，讲求对仗。其诗《题李凝幽居》中的"推敲"使他名声大噪。有一次，贾岛骑驴闯了官道，他琢磨写了一首诗："闲居少邻并，草径入荒园。鸟宿池边树，僧推月下门。过桥分野色，移石动云根。暂去还来此，幽期不负言。"其中，"鸟宿池边树，僧推月下门"的"推"是用"推"还是用"敲"好，贾岛拿不定主意，不知不觉骑着毛驴闯进了大官韩愈的仪仗队，韩愈听罢，对贾岛说："还是用'敲'好，即便是夜深人静，拜访友人，敲门代表你是一个有礼貌的人！读起来也响亮。"贾岛连连点头称赞，后来二人成了好朋友。"推敲"的典故就是由此而来。

【无可与《秋寄从兄贾岛》】 无可，本姓贾，是"苦吟"诗人贾岛的堂弟，范阳（今定兴）人。兄弟俩自幼感情深厚，曾一起出家为僧，贾岛的僧名叫无本。无可在唐代诗坛上与贾岛齐名，《全唐诗》存其诗作二卷。只因贾岛尘心不泯而还俗，在宦海中苦苦追逐功名，最后只捞到一个小小的长江主簿。无可认为贾岛误入歧途，力劝他重返佛门，为此写了《秋寄从兄贾岛》一诗：

螟虫喧暮色，默思坐西林。
听雨寒更彻，开门落叶深。
昔因京邑病，并起洞庭心。
亦是吾兄事，迟回共至今。

这首诗写得情真意切，力劝贾岛应该迷途知返，期望他早回佛门，不要再为尘世而烦愁。

【卢僎与《南望楼》】 卢僎，范阳人，徙居临漳。生卒年不详。唐代诗人。唐玄宗开元年间任闻喜县尉，后历任集贤院学士、祠部员外郎、司勋员外郎、襄阳县令、汝州刺史、吏部员外郎等职。他能诗善文，其诗作被时人芮挺章收入《国秀集》，《全唐诗》存诗14首。《南望楼》一诗为：

去国三巴远，登楼万里春。
伤心江上客，不是故乡人。

从卢僎的经历看，他没在三巴（指四川嘉陵江和綦江流域以东地区）做过官。大概是他做京官时，因安史之乱，随唐玄宗逃往巴蜀之地时写的这首诗。诗中充满了去国别乡之苦。

【卢真与《七老会诗》】 卢真，字子蒙，范阳人，唐代诗人。官至侍御史。致仕后定居洛阳，参加了白居易组织的“七老会”。根据白居易的诗注记载，“七老会”成立于会昌五年（845）三月二十一日，地址在东都洛阳履道里白家本宅。七老时常聚在一起，你吟我咏，相互唱和，生活过得有滋有味，幸福愉快。卢真《七老会诗》一诗为：

三春已尽洛阳宫，天气初晴景象中。
千朵嫩桃迎晓日，万株垂柳逐和风。
非论官位皆相似，及至年高亦共同。
对酒歌声犹觉妙，玩花诗思岂能穷。
先时工作三朝贵，今日犹逢七老翁。
但愿醁醽常满酌，烟霞万里会应同。

此诗反映了当时诗人的生活状况和精神状态。

【卢渥与《题嘉祥驿》】 卢渥（820—905），字子章，范阳人。唐宣宗大中年间进士，历任国子监博士、中书舍人、陕府观察使、御史中丞、户部尚书、太子太师等职。传说卢渥赴京应举时，偶临御沟，拾得一片红叶，叶上题有一诗："水流何太急，深宫尽日闲。殷勤谢红叶，好去到人间。"卢渥很珍惜，把它藏到箱子里。后来宣宗放出一批宫女，允嫁百官司吏，卢渥娶一人为妻。婚后妻子在箱中发现了自己题诗的红叶，卢渥这才知道题诗者竟是他的妻子，自此遂成为诗坛佳话。《全唐诗》存其诗 2 首。选录《题嘉祥驿》一诗：

交亲荣饯洛阳空，秉钺戎装上将同。
星使自天丹诏下，雕鞍照地数程中。
马嘶静谷声偏响，旆映晴山色更红。
到后定知人易化，满街棠树有遗风。

诗题中的嘉祥驿在河南宜阳境内。诗人写出了将帅出征时"秉钺戎装"的威武之貌，写出了"马嘶静谷""旆映晴山"的雄壮气势，也写出了官兵必胜的信心和豪迈之情。卢渥是晚唐诗人，当时朝政腐败，义军四起，唐王朝危在旦夕。他的诗中所指的大概是黄巢起义军，这支起义军于 880 年曾一度攻克洛阳。

【卢延让与《苦吟》】 卢延让，字子善，范阳人。生卒年不详。唐朝光化年间进士，后归蜀从王建，授水部员外郎，后又升为给事中和刑部侍郎。《全唐诗》存其诗 10 首。《苦吟》一诗为：

莫话诗中事，诗中难更无。
吟安一个字，捻断数茎须。
险觅天应闷，狂搜海亦枯。
不同文赋易，为著者之乎。

此诗是论诗之作。诗人认为，再没有比作诗更难的事了。为找到一个妥贴的字，出神中不知不觉捻断了好几根胡须；为觅得一个惊人的"险句"殚精竭虑。看来作诗不同于作文作赋那么容易，把"者之乎"用好就行了。诗人的论点有一定的道理，但很不全面。应该说作文作赋和作诗同样不容易，因为艺术形式不同，各有各的难点，都需要在“苦”字上下功夫。

【范成大与《定兴》】 范成大（1126—1193），字至能，晚号石湖居士，吴郡（今江苏苏州）人。南宋绍兴二十四年（1154）进士。官至吏部尚书、参知政事、资政殿大学士，曾出使金国。以诗著名，与陆游、杨万里、尤袤齐名，并称为“南宋四大家”。有《石湖集》《石湖词》等流传于世。

宋靖康二年（1127），宋徽宗赵佶、钦宗赵桓被金人掳走北去，这就是历史上著名的“靖康之难”。与此同时，宋高宗赵构逃往临安，建立了南宋政权。乾道元年（1165），宋金达成协约，宋向金纳贡称臣，即所谓的“隆兴和议”，建立了“叔（金）侄（宋）”之国，宋金对峙局面形成。乾道六年（1170），宋孝宗赵昚命范成大为“祈请国信使”出使金国。范成大不顾个人安危，于六、七月间启程到达金国首都燕京（今北京），后完成使命而归。途经定兴时，写下了《定兴》一诗。

旧黄村，虏新建为县，井邑未成。

新城迁次少人烟，桑柘中间井径寒。

亦有染人来卖缬，淡红深碧挂长竿。

在这里，迁次，指定兴县城移居新地的意思。柘，木名，常与桑并称，指农村乡野风貌。井径，指田间阡陌与城邑街道。缬，有花纹的丝织品。

定兴，秦置范阳县，治所在今天的固城；金大定六年（1166），取大定兴盛之意，更名定兴。金大定七年（1167）筑定兴县城。此诗描写了始称定兴后不久，县城初建时，灌木丛生、杂草遍地，井邑未成，偶有染人来卖缬的景象，是最早关于定兴在黄村置县的史料，文学价值和史料价值极高。

【张弘范与《喜春来》】 张弘范（1238—1280），字仲畴，定兴县河内村人。张柔第九子，小名张九。弘范自幼善马槊，能诗文。元世祖至元十一年（1274），元军大举攻宋，张为前锋，战功显赫，晋升为亳州万户，并赐名拔都。至元十五年（1278），张弘范任蒙古汉军都元帅，进军闽广，他命弟弟张弘正为前锋，俘文天祥于海丰五岭坡。次年在崖山击败张世杰所统水军而灭宋。张弘范狂喜至极，在崖山石壁上刻了 12 个大字：“镇国大将军张弘范灭宋于此。”

张弘范在元初是一位颇有成就的散曲作家，著有《淮阳集》，写过很多诗词和散曲，小令《喜春来》是他的代表作：

金装宝剑藏龙口，玉带红绒挂虎头。绿杨影里骤骅骝。得意秋，名满凤凰楼。

这首小令描写了一位凯旋之后的将军形象，是张弘范的自我写照。小令充分表现了他春风得意的心境，仅五句共二十九个字，但所展现的场面却非常壮观，而且还塑造了人物形象，表现了人物情绪，显得有声有色，被人称作是元曲作品的“绝构”。

【卢挚与《金陵怀古》】 卢挚（约1242—约1315），字处道，又字莘老，号疏斋。至元五年（1268）进士，侍从元世祖忽必烈30年。后来历任江东道按察副使、河南路总管，大德年间授集贤总管，官至翰林学士承旨。

卢挚的诗文与同代刘因齐名，世称“刘卢”。他的小令存有120余首，多写闲情，风格自然活泼，清新爽朗，其中尤以怀古为题材的作品为佳，寓有叹兴衰、思故国之情。《金陵怀古》是一首寓意深刻、别具一格的曲作：

记当年六代豪夸，甚江令归来，玉树无花？商女歌声，台城畅望，淮水烟沙。问江左风流故家，但夕阳衰草寒鸦。隐映残霞，寥落归帆，呜咽鸣笳。

卢挚的散曲作品具有“天然清丽”的特色，对后来散曲的发展有较大的影响。著有《疏斋集》，今已散佚。

【刘因与《山中月夕》】 刘因（1249—1293），字梦吉，号静修，容城人。刘因的诗歌和政治一脉相通，诗作非同凡响。刘因好酒，自称“醉不醒”，用“醉眼”看世事。其实他是人醉心不醉，对客观世界看得很清楚。如《山中月夕》：

满怀幽思自萧萧，况对空山夜正遥。
四壁晴秋霜着色，一天明水月生潮。
歌传岩谷声豪宕，酒泛星河影动摇。
醉里似闻猿鹤语，百年人境有今宵。

此诗貌似一首醉歌，实际上他是用冷眼观察世事的发展变化，继而进行冷静思考。诗的首句便“满怀幽思”，叹息宋王朝的国界线由白沟河移到了江淮。“白沟移向江淮去，止罪宣和恐未公。”因他是宋朝移民，诗中多有缅怀故国之情。

【王实甫与《西厢记》】 王实甫，名德信，元代大都人。著名元曲家孙楷第教授和冯沅君教授分别于1953年和1956年考证王实甫为河北定兴人。1982年，当时的河北元曲研究会秘书长、河北师范学院中文系教授张月中进一步考定王实甫为定兴县究室村人，并推算王实甫约生于公元1255—1260年间，做过县官、都事，后擢升陕西行台监察御史，因“与台臣议不合，四十岁弃官不复仕”。退职后经常出入“风月营”“莺花寨”“翠红乡”等歌台舞榭之中，对下层社会生活比较了解。六十岁后完全归隐，过着诗酒傲公侯的生活。一生共著杂剧十四种，流传至今的仅有《西厢记》《丽春堂》《破窑记》三种，另有《芙蓉亭》《贩茶船》各一折曲文。散曲数首，曲词优美。累封中奉大夫、参政知事、护军、太原郡公，终年80余岁。《西厢记》是其代表作，古称天下夺魁，令人叹为观止。

《金圣叹评点〈西厢记〉》

【张珪与《游春图》卷】 张珪（1264—1327），元大臣，易州定兴（今定兴县河内村）人。字公端，号澹庵，元蒙古汉军都元帅张弘范之子。历任江淮行枢密使、浙西廉访使、枢密副使、中书平章政事、集贤大学士等职。《游春图》长卷，绢本，设色，横80.5厘米，纵43厘米。作者展子虔（约550—600年），是北齐至隋年间的一位大画家。这幅经宋徽宗题写的展子虔所作的《游春图》卷，是画家唯一的传世作品，也是迄今为止中国存世最古老的画卷。此画描绘江南二月桃李争艳时人们春游的场景。全画以自然景色为主，青山耸峙，江流无际，花团锦簇，湖光山色，水波粼粼，人物、佛寺点缀其间，笔法细劲流利。元平章政事张珪看后，赋诗一首：

东风一样翠红新，绿水青山又可人。
料得春山更深处，仙源初不限红尘。

（隋）《游春图》卷　展子虔　画

《游春图》卷是一件为历代鉴赏家所珍视的名画，它经宋徽宗题签后，约在宋室南迁之际即行散出，后归南宋奸臣贾似道所有。宋亡后，元成宗之姐鲁国大长公主得到了此画，并命冯子振、赵严、张珪等文人赋诗卷后。此诗正是在这样的背景下撰写的。明朝初年，此画收归明内府，后归权臣严嵩所有。万历年间，被苏州收藏家韩世能所藏。清入关后经梁清标、安歧等人之手归清内府，后被末代皇帝溥仪携至长春，被大收藏家张伯驹 1946 年购得，并于 1949 年中华人民共和国成立后捐赠给国家，现藏于故宫博物院。

【王结与《秋日旅怀》】　王结（1275—1336），字仪伯，定兴人，元政客、诗文家。他早年学习经学，20 岁入京城，针对当时积弊上书，提出八点政治措施。经人举荐，充任皇太子爱育黎拔力八达的宿卫。太子即位（即元仁宗）后，授王结为集贤学士、资善大夫、知制诰同修国史，与张起岩、欧阳玄共修泰定、天历两朝实录。后拜中书左丞。立言制行，皆效法古人。历任顺德、扬州、东昌诸路总管。至元二年（1336）病故，享年62岁。追封为太原郡公，谥“文忠”。著有《易说》10卷、《王文忠文集》15卷。《永乐大典》存其诗文14篇，《元诗选癸集》存诗8首，《全金元词》存词4首，后人辑编为《王文忠文集》6卷。《南乡子·秋日旅怀》是其中一首，词为：

秋气入帘栊，矮榻虚轩睡思浓。梦觉黄粱初未熟，相逢。都在邯郸逆旅中。　　扰扰正愁侬，雨霁西山翠几重。更上层楼闲徙倚，晴空。目送冥飞万里鸿。

这首词可能与作者在仕途中的挫折有关。上片写在门窗不挡秋凉、低矮简陋的睡床上做了一个“黄粱美梦”，醒来与同处逆旅的友人相逢。下片写雨过天晴，西山露翠，登楼眺望，晴空万里，目送远去的飞鸿，作者的心境豁然开朗，预示着他的处境将有转机。

【唐寅与《桃花庵歌》】　唐寅（1470—1524），字伯虎，后改字子畏，号桃花庵主，六如居士，明代著名画家、诗人。浙江杭州人。与祝允明、文徵明、徐祯卿并称“吴中四才子”，与沈周、文徵明、仇英并称“吴门四家”，又称“明四家”。唐寅生前曾住在苏州市阊门外的桃花坞。阊门东北是桃花坞大街，是唐寅读书的地方。今苏州版画院，是唐寅的故居，左边墙壁中间嵌着“准提庵”三个大字。院内石碑上现存有唐寅于明弘治十八年（1505）三月写的《桃花庵歌》。

桃花坞里桃花庵，桃花庵里桃花仙。
桃花仙人种桃树，又摘桃花换酒钱。
酒醒只在花前坐，酒醉还来花下眠。
半醉半醒日复日，花落花开年复年。
但愿老死花酒间，不愿鞠躬车马前。

车尘马足富者趣，酒盏花枝贫者缘。
若将富贵比贫贱，一在平地一在天。
若将贫贱比车马，他得驱驰我得闲。
世人笑我忒疯癫，我笑别人看不穿。
不见五陵豪杰墓，无花无酒锄作田。

从这首《桃花庵歌》中，不难看出唐伯虎的心志、为人。他愤世嫉俗，绝意仕途，安贫乐贱。定兴古时也有“桃花坞”“准提庵”等文物古迹。桃花坞位于定兴县城西门十里之遥的今究室村“天坡”一带，为唐时遗迹；准提庵位于县城东关，今东关小学内，辽宋时期建筑。从时间上看，定兴的要早于苏州的“桃花坞”和“准提庵”，可惜的是苏州的还在，定兴的皆无。

【杨继盛与《杨忠愍集》】 杨继盛（1516—1555），字仲芳，号椒山，容城人，其墓在定兴县东引村。出身农家，少年时参加田间劳动，后在定兴县东江村永传寺学习，半耕半读成才。著有《杨忠愍集》。杨继盛的诗作通俗易懂，明白如话，但含义深刻，写法独特。《登泰山》诗为：

志欲小天下，特来登泰山。
仰观绝顶上，犹有白云还。

这是他年轻气盛、春风得意之时的诗作。杨继盛是一位忠君报国的封建官吏，他的《次梅轩韵》一诗就充分表达了这种心思：

一点丹心一点忠，竹花难入万花丛。
年来不见青松友，独喜晴梅相映红。

作者身在边陲小镇，以“竹花”自喻，不能与“青松”好友相聚，只好与梅花相伴，以此表达自己忠贞不渝的一片赤诚之心。他在临刑之前吟咏了一首《就义诗》：

浩气还太虚，丹心照千古。
生平未报国，留作忠魂补。

【王万春、伯永甫与《登奇峰颂古庙》】 王万春、伯永甫两人是定兴县究室村人。明万历丙戌年，即万历十四年（1586）仲春，两人到易县太行山奇峰岭游玩，见奇峰岭上有一古刹，风景秀丽，顿感奇想，赋诗一首，刻于碑上，立于古庙前。题为《登奇峰颂古庙》，原文如下：

奇峰信自奇，突入青云窍。
拱立若含情，俯仰恒殊调。
砺视太华巅，埡睨昆仑峤。
远势压玄冥，高标通窈窕。
三春草来蘖，六月寒仍峭。
举首眄八埏，澄思合众妙。
万古不再移，千山同一眺。
叩齿餐朝霞，焚香寻野烧。
虽无伯牙琴，聊寄孙登啸。
就是同心人，而来参久要。
万历丙戌岁次仲春之朔日
定兴县究室村王万春、伯永甫

奇峰岭写生图　任忠　画

此诗写了奇峰岭山峰林立，直入云端。似太华之巅，昆仑之峤，三春草来，六月寒峭。千山一眺，吹野食寒，虽无伯牙琴，也没忘记孙登啸。余音绕山，人与自然交织在一起，犹如一幅优美的山水画悬于天际之间。

【薛论道与《林石逸兴》集】 薛论道（约1531—1600），字谈德，号莲溪居士，定兴城内二街人，明散曲家。天资聪慧，自幼好学，八岁能写文章，因家贫而辍学。明万历初，戚继光屯蓟，薛论道从戚军前后三十年，驰骋疆场，在抵御外患中屡建奇功。后由于当朝奸党弄权，弃官归里。由于他多年在边疆征战，对边疆风光和战斗生活感受颇深，写了1000多首散曲，内容多是表达边塞将士的怀乡之情和捍卫祖国的雄心壮志以及怀才不遇、报国受阻的感情。其慷慨悲歌之情，在明代散曲中最为突出，对当时社会的丑恶现象也有一定的揭露。有散曲集《林石逸兴》，收小令1000首，共10卷，每卷100首。作者以军人的生活体验，通过对边塞风光的描绘，表达了将士们思念家乡的心情和捍卫祖国的壮志。如《塞上重阳》："荏苒又重阳，拥旌旄倚太行，登临疑是青霄上。天长地长，云茫水茫，胡尘静扫山河壮。望遐荒，王庭何处？万里尽秋霜。"用浓重的笔调，绘制出一幅苍凉壮阔的边疆图画。他的作品自始至终贯穿着爱国主义精神。

【鹿善继与《谒椒山墓》】 鹿善继（1575—1636），字伯顺，号乾岳，定兴县西江村人。明万历四十一年（1613）进士，授户部山东主事，官至太常寺少卿。曾从孙承宗督师山海关抗拒清兵。著有《认真草》《四书说约》等书籍。崇祯九年（1636）清兵围攻定兴县城。善继自动入城守卫，城陷而死，赠大理寺卿，谥"忠节"。善继青年时读王阳明《传习录》，慨然有圣贤之志，他认为"理在事中，求知在于实行"，"做言不可不干实事，实心任事，不惟职掌当然，且自反无愧"。他讲究"慎独"，讲求"做人认真"。可见，他崇尚的理学是阳明学派理学，开明末清初北方理学的先声，成为理学一代宗师。《谒椒山墓》是鹿善继凭吊杨继盛的诗。

穷海说椒山，佳城在此间。
穿林看寂寂，渡水听潺潺。
两疏当年泪，一碑万古颜。
共承臣子训，谁破死生关。

杨椒山即杨继盛，其墓在定兴县东引村。东靠卧龙岗遗址，南临易水河。旧时树木茂盛，坟丘很多，杂草丛生。经过历代盗墓者和"文革"时期的破坏，现只剩下杨椒山坟头一个和一块残存的清康熙三十六年（1697）写有"明杨椒山墓"的半截石碑。

【孙奇逢与《示同学》】 孙奇逢（1584—1675），容城人。与明末义士鹿善继友善，经常往来于定兴西江村。与鹿善继父亲鹿正、张果中明末营救东林党人，为“范阳三烈士”之一。其诗作与他的哲学思想是密切相关的。他在《示同学》一诗中写道：

学问要从躬上得，文辞璀璨总浮尘。
年来疏漏堪怜我，老去空谈恐误人。
万紫千红浑是旧，单枝独叶漫夸新。
洗心藏到无言处，此个功夫谁认真。

诗的大意是，要想得到真正的知识就得身体力行，亲自实践，不能只追求华丽的辞藻，如果没有真学问，文辞再美也像浮尘一样轻。以此鼓励后人在做学问上下真功夫。孙奇逢是一位长寿老人，有人问及他的长寿秘诀，他用诗作答：“未练三千余岁事，成为九十一岁人。自惭日月皆虚度，漫劳者君来问津。”说他没经过什么修炼，也没有养生的妙方。其实他是有养生之道的，那就是他一生为人耿直，心胸坦荡，不为名利所累。

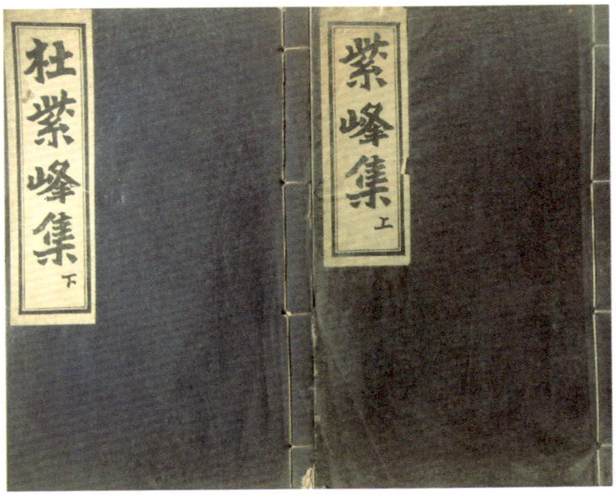

《紫峰集》

【杜越与《紫峰集》】 杜越（1596—1681），明朝名士，字君异，号紫峰，祖籍小兴州，明永乐年间迁徙定兴县东江村。天启五年（1625）偕同鹿正、孙奇逢营救魏大中、左光斗。明亡后隐居不仕，以讲学为生，名满天下。清康熙十八年（1679）诏举博学弘辞，有人举荐，坚辞不允。皇帝特旨受命中书，皆不受。门人弟子送微薄礼品为其祝寿，也拒绝不受。卒年 87 岁，他的弟子私谥“文定先生”。著有《紫峰集》14 卷流行于世。

【陈子龙与《易水歌》】 陈子龙，明末官员、文学家。在任期间，有感于荆轲刺秦王的壮举，写下了《易水歌》一诗。此诗描写了公元前 227 年，燕太子丹在荆轲渡（又称河阳渡，今定兴北河大桥附近）送荆轲于易水之上，高渐离（今定兴高里人）击筑，荆轲和而歌的故事。全诗慷慨激昂，陈词激烈，耐人回味，给人以启迪。原诗如下：

赵北燕南之古道，水流汤汤沙皓皓。
送君迢遥西入秦，天风萧条吹白草。
车骑衣冠满路旁，《骊驹》一唱心茫茫。
手持玉觞不能饮，羽声飒沓飞清霜。
白虹照天光未灭，七尺屏风袖将绝。
督亢图中不杀人，咸阳殿上空流血。
可怜六合归一家，美人钟鼓如云霞。
庆卿成尘渐离死，异日还逢博浪沙。

【范士楫与《多事》诗】 范士楫，字箕生，号橘洲。定兴县相盖村人，清初诗人。生卒年不详。明崇祯十年（1637）进士，历任山西阳曲、洪洞知县。降清后，授礼部仪制司主事，官至吏部文选司郎中，顺治末年告老乡归。著有《范阳识略》10卷、《橘洲诗集》6卷和《匪棘堂集》。

范士楫的诗作对明清易代多怀感慨，对灾民疾苦极为关注，其存世作品都是入清后之作，如《多事》：

岳土残埋剑，江沙费枕戈。
无辜是赤子，多事是黄河。
天上为鱼叹，中原沉马歌。
地连青角动，何计诸云蓑。

【王余佑与《阔领山衣屡典不售》】 王余佑（1615—1684），字介祺，又字申之。新城（今高碑店市）人，清代学者、诗人、作家，明朝诸生。入清后，隐居易州五公山双峰村，躬耕赡养双亲，余暇著书立说，30年不入城市，人称“五公山人”，清康熙十二年（1673）载其名录。

王余佑少年师从著名学者鹿继善（定兴人）、孙奇逢（容城人）和杜越

(定兴人)。他特别注重经世致用之学，对礼乐兵刑、耕桑艺植、医药卜筮、诗文词赋都潜心钻研，著作颇丰。其主要著作有《居诸编》《乾坤大略》《诸葛阵图》《通览独观》《茅檐款议》和《五公山人集》14 卷。

王余佑的诗观是："诗本性情，必以忠孝为根底。"所以，他的诗作充满了忠君安邦的思想。他的《阔领山衣屡典不售》一诗即有所表现：

无钱呼取典山衣，几次相将未售归。
不是质家嫌百结，先生制度与时违。

这是一首伤时感事的小诗。诗人生活在"明清更替"的变革时代，对明朝的灭亡感伤不已，对清朝的统治极为不满，他以旧式衣服典当不出去而发出悲伤的叹息。此诗充满了"恋明仇清"的思想情绪。

【陶贞怀与《绘图天雨花》】 陶贞怀，清代弹词女作家。江苏无锡人。自幼多才，性格豪爽。写下了长篇弹词《天雨花》，歌颂忠义之士，是清代弹词中的杰作。1998 年 10 月，河北省古建研究所落地重修定兴古城中心的国家级文物保护单位慈云阁时，在墙壁中间发现一本古书，品相较好，字体清晰，是《绘图天雨花》第 14 卷 40—42 回。《绘图天雨花》也称《天雨花》，60 回，叙述了晚明御史左淮明与郑国泰、魏忠贤斗争的故事。慈云阁中所藏第 14 卷 40—42 回主要描写了客（音同且）氏乱政的内容。客氏（？—1627），原名客印月，定兴县谭城村人。侯二妻。18 岁入宫，为明熹宗朱由校乳母。熹宗登基后封"奉圣夫人"，与宦官魏忠贤勾结作恶乱政。崇祯帝即位后客氏被杀。据分析，《天雨花》之所以在慈云阁中出现，是因为慈云阁是定兴古城的文化中心，一些文化活动经常在这里举办。清乾隆以后，京剧、弹词等曲艺剧种有了较大的发展，清女作家陶贞怀的弹词《天雨花》中所涉及的客氏内容与定兴有关，加之清嘉庆二十四年（1819）慈云阁进行了重修，其间可能是弹词演唱者或慈云阁住持将其藏于墙壁中，近二百年后才重见天日。

【张其珍与《河阳晚渡》】 张其珍，字志杭，举人。河南洛阳人。清康熙十年（1671）任定兴县知县。同年，定兴县城东门桥易石，北门桥毁于洪水，知县张其珍重修。康熙十二年（1673）张其珍会同许启祥、尚新民主持编纂了定兴县第一部《定兴县志》，康熙十四年（1675）重修了定兴东关准提庵道观，现有碑记矗立在东关小学内，并在固城和武举张亮共同修建了范阳书院。“河阳晚渡”是古时定兴八景之一，原文如下：

几度停鞭渡北河，正当落日泛轻舸。
路通九霄咽喉处，官系一身鞅掌多。
栖鸟投林竞古木，渔人收网醉烟萝。
斜阳晚景恰如画，取次诗翁白云歌。

河阳渡口，是指今天的北河，是古时水路、旱路的交汇处，是南方官员赴京师的必由之路，古时从天津开往定兴的商船必经这里。每当夕阳西下之时，这里商船云集，人声鼎沸。晚霞落面，河水荡漾，百舸争流，相互交织，形成一幅美丽的图卷。

【许启祥与《里感》】 许启祥，定兴县石象村人。贡生。著有《邑史畜料》10卷。清康熙十二年（1673）与张其珍、尚新民同纂《定兴县志》10卷，并有《督亢故址》《百楼耸翠》等定兴八景诗文和《石柱吟》留传至今。《里感》是一首描写家乡的诗，原文如下：

年来贤哲各惺惺，好谱人才表地灵。
击筑忍观虹变白，露香应笑塚徒青。
诗坛派衍东林寺，交道仪高北海亭。
日暮金台空返照，萧萧易水几争宁。

春节修谱是中国人纪念先祖的一个重要习俗。定兴石象许氏家族是名门望族，始祖许伯元，明初从山西大宁迁到定兴，第八代许从诚是明嘉靖皇帝第五女嘉善公主的驸马。此外还出现了明代进士、锦衣卫指挥许显纯，清代进士、广东永安协右营都司许允毅，清书法家许鸣凤，现代河北康城建设集团董事长兼总经理许玉河等知名人士。此诗描写了许多有关定兴的历史典故或文物古迹。“击筑”“易水”是指公元前227年，燕太子丹送荆轲于易水之上，高渐离击筑、荆轲和而歌，“风萧萧兮易水寒，壮士一去兮不复还”的故事。“塚”，是指西汉时“昭君出塞”的故事，定兴“青冢”因此得名。“东林寺”，是城内的一处文物景点，建于金初，内有东林寺戏楼，毁于20世纪60年代。“北海亭”，是指西江村鹿氏名门的一处文物遗迹。明末魏忠贤陷害东林党人，魏大中、秦明雪、茅元仪等人先后在这里避难，孙承宗、孙奇逢等人曾在西江村与鹿善继等人研究理学，开北方理学的先声。鹿善继的父亲鹿正因营救周顺昌、左光斗等东林党人，被誉为“范阳三烈士”之一。“金台”，是指黄金台，是战国时期燕昭王“招贤纳士”的地方。“金台夕照”“易水秋风”“北海孤亭”都属于古时“定兴八景”，表达了作者对家乡的热爱之情。

【王太岳与《忆秦娥》】 王太岳（1722—1785），字基平，号芥子，定兴县郑村人，清代诗文家。清乾隆七年（1742）进士，选庶吉士，历任甘肃平庆道员、湖南按察使、云南布政使、四库全书馆总纂官、国子监司业等职。在任地方官期间，为政清廉，尤其关心水利建设，并著《泾渠志》3卷。在诗文方面著有《清虚山房集》和《芥子先生集》。他的诗歌以汉魏及唐人为宗，风格“醇古淡泊”。他的词作也很有特色，选录《忆秦娥》一词：

人如削，残魂剩影难安著。难安著，乱鸦声里，暮云楼阁。　闲处思量忙处错，西园枉记春前约。春前约，而今已是，桂花零落。

这首词写得悲壮凄惨。女主人公被思念折磨成“人如削”，只存“残魂剩影”了，本来她与所思念的人是有约会的，地点在西园，时间是春天，但现在已是“桂花零落”的秋天，却仍未能如愿。小词写得情真意切，感人至深。

【二如亭主人与《绿牡丹》】 《绿牡丹》，是一部流传于我国民间很久的长篇小说。该故事不但活跃于曲艺中，还被编成很多剧本，至今《四杰村》《龙潭鲍骆》还经常演出。该书主要描写了唐武则天时期，以花振芳、鲍自安为首的绿林好汉打恶锄奸的故事。全书以骆宏勋和花碧莲的爱情故事为主线，描写了发生在定兴县城，如城隍庙、石牌楼、四牌楼、文昌阁上及山东、江南等地的一些故事。此书大概完成于清道光时期，作者是清代的二如亭主人，但真实姓名不详。

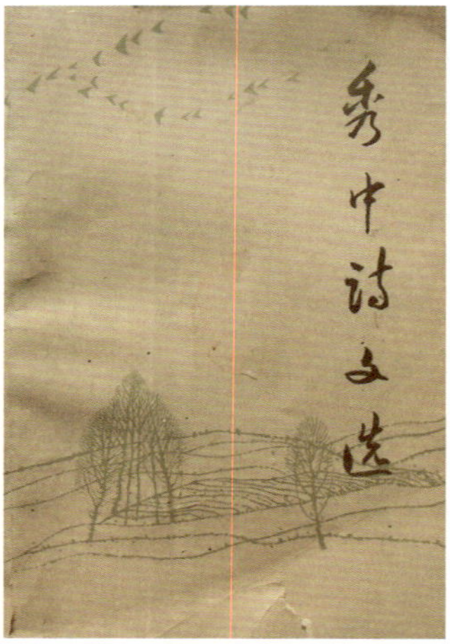

《秀中诗文选》

【张秀中与《秀中诗文选》】 张秀中(1905—1944)，又名张毓坤，定兴县城内一街人。1930年在北平加入中国共产党，1931年加入“左联”，历任中共北平东城区宣传部长、北平市委宣传部长、北平“左联”党团书记、河北省委副秘书长等职。抗日战争时期任晋冀鲁豫文联常委，主编《华北文艺》等刊物。著有《晓风》《清晨》等诗文。1942年秋，他申请下基层，到涉县二区任区长。1944年病逝于涉县河南店。1984年，中共定兴县委、县政府召开纪念张秀中逝世40周年大会，并出版了《秀中诗文选》，以示怀念。

二、戏　　剧

定兴的戏剧创作演出活动最早可追溯到金代。金大定六年（1166）取大定兴盛之意，始称定兴。金大定七年（1167）兴建定兴县城，金大定八年（1168）在定兴始建东林寺戏楼。金正大四年（1227）张柔重建保州（保定城）时，曾建浮香、金台二酒馆，并建乐棚两座（见元好问《顺天府营建记》）。在其家乡定兴县河内村同时建河内城。当时的酒馆、茶馆不仅是饮酒喝茶之地，还有说唱等文艺活动。乐棚则是专门进行文化演出的场所。金代定兴佛教盛行，庙前均建戏楼或戏台，当时戏剧活动非常活跃。

元建都大都（今北京）之后，元曲杂剧异常兴盛。定兴为畿辅之地，出现许多元曲杂剧作家，如定兴的王实甫、张弘范等。为戏剧活动的开展，镇国上将军、行军万户、词曲家张弘范在其家乡定兴河内村修石拱桥一处、看花台一座，供士人品花、看戏之用。明万历《保定府志》记载“看花台在县西南，河内社元万户张弘范筑”就是例证。元杂剧的演出已成为定兴文化的重要内容。

明代无论是官方还是民间的戏剧活动，仍很普遍，甚至比元代更加频繁。定兴出现了著名散曲家薛论道等人物。那时的演出剧目一是前代流传下来的，二是当地一些戏曲艺人改编创作的，三是从南方流传过来或是从京城流传进来的。明中叶以后，南方的弋腔（高腔）、昆腔北上，影响了北方的戏剧。清初，尤其康乾时期，社会稳定，京城戏剧艺术繁荣，一些艺人也到北京周边活动，使定兴一带的戏剧进入一个新的发展阶段。由于外地剧种的流入，定兴的戏剧开始大融合、大调整，为定兴形成多剧种、多声腔的局面奠定了基础。除弋腔、昆腔外，各地民间的秦腔、罗罗腔、弦索腔、柳子调等亦兴盛起来。乾隆、嘉庆年间只准昆、弋两腔在北京演出，其他剧种一律禁止。秦腔就是在这种情况下流入定兴的。同治帝“国丧”期间，包括昆、弋在内的剧种被禁止在京演出，部分演员流入定兴。至民国年间，定兴剧种已达到几十个。艺人们大都先在科班学戏，出科后走南闯北，以艺谋生。民国十八年（1929），横岐调戏班在定兴四月初八庙会上唱戏几天，先后演出了《西岐》《卖绒》《下店》《鸳鸯配》《天妃闸》《黄河陈》《黑河岸》《回窠》等剧目。

民国十八年（1929），横岐调戏班在定兴县城四月初八庙会上演出

1937年7月7日，日本开始了全面侵华战争，定兴的戏剧活动受到严重冲击，艺人们流离失所，艰难为生。此时，中国共产党提出了“民族革命战争的大众戏剧”口号。随着民主政权建设各项工作的开展，出现了戏剧演出和创作高潮。抗敌剧社、火线剧社、新世纪剧社等剧社组织如雨后春笋般诞生。戏剧在民族革命战争中发挥了重要的作用。

1949年中华人民共和国成立后，戏剧仍是受城乡群众欢迎的文艺形式之一。党和政府重视戏剧工作，相继成立了专业剧团，成立了戏校，以培养新生力量。1966—1976年“文化大革命”期间，定兴成立了宣传队，唱“样板戏”。1978年改革开放后，又一度兴起戏剧热，出现了不少自娱性业余剧团。20世纪 90 年代后期以来，随着城乡文化活动的多元化开展，业余剧团大部分停止活动，遇有节庆庙会，农村大都请县、市级甚至更高层次的专业剧团演出。

（一）剧种

定兴是一个多剧种并存发展的地方，延续至今及曾经活动过，后来又基本上绝迹的剧种共有 20 余种。计有河北梆子、老调、丝弦、哈哈腔、秧歌、高腔、北昆、横岐调、上四调、新颖调、评剧、碰板、贤寓调、十不闲、诗赋弦、京剧、晋剧、河南坠子、豫剧、皮影等。按其形式特点可分为两大类，即本地剧种和外来剧种。像河北梆子、老调、丝弦、哈哈腔、秧歌、横岐调、上四调、新颖调、棚板、贤寓调、皮影等属于本地剧种，其他为外来剧种。本地剧种与外来剧种最根本的区别主要是剧种的音乐形式。河北梆子是全河北省范围的大剧种，把它列为本地剧种的原因有两个：其一，迄今为止最早的河北梆子科班在定兴；其二，定兴一带历代演唱河北梆子的艺人为河北梆子的发展做出了突出贡献。

民国十八年（1929），横岐调戏班在定兴县城四月初八庙会上演出

1. 河北梆子

定兴是河北梆子的发祥地。河北梆子形成于清道光初年，是中国北方戏曲声腔的一个重要支脉。

明永乐二年（1404）大批移民入境，县境人口近半数自山西移入，山西地方小调随之流入定兴，与县内地方小调融为一体，并逐步发展演变，形成一种独特的地方小调，这就是河北梆子形成的基础。

河北梆子

清乾隆年间，山陕梆子艺人进京贡演被禁，由于生活所迫，这些艺人流落到河北广大农村，定兴是京畿之地，又有山西移民，不少艺人蜂拥而至，和山西移民汇合一起，安家落户。从此，山陕梆子如归故里，每当逢年过节，大家吹拉弹唱，各有千秋。日久天长口音渐变，为了适应当地人的口味，将声腔改变，与原山陕梆子、山西地方小调、定兴地方小调都有差异，自成一体，别具一格，这就是原始的河北梆子的雏形。

清道光五年（1825），西幸村山西移民高宜直办起了第一个河北梆子科班——祥泰班，其腔调就是原始的河北梆子声腔。此班持续 75 年，四易其名，五换班主，先后招收数批学员，少则四十人，多则七八十人。演出时，他们将唱腔去粗取精，不断改进，使河北梆子声腔日臻完善。河北梆子由此正式诞生。

河北梆子形成后，深受广大群众欢迎，影响与日俱增。继祥泰班之后，定兴县内又办起了老君屯的信盛合班、河内村的华乐舞台等河北梆子科班，特别是华乐舞台科班开始招收女学员，为河北梆子声腔的发展闯出了一条新路。中华人民共和国成立后，境内河北梆子剧团由原来的 9 个猛增到 40 个，占全县剧团总数的三分之一，演出剧目达百余种。

2. 评剧

定兴县评剧团领导合影。党委书记朱立太（前左），团长赵佩云（后右）摄于1961年

评剧，又称落（lào）子，其前身是蹦板，也叫莲花落。清末，一些爱唱蹦板的老艺人就经常到杨村打地摊演出，评剧从此流入定兴。民国六年（1917），固安县的张宝定从天津、唐山等地邀来筱桂花、爱连君、小伏子、盖玉株、王义德等较有名气的艺人在杨村演出《杀子报》《三节烈》《丁香割肉》《继母娘打孩子》等十几个剧目。由于唱腔通俗易懂，并辅有简单的舞台装饰，因此评剧深受群众欢迎。固城、南旺、姚村等村镇纷纷接戏演出，陈村、陈村营等村也请师学艺建团，于是一大批乡村先后成立了业余评剧团，演出《刘巧儿》《小女婿》等剧目。

1949年中华人民共和国成立后评剧飞速发展，仅农村业余评剧团就猛增到70多个，演出剧目多达200个。1959年，定兴县评剧团成立，剧团培养了赵佩云、鸿凤兰、曹芙蓉等一批评剧表演艺术家。“文革”期间，由于受到京剧“样板戏”的冲击，业余团体解散。现定兴评剧团仍在各地演出。

3. 京剧

京剧《霸王别姬》

京剧，亦称二黄、皮黄，1949年中华人民共和国成立前也称过平剧。清乾隆、嘉庆年间，南方四大徽班进京演出，皮黄戏在京久盛不衰。清末民初，京剧流入定兴，演出京剧最早的是固城。民国初年，固城曾流传着“小荷花的戏唱绝了，马丫头的胳膊挤折了”的

顺口溜。“小荷花”就是一个京戏班的演员。定兴地处京畿，享有“戏曲之乡”的美称。抗日战争和解放战争时期，解放区组织一些民间艺人成立戏剧演出队，在边区为群众演出《打渔杀家》等剧目，深受人们的欢迎，鼓舞了边区人们的斗志。

1948 年，贤寓村在外搭班唱戏的艺人郭连仲返回本村，把原来东西两头的剧团合二为一，改成京剧团。他们排练了《双投唐》《二进宫》等十几个京剧剧目，除在本村演出外，还先后在县内 50 多个村庄演出，演出剧目增加到 80 多个，从此京剧在定兴境内广为流传。

1968 年，全国学演“样板戏”，以县剧团为首，全县所有业余剧团一律改成京剧团，形成一次普及京剧的高潮。1978 年以后，其他剧种逐渐得到恢复。

4. 贤寓调

贤寓调源于定兴县贤寓村，属于评剧剧种的分支，既有评剧韵味，又有其独特风格。

贤寓调起源于清光绪三十四年（1908），形成于 20 世纪 20 年代中期。1927 年春节，南旺村在同一天同时邀请三道花会到该村演出，其中贤寓村一道花会为了赢得观众，登上了南旺戏楼，唱起一种自由小调，边唱边舞，受到了群众的好评。

花会回村后，管事人赵兴福、赵文斌很受启发，主动联系赵洛臣、郭洪勋、李冠等人商议组织剧团一事。消息传开后，很多人都很支持，一些爱唱的人踊跃参加，仅几天时间，就有二十多人报名。

贤寓剧团的成立受到了全村的欢迎，但是白手起家困难很多，不管是场地、教师，还是服装、道具，以及其他零用开支都遇到了不少困难。剧团管事赵兴福等人几经周折，终于跟村中管事人商量好，占用“久长宫”（圣人庙）为学戏地点。同时又倡议，凡参加戏班的人摊出五个大铜子为日常费用。当时本村没有教师，赵兴福、赵洛臣等人就仿照外地蹦板唱腔为基调，琢磨研究，同时派人到外地看戏。大家互教互学，慢慢定准调子，分出辙口，定出板眼，边学边改，直到腔调好听为止。

这样，一个以蹦板曲调为基础，不断改革、发展，自成一派，土生土长的乡村小调就形成了，被人们称为“贤寓调”，延传至今。其词曲通俗优美、道白清楚，颇受群众的欢迎。

贤寓调的化妆、行当、音乐、行头等方面与其他剧种相同，其代表剧目有《法门寺》《珍珠衫》《借女吊孝》等。1984 年春节后，贤寓调停止活动。现已列入河北省非物质文化遗产名录。

5. 哈哈腔

定兴是哈哈腔演出活动较流行的地区，县内除河北梆子、评剧、京剧、贤寓调等剧种流行外，还有哈哈腔、皮影等剧种，其活跃面广，影响力强。

清末民初，定兴几乎各村都有农村“子弟会”的演出。民国后，哈哈腔逐渐被越来越兴盛的河北梆子代替，一些演唱哈哈腔的子弟会或停办或相继改唱了河北梆子。

哈哈腔

1949 年中华人民共和国成立后，定兴仍是哈哈腔剧种活动的地方之一。代表剧目有《小松林》《打鸟》等。清朝末年哈哈腔流入定兴，清光绪二十九年（1903）定兴吴村的韩老得在本村办起全县第一个哈哈腔坐腔戏班，由韩老得亲自教戏，演出只在本村，有《小松林》等几个剧目。韩老得去世后，由其徒弟董老新接任。中华人民共和国成立后，第二代徒弟张玉书、王坦等把原来的坐腔改为走台，戏班改为业余剧团，随后又有张家庄、东韩村等业余剧团相继成立，不论在庙会、主要节日还是喜剧汇演上，都是一种较活跃的文艺形式。1966 年“文化大革命”开始后，全县哈哈腔剧团全部解散。

6. 蹦板

蹦板，是由蹦蹦发展而来。蹦蹦是清末形成于冀东北农村的一种艺术形式，对清末民初评剧的形成与发展产生过重要影响。蹦蹦于民国初年流入定兴，在定兴县的平垡、贤寓等村演出。演出剧目是与《王小赶脚》相类似的一些“三小”（小生、小旦、小丑）戏。

蹦蹦流入定兴一带的农村后，因受当地河北梆子等戏曲艺术的影响，在表演和音乐上都有了一些发展变化。有的与其他剧种合台演出；有的则在音乐唱腔上变化改革，形成了新的唱腔体式，如贤寓的蹦蹦形成了“贤寓调”等。

蹦板的主要板式有〔头板〕〔二板〕〔哭板〕〔散板〕〔顶板〕。伴奏乐器，文场以板胡为主，另有二胡、三弦和笛子；武场用苏家伙。中华人民共和国成立初期改为西路评剧，后改为现在的评剧。

剧团演出剧目有 40 出，有自己根据小说改编的连台本戏《混元盒》（从金花圣母点将起至收六怪蛤蟆精、蝎子精、红蟒精、蜻蜓精、蜈蚣精止）、《刘公案》，还有《走雪山》《九更天》《王少安赶船》《桃花庵》《大名府》《铁弓缘》《秦香莲》《杜十娘》《玉堂春》《法门寺》《夜审周子琴》等引进的剧目。1949 年中华人民共和国成立后，排演了现代戏《小女婿》《二兰记》《艺海深仇》等节目。

（二）流行剧目

戏曲流入定兴较早，剧种较多，流行剧目繁多。民国三十一年（1942）以前，主要以传统古装剧目为主，各剧种演出的剧目总数达 110 多个。后来，现代戏在易上村诞生，该村剧团先后自编自演了《兄弟从军》《捉敌探》《小过年》等剧目。

1949 年中华人民共和国成立后，业余剧团大量增加，特别是县剧团成立后，演出剧目骤增。1959 年县评剧团通过派人到兄弟团学习，搜集整理社会流传的剧目和自己创作等多种途径，使演出的剧目达150多个。

1987年出版的《定兴县戏曲志》记载，在定兴境内演出的剧目总数达322个。其中，传统古装剧目《白蛇传》《张羽煮海》《打狗劝夫》《秦香莲》《玉堂春》《茶瓶汁》《拾玉镯》等207个；现代戏剧目《金铃传》《刘巧儿》《向阳商店》《杨三姐告状》等81个；自编自演剧目《难民泪》《兄弟从军》《小过年》《早婚宴》《拒马洪流》《艰难岁月》《瞧闺女》等34个。

（三）业余剧团

定兴县业余剧团，历史悠久。清道光五年（1825），西幸村艺人高宜直首创河北梆子科班——祥泰班，后传给其子高同兴、高同旺，改名小祥泰班。它既是科班，又是戏班。先以教学为主，后改为班社到各地演出。小祥泰班是定兴县第一个业余剧团。

在祥泰班的领导下，固城、平堤、究室、国兴、阎台、北店等村先后组织了河北梆子座台腔。

民国六年（1917），固安县东港村的张宝定带评剧戏班在杨村落户，并邀请了筱桂花、爱连君、小伏子等有名气的艺人，演出了《夜审周子芹》《打狗劝夫》《杀子报》《告府子》等剧目，一时轰动四乡。随后，陈村、陈村营成立了业余剧团，开始学评剧。在抗日战争和解放战争时期，贤寓剧团自编自演了控诉日本法西斯罪行的《难民泪》，激发了群众的抗日热情。南旺儿童剧团自编自演的《探亲家》、易上村剧团自编自演的《捉敌探》等都为抗日救国做了大量的宣传工作。平堤村剧团在慰问野战八旅时，曾受到晋察冀军区第一军分区司令员杨成武的接见和赞扬。

1948年12月，定兴县举办了全县文艺汇演。1949年，全县业余剧团发展到12个。

为了满足中华人民共和国成立后人民的文化需要，县委、县政府一方面组建专业剧团，一方面帮助有条件的村庄建立业余剧团，并通过组织多种形式的汇演促进文艺队伍的不断壮大和发展。仅两三年的时间，全县业余剧团便发展到30多个。1964年和1978年是全县业余剧团的两个发展高潮，达到109个，其中梆子剧团40个、评剧团58个、京剧团7个、哈哈腔2个、皮影1个、贤寓调1个，演职员达4500余人。1962年，陈村营剧团代表定兴县参加保定地区农村业余剧团调演，荣获全区第一名。1973年，易上村剧团排演的《瞧闺女》参加保定地区业余文艺汇演获奖后，又到23个县（市）巡回演出40余场，受到全区人民的好评。

（四）艺术表演

1. 1949年中华人民共和国成立前的戏班

定兴艺术表演活动源远流长。早在唐代，初唐诗人卢照邻就有“燕歌赵舞为君开”的诗句，诗仙李白也用“赵女长歌入彩云，燕姬醉舞娇红烛”的诗句赞誉燕赵歌舞。宋元时代，王实甫等元曲作家创作了一大批不朽剧作，使定兴戏剧名扬天下。明清以来，定兴为畿辅之地，戏班众多，剧目纷呈，许多剧种在此落地生根，还逐渐衍生出了一些新的地方剧种，如老调、横岐调、新颖调、哈哈腔、贤寓调等，经过不断的传承，成为艺苑奇葩。

定兴艺术表演的传承，主要靠民间科班、戏班、剧社。明清时期，定兴一带农村普遍建有从事民间花会、戏剧等表演活动的子弟会、同乐会、玩艺会、少林会等民间组织，很多农村业余或专业剧团都是在这些组织的基础上建立起来的。1949年中华人民共和国成立以前，主要有祥泰班、信盛合班等戏班活跃于舞台。

【祥泰班】 祥泰班班主高宜直，祖居山西，后迁至定兴南幸村落户。清嘉庆十年（1805），高家弟兄二人由南幸迁到西幸落户居住，生活十分困难。为了生存，高宜直省吃俭用，积蓄了一点资产，在易县附近做小本生意，日积

祥泰班主高宜直后裔

月累，生活逐渐富裕，在西幸村买了 4 顷地，从此以农为本。道光四年（1824），高宜直从姚村钱庄借贷 100 两白银做了一笔大生意，在归还白银时，由于钱庄疏忽，未能销账而再次催偿，高宜直未做任何辩解，又拿出 100 两还贷，年终结账时，钱庄老板查出高宜直还了两份银子，方知是自己的过失。老板被高宜直的为人所感动，亲自登门赔礼道歉，当场退回多收的银两，并表示在经济上愿做高宜直的后盾。此后，二人便成了莫逆之交。高宜直出于对戏曲的爱好，决定利用这 100 两白银兴办科班。

道光五年（1825），高宜直在西幸办起了祥泰班（山陕梆子）。学生大部分是当地人，约四五十名。高宜直办班 20 年，教师名姓已不可考。约在道光二十四年（1844），高宜直把班社移交给长子高同旺、次子高同兴。

高同旺（1821—1875）从 1840 年开始随父亲帮班四年后，正式接任班主，改名“小祥泰”。此时小祥泰班学员达到 70 余人，演出范围逐渐扩大，经常活动在京、津、保地区，有时也到河南等地演出。演出时有真马、真狗、真牛等活道具上场，深得观众喜爱。

一次，小祥泰戏班在郑州演出时被扣台（过去艺人到外地演出，常有当地恶霸拦戏连演，却不付报酬，俗称“扣台”“霸场”），高同旺被逼无奈，找到在北京做王爷的义父，请回一道上书“京都祥泰班”的龙牌方解危难。

【信盛合班】 清光绪十一年（1885）由定兴县天宫寺镇老君屯村高顺创建，因高顺爱管闲事，外号“瞎疙瘩”，又称“瞎疙瘩班”。老君屯原有一个秧歌会班，由高顺承办，后来高顺在秧歌会的基础上搭小科班（相当于现代的戏校），剧种为河北梆子，教师由高顺从外地聘请，如著名河北梆子艺人刘四红的父亲刘老开就是高顺从饶阳县请来的。科班的学员是从外地招收来的，大多数是几岁、十几岁的孩子，六年出科，每科二三十人不等，由科班负责生活费。根据学员的素质，按行当分别授业。学员出科以后，可以离开科班到其他戏班搭班唱戏，也可以留在班内任教师。科班的经费，最初是由高顺向亲戚朋友借贷，学员学三个月之后即可登台演出，演出的收入作为教师工资、学员的生活费及科班内的其他开支。

高顺共办两科，出科 50 人左右。高顺死后，由他的孙子高坦继任班主。高坦共办三科，其教师大多由高顺科班的学员担任。

“瞎疙瘩班”历时 30 多年，排练出的剧目有《四郎探母》《泗水关》《五雷阵》《草船借箭》《辕门斩子》《走雪山》等百余出，培养出学员 100 余人。

2. 剧团

【定兴县评剧团】 原名定兴红光评剧团，成立于 1959 年 3 月，由韦家营村和定兴镇两个业余评剧团合并组成。有演职员 65 人，平均年龄 18 岁。剧团支部书记兼团长沈润田，副团长杜振儒，导演关青、赵秋芳，主要演员有赵玉华、宋红兰、杨秀英、潘桂花、宋洪喜、陈永发。1959 年赴北京汇报演出，受到中央领导的亲切接见，授予“红光评剧团”称号。

著名评剧演员赵玉华

1961 年，定兴、易县分别置县，评剧团划归定兴，改名为定兴评剧团。这时，保定地区著名评剧演员赵佩云，由保专戏校调来任业务团长兼导演。朱立太任党支部书记，沈润田任副书记。增加的主要演员有杨喜才、张旺、赵亚琴、郝连英等。1970 年，剧团举办了 100 多人参加的文艺训练班，学期 3 个月，从中选拔了 22 名青年学员充实了剧团，评剧团改为京剧团，学演样板戏。1972 年又恢复评剧团称谓。

评剧团从建团之日起，就把排演现代戏放在首位，先后排演《战斗的青春》《夺印》《向阳商店》《刘巧儿》等 60 多个大型剧目。1964 年参加保定地区职业剧团会演，演出的《向阳商店》被评为团体第二名。1965 年参加河北省在邢台举办的文艺会演，受到省领导的表扬，时任省长刘子厚接见全体演员并合影留念。1979 年在保定地区文艺汇演中，自编自演的《难忘的岁月》获创作、音乐、舞美奖，演员杨喜才、焦池获个人奖。20 世纪 80 年代以来，县评剧团不断推陈出新，创作排演了一批深受群众欢迎的新剧目，多次受到上级嘉奖。2004 年 9 月参加保定市第三届古城戏剧节，为古城人民奉献了《杀庙》《包公赔情》《李三娘打水》等折子戏，深受群众欢迎。

多年来，评剧团排演的剧目达 180 多个，其中现代戏 61 个。演出《杨三姐告状》《荀灌娘》《秦香莲》《花为媒》《状元与乞丐》《屠夫状元》《哑女告状》《五女哭坟》《柜中缘》等 50 多个剧目。他们深入农村常年演出，远至山西、张家口等地，近到京、津地区，更多的时间是服务于保定各县及本县大小村庄，多次送戏上门，为孤寡老人义演，深受广大农民喜爱。

【定兴县平堽业余剧团】 平堽村业余剧团建于清朝末年。当时叫“同乐会”戏班，剧种为高腔，演出形式为坐台，有文场、武场，不化妆。民国年间演出的剧种为蹦板、喇叭腔、哈哈腔、河北梆子，仍叫“同乐会”。领班先为徐老千，后为徐老贵。演出的剧目有蹦板《王小二赶脚》《刘统勋私访》，哈哈腔《六月雪》《双灯记》《打鸟》《红娘》等，喇叭腔《钉大缸》《胡探卖香纸》《老妈辞活》，河北梆子《砸经堂》《李莲英上吊》《三疑记》《走雪山》《哭头》等。

1937 年七七事变前后，剧团曾一度停止活动。1941 年，徐子恒（秃二）和张福来自发地组织 30 多人，重新排练传统剧目，多次为八路军慰问演出。1947 年土地改革后，曾聘请易上村的刘兴周排演他编写的三个当代戏《家庭计划》《回劝》《摩登佳女》。1949 年，又从北连村请来著名老艺人张连仲教戏，长达 15 年。张连仲传授了《草船借箭》《打焦赞》《水淹七军》《秦香莲》《翠屏山》《黑旋风》等 40 多出戏，使剧团的艺术水平大大提高。加上从北京买来了尚和玉的“行头”，该剧团以崭新的面貌在定兴县附近的村庄和易县等地演出，曾多次获得县政府和文教局的嘉奖，演员张学海、韩玉秀还获得过个人奖章。

1966 年“文化大革命”初期，剧团价值 3 万多元的服装、道具全部被烧毁。1968 年剧团重新恢复，团长任玉祥排练了《节振国》《沙家浜》《红灯记》等现代戏。1978 年，剧团重新排练了部分传统剧目。1983 年剧团解散。

【定兴县南旺高小业余剧团】 1942 年冬，定易涞县民主政府教育科科员孙仲春和第四区政委许大一，组织南旺村高级小学的部分师生成立了文艺宣传队，边上课边进行抗日宣传活动。起初只表演秧歌、霸王鞭，还有演讲。随着

贤寓乡南旺戏楼，建于 1966 年

文艺宣传队队伍的扩大，从一分区战线剧社请来两位导演，帮助指导排演剧目，宣传队也改编为业余剧团。所排的剧目多为自编的现代戏，形式不拘，有歌剧、评剧、快板剧、河北梆子等。主要剧目有《探亲家》《小过年》《问路》《开荒》《粉碎敌伪顽合流》等。其中《探亲家》表现的是一位边区根据地的老太太到敌占区看望女儿，知道女婿当了汉奸，欺压百姓，于是她立即劝女婿改邪归正，经过一番曲折的斗争，女婿悔悟，同妻子一起随岳母来到边区，投入抗日部队。剧团主要活动在平汉铁路两侧。因其成员多是十几岁的学生，故当地群众曾编顺口溜：“南旺的戏，光小孩儿，《开荒》《问路》《小过年》。”

1946 年，定兴县民主政府组织乡村剧团在高里村进行文艺汇演，南旺高小业余剧团演出的节目名列第三，获“少年儿童文艺先锋”锦旗一面。1949 年该剧团解散。

【定兴县易上业余剧团】 1943 年 12 月，定易涞县抗联主任郭平到易上村开展工作，与村党支部书记于志俊商量，组织起十来个人的业余剧团，由宋国祥任团长。起初只演出郭平口授的《兄弟开荒》和《妈妈娘儿瞧亲家》这两出戏，在本村演出受到欢迎，不少青年报名参加剧团，剧团很快发展到 20 来人。开明人士刘兴周、刘义斋也加入剧团，编导演出了小戏《捉敌探》《拥军优属》（又名《老顽固》）、《巾帼英雄》等。同时剧团人员不断增加，达到 60 多人，乐师李槐、李温兄弟也参加了剧团，开始有了文武场。剧团经常在游击区和敌占区演出，有时戏刚刚开始，敌人来骚扰，演员们就迅速转移到地道中，等敌情过去再继续演出。该剧团一直到 20 世纪 80 年代初才解散。

易上村业余剧团演出的《三凤求凰》

附：

定兴县农村业余剧团情况表（截至 1987 年）

剧团名称	剧种	成立时间	人数	主要剧目	活动范围	备注
究室村剧团	河北梆子	1891 年	45	《蝴蝶杯》《打龙袍》《断桥》《打金枝》等	定兴、涞水、易县等地	1981 年解散
北堼上村剧团	河北梆子	1901 年	50	《拾柴》《蝴蝶杯》《大登殿》《金水桥》《训子》《墙头记》等	定兴、徐水、易县等地	1981 年解散
平堼村剧团	蹦板 喇叭腔 哈哈腔	清末	55	《王二小赶脚》《刘通勋私访》《六月雪》《双灯记》《钉大缸》《砸经堂》《李翠莲上调》等	定兴县附近及易县等地	1983 年解散
贤寓村剧团	贤寓调	1927 年	40	《借女吊孝》《马红眼上当》《花为媒》《夜审周子琴》等	定兴县及保定、易县、徐水、高阳等地	1985 年解散
国兴村剧团	河北梆子	1928 年前	45	《拾万金》《桑园会》《金水桥》《三代惨》《小女婿》等	定兴、徐水、易县等地	1978 年解散
阎台北店村剧团	河北梆子	1928 年前	38	《长坂坡》《斩颜良》《南北合》《红灯记》《逼上梁山》等	定兴、易县、徐水等地	1983 年解散
三家疃村剧团	京剧 评剧	1946 年	35	《井台会》《贫女泪》《烧骨记》等	定兴及周边村庄	1958 年解散
城关剧团	歌剧 评剧 活报剧	1949 年	60	《赵应明参军》《哥俩参军》《夫妻进京》《北错口袋》等	定兴、涞水等地	1954 年解散
韦家营村剧团	评剧	1951 年	40	《上条学》《白蛇传》《红娘》《夺印》《草原小姐妹》等	定兴、新城、白沟等地	1981 年解散

注：本表根据《河北省戏曲志·保定地区分卷》记载整理。

3. 演出场所

定兴是元曲的故乡，河北梆子的发源地。戏剧活动频繁，演出场所很多，按舞台形式可分为戏楼、草台、大棚、室内剧场、露天剧场等。

戏楼是较好的固定演出场所。历史上，定兴城乡修建了为数众多、档次规格不尽相同的戏楼，这些戏楼一般修建在当地庙宇不远处的对面，有的戏楼气势恢宏，雕梁画栋，很有文化气息和观赏价值。早在金大定八年（1168），也就是金大定七年（1167）定兴县城修建的第二年，定兴城内就建起东林寺戏楼，楼上题匾“永远欢乐”。元至元年间又建起东关戏楼，延祐年间建起城隍庙戏楼。随后，南旺、究室、杨村、张家庄、谭城等地先后建起戏楼 20 余处。可惜这些古戏楼在近代遭到了兵燹，幸免于战乱而保存下来的戏楼，草台、大棚、室内剧场、露天剧场等，也在“文化大革命”中破坏殆尽。1949 年中华人民共和国成立后，随着戏剧事业的发展和人民文化生活的需要，定兴又建立起多处艺术表演场所。

【群乐剧院】 1952 年 6 月，定兴县工商联合会等筹建起群乐剧院。地址位于城内一街（今中医院）处。坐西朝东，全部席棚，内设长板条座位，容纳观众 1000 人。同年 9 月底竣工。先后由李健、马静担任经理，负责剧场管理即对外联络业务。1952 年 10 月（农历九月初一）首次接团演出。1954 年底，县人民剧场落成，群乐剧院即行拆除。

人民剧场　1954 年 12 月摄

【人民剧场】 1954 年初，为满足广大群众的文化生活需求，县政府做出翻新群乐剧院的决定，后改为重建，投资 2.2 万元，于 9 月初破土动工，同年 12 月底竣工，定名为人民剧场。1955 年农历正月十五开始营业。

人民剧场坐落在慈云阁路西，建筑面积 1400.45 平方米，砖木结构，960

个座位。先后接待过梅兰芳剧团、河北歌舞剧团、北京杂技团、北京市梆子剧团等大型文艺团体演出。因年久失修，于1989年停止使用。

【定兴电影院】 简称定兴影院，位于定兴古城中心慈云阁东北处。建筑面积3000余平方米，1983年4月落成。集电影、文艺演出于一体，设有演播厅、排练厅，容纳观众2000余人。是当时县城内规格较高的一处电影院。电影《喜盈门》《甜蜜的事业》等一大批改革开放初期的电影在这里放映过，经历了定兴电影事业从小到大的发展过程。1998年新的定兴影剧院落成后停止使用。

定兴电影院　1983年4月摄

王实甫大剧院

【定兴影剧院】 位于兴华大街东端路南，1990年开始筹建。该剧院投资400余万元，建筑面积3600平方米，集影视、歌舞、戏曲为一体，并设有排练厅、演播厅等设施，能容纳观众2300余人，为标准较高的现代化影剧院。1998年竣工。2013年，该剧院重新进行了装修，现更名为“王实甫大剧院”。

【贤寓影剧院】 位于定兴县贤寓村，是一座由贤寓村投资兴建的影剧院。1982年4月破土动工，同年11月底竣工，1983年春节开始使用。该院坐南朝北，建筑面积1400平方米，内设单人折椅，容纳观众1477人。1983年春节，定兴评剧团应邀在此首次演出。后接待过中国京剧院、北京市京剧一团、北京市风雷京剧团等演出团体，著名演员马长礼、杨春霞、刘长瑜、杜胜杰、齐晓云、李崇善和著名老调演员王冠英、辛秋花等曾先后登台献艺。

【天宫寺剧场】 位于定兴县天宫寺村中心。1982年初破土动工，1983年底竣工，总投资30余万元。该剧场坐北朝南，建筑面积1470平方米，内设单人折椅，容纳观众1164人，是该镇文化活动的中心。该剧场建成后，先后接待了石家庄河北梆子剧团、石家庄京剧团、高阳京剧团等多个演出团体，著名河北梆子演员雷宝春等人到此演出，特别是该村二月初十庙会期间，每年都有外地剧团在此调演，深受群众的欢迎。

4. 定兴县戏曲培训班

1979 年 12 月，由县剧团和县文化馆联合开办，共招收学员 48 名，全部是农村青年。培训班主要教师有县评剧团副团长、著名评剧演员赵佩云，文化馆副馆长李庆详，评剧团音乐师屈曲、卢贺田，著名民间艺人王俊生以及史建平等人。

举办培训班的目的是培养青年演职员，为县评剧团选拔人才，为农村业余剧团培养艺术骨干。学员是从 3000 名考生中经过三轮严格考核择优录取的。办班资金等全部由文化馆从群众文化事业费中支付。

培训班学员分为两个队：一是表演艺术队，二是乐队。学习内容有评剧艺术基本知识、基本功、唱腔和剧目排练。培训班根据学员实际，制订了周密的培训计划，按照正规标准严格训练。培训采取理论和实际相结合、集中上课与个别指导相结合的方法。

经过三个月的培训，学员已基本掌握身段、水袖、把子、武功、乐器、乐理等评剧艺术初级基础知识，排演了《拾玉镯》《打焦赞》《捉拿花蝴蝶》《三丑会》《雁荡山》等 5 出传统或现代评剧折子戏。

1980 年 3 月，培训班结束，经过考核，48 名学员全部合格，由县文化馆批准结业，其中有 13 名学员陆续被专业剧团录用，其余学员回农村后都成为农村剧团的艺术骨干。

三、史　　志

（一）县志编纂

1.《定兴县志》（1560—1645）

定兴县曾在明嘉靖三十九年（1560）、明万历三十九年（1611）、清顺治二年（1645）三次修志，但三次修志未果。

第一次编修是明嘉靖三十九年（1560），由邑令赵讷（山西孝义人）创议，命任天民（儒生，定兴县平堽人）编纂定兴《志稿》三卷，此为最初修志。后因赵讷迁官江都，未能付梓，稿亦散失。

第二次编修是明万历三十九年（1611），邑令胡嘉桂（河南西华人）曾开局纂修，当时宿彦如、鹿善继（定兴县西江村人）、范文源（定兴县相盖村人）、杨茂等同心协力，务于精详，但由于胡氏患病卒，此书粗备大纲即告夭折，又未能梓行，原稿藏于范氏"个亭"，后毁于兵劫，第二次修志未成。

第三次编修是在清顺治二年（1645），由定兴知县张藩（山西盂县人）创议，范士楫等申请集众重修。当时参加编纂的有许启祥、许国璋、杜越、尚新民、鹿尽心、陈我学、薛士珍、秦汝震等。后因张氏擢升东城兵马之职入京，将书稿携入都门，志稿随之亡佚，终未成梓。

此后，许启祥曾撰成《邑史畜料》一书；康熙元年（1662），范士楫在薛士珍等协助下撰写成《范阳识略》10卷。范士楫，字箕生，别号橘州，定兴县相盖村人。明崇祯十年（1637）进士，初任山西阳曲县令。清初官至礼部员外郎、礼部郎中，一生清廉，解职后游扬州，卒于旅舍，门人负责将其归葬乡里。定兴县首部县志，即清康熙十二年（1673）《定兴县志》，正是在范士楫撰写的《范阳识略》基础上编纂而成的。

2. 清康熙十二年（1673）《定兴县志》

清康熙十二年（1673），由邑令张其珍主修，邑人尚新民、许启祥同纂《定兴县志》10卷，并付梓成书，史称康熙《定兴县志》。张其珍，字志杭，河南洛阳人，清康熙十年（1671）任定兴知县。康熙年间重修过定兴文庙、定兴东关淮提庵道观、范阳书院（固城）、定兴古城墙等文物古迹，并有《金台夕照》《长安晓月》《易水秋风》等诗文留传至今。许启祥，定兴县石象村人，贡生，著有《邑史畜料》10卷，并有《督亢故址》《百楼耸翠》《石柱吟》等诗文留传至今。尚新民，号烟霞散人，曾任郴州知州。定兴县人，生卒年不详。

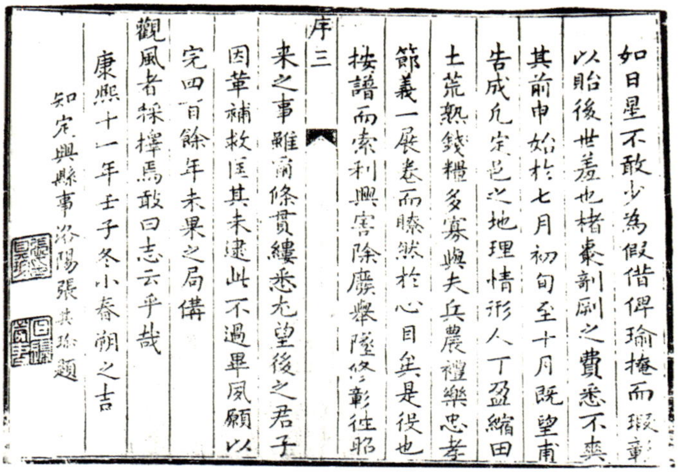
如日星不敢少為假借俾瑜掩而瑕彰
以貽後世羞也楮棗剞劂之費悉不與
其前申始於七月初旬至十月既望甫
告成凡定邑之地理情形人丁盈縮田
土荒熟錢糧多寡與夫兵農禮樂忠孝
節義一展卷而瞭然於心目矣是役也
按譜而索利興害除廢舉墜修彰往昭
序三
來之事雖爾條貫縷悉尤望後之君子
因革補救匡其未逮此不過畢夙願以
完四百餘年未果之局備
觀風者採擇焉敢曰志云乎哉
康熙十一年壬子冬小春朔之吉
知定興縣事洛陽張其珍題

知县张其珍序（部分）

附：张其珍序

余读韩昌黎文至送董绍南序，未尝不掩卷而三致意焉。因思燕赵多感慨悲歌之士所忻慕而愿执鞭，每从公车往来辄信宿，流连徘徊不忍去。间又取广舆记阅之，有所谓黄金筑台，以待天下士，旷百世而相传，岂无所记载，以不失其实哉。故国有史、邑有乘、家有谱，概不可缺也。

辛亥秋，予奉命牧兹土，举向之所忻慕执鞭者，今竟周旋于缙绅、先生、都人士（都人士，指居于京师有士行的人）之左右矣。举向之所信宿、流连徘徊不忍去者，今竟朝于斯、夕于斯，操刀学割，忝然居民之上矣。肩斯任也，讵可忽乎哉。凡天文地理以及邑中山川、形式、户口、丁徭、地亩、钱粮、风俗、人物、疆围险要、一切利弊兴革、废坠修举、彰往昭来之事，敬非洞悉于中，岂不有负圣天子委任，勤民之至意。

政事余，欲访黄金台旧址，临登凭吊，远挹流风，周览近日城郭奉歉状。询及邑志，始知自金元立县以来，迄今四百余载，久属缺典，前人三欲辑而卒未果。噫嘻，异哉。真缺典也，乌可不修。随具文申请各宪，佥为许可，广采博搜而得桔山人识略一书。休暇之际，研稽往事，备参新闻，删繁补缺，汇集成帙。复延鸿儒，重加订证，虽无司马董狐（司马董狐，比喻为直书不讳的良史）之笔，而是非公道炳如日星，不敢少为假借，俾瑜掩耳瑕彰，以贻后世羞也。楮枣（指纸张）剞劂（书籍雕板）之费，悉不爽其前申，始于七月初旬，至十月既望甫告成。凡定邑之地理情形，人丁盈缩，田土荒熟，钱粮多寡与夫兵农礼乐、忠孝节义，一展卷而了然于心目矣。是役也，按谱而索，利兴害除，废举坠修，彰往昭来之事，虽尔条贯缕，悉尤望后之君子因革补救，匡其未逮。此不过毕夙愿以完四百余年未果之局，备观风者采择焉，敢日志云乎哉。

3. 清乾隆四十四年（1779）《定兴县志》

清乾隆四十四年（1779），邑令王锡璁主修、教谕丁超等同纂《定兴县志》12卷，史称乾隆《定兴县志》。该志是距前志一百余年的续志，对随时更定的国家典制和因人而改的风尚都注意收集编入，并对前志做了必要的芟除及新资料的依类增补，具有“事赠于旧十之二，文省于旧十之一”的编制特点。王锡璁，山东黄县人，举人，乾隆四十三年（1778）任定兴知县。丁超，生平年月不详。

附：王锡璁序

定兴设县，自金大定六年始越四百余年，洛阳张君来令是邑，始创修县志。由数百年后，综叙数百年以前事，考据颇为详尽，及今又百有七年矣。期间，国家典制随时更定者有之，风俗习尚因人改移者有之，扶舆磅礴，钟灵毓秀，又值重熙累洽（重熙累洽，指累世升平昌盛），教化修明之后，鼓励气节，感发理义，人心世道蒸蒸日上，其足以光载籍而荣梓里者，以今视昔，夫岂少耶。

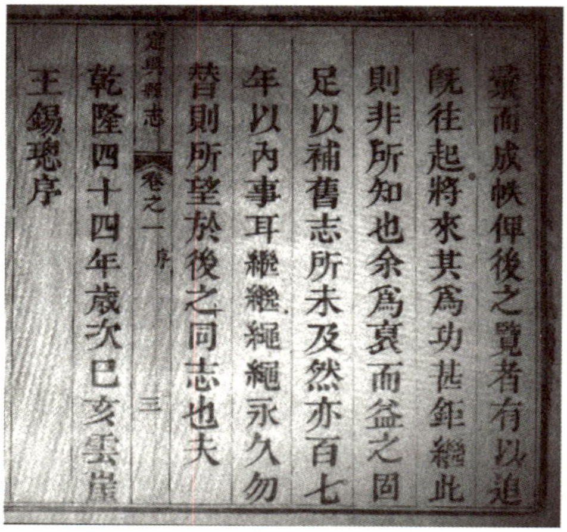
彙而成帙俾後之覽者有以追
既往起將來其爲功甚鉅繼此
則非所知也余爲裒而益之固
足以補舊志所未及然亦百七
年以內事耳繼繼繩繩永久勿
替則所望於後之同志也夫
乾隆四十四年歲次巳亥雲崖
王錫璁序

王锡璁序（部分）

余以戍春（指1778戊戌年春）来视邑篆，下车索志书，披阅即思续辑。案牍倥偬，姑未暇及，越十月，诸务稍清，进都人士共谋之，咸踊跃从事。遂与分路采摭、细核、舆论，即旧志所存，分纲别目，略加芟汰，以新收者依类编入，共成十二卷。事增于旧十之二，文省于旧十之一，盖存干不存枝也。昌黎有信，莫为之前虽美弗彰，莫为之后随盛弗传，张君总四百余年之遗事，探讨经营，汇而成帙，俾后之览者，有以追既往、起将来，其为功甚巨，继此，则非所知也。余为裒而益之，固足以补旧志所未及，然亦百七年以内事耳。继续绳绳，永久勿替，则所望于后之同志也夫。

4. 清光绪十六年（1890）《定兴县志》

清光绪十六年（1890），头品顶戴兵部侍郎兼督察院右副都御使陕西巡抚鹿传霖鉴定。掌山东道监察御使前翰林院编修杨晨（浙江黄岩人）纂修、署定兴县事蔚州知州张谐之及定兴县知县严祖望等监修《定兴县志》二十六卷，较前两志均有补遗增详。严祖望，浙江绍兴府诸暨县人，监生，光绪九年（1883）七月任定兴知县，光绪十四年（1888）再任。

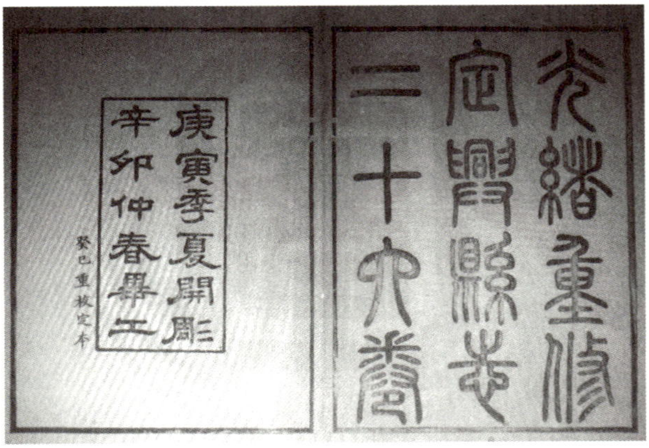

清光绪重修《定兴县志》二十六卷

附：鹿传霖序

定兴县置县始于金大定六年，定兴县之有志则始于国朝康熙十二年，其续志作于乾隆四十四年。前明嘉靖间，初议创修，书成而不果梓；万历间，西华胡公（定兴县令胡嘉桂）宰吾邑，开局纂修，先忠节公（鹿善继）身与其事，大纲粗立又不果梓，稿亦毁于兵劫。国初，孟县张公（定兴县令张藩）集众重修，书成而张擢京秩去，并其稿佚焉。康熙志之作，以桂州范先生（范士楫）之“范阳识略”为蓝本，乾隆志又加详焉。自乾隆己亥至于今又百余年矣，吾邑地当孔道，号称畿辅要冲，地络纡萦，物华彪蔚，百年以来，官师之循绩，衣冠之盛事，与夫忠义节孝之存乎人，风蝗旱潦之因乎天，因革损溢之系乎地，均关掌故（即旧制旧例），并待修明。余

清光绪十六年（1890）《定兴县志》

以光绪丁亥疾归里，越明年，诸暨严君贵筑张君先后来宰吾邑，兴废举坠，政

罔不纲，乃与商标榷志事，设局重修。延黄岩杨侍御晨任其事，以熙隆两志为轮辂、羹酒，而益以近代之人文国故其间，义例（指著书的主旨和体例）多所更定。如沿革、金石各立专门，列女增人贤媛，赋役并详古制，此皆其荦荦大者，足以补前贤之缺遗，竖后来之传言。盖乾隆以前之方志，大半沿明人康韩之习，义例踳驳（杂乱），未臻纯美。迨会稽章实斋、阳湖孙洪方董诸先生出，而后志例粲然明备，体裁弥复雅洁，侍御学有本源，虚衷乐善邢家丞之，理多言少，宋尚书之文省事增，殆兼有之，信足为乡邑光矣。是役经始于光绪十五年二月，成于十六年六月，杀青（指定稿）未毕而余出抚三秦（今陕西省），因念先忠节公毕力网罗，未登梨枣。从残剩稿，卒与丹磷碧血（借指忠臣志士）同付销沈，而余今日幸得与严（祖望）、张（主敬）、杨（晨）三君搜讨古今，克期（限定日期）葳事。然则斯志也，岂惟闾里之光，即持是以告忠节之灵，当亦乐观厥成而无复隐惘者矣。

5.《定兴县新征志料》

民国二十年（1931），继清光绪十六年（1890）《定兴县志》之后，以续志的题材编撰了《定兴县新征志料》。所载史料大部分以民国元年为起点，分上、下两册，皆为小楷手抄本。

《定兴县新征志料》复印本

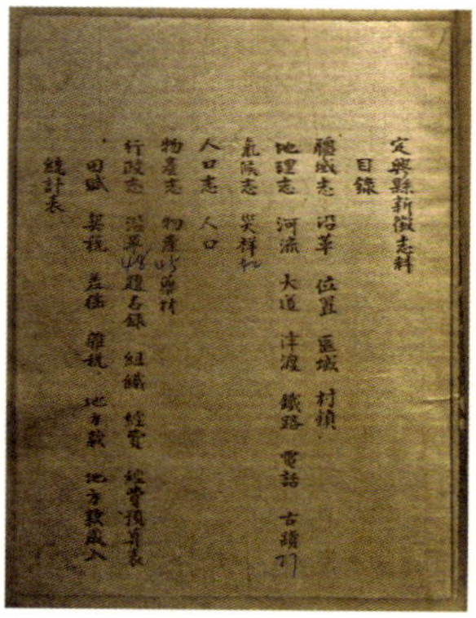
定興縣新徵志料
目錄
疆域志 沿革 位置 區域 村鎮
地理志 河流 大道 津渡 鐵路 電話 古蹟
氣候志 災祥
人口志 人口
物產志
行政志 組織 經費
田賦
統計表

《定兴县新征志料》纲目

该书目录共分疆域（含沿革、位置、区域、村镇）、地理（含河流、大道、津渡、铁路、电话、古迹）、气候（含灾祥）、人口、物产（含物产、药材）、行政（含沿革、题名录、组织、经费、经费预算表、田赋、契税、差徭、杂税、地方款、地方款岁入、统计表）、教育（含历略、创设、进展、改组、迁徙、沿革、地址、初小统计表、通俗图书馆、通俗讲演所）、风土（含方言、歌谣、宗教、方外）、人物（含列传、宦绩、进士、举人、武举、贡生、杂选、封赠、恩荫、耆寿、孝文、义行、文学、武功、寓贤、烈女）、艺术、著述、金石等 12 个分志。但辑者佚名。

6.《河北省定兴县事情》

该书是日寇侵华期间新民会中央总会在沦陷区编辑《地方事情调查资料》时，于民国二十八年（1939）四月由卞乾孙编辑，新民会中央指导部铅印出版发行。全书共设总说、地志风俗、地方制度、财政、治安警察、产业、工业、交通、商务与金融、教育与宗教、社会事情、卫生等 12 章计 35 节 46 项，是为日本侵华服务的工具书。

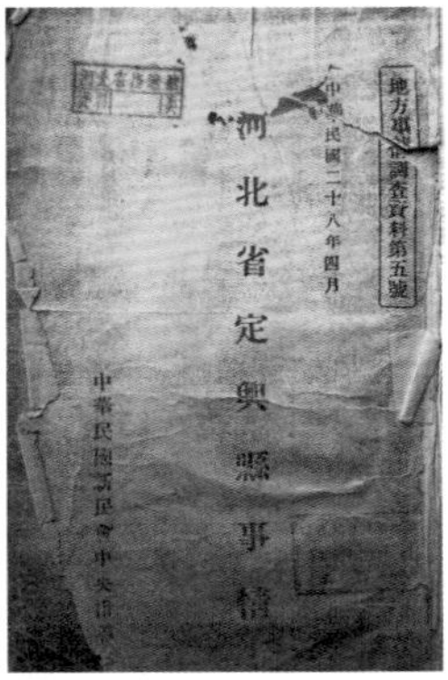

《河北省定兴县事情》复印本

7. 新版《定兴县志》

新版《定兴县志》由定兴县地方志编纂委员会编纂，1997 年 6 月方志出版社出版。该县志是继清康熙十二年（1673）、乾隆四十四年（1779）、光绪十六年（1890）后成书的第四部《定兴县志》。内容丰富翔实、体裁新颖、繁简得当，上迄远古，下逮 1990 年，包容了定兴人民生活和社会的全过程，尤其是 1949 年中华人民共和国成立后和 1978 年中共十一届三中全会以来，定兴人民在中国共产党的领导下，进行了伟大的社会主义革命和建设，加快改革开放步

《定兴县志》

伐，取得了社会主义物质文明和精神文明的巨大成就，生活发生了翻天覆地的变化。该书实事求是，突出地方特色和时代特色，涵盖了地理、居民、经济、政治、军事、文化、人物七大部类，设 24 编，24 个分志，共计 116 万余字，是一部集思想性、科学性、资料性相统一的历史文献，是一部贯通古今、容纳百科、系统反映定兴面貌的社会主义新方志，是新时期进行爱国主义教育的很好的乡土教材。

8. 馆藏旧志

1.《定兴县志》张其珍修，尚新民、许启祥纂，清康熙十二年（1673）刻本，10 卷。

馆藏：

中国国家图书馆　河北大学图书馆（胶卷）

2.《定兴县志》王锡璁纂修，清乾隆四十四年（1779）刻本，12 卷。

馆藏：

中国国家图书馆　故宫博物院　中国第一历史档案馆　天津档案馆

3.《定兴县志》张主敬等修，杨晨纂，鹿传霖监修，26 卷，首 1 卷。

馆藏：

清光绪十六（1890）刻本

中国国家图书馆　中国科学院　中国人民大学　中国考古研究所
中国历史博物馆　故宫博物院　中国第一历史档案馆　中国文物研究所
中央民族文化宫　北京大学　清华大学　中国人民大学
北京师范大学　中央民族大学　天津档案馆

清光绪十九年（1893）校定本

河北文物研究所　北京大学　北京图书馆　首都师范大学

中共中央党校　天津档案馆　南开大学　　　　大连图书馆

复印本

河北省委

台湾成文出版社影印本

河北博物馆　河北文物研究所　河北古建研究所　河北地理研究所

河北地名办公室　河北方志办公室　河北大学

4.《定兴县新征志料》佚名辑，1931年抄本。

馆藏：

清华大学

5.《河北省定兴县事情》卞乾孙编，1939年铅印本。

（二）专业史志编纂

1.《定兴县戏曲志》

《定兴县戏曲志》

遵照国务院、文化部、中国戏剧家协会、国家民委文艺字（1983）139号关于编制、出版戏曲志的文件精神，在定兴县委、县政府的领导下，定兴县文化局成立了定兴县戏曲志编写领导小组。组织了30多人的编辑队伍，走遍了全县大部分村庄，并涉足山东、北京、承德、保定、石家庄等地，先后采访了赵佩云、张连仲、王俊生、郭子军等老艺人及60余名戏曲爱好者，知情者近300名，查阅了大量有关资料，得到了中国戏剧研究室、北京戏校、北方昆曲剧院、北京梆子团、北京建筑学院、北京公安学院、保定地区戏研室等部门的支持和帮助，历时三个春秋，完成了资料搜集、普查、摄影、制图、汇编等项工作，于 1987 年 10 月付梓出版。

全书由前言、综述、大事年表、志略（含剧种、剧目、音乐、舞台美术、机构、演出场所、演出习俗、戏曲文物、轶闻传说、其他）、传记等五部分组成，共计 12 万字，收入图片 100 余幅，全面反映了定兴戏曲发展的历史。

2.《定兴县公路交通史》

《定兴县公路交通史》

1982 年，为响应交通部关于编写公路交通史的号召，定兴县交通局成立了 15 人的编史领导小组，在保定地区行署交通局和定兴县委、县政府的领导下，查阅了有关史料，采集大量口碑资料，历经 7 年，于 1989 年 11 月汇集编印成书。全书设 3 编、10 章、62 节。分古代公路交通（含奴隶社会的交通、封建社会的交通）、近代公路交通（含国民政府时期的公路、抗日战争时期的公路、解放战争时期的公路、近代的公路运输）、现代公路交通（含公路恢复阶段、公路普及阶段、公路逐步改善阶段、重点改造开创新局面阶段）三部分，内容翔实，言简意赅。

3.《定兴县教育志》稿

1987 年 4 月，定兴县教委成立了以鲍永生、王继堂为首的 7 人领导小组，由王振林具体负责《定兴县教育志》的编纂工作，后又组成了以田守义、张玺安等数十人的编写班子。经过搜集资料、制定编目、分工撰写、统稿合成，形成征求意见稿。经过征求意见和保定地区评审后，再次修改补充。先后修改编目五次，易稿三遍，历时四年，初稿撰成，待印成书。

《定兴县教育志》是定兴县第一部教育专志，共17章、41节、附录27篇、地图4张、照片21幅，总计22万字。记述了上溯远古、下至1990年定兴教育发展的历史。从清代科举教育到新中国的幼儿、小学、中学、职业技术及成人教育，基本齐全；对1949年中华人民共和国成立以来，特别是1978年改革开放以来的教育研究和教育改革更做了较翔实的记载和总结。

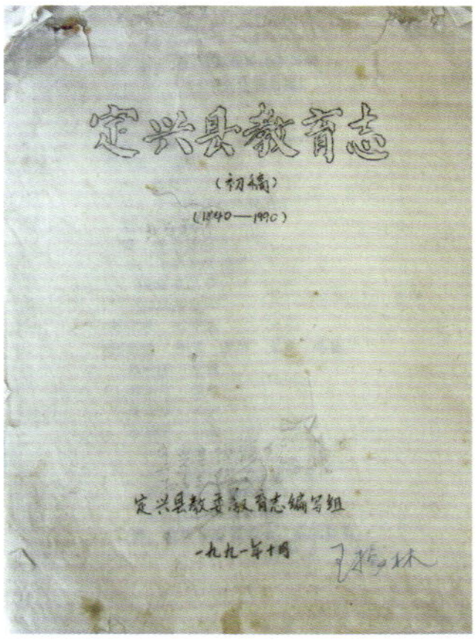

《定兴县教育志》稿

4.《定兴县水利志》

《定兴县水利志》

1990年初成立定兴县水利志编纂委员会，主编常振家。参照清乾隆、光绪年间的两部《定兴县志》《畿辅安澜志》，以及《海河滦河洪涝档案史料》《定兴县新征志料》《保定地区水利志（初稿）》《定兴县大事记（1948—1984）》《定兴县水利大事记》《定兴县地名资料汇编》《定兴县农业气候手册》，北河店水文站水文资料和定兴县档案局、水利局、统计局等有关资料，历时一年，三易其稿，经保定地区水利志编纂委员会审定、编辑而成。

志稿上溯无限，包括1949年中华人民共和国成立后的全部水利资料。全书除序、凡例、概述、大事记及附图照片外，共分河流洼地、水资源、水旱灾害、河道治理、洼地治理、地下水灌溉、地上水灌溉、防汛抗洪、氟病区改水、工程管理、边界水事调处、机构、历史人物、文存志余等14章，总计10万余字。

5.《定兴县土地志》

《定兴县土地志》

《定兴县土地志》编纂委员会编，主编丁光辉。2003 年 3 月第一次印刷。该书 16 开，27 万字。分土地概况、土地资源、土地所有制等 13 章 37 节 57 目。主要记述了定兴县土地资源开发、利用及管理的历史与现状，着重记述了 1949 年中华人民共和国成立后，特别是 1978 年改革开放以来定兴县土地管理工作取得的成绩。资料翔实，文风纯朴，具有较强的时代性、使用性和可读性等特点。它的出版，不仅为各级领导管理土地提供了决策依据，也为土地科研积累了基础资料，为人们进一步认识定兴县土地资源状况、增强爱惜土地的思想意识提供了一本很好的地情教科书。

6.《定兴县军事志》稿

《定兴县军事志》编纂委员会 2009 年 8 月编纂。主编王大山、王宽。该书分军事环境、双拥共建、后备力量、国防动员、兵役等 9 编，35 万余字。详尽描写了定兴驻军、地方武装、军事组织和军事机构等方面的内容。结构清晰，章节合理，观点鲜明，史料翔实。全面系统地记述了定兴历史上，特别是 1840 年鸦片战争以来发生的重大军事事件和重要军事人物，反映了定兴军民抵御外敌入侵、建设美好家园的艰苦历程，客观真实地再现了 1949 年中华人民共和国成立后，特别是 1978 年改革开放以来，驻定兴部队和民兵预备役官兵继承和发扬人民军队的优良传统和作风，自觉服从经济建设大局，在推动经济发展、促进社会和谐中做出的突出贡献！在中华人民共和国成立 60 周年之际，一部反映定兴军事斗争历史与军事建设现状的《定兴县军事志》的面世，既是人民武装工作的一件大事，也是文化建设事业上的一件喜事，为研究定兴军事提供了宝贵资料，为军事机关进行科学决策提供依据，是一部服务当代、惠及子孙的宝贵军事史料，为定兴人民武装工作的发展起到了积极的推动作用！

7.《定兴县政协志》

《定兴县政协志》

《定兴县政协志》编纂委员会于2010年12月编印成册，全国政协文史和学习委员会副主任卞晋平题写书名，保定市政协主席崔启慧题词，中共定兴县委书记牛景峰作序，定兴县政协主席文大华主编。该书分定兴县政协委员会构成、政协会议、政协工作、政协人物四个篇章。主要按照地方志书籍编写的规范要求，史志结合，完整、准确、真实地反映了定兴政协从1954—2010年的组织情况及各项重大活动的开展情况，记述了定兴县政协成立以来的发展历史，展示了历届定兴县政协在中共定兴县委的领导下，认真履行政协职能，为定兴经济社会发展和社会和谐做出的贡献，是一部具有史料价值的志书。它的问世，是一项利在当代、惠及子孙的文化工程，也是定兴政协工作承前启后、继往开来的一件大事，对于以史为鉴、研究探索人民政协工作的新情况、新特点、新规律，不断推进政协事业的发展，具有重要的历史意义。

（三）定兴县地名资料汇编

遵照国务院（1979）第305号文件精神，定兴县1981年6月成立地名办公室，组织专门力量开展地名普查工作。经过一年多的时间，对全县678条地名的现状和历史进行认真的调查考证。其间，参阅了以往《定兴县志》《易州州志》《涞水县志》《涿州州志》《保定府志》《河北通志》和《二十四史》等重要史籍，组织专业工作组，分赴全县各村普查。经过复核、整理和标准化处理，总结成“地名概况、地名成果表、标注标准地名图、地名卡片”四项。1984 年 10 月编纂出版了《定兴县地名资料汇编》。

（四）定兴县文史资料征集

定兴县文史资料征集工作是定兴县政协主办的文化事业。自 1982 年起，定兴县政协先后组织专门班子对定兴县从清末民初至 1949 年中华人民共和国成立期间的文史资料进行征集、整理和出版。1990 年北戴河全国文史资料工作会议后，征集的下限时间放宽到 1970 年。内容包括政治、军事、文化、教育、经济和风俗人物等。它以亲闻、亲历、亲见为主，实事求是地反映历史本来面目，达到补史之缺、详史之略的目的。

《定兴文史资料选》（1—3 册）

由于文史资料强调“三亲”，定兴县政协先后聘请了百余名资深历广、有写作能力的老人为通讯员，通过征集、采访、整理，撰写出资料 200 余篇，约 300 万字。1985—1988 年经过筛选，先后出版了《定兴文史资料选》1—3 册，共 41 篇文章，25 万字。其中刘克勤撰写的《定兴李氏三杰》载入《河北文史资料》35 期，《直隶陆军小学简介》载入《河北文史资料》40 期，《定兴浴堂业》载入《河北文史集粹》经济卷；王树勋撰写的《一个劳工的控诉》载入《河北文史资料》41 期；霍同芳撰写的《华北民众抗日救国军略述》载入《河北文史资料》42 期；申春撰写的《张彭年烈士》及张荫华、张荫素撰写的《回忆父亲张彭年》载入河北《党史博采》。

（五）定兴县党史资料征集

中共定兴县委党史资料征集办公室（后改称党史资料征编办公室）始于 1982 年 5 月。1984 年 3 月机构改革时，将党史资料征编办公室合并在县委办公室，其工作任务不变。1984 年 12 月，根据省编委（1984）155 号文件精神，恢复党史资料征编办公室为局级事业单位。

定兴县党史资料

该室自成立以来，先后征集各种党史资料 800 余万字，图片资料将近 400 张，撰写专题资料、人物传记达百篇，编写《党史资料选编》62 期、百万余字。相继印刷出版了《秀中诗文选》《烽火岁月》《定兴革命历史大事记》（1937—1949）、《定兴英烈谱》《定兴烽火》《血泪控诉》等党史书籍，近 64 万字。并与定兴县委组织部、定兴档案局联合编写出版了《中国共产党河北省定兴县组织史资料》（1933—2009）第六卷，计约 100 余万字。

（六）主要著作

1.《绿牡丹》

《绿牡丹》

《绿牡丹》，是一本流传于我国民间很久的长篇小说。它的主要故事情节不但传播在曲艺中，而且被编写成很多剧种的戏本。著名评书家单田芳在电视台播讲过此书。至今京剧中的《四杰村》《龙潭鲍骆》《宏碧缘》等折子戏和连台本戏还经常演出。《绿牡丹》的主要内容是，唐代武则天执政时期，一些亲近臣僚及其子弟、家属，倚权仗势，勾结地方上的土豪劣绅、贪官污吏、帮闲士人，鱼肉乡里，迫害小民，激起了以花振芳、鲍自安为首的众多绿林好汉的义愤。他们集合一批江湖义士，通过打擂台、劫富豪、闹公堂、惩贪官、除恶霸等正义行动，和那些权贵豪强做了坚决、英勇的斗争，并最终取得了胜利。全书始终以骆宏勋和花碧莲两人多灾多难的婚姻故事为主线，以骆宏勋之父骆龙在定兴去世后，骆宏勋将其尸体运回江南安葬为起因，描写了发生在定兴、山东、江南等一系列反霸除奸的故事。书中所述人物、设置与定兴有关。其中，骆龙，字腾云，广陵扬州人。武进士出身，初任定兴县游击之职，在位九年，年交五十，忽染大病，在定兴身亡。任正千，字威远，其像之恶，胜过尉迟恭，人称“赛尉迟”，乃定兴一富户，家住古城四牌楼东侧。王伦，字金玉，定兴有名宦家，礼部尚书王怀仁之子，吏部侍郎王怀义之侄，后荣任嘉州知府，建康道。余千，绰号多胳膊，与骆宏勋同庚，是骆宏勋仆人，武功较好。书中描写的如余千拿猴的事情可能发生在四牌楼之上。此外，书中还描写了发生在定兴县城如城隍庙、石牌楼、文昌阁上的一些故事情节。“绿牡丹”之说的起源是：唐武则天时，武三思派人到海外采集药草，得一种异样名花，名叫“绿牡丹”。盛开时节，女皇帝武则天同张天佑商议，言中国自古未有此花，今能得之，亦国家祥瑞之事。故此贴出黄榜，告示天下人民：“无论有职无职，士庶白衣，凡有武技之女子，八月十五日到逍遥宫观赏名花，并应考文武奇才。”因花属女性，世间既有奇花，亦必有奇才之女，恐怕埋没于闺阁，故考封官，以彰国家之盛。书中鲍金花、花碧莲、胡赛花三位女子应试，皆有沉鱼落雁之容、闭月羞花之貌。考官命三人以“绿牡丹”为题，各作诗一首，以试文才。结果，鲍金花第一，花碧莲第二，胡赛花第三。受到女皇帝封赏，后恩赐三人一品夫人。此书可能完成于清道光后，关于作者姓名，有人说是清代的二如亭主人，但真实姓名不详。

2.《五言杂字》

《五言杂字》是一本带有浓厚地方特色的启蒙读物。清道光年间，由定兴县郝清和和李廷弼合著。此书以农历十二个月和二十四节气为主线，陈述了一年中的农事活动、婚丧嫁娶的地方风俗、定兴文物古迹、集市庙会以及勤俭持家、田家自乐等内容。先由李廷弼撰稿，写至春季辍笔，移交郝清和续写夏、秋、冬三季内容。李廷弼，定兴县傅家庄人。郝清和，字温柔，定兴县北田乡北召村人，中年在保定莲池书院执教，晚年弃教归田，素与李廷弼友善，为解决农村日用杂字之难，二人合著《五言杂字》。在编著过程中，郝清和双目失明，但著书之心不已。令其子郝刚（字毅斋）执笔，由郝清和口授，数年内完成增补续接的初稿。最后由郝清和和李延弼定稿付印。这是一本有浓厚地方特色的蒙学读物，为研究定兴民俗提供了珍贵资料。由于时代局限，该书对有关封建

《五言杂字》1992 年重印本

道德、迷信思想、轮回观念等思想糟粕一并收入。此书发行以来深受人们喜爱，在河北广为流传，到清朝末年已流传到山东、山西、河南、四川等地。各地先后出现不少仿编本。直到抗日战争时期，仍为学校的启蒙读物。因年深日久，几经战乱，原书已不复存在。后经整理，再版发行。

3.《梁梦龙书元曲“西厢”百韵》

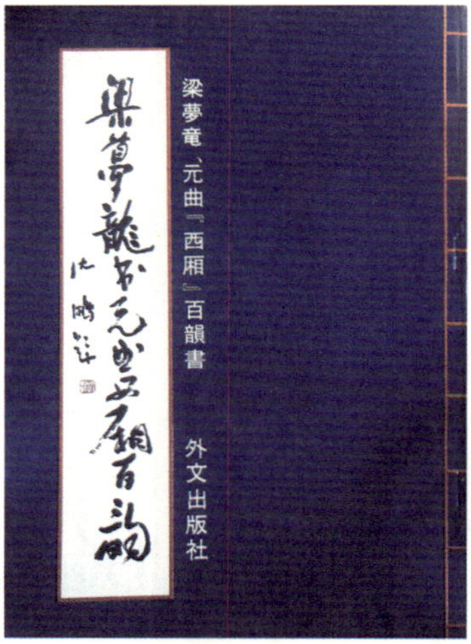

《梁梦龙书元曲“西厢”百韵》

梁梦龙，著名书法家。1931 年出生于定兴县石柱村，其父梁瑞五也是近代书法家，是天津书法家华士奎弟子之一。此书于 1992 年 1 月由外文出版社出版，文化部常务副部长高占祥为其题词：“笔墨见精神”。著名书法家张虎、薛夫彬，河北省政协副主席徐纯性分别为其题词，中国书法家主席沈鹏为其题写书名。作者怀着对元代戏剧家王实甫的崇敬之情，用正、行、草、隶、篆书写了王实甫《西厢记》中的诗、词，把“西厢”佳韵融入书法艺术的创作中，构成一幅绚丽多姿的画卷。作者用多种书体，以每幅一个画面的形式，表达了其对祖国文化艺术的追求与感受，赞颂了中华民族光辉灿烂的优秀文化。

4.《定兴方言》

《定兴方言》是一部记述和研究河北省定兴县方言的专门著作，由河北大学中文系语言学教授陈淑静、保定师范专科学校中文系讲师许建中编著，25 万余字，1997 年 10 月方志出版社出版。

定兴历史悠久，在漫长的历史长河中，世世代代的定兴人积累了丰富多彩的语言资源。作者怀着极大的热情，历时三载，花费了大量心血，以现代调研方法，对定兴方言资料做了全面深入的收集挖掘和分析研究，科学地记录下了定兴方言的现状，使时时可能在发展变化中流失的宝贵方言资料得以永久保存。本书在认真调查的基础上，对以定兴城关话为代表的定兴方言进行了较详细的描述和分析，并对定兴话的词汇特点和语法特点做了介绍，筛选了5000余条方言词语，80多个语法例句，还有儿歌、谚语、歇后语、谜语、故事等成篇的标音语言资料，全面反映了定兴方言的特点和规律。它的出版，为当代和后世有关语言研究提供了有价值的方言史料，丰富和发展了中国语言的宝库。

《定兴方言》

5.《范阳风》

《范阳风》

《范阳风》是一部全面介绍定兴文化历史的著作，由定兴县委宣传部长李云峰、定兴县文联主席王振林编著，2000年12月河北大学出版社出版。该书由中国书法家协会副秘书长、《中国艺术报》社长张虎题写书名，时任县长郑开军等题词，时任定兴县委副书记贾玉文作序。分文化篇、风俗篇、地名篇，收录图片210幅，62万余字。翔实记述了上至远古、下迄20世纪末发生在定兴的一系列重大文化事件，是对定兴文化的全面总结。该书主要是按照时间顺序，以图文并茂的形式反映定兴历史脉搏和各乡镇村的文化历史，具有实用性、通俗性、可读性等特点，是一部很好的爱国主义乡土教材。它丰富了定兴作为全国文化先进县的内涵，获保定市第五届社会科学优秀成果二等奖、保定市精神文明建设“五个一工程”奖，被国家图书馆收藏。

6.《范阳韵》

《范阳韵》

《范阳韵》由定兴县委宣传部长李云峰、省作协会员郝尊编著。2006 年 2 月中国艺术出版社出版。该书由著名书法家李铎题写书名，著名作家苏叔阳、刘岚山，著名画家杨沛彰等题词，著名书法家张虎作序。全书 100 余万字，汇集了古今定兴历史文化名人的著作和诗篇，其中有东汉诗人郦炎，元代戏剧家王实甫、词曲家张弘范，元重臣张珪、王结，明代剧作家薛论道、理学家鹿善继、文学家杜越与范士楫，清末军机大臣鹿传霖，抗日战争“左”联作家张秀中，当代著名作家、书法家张虎等在中国文学史上耳熟能详的人物的作品。他们来自不同的时代，烙着各个时代的印记，出身不同的阶层，有着不同的环境，也有着不同的社会感受，是那个时代最美好、最风雅之音。这本书是对定兴文学事业的全面总结，它的出版必将促进定兴文学事业的发展。

7.《义慈惠石柱》

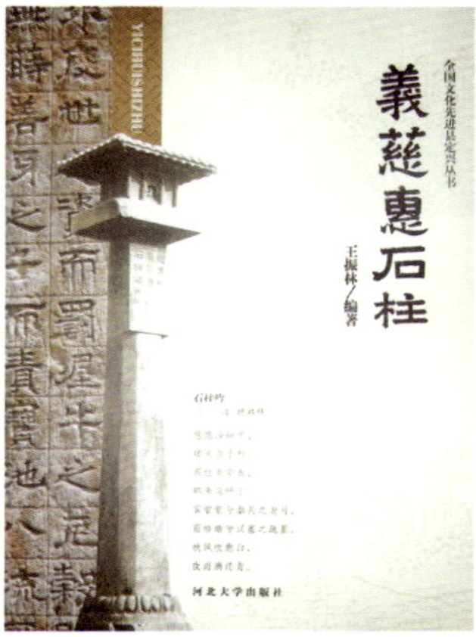

《义慈惠石柱》

义慈惠石柱坐落于定兴县城西北 15 公里处的石柱村，是 1961 年与长城、故宫等第一批被国务院命名的全国重点文物保护单位之一，因建于北齐太宁二年（562），又称北齐石柱，距今已有 1400 多年的历史。该书由定兴县文联主席王振林编著，当代著名书法家张虎、时任保定市市长马誉峰题词，时任中共定兴县委书记牛景峰作序，2011 年 12 月河北大学出版社出版。分纪事篇、文史篇、学术篇、轶事篇几部分，收录图片 110 幅，21 万余字。该书图文并茂，详细记述了义慈惠石柱建立的背景、过程、意义以及对后世文博事业的影响。书中汇集了沈曾植、鲁迅、梁思成、刘敦祯、罗哲文等老一辈文学家、建筑学家对义慈惠石柱的多篇研究著作和20世纪80年代以来中国科学院研究员唐长孺、台湾大学历史学博士刘淑芬、日本冈山大学教授佐田英治等著名学者的研究文章，从不同侧面对义慈惠石柱的建立及意义进行了剖析。义慈惠石柱是祖先留下的宝贵文化遗产，是我国南北朝时期为数不多的建筑遗存，是研究南北朝时期葛荣、杜洛周农民起义，乡义发展，庄田经济，中古佛教，书法演变等方面不可多得的实物资料。该书获保定市第十一届社会科学优秀成果奖，被国家图书馆、吉林省图书馆等收藏。

8.《缀玉集》

《缀玉集》

又名《嵌名楹联墨迹集》。王崇泽撰联，宋寅鹏书丹。2012年8月人民美术出版社出版。王崇泽，楹联作者，祖籍河北徐水，1958年9月生于定兴河内村，曾任定兴县副县长，定兴县委副书记，定兴县人大常委会主任、党组书记等职，善书法和楹联创作；宋寅鹏，书法作者，1971年生，中国书协会员，高碑店书协副主席。该书由中国书法家协会主席沈鹏，著名书法家欧阳中石、张虎题词，是定兴第一部楹联和书法创作相结合的出版珍品。楹联是中国传统的文学艺术形式之一，是中国的国粹，是中国诗、词、曲、赋等艺术形式的高度提炼与浓缩，以字数相等、内容相关、词性相当、结构相称、平仄和谐为标准，其精巧雅致，趣味性、针对性、实用性、装饰性、艺术性强，深受大家的喜爱。该书汇集了作者的楹联习作217篇，加之青年书法家宋寅鹏的书写，珠联璧合，堪称定兴文艺事业上的一朵奇葩。

9.《中国民间故事全书　河北·定兴卷》

《中国民间故事全书　河北·定兴卷》

民间故事是劳动人民在漫长的历史长河中思想活动和生活百态的生动写照，是研究社会变迁和人类进步的口头资料。千百年来，勤劳淳朴、热爱生活的定兴人民在这片热土上创造了辉煌灿烂的民间文化。《中国民间故事全书 河北·定兴卷》是中国民间文化遗产抢救工程系列成果之一，是文化部与中国文联共同主办的中国口头文学遗产数字化工程系列成果之一，“十一五”期间国家重点图书出版规划书目。此书是定兴县文联根据中国民间文艺家协会关于出版民间故事全书的要求，通过深入走访、挖掘，进而搜集、整理的一部力作。该书由定兴县文联主席王振林编著，2013 年 1 月知识产权出版社出版。全书共 275 篇，31 万余字，收录的都是在定兴广为流传的、人民群众喜闻乐见的故事、传说。在这里，人、地、神、动植物等都成了民间故事的主体，表现了定兴人民对故乡的热爱，对美好生活的向往，赞颂了人世间的真、善、美，这既是定兴广大劳动人民智慧的结晶，也是定兴悠久历史文化的重要传承，是一部融通俗性与艺术性于一体的故事集。该书被国家图书馆、大连图书馆等收藏。

10.《黄金台》

黄金台位于定兴县城西 15 公里处的北章和金台陈村一带。战国时期燕昭王为报齐仇，采纳谋士郭隗的建议筑台，并置千金于台上以延天下士，随之乐毅、剧辛等纷纷投奔燕国，燕国最终因此而打败了齐国，开创了中国历史上“招贤纳士”的先河。该书由定兴县文联主席王振林编著，保定市市长马誉峰题词，当代著名书法家、作家张虎题写书名，2014 年 1 月河北大学出版社出版。全书分为史志、史话、传记、诗赋等部分，收录图片 100 余幅，25 万余字，图文并茂，详细记述了黄金台建立的背景、过程、意义及对后世的影响。黄金台及其蕴含的文化意义已超越其本身的价值，这一宝贵文化遗产在古代历史长河中闪烁着耀眼的光芒，被李白、杜甫、司马光、刘因、汤显祖等文人墨客和康熙、乾隆等帝王所歌咏，留下大量诗篇。目前，“黄金台传说”已被列为河北省非物质文化遗产，其中“九曲黄河灯阵”已申报国家非物质文化遗产名录。

《黄金台》

11.《当代中国画名家——孙占祥》

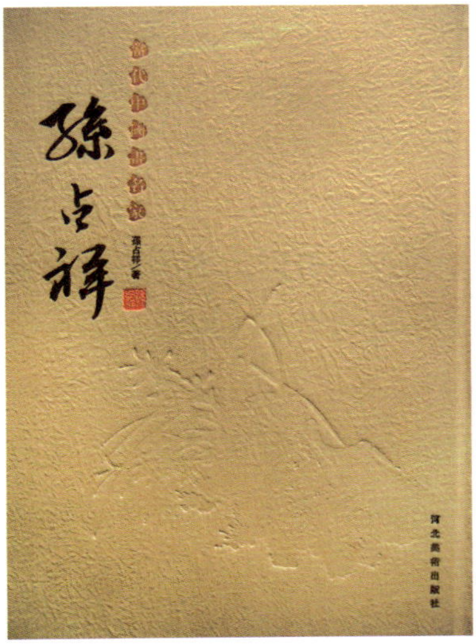

《当代中国画名家——孙占祥》

孙占祥著，2014 年 1 月河北美术出版社出版。该书收录了近年来孙占祥同志的绘画作品 142 幅，涉及雄鹰、金鸡、牡丹、梅花等题材。孙占祥是当代著名画家，1949 年 6 月生于天津，祖籍定兴县老里村。出身于绘画世家，师从著名画家乔文科、王志林，曾得到当代绘画大师王雪涛、孙其峰亲点。现为中国名人研究会理事、河北美术家协会会员、中国艺术研究院特邀画师。擅长写意人物、花鸟、山水，尤以画牡丹、梅兰竹菊、鹰、鸡见长，多以农作物高粱、玉米、扁豆为题材进行绘画创作。1989 年《硕实图》参加当代名人书画展；1993 年《百花齐放》参加纪念毛泽东诞辰 100 周年书画展；1997 年《国色天香》参加庆祝香港回归书画展；2000 年《富贵图》在《中国文化报》上发表；2005 年画集《太行雄鹰》由澳门晨辉出版社出版；2007 年《红高粱》入选《中国书画名家大典》；2009 年《腾飞》参加纪念中华人民共和国成立 60 周年书画展；2011 年《在太行山上》应邀参加中、日、韩书画联展。并有多件作品被中国香港、台湾地区，以及日本、韩国、新加坡等国家收藏。

12.《北齐义慈惠石柱》

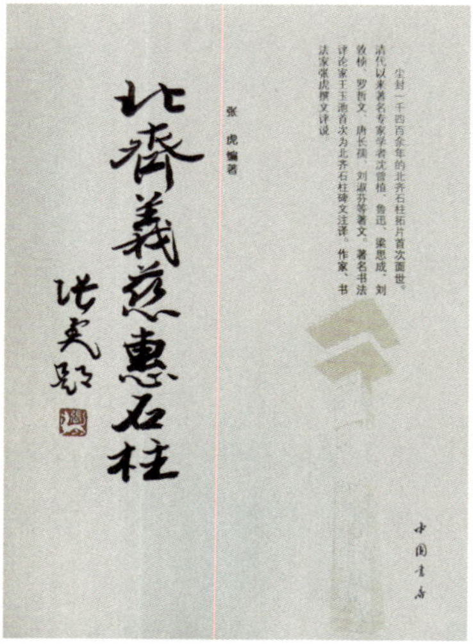

《北齐义慈惠石柱》

当代著名书法家、作家张虎著，1/16 开本，35 万余字，图文并茂，中国书店出版社 2014 年 12 月出版发行。该书是作者 20 余年研究义慈惠石柱的结晶。张虎，1941 年生，定兴县南营邱村人，曾任中国书法家协会副秘书长，《中国艺术报》社长。该书汇集了沈曾植、鲁迅、梁思成、刘敦祯、罗哲文、唐长孺、刘淑芬等知名学者研究义慈惠石柱的多篇文章，详细介绍了义慈惠石柱建立的时间、地点、背景及意义，阐述了义慈惠石柱在史学、书法、佛教等方面的重要价值。特别是中国艺术研究院研究员、中国书协培训中心教授王立池先生对义慈惠石柱颂文进行了注解，使读者更加直观地了解了义慈惠石柱的内涵。书中义慈惠石柱拓片是首次与公众见面，书体既有隶书的藏头燕尾，又有魏碑的厚重端庄，同时又有楷书的隽美灵动，是中国书法从隶到魏碑再到楷书转换的重要实物来源，填补了南北朝时期中国书法的一个空白。1961 年，义慈惠石柱被国务院首批命名为全国文物保护单位。

（七）著述辑要

定兴历史悠久，人才荟萃，著述繁多，现择要辑录如下：

1.《隽永》共 81 篇，《汉书·艺文志》中录有《蒯子》5 篇，汉代蒯通撰。蒯通，范阳（今定兴固城）人。

2.《见志诗》，东汉郦炎撰。郦炎（150—177），字文胜，范阳（今定兴固城）人。

3.《淮阳献武王诗集》，元代张弘范撰。张弘范（1238—1280），元大将，元曲家，定兴河内村人。

4.《西厢记》《破窑记》《丽春堂》《芙蓉亭》《贩茶船》等杂剧 14 种，元戏剧家王实甫撰。王实甫（约 1255—1336），定兴人。

5.《易说》《王文忠文集》，元中书左丞王结撰。王结（1275—1336），定兴人。

6.《陵川集》，元代郝经（字伯常）撰。郝经（1223—1275），客居定兴。

7.《林石逸兴》，明散曲家薛论道撰。薛论道（1531—1600），定兴城内人。

8.《认真草》《四书说约》，明代鹿善继撰。鹿善继（1575—1636），定兴西江村人。

9.《梅花堂诗高》，明代赵宸撰。定兴人。

10.《北海亭集》，明代鹿化麟撰。鹿化麟（1593—1637），定兴西江村人。

11.《经诗稿》1 卷，明末耿权撰。耿权，定兴百楼村人。

12.《易经浅义》，清初耿极撰。耿极，定兴百楼村人。

13.《紫峰集》，清文学家杜越撰。杜越（1596—1681），定兴东江村人。

14.《锦县志》《广宁县志》《宁远州志》《锦州府志》，清范勋纂修。范勋，定兴相盖村人。

15.《清虚山房集》（又称《芥子先生集》）《泾渠志》，清文学家王太岳撰。王太岳（1722—1785），定兴郑村人。

16.《范阳识略》《橘洲诗集》，康熙元年（1662）范士楫撰。范士楫，定兴相盖村人。

17.《定兴县志》，清康熙十二年（1673）刻本，张其珍、尚新民、许启祥纂。

18.《邑史畜料》10卷，许启祥撰。许启祥，清康熙年间贡生，定兴县石象村人。

19.《历代世纪年表》，王之枢编，清康熙皇帝作序。

20.《大学说》《中庸说》，清代苗锐撰。

21.《定兴县志》，清乾隆四十四年（1779）刻本，王锡璁、丁超等编修。

22.《鹿氏家谱》13卷，清乾隆五十六年（1791）鹿荃撰。鹿荃（1735—1792），定兴西江村人。

23.《渝蒙之集》，清代张瑞林撰。定兴人。

24.《五言杂字》，清道光年间（1821—1850）傅家庄李廷弼、小北召村郝清和合著。

25.《北海亭集》8卷，明鹿化麟撰，孙奇逢辑，道光四年（1824）鹿亢宗整理，刻本5册。

26.《砚斋书集》，清鹿传霖撰。鹿传霖（1836—1910），定兴西江村人。

27.《澹如斋偶草》《晋游消遣集》，清鹿传钧撰。鹿传钧，定兴西江村人。

28.《吟霞诗草》，清鹿恂理撰。鹿恂理，定兴西江村人。

29.《妙春吟馆诗草》，清鹿欣理撰。鹿欣理，定兴西江村人。

30.《蠹馀集》，清鹿瀛理撰。鹿瀛理，定兴西江村人。

31.《史记私笺》，清鹿兴世撰。鹿兴世，定兴西江村人。

32.《浮山县志》34卷，清鹿学陶撰。鹿学陶，定兴西江村人。

33.《定兴县志》，清光绪十六年（1890）刻本，杨晨纂修，鹿传霖、严祖望、张主敬等监修。现存清光绪十九年（1893）校定本，民国二十一年（1932）重印本。

34.《瓷器概说》《清高宗御制咏瓷诗录》《觯斋瓷乘》《校注项氏历代名瓷图谱》，1931年郭葆昌著。郭葆昌，定兴城内人。

35.《息庐游乘未定稿》，1945年马元烈撰。马元烈，北京人。

36.《图书馆学》，李燕亭撰。李燕亭（1893—1964），定兴城内四街人。

37.《荒山野唱》《梦痕》《野火》《不快之意歌》《爱的浪费》，谢采江撰。谢采江（1893—1984），定兴城内四街人。

38.《中华民国之农村教育》，张清源著。张清源（1894—1978），定兴人。

39.《晓风》《清晨》《血在沸》诗歌三集，张秀中著。张秀中（1905—1944），定兴城内一街人，并译《莫泊桑的诗》《魔鬼的追随》。

40.《定兴县新征志料》，民国二十年（1931）抄本，佚名辑。

41.《河北省定兴县事情》，民国二十八年（1939）铅印本，卞乾孙编。

42.《骨关节创伤七线诊断学》《永寿大骨节病科学考察文集》《骨放射诊断学》《氟骨证七线诊断学图析》，王云钊著。王云钊，定兴平堤村人。

43.《政治经济学讲座》《新编政治经济学》《政治经济学》《县经济发展概论》，河北省党校常务副校长杨伯亚编著。杨伯亚，定兴城内一街人。

44.《秀中诗文选》《高敏夫战地日记》，申春撰。申春（1934— ），四川广安人，河北省作家协会会员，定兴文联干部。

45.《王实甫与西厢记》，魏志礼撰。魏志礼（1945—2016），定兴易上村人，河北省戏剧家协会会员。

46.《彩霞河》，杨福林著，1990 年 12 月花山文艺出版社出版。杨福林（1947— ），定兴县南关人，河北省作家协会会员。

47.《梁梦龙书元曲“西厢”百韵》，梁梦龙著，1992 年 1 月外文出版社出版。梁梦龙（1931—2000），定兴县石柱村人，著名书法家。

48.《金台蒺藜集》，韩雅生著，1993 年 10 月花山文艺出版社出版。韩雅生（1951— ），定兴县玉保庄村人，河北省作家协会会员。

49.《定兴方言》，陈淑静、许建中编著，1997 年 10 月方志出版社出版。

50. 再版《休闲漫笔》，张虎著，1999 年中国文联出版社出版。张虎（1941— ），定兴县南营邱人，中国书法家协会副秘书长，《中国艺术报》社长，著名作家、书法家。

51.《范阳风》，李云峰、王振林编著，2000 年 12 月河北大学出版社出版。李云峰（1965—2005），山西平陆人，曾任中共定兴县委常委、宣传部长；王振林（1965— ），定兴县究室村人，定兴县文联主席。

52.《范阳韵》，李云峰、郝尊编著，2006 年 2 月中国艺术出版社出版。郝尊（1942— ），定兴县究室村人，河北省作家协会会员。

53.《梅源斋诗笺》，蒋克学著，2007 年 3 月中国艺术出版社出版。蒋克学（1949— ），雄县人，曾任定兴县常务副县长、定兴县人大主任等职，河北省作家协会会员。

54.《定兴县政协志》，2010 年 9 月成书，定兴县政协编写组编纂。

55.《金秋之恋》诗集，白志胜著，2010 年 10 月中国文联出版社出版。白志胜（1936— ），张家口人，当代作家协会会员。

56.《义慈惠石柱》，王振林编著，2011 年 12 月河北大学出版社出版。

57.《定兴年鉴》（2006—2008）（2009—2011）卷，2012 年 1 月定兴县志办公室编纂。

58.《张弘范》，郝尊著，2012 年 2 月作家出版社出版。

59.《定兴县大事记》（1848—2010），2012 年 3 月定兴县档案局编著。

60.《缀玉集》，王崇泽撰联，宋寅鹏书丹，2012 年 8 月人民美术出版社出版。王崇泽（1958— ），徐水人，定兴县人大常委会主任；宋寅鹏（1971— ），高碑店人，中国书协会员。

61.《易水吟》诗集，高文章著，2012 年 11 月大众出版社出版。高文章（1945— ），定兴县姚村乡留村人，曾任定兴县教研室主任。

62.《中国民间故事全书　河北·定兴卷》，王振林编著，2013 年 1 月知识产权出版社出版。

63.《血沃中原》，郝尊著，2013 年 5 月大众文艺出版社出版。

64.《风雨黄金台》，张会新著，2013 年 12 月中国艺术出版社出版。张会新（1948— ），定兴县姚村乡李家庄人，教师。

65.《黄金台》，王振林编著，2014 年 1 月河北大学出版社出版。

66.《当代中国画名家——孙占祥》，孙占祥著，2014 年 3 月河北美术出版社出版。孙占祥（1949—2016），著名画家，河北省美协会员。

67.《摄影之悟》，文大华著，2014 年 4 月中国民族摄影出版社出版。文大华，容城县人，曾任定兴县政协主席等职。

68.《二闲集》，蒋克学著，2014 年 4 月中国艺术出版社出版。

69.《北齐义慈惠石柱》，张虎著，2014 年 12 月中国书店出版社出版。

四、旅游文化设施

（一）文化标识

【县标“盛世之星”】　“盛世之星”位于县标广场中心，建于1999年，在人类即将跨入21世纪之际，由定兴县委、县政府主持修建。此标整体造型为一个中国汉字“兴”字，既表明是定兴县，又寓示兴盛、兴旺、振兴之意。上部由三只腾展的飞翼围绕两环一星组成，飞翼象征着定兴县各条战线奋发向上的精神和蒸蒸日上的发展形势；“星”代表定兴，寓示定兴县在环渤海经济圈和京津冀一体化协调发展中的战略地位。中部两个带状造型：一个象征京广铁路、京深高速公路和107国道纵贯全境，一个象征南拒马河流经全县，表明定兴县优越的自然地理环境。下部造型为一“门”形，底座上两个相对的台阶与门对应，以示敞开门户，寓意定兴县对外开放，欢迎各方人士来此共建定兴的热情态度。底座刻有定兴历史人物和民间传说的浮雕，充分彰显了定兴

县标“盛世之星”

县的文化特征，为定兴地标性建筑之一。

张柔铜像

【张柔像】 位于定兴县城北侧，107国道交叉路口旁，南与定兴县城相接，北与高碑店市相望。通高3米，铜制，像主手持一杆长矛，骑坐在一匹战马上，身穿盔甲，威风凛凛。铜像位于2米以上的高台上，台上有著名书法家张虎题写的“名将张柔”四个大字，是定兴标志性建筑之一。张柔（1190—1268），字德刚，定兴河内村人。元朝将领，自幼好骑射，贞祐年间（1213—1217）任定兴县令，屡建战功，被授予保定元帅，保定莲花池曾是其公园。世祖中统二年（1261），从蒙古军破金汴京（今河南开封）取《金石录》，后封安肃（今河北徐水）公，晋封蔡国公。享年79岁。延祐五年（1318）加封“汝南王”。

【王实甫像】 位于定兴县城文化广场北端，通高3米，铜制，像主身穿长袍，身挂折扇，若有所思。底坐有当代著名书法家沈鹏题写的“文化广场”四个大字。王实甫，元代著名戏剧家，定兴县究室村人。所作杂剧14种，今存《西厢记》《破窑记》《丽春堂》三种，以《西厢记》尤为出色。剧作大都以青年女性反抗封建礼教为题材，塑造了崔莺莺、红娘等不同类型的女性形象，曲调优美，传唱至今。

王实甫铜像

（二）文化场地

定兴县文化馆

【文化馆】 定兴县文化馆始建于1949年5月，原馆址在慈云阁后院内，有办公用房10间，负责人黄明，工作人员2名。1950年至1954年，历任馆长有白尚杰、房金培、赵士璜、张荫民，主要工作是负责全县城乡文化工作的业务指导。

1955年，梁振丰任馆长，馆址迁到党校院内。1958年，定、易两县分开，恢复了定兴县文化馆，馆址迁到慈云阁南50米路东，期间姚喜华、张士昌、张洪果、陈仲生、王彦阁任馆长，在职职工13名。

1998年，馆址迁到定兴县繁兴街中段路东，康向阳任馆长至今，在职职工10名。

2002年，经过县委、县政府和文体局多方协调，建起了文化馆办公楼，馆舍面积2000多平方米，拥有多功能厅、舞蹈排练厅、美术室、群文室、少儿培训中心、非物质文化遗产展示室和资料室，以及艺术培训学校等，活动场所齐全。

馆内机构设置为：馆长1人，副馆长1人，下设办公室和业务辅导部两个部门。在职人员10人，其中具有中级职称者7人，占职工总数的70%；大中专以上学历7人，业务干部专业技能过硬，干部队伍整体素质高，工作能力强，能较好地完成业务辅导和文化活动的组织安排工作。2012年被文化部命名为“二级文化馆”。

【图书馆】 定兴县图书馆成立于1980年12月19日。1993年建成1230平方米的图书楼，位于兴华西路路南，占地面积3.5亩，总资产49万元。现

定兴县图书馆

有藏书3.3万册，年均接待读者2.5万余人次，图书流通6.2万余册次。配有采编室、报刊阅览室、电子阅览室、借书室、资料室、办公室等部门。工作人员大专以上学历4人、中专学历1人。

近年来，图书馆除搞好日常服务外，还适时开展了多种形式的服务。图书馆工作人员上街市、下农村、走机关、进学校，通过展板、资料目录、宣传单等方式，宣传免费服务项目、内容，延长开放时间。每年正月十五举行猜灯谜等活动，还上街现场为群众办理借书证、阅览证，倾力满足老人、儿童群体的读书与文化、科技信息需求，开展了图书共享工程、网络推介、讲座、展览等服务。通过优质的服务，满足全县人民的基本文化需求，为构建和谐定兴、营造书香定兴起到积极的推动作用。2011年被文化部命名为“三级图书馆”。

【档案馆】 定兴县档案局成立于1986年6月，总建筑面积330平方米，是全县集中管理档案的文化事业机构，负责接收、收集、整理、保管和提供利用分管范围的档案。定兴县档案局、定兴县国家档案馆实行局、馆合一，一套机构，两块牌子。县档案馆同时是县政府信息公开的查阅点。

定兴县国家档案馆馆藏档案均是1948年至1985年间的各类档案，共计档案73 806卷、资料19 070册，合计92 876卷（册）。

定兴县文化广场

【文化广场】 定兴县文化广场位于县城迎宾街与通兴东路交叉口西南侧，前有元代伟大戏剧家王实甫铜像，东侧有五座文化墙，广场中心为黄金台造型，黄金台周围辅以义慈惠石柱、慈云阁、广明大师塔等定兴文物景点以及中国古代文化图腾，并配有古代文人墨客描写黄金台的诗歌，体现了定兴5000多年的文化历史和丰富的文化内涵。广场植物错落有致，三季有花、四季常青，并建有宽敞舒适的休闲娱乐区及各种灯光照明设施、音乐喷泉，是居民健身休闲、文体活动的乐园。

【长城体育馆】 位于华建路东段，建筑面积6042平方米，能容纳观众2000余人。内设篮球、乒乓球、羽毛球、台球等活动场地，兼顾文艺演出、展览、集会等多种功能需要。全国孙禄堂武学文化观摩交流大会、河北省县级青少年乒乓球锦标赛等活动都在此举行。

长城体育馆

【王实甫文化创意产业示范园】 位于县城西南拒马河沿岸，占地5584亩。该园以元曲及地方戏曲、民俗文化为主线，以“西厢文化”为主题，着力打造既有元曲文化，又有现代文化科技产业的四园十二区。即“王实甫文化创意园”，包括元曲文化苑、元曲艺术博览中心、王实甫蜡像馆、艺术家创作室；“文化科技产业园”包括以元曲等戏曲文化为题材的创业中心、服务中心、会展中心；“民俗民博园”包括王实甫大剧院、戏曲民俗街、艺术产品交易城；“非物质文化传承园”主要建造中华非物质文化遗产小镇和非物质文化遗产培训中心。同时，还在南拒马河沿岸兴建了“定兴八景”及“王祥卧鱼”等二十四孝雕塑群。该园东与白洋淀相接，西与清西陵相邻，开辟了现代购物与文化旅游相衔接的精品线路，对促进京津冀文化旅游的发展起到重要作用。

王实甫文化创意产业示范园图

【东皇文化市场】 位于定兴县迎宾路6号，定兴文化广场南侧。占地

东皇文化市场大门

12 000平方米，是定兴县最大的古玩交易中心。2014 年 8 月开始营业。其中有字画展示交易中心，玉器、瓷器、钱币、木雕、古籍善本等文玩交易中心，花鸟鱼虫交易中心。同时还承担着县内外大型书画、摄影展览等业务，每天集聚着四面八方的来客在此观光、购物，丰富了定兴文化市场。

（三）旅游观光园

【昌利农业旅游观光园】 位于定兴县城东 5 公里处，距北京 88 公里，东临白洋淀、白沟，西接清西陵、狼牙山、白石山、野三坡，交通便利。该园占地面积 1080 亩，集生态农业和农业旅游于一体，是河北省农业科技园区、全国农业技术推广先进单位、国家级蔬菜生产标准化示范基地和首批国家级农业旅游示范点。园区内辟有特色蔬菜种植观赏采摘区、名优花卉种植观赏区、特色水果种植观赏采摘区、农机展示演示区和水上垂钓游乐区。园区内建有 150 栋现代化日光节能温室，种植了各类蔬菜瓜果和四季常青的观赏花卉，一年四季供游客采摘观赏。园区 2001 年通过了河北省无公害农产品生产资质认证，2010 年通过了国家农业部绿色产品认证，所注册的“昌利牌”新鲜水果、新鲜蔬菜商标被评为河北省著名商标。园区建有 3 公里的环园阳光长廊，葫芦、丝瓜、葡萄、南瓜等几十种藤蔓植物攀爬其上，果实累累，一派硕果飘香景象。石碾、石磨等民俗展馆和首创的农机展馆 3600 平方米，可使游人在观赏现代农业的同时，体会农民的生活和生产。园区建有 4000 平方米、200 个床位的三星级宾馆，1200 平方米的酒店和农家餐厅。游客一年四季都可以品尝到园内生产的各种野菜、无公害绿色蔬菜、有机蔬菜。园区以诚实守信为宗旨，坚守优质优价的原则，向每一位游客提供最优质的服务。

人　物　卷

定兴历史悠久，人杰地灵，历史上涌现出许多可歌可泣的名人志士。“古来志书半人物”，人物在古今志书中占有重要位置。本卷上至先秦，下迄2016年底，共计收录300余人。所收录者一是定兴行政区域内的本籍知名人物，二是对定兴历史有重要影响和有突出贡献的客籍人物。在编纂书法上，古代、近现代人物以时间为顺序，按年代编排；其他按类别划分为将校篇、英模篇、书画篇、范阳卢氏等部分。主要记述人物的生平履历、典型事迹，事实清楚、公正客观，原则上一人一条，不加评论，不加定语，最大限度保证内容的真实性、准确性，使他们的芳名永远铭记在定兴人民心中。

一、古代名人

（一）先秦至南北朝

【姬职】 （？—前 279）战国时燕国国君，即燕昭王。燕王哙庶子。公元前 311 年至公元前 279 年在位。哙晚年时，禅位于相国子之，引起内讧和齐国入侵，哙和子之被杀。姬职曾流亡于韩国，在燕国存亡之际，被赵武灵王护送回燕，拥立为王。姬职（昭王）在郭隗的辅佐下，筑起黄金台（位于今定兴北章和金台陈村附近），广纳社会贤士。乐毅、邹衍、剧辛等争相奔燕，燕国日趋强大，史称“昭王中兴”，是燕国最强盛时期。

【郭隗】 （约前 351—前 297）燕国大臣、贤者。战国中期燕国（今定兴县河内村）人。燕王哙七年（前 314），齐宣王攻破燕国，哙被杀。赵武灵王闻燕国内乱，将燕王哙的庶子职从韩国送回燕国。燕昭王元年（前 311），职被燕人拥立为王，称燕昭王。昭王为报齐灭燕之仇，并复兴燕国，拜访郭隗，求计问策。郭隗以古人千金买骨为例进谏，使昭王建筑“黄金台”，广纳社会贤才。此举天下震动，各国贤士争相奔赴燕国，著名的有魏国的乐毅、齐国的邹衍、赵国的剧辛等。燕昭王在郭隗的辅佐下，礼贤下士，与百姓同甘共苦，使燕国日渐富强。昭王拜乐毅为上将军，联合诸国共同伐齐，连破 70 余城，开创了“昭王中兴”局面。

【燕太子丹】 （？—前 226）战国末期燕王喜的太子。秦国灭韩前夕，他被送到秦国当人质，因受到冷遇，逃回燕国。秦国灭韩、赵之后，直逼燕国南界。燕王喜二十八年（前 227），燕太子丹派荆轲借献督亢地图以及交验樊於期（逃亡在燕的秦将）头颅之机，行刺秦王嬴政。失败后，秦国急速发兵攻燕，燕太子丹退保辽东，被燕王喜斩首，献于秦国。

【荆轲】 （？—前 227）战国末年刺客。先祖是齐国人，后来迁居到卫国。他为人豪爽，喜好读书击剑，卫人称他为庆卿。后游历到燕国，被当地人称为荆卿，也称荆叔。在燕国，他与高渐离、田光交好。当时，秦军已攻灭赵国，到达燕国边界。于是田光把他推荐给燕太子丹，太子丹拜他为上卿，想要派他刺杀秦王，以阻止秦对燕的进攻。燕王喜二十八年（前 227），他拿着秦国叛逃将领樊於期的头颅和燕国督亢地图前往秦国，以献图及樊於期头颅为名，行刺秦王。行前燕太子丹及燕国的宾客都穿着白衣戴着白帽为他送行，一直送他到易水之上（即荆轲渡口，今定兴北河河阳渡口），高渐离（定兴高里人）击筑，荆轲和而歌，留下了“风萧萧兮易水寒，壮士一去兮不复还”的悲壮诗句。到秦后，他把匕首藏在地图之中，前去觐见秦王，利用打开地图请秦王过目之机刺杀秦王。行刺未遂，被杀。

【乐毅】 （生卒不详）战国时燕将。中山国灵寿（今河北平山东北）人。魏名将乐羊之后，擅长用兵之术。燕昭王求贤时，他由魏国前往燕国，被留任为亚卿。公元前 284 年，他被授为上将军，率兵伐齐，大胜于济西，后带燕军攻克齐国 70 多城。燕昭王封其于昌国（今山东淄博东南），号昌国君。燕昭王死后，惠王即位，误信齐人田单的反间计，派骑劫代替乐毅统率军队，乐毅被迫出走赵国，受封于观津（今河北武邑东南），后死于赵国。当年，燕昭王于“黄金台”上“招贤纳士”，乐毅等前往，操练兵马，开创了中国历史上以少胜多、以弱胜强的先河。

【高渐离】 （生卒不详）战国时燕国刺客，著名乐士。今定兴县高里村人。性格刚毅，善击筑，与荆轲为信义之交。二人屡次饮歌于燕市，志趣相同，常有怀才不遇之感。公元前 227 年，燕太子丹派荆轲刺秦王，渐离随燕太子丹及众宾客送至易水之上，渐离击筑，荆轲和律而歌，歌筑之声悲壮慷慨，众人怒发冲冠，荆轲登车而去。荆轲行刺未遂被杀。由于渐离也参与了燕太子丹与荆轲刺杀秦王政的密谋，秦建立后，为逃避搜捕，他更名改姓，藏匿于宋子（今河北巨鹿），为人佣保。后来被人发现。五年后秦灭燕。秦始皇爱他善击筑，免其死罪，将其眼熏瞎，留在宫中为自己击筑。渐离思忖报仇时机已到，就把一个铅块放入筑中，增加筑的重量。秦始皇再次听筑时，渐离靠近秦始皇身边，突然以筑猛击始皇，未中。高渐离被杀。

【蒯通】 汉初策士。本名彻，为了回避与汉武帝刘彻同名，故《史记》《汉书》以“通”称之。范阳（今定兴固城）人。秦末陈胜起义后，任武臣为将军，率军三千攻秦国燕、赵之地。蒯通劝说范阳令徐公归降，徐公应允，他又游说武臣，让其迎接徐公。此策略一成，降者众多，遂不战而得燕赵 30 余城池。汉初，韩信背叛项羽作了汉将，蒯通游说韩信引兵击齐，定齐后，汉高祖刘邦封韩信为齐王。蒯通知天下大权掌握在韩信手中，遂又游说韩信背叛刘邦自立，韩信犹豫不忍，蒯通装疯为巫而去。韩信被杀后，高祖问吕后：“信死时何言?”答：“他说，悔不听蒯通之言。”高祖召见蒯通问罪，责问其为何劝说韩信背叛汉，欲用烹刑。他辩解说：“人各为其主效劳。最初，我只知韩信为齐王，不知归属陛下，况且秦失天下，高才者先得，想要与您争天下的难以数计，只是力小不能罢了，您能全杀掉吗?”高祖听信其言，赦他无罪。惠王时，丞相曹参请蒯通为宾客。据《史记·田儋列传》记载：蒯通“善为长短说，论战争之权变，为八十一首”，名为《隽永》。《汉书·艺文志》纵横家有《蒯子》5 篇，今佚。

【郦炎】 （150—177），东汉诗人。字文胜，范阳（今定兴固城）人。秦汉之际策士郦食其之后嗣。他精通音律，很有文才，应对敏捷，善辩，众人服其能。汉灵帝建宁、熹平年间（168—177），州郡多次召用，都未应召。平生擅长写诗，诗文多写个人抱负和怀才不遇之感愤，有《大道》《灵芝》诗二首存《后汉书·文苑列传》。后身染精神病，言行异常。炎素性孝顺，因母死，病大发。妻在生产中受惊而死，妻家告官，炎病，不能理对，被囚。汉灵帝熹平六年（177）死于狱中，年仅 28 岁。尚书卢植为其作辞哀悼，彰其美德。炎自幼聪颖过人，十四五岁时就已著书多部，可惜存世者不多。其中以《见志诗》著名。

【刘琨】 （271—318）字越石。西晋中山魏昌（今定州邢邑）人，中山靖王刘胜的后代。他年轻时就有“隽朗”之誉，以雄豪著称。历任晋朝著作郎、尚书左丞、司徒左长史、并州刺史、大将军、司空等职。据《世说新语》记载：刘琨和祖逖（定兴祖村店人）是好朋友，常共被而眠，夜半闻鸡起舞，互相激励。刘琨在给亲友的信中写道：“吾枕戈待旦，志枭逆虏，常恐祖生（祖逖）先吾著鞭。”他这种奋发有为的精神，一直被后人传为美谈和典范。刘琨在外族入侵之时，在北方辗转抗敌，屡建功业。后因抗击羯族人石勒失利，投靠幽州刺史鲜卑人段匹磾，后为段所害。被晋元帝追赠为侍中、太尉，谥号“愍”。

在文学上，《隋书·经籍志》载，刘琨著有《刘琨集》9卷、《别集》12卷，都已散佚。明代张溥辑有《刘中山集》，又名《刘越石集》1卷。现存诗《扶风歌》《答卢谌诗》《重赠卢谌》等，诗中充满忧国伤时之情，抒发了效忠国家、抗敌御侮的豪迈气概，具有浓厚的现实主义色彩，在中国文学史上占有一定的地位。

【祖逖】 （266—321）东晋名将。字士稚，范阳（今定兴祖村店）人。祖村店，古时叫祖村，该村旧时建有祖逖庙，有“东晋祖逖故里”碑刻，毁于1966年“文化大革命”期间。少年时他与刘琨结为好友，崇尚侠义，怀有大志。据《晋书·祖逖传》说：祖逖“与刘琨俱为司州主簿，情好绸缪，共被同寝，中夜闻荒鸡鸣，蹴琨觉曰：‘此非恶声也’，因起舞。”“闻鸡起舞”即由此而来。西晋末年，他率亲朋好友数百家南移，在江淮避乱。后来上书要求北伐，晋元帝授他为奋威将军、豫州刺史，于是率部渡江，到中流击楫，誓收复中原。所到之处纪律严明，得到各地民众的响应。进军江阴后，屯田积谷，造兵作器，扩充军队，与后赵相抗衡。数年间，收复河南许多失地，使石勒不敢窥视南下。当时匈奴刘曜与羯族石勒相互攻击，时机对晋朝很有利，但东晋内部纠纷迭起，对祖逖不加支持，反派都督戴渊相牵制。他因朝廷内明争暗斗，国事日非，忧愤而死。

【祖约】 （？—330）东晋将领。范阳（今定兴祖村店）人。字士少，祖逖弟。逖死，继任平西将军、豫州刺史。王敦之乱，退据寿春。明帝时，自以讨王敦功高不赏，于咸和二年（327）以讨庾亮为名，与苏峻起兵叛乱。次年破建康（今江苏南京）。后为温峤、陶侃等击败，奔后赵，为石勒所杀。

【李产】 （生卒不详）字子乔。东晋范阳（今定兴）人。年少时性格刚毅，志向远大。永嘉五年（311），匈奴人刘曜率军攻陷西晋都城洛阳（今河南洛东），中原大乱，为避战乱随同郡祖逖南渡。后知祖逖及弟祖约有大志。遂率子弟十余人间行还乡，后依附羯人后赵主石虎，被任为本郡太守。永和六年（350），鲜卑族前燕王慕容俊率军南征，前锋到达郡界，属下劝其归降，李产不允。后被慕容俊击败，被迫投降前燕，被慕容俊擢用为尚书。李产坦率正直，勇于谏诤，极受慕容俊宠信，后转拜太子太保，因年老辞官归乡，卒于家。

【李续】 （？—360）字伯扬。东晋范阳（今定兴）人。父李产，为前燕尚书。李续年少时为人正直，口才雄辩。弱冠时为郡功曹。咸康二年（336），后赵王石虎北征辽西鲜卑段辽，军队屯驻在范阳（今定兴固城）。因连年战争，土地荒芜，百姓饥馑，所以军资供给不足。石虎大怒，欲杀太守，太守惶恐躲避。李续求见石虎，向他说明缘由，太守得以获免。后被幽州刺史王午辟为主簿。永和六年（350），前燕皇帝慕容俊南征幽州，李续随王午逃至鲁口（今河北饶阳南）。王午部下邓恒认为李续父李产已投降前燕，恐李续反叛，于是劝王午诛杀李续。王午不允，但恐李续为邓恒所害，给李续资费遣他北上。李续依附慕容俊后，拜为太子中庶子、司徒左长史，颇受重用。升平四年（360），慕容俊即位后，辅政的慕容恪极力推荐李续为尚书右仆射，慕容俊忌李续敢于直言谏诤，没有答应，李续得知忧愤而死。

【慕容垂】 （326—396）字道明，又名道业，原名霸。昌黎棘城（今辽宁义县西北）人。鲜卑族，是前燕王慕容皝第五子。东晋十六国时期后燕的建立者，公元384—396年在位。前燕时为吴王。曾大败东晋桓温军，为太傅慕容评等排挤，投奔前秦。建熙十一年（370），前秦灭前燕。淝水之战前秦失败，他乘机复兴燕国，定都中山（今唐县县城西北）。至后燕，慕容垂把国都复建于此，初称燕王，后称帝，年号建兴。太元十六年（391），慕容垂到达范阳（今定兴固城），令其弟慕容德驻守黄金台（今定兴北章和金台陈村一带）。晚年遣兵攻北魏大败。复抱病亲征，卒于军。

【杜洛周】 （？—528）北魏柔玄镇（今内蒙古兴和）人。高车族。孝昌元年（525）八月，杜洛周用兵上谷（今北京延庆），聚众发动反对北魏统治的起义，改年号真王。义军攻陷附近郡县。杜洛周率义军围攻燕州（今河北涿鹿），刺史崔秉弃城奔定州。孝昌二年（526）正月，北魏安州（今北京密云东）等三戍兵变，响应杜洛周。鲜于修礼也在定州左人城（今唐县西北）起义。七月，杜洛周率军南下围攻范阳（今定兴固城）。十二月，范阳城内居民暴动，擒魏将军常景和幽州刺史王延年，开城门迎义军入城。永安元年（528），杜洛周与另一支起义军首领葛荣率军围定州，北魏不能救援。定州刺史杨津派其子杨遁求救于柔然头兵可汗，头兵遣精兵 1 万多前往救援定州，前锋至广昌（今涞源），流民起义军堵塞隘口，柔然兵不能进，只得回兵。定州无援，长史李裔引起义军入城，攻下定州，俘杨津。起义军转攻瀛州（今河北河间）。二月，杜洛周被葛荣所杀，部众归葛荣。北齐石柱详载此事。

【葛荣】　（？—528）北魏末年曾为怀朔镇（今内蒙古固阳西南）镇将。鲜卑族。孝昌二年（526）正月，原怀朔镇兵鲜于修礼在定州左人城（今唐县西北）起义，葛荣参与起义。八月，叛将元洪业杀鲜于修礼，请降于北魏，葛荣杀元洪业自立，领导起义部众。九月，北趋瀛州（今河北河间），广阳王元深引兵追击，葛荣于白牛逻（今博野境）以轻骑掩击北魏军，杀北魏章武王元融，自称天子，建国号齐，年号广安。后乘胜进军。不久，擒斩北魏广阳王、骠骑大将军元渊，杀魏军最高统帅元琛。次年正月，攻陷殷州（今河北隆尧东），杀刺史崔楷，进围冀州。十一月陷冀州，俘刺史元孚。魏以都督源子邕为冀州刺史，率兵讨葛荣。十二月，葛荣率 10 万起义军在阳平（今山东莘县）东北漳水曲大败魏军，击杀魏将源子邕、裴衍等人，占据河北数州县，拥兵数十万。

永安元年（528）初，葛荣与另一支起义军首领杜洛周攻下定州。二月，杀死杜洛周，并其众。三月，克魏沧州（今河北盐山西南），擒刺史薛庆之。六月，北魏孝庄帝亲御六戎镇压河北流民起义军。八月，葛荣引兵围邺城（今河北临漳西南），号称百万之众。九月，魏柱国大将军尔朱荣率精骑攻义军，葛荣骄傲轻敌，被尔朱荣击溃，葛荣被俘后遇害，起义失败。

北魏末流民起义前后持续四年，河北地区的范阳一带曾经是起义军与官军作战的地方。战争过后，战场上尸横遍野，幸存者沿路收敛死者骸骨，归葬在范阳县（今定兴）沙丘寺下。北齐天统三年（567）建石柱，称义慈惠石柱。柱体上镌刻 3000 余字颂文，记录了范阳一带葛荣、杜洛周起义的这段历史。

义慈惠石柱位于定兴县石柱村西北，保存至今。

【成景俊】 （生卒不详）南北朝时南朝梁人，字超，范阳（今定兴）人。父成安乐，任北魏淮阳太守。景俊先是在北魏任镇东将军参军。梁天监六年（507），淮阳守将常邕和杀死成安乐，举城降梁。八年（509），景俊为报父仇，也杀死北魏宿预城（今江苏宿迁东南）守将严仲贤，举地归梁。后官至徐州刺史。普通五年（524）八月，率军攻克北魏童城（今江苏睢宁）。九月，又攻拔北魏睢陵（今江苏盱眙西）。六年（525），北魏徐州刺史元法僧来降，成景俊与将军陈庆之、胡龙牙等率军接应。同年，常邕和任鄱阳王萧恢王府长史，景俊即募人行刺，以报杀父之仇。不久，用重金收买常邕和家仆人，终毒杀其全家。梁武帝感其忠义，未加治罪。景俊家仇已报，常思报效梁武帝之恩。后任北豫州刺史。屡攻北魏，尽其智勇，骁将善战。大通元年（527），一举攻拔北魏临潼、竹邑二地，又尽心治理地方，颇有政绩，北豫州官吏百姓为他树碑纪德。逝后，谥“忠烈”。

【李䜣】 字元盛，小名真奴。范阳（今定兴）人。父崇北，幽州刺史。李䜣为中书学生时，太武幸中书学，见而异之，指谓从臣曰：此儿终效于朕之子孙。文成帝时为仪曹尚书，领中秘书。出任相州刺史，上疏求立诸郡学，官政为诸州最佳，赐服色，迁司空之职。清康熙十二年（1673）《定兴县志》有其传略。

【祖鸿勋】 （？—约 550）南北朝时期涿郡范阳（今定兴）人。他刚成年时，与同郡卢文符并为州主簿。北魏仆射、临淮王元彧表荐其文学，宜试以一官，敕令授奉朝请。有人对他说：“临淮举卿，便以得调，竟不相谢，恐非其宜。”他答：“为国举才，临淮之务，祖鸿勋何事从而谢之？”元彧听到后高兴地说：“吾得其人矣。”永安初年（528）授东济北太守，以父老疾为请，竟不到任。后来城阳王元徽奏祖鸿勋为司徒法曹参军事，赴洛阳，元徽对他说：“临淮相举，竟不到门，今来何也？”洪勋说：“今来赴职，非为谢恩。”转廷尉正，后弃官归乡里。后曾被高欢征至并州，作《晋祠记》，好事者玩其文。位至高阳太守。他为官清素，妻子儿女都跟着挨饿受冻，为当时人所称誉。北齐天保初年（550）逝于任上。作有《与阳休之书》。

（二）隋唐

义净

【义净】 （635—713）俗姓张。范阳（今定兴）人。义净自幼出家为僧，喜好佛家经典，曾四处游历，遍寻名师高僧，研习经书。15 岁时，立志学习东晋高僧法显、唐玄奘法师西去印度求经。义净于唐高宗咸亨二年（671）十一月西去印度求经，时年 37 岁。于证圣元年（695）回到洛阳。取回佛经、律、论约 400 部。归国后，先后译出 56 部佛经，共计 230 卷。他还撰写《大唐西域求法高僧传》和《南海寄归内法传》，为历代佛家和海内外学者所重视，先后被收入《大正藏》51 卷和 54 卷，为传播佛教文化做出了贡献。

【慧能】 （638—713）亦作惠能。俗姓卢。范阳（今定兴）人。其父是一位官员，被贬到岭南，落籍新州（今广东新兴）。慧能幼年丧父，与寡母又迁至南海，因家庭贫寒，稍长以卖柴为业。他虽不识字，却悟性极强，一次听人诵《金刚般若经》便心有所感，发愿学佛。

慧能

24 岁时，他辞家往蕲州黄梅（今属湖北省），投禅宗五祖弘忍门下作“行者”。慧能初到蕲州，弘忍令慧能在寺内做劈柴舂米等劳役，在僧众中地位很低。大约过了 8 个月，弘忍为考察弟子们对佛教义理的理解程度，命寺僧们作偈语。作为教授的大弟子，神秀在廊上写下偈颂：“身是菩提树，心如明镜台，时时勤拂拭，莫使惹尘埃。”没有得到弘忍的认可。慧能也作了一偈，因不识字，请人代书于壁上，其偈是：“菩提本无树，明镜亦非台，本来无一物，何处惹尘埃。”得到了弘忍的赏识，让慧能三更登堂入室，授以法衣，这就是“继承衣钵”的出典。慧能得到法衣即刻南下，途中摆脱了众多僧人的追夺，回到岭南，在岭南隐居了15年。一日到广州法性寺听印宗法师讲《涅槃经》，当时风吹幡动，一僧曰风动，一僧曰幡动，争论不已。慧能进曰：不是风动，不是幡动，是你们心动。印宗法师觉得慧能“定非常人”，于是执弟子之礼，求教佛法真谛，并为他剃发，慧能正式受戒为僧。

仪凤二年（677），慧能到韶州（今广东韶关）曹溪宝林寺，在此开讲佛法30余年，弘扬禅学，宣传“见性成佛”，提出“识心见性，顿悟成佛”说。因在南方倡导顿悟法门，称为南宗。“顿悟”说是禅宗南宗区别于其他教派的显著特征，这是慧能将印度传入的佛教本土化、平民化、现世化的思想和理论，开创了极具中国特色的佛教禅宗，被奉为禅宗“南宗”之祖，称为禅宗正系。禅宗作为佛教中国化的产物，对社会生活的影响极为深远。其说教后由弟子们汇编成书，称为《六祖坛经》，是中国人自创的唯一一部佛经。

【陈利贞】 （？—789）幽州范阳（今定兴）人。初为平卢将军，后从李光弼讨安史之乱，奉命救援被困睢阳的张巡，轻骑陷阵，锐不可当。以功超擢检校太子宾客，封静戒郡王。又以先锋从哥舒曜讨叛将李希烈，于郏城（今河南中牟东）出500奇兵横捣敌阵，敌锋大挫，数日不敢进。后退保襄城，为叛兵3万围攻，日夜登城捍守，70天身不解甲。原幽州将朱泚反于京师，利贞所部幽、蓟兵于午夜作乱，欲投朱泚。利贞横剑军门，厉声大呼：“欲出门，先杀我！”众惧而止。受到唐德宗的嘉奖，拜汝州防御使。贞元五年（789），头部疽发，临终遗书自憾受国厚恩，而不能效死阵前。

【高霞寓】 （772—826）范阳（今定兴）人。家世孝友，五代同灶，唐德宗令表其门，受到乡里称颂。霞寓少年时读《左氏春秋》及孙吴兵法，好为大言，以慷慨自许。贞元年间（785—805），徒步投长武城使高崇文，被视为族子，授任军职，累入朝奏事，甚得信任。元和初年（806），诏授御史大夫，从崇文击反叛朝廷的剑南刘辟，连战皆克，下鹿头城，降李文悦、仇良辅。剑南平，以功授彭州刺史，不久代崇文为长武城使，封感义郡王。

元和五年（810），以左威卫将军随宦官吐突承璀讨成德（今河北正定）王承宗。诸将多败，霞寓功居多。承璀逮捕欲叛之节帅卢从史，其军惊扰，霞寓奉命宣谕，大呼道：“元恶已被缚，大家要自安。”说完脱掉铠甲，揖手而进，兵众遂安。不久拒绝其军留为统帅，间道奔还，加左散骑常侍。次年，授丰州刺史、三城都团练防御使，累转右羽林将军。元和十年（815），朝廷讨淮西吴元济，霞寓以宿将授唐、邓、隋节度使，虽称勇敢，但素无机略，尤其不长于统制。次年，率兵取萧陂与敌决战，小胜辄进，馈运不继，被敌诱入伏中，大败，只身逃出，人情惊骇，被贬归州（今湖北秭归）刺史。后以恩例征为左卫将军。十三年（818），出为振武节度使。浚金河，灌溉卤地数千顷，改左武卫大将军。长庆元年（821），任邠宁节度使。谏官论霞寓败军贬谪，不宜为镇帅，唐穆宗不听，累加司徒。宝历二年（826），疽发于首，不能理事，求归京。同年夏征为右金吾卫大将军，返至奉天（今陕西乾县）死。赠太保。

【贾岛】　（779—843）字阆仙，一作浪仙。范阳（今定兴）人，定兴旧志有其传略。少时家境贫寒，出家为僧，法名无本。后来在韩愈的劝说下还俗习文，举进士却屡试不第。到唐文宗时才任长江（今四川遂宁）主簿，人称“贾长江”。任满后，迁普州（今四川安岳）司仓参军，会昌初年（841）改授普州司户参军，未受命而卒。

贾岛的诗以清奇凄苦著名，大多是写自然景物和闲居情致，以无言律诗见长。诗风清淡朴素，注重词句锤炼，刻意求工。相传贾岛曾骑在驴上苦吟“鸟宿池边树，僧推月下门”，拟改“推”为“敲”，正犹豫之际，迎面碰到京兆韩愈的车骑，韩愈赞同用“敲”字为佳。此即“推敲”用典的来源。韩愈赠诗云：“孟郊死葬北邙山，日月风云顿觉闲。天恐文章浑断绝，再生贾岛在人间。”自此贾岛名闻天下。贾岛貌清意雅，谈玄抱佛，所交大多为尘外之人，因而生计拮据，况味萧条。自题诗：“两句三年得，一吟双泪流。知音如不赏，归卧故山秋。”临逝之日，家无一钱，留遗言给亲人：“唯病驴、古琴可留。”

后世众多诗人学贾岛“苦吟”，尤以晚唐李洞为最，尊其为“贾岛佛”。南唐孙晟在屋内墙壁上画贾岛佛，朝夕膜拜。南宋“江湖派”和“四灵”尊贾岛为“唐宗”。著有《长江集》10卷传世，存诗378首。《全唐诗》编为4卷。

【张允伸】　（785—872）字逢昌，范阳（今定兴）人。世为幽州军校，累升至都知兵马使。唐大中三年（849），幽州节度使张直方畏变奔京师，大将周綝自立为帅。次年，周綝死，允伸被立为帅，朝廷授以节度使，累加检校司徒，兼太傅、同中书门下平章事，封燕国公。庞勋起兵于徐州，允伸上书欲遣弟允皋领兵讨伐，朝廷不许，乃捐米50万斛、盐2万斛佐军用。朝廷下诏褒美，赐玉带、宝器，进兼侍中。允伸镇幽州20余年，克勤克俭，连年丰登，边境无警，军用充足，为时人称赞。咸通十三年（872）正月病危，上表纳还印节，朝命未至而死。赠太尉，谥“忠烈”。

【张仲武】 （？—849）范阳（今定兴）人。通《左氏春秋》，投笔从戎，累迁雄武军使。唐会昌元年（841），幽州军乱，节度使史元忠为陈行泰所杀，张绛又诛行泰，请朝廷任命节帅。时仲武起兵击张绛，并遣吴仲舒入朝请示，宰相李德裕询问幽州事，吴仲舒说：“行泰、张绛均为游客，人心不附，仲武五十余岁，通书，熟悉戎事，性忠义，得士心，早愿归于朝廷。”唐武宗遂授张仲武卢龙留后。不久，仲武克幽州，任幽州节度副大使，封兰陵郡公。

回鹘派兵攻渔阳（今天津蓟县），仲武遣弟仲至率锐兵3万破之，获马、牛、骆驼、旌旗不计其数，遂兼东面招抚回鹘使。回鹘遣酋长监督奚、契丹并刺探中国情况。仲武派裨将厚结契丹，杀回鹘间谍800余。回鹘欲入塞掳掠，先遣将官40人诡称结好。仲武赂其部下，尽得其谋，逗留不遣使误期，回鹘人马多病死，自此不敢犯塞。北狄威服，请于蓟北立《纪圣功铭》，唐武宗令李德裕撰写铭文，盛加赞誉。

仲武本奉诏与太原刘沔联攻回鹘，二人不和，唐武宗派人和解，仲武欣然听从，于是移刘沔镇滑台，以仲武领太原军，攻叛镇潞州（今山西长治）刘稹。唐大中初年（847），仲武又破奚族北部及山奚，俘获杂畜甚多。累加检校司徒、同中书门下平章事。逝后，谥号“庄”。子张直方袭位。

【张直方】 （？—881）范阳（今定兴）人。幽州节度使张仲武之子。大中三年（849），张仲武死，张直方袭任父位。喜好游猎，不遵法度。其伯父之子张得（一作德）辅欲夺其位，发动兵变猛攻其寝处。张仲武外甥潘好问执掌宿卫，奋力抵抗，血战多时，兵变暂平。张直方畏惧变乱再起，在潘好问劝促下，假托出去打猎，率领宗族径奔京师。唐宣宗派人至郊外慰劳，授金吾卫大将军。因其族人众多，又给检校工部尚书俸禄用于赡家。后累迁检校右仆射。

张直方性情暴率，因小罪笞杀属下，被降为右羽林统军。驰猎旧习毫无收敛，甚至在路上张设网罗。身为宿卫，有时竟出猎数日不归。唐大中五年（851）十一月，再降为骁卫将军。家中奴婢小有过错就格杀。次年，积众罪被贬为恩（一作思）州司户参军。后又授邠州司马。十一年（857）七月，召为右骁卫将军，分司东都。在东都游猎更甚，无有虚日，以致洛阳鸟雀见之便噪叫不安。咸通年间，迁羽林统军。十三年（872），因纵部下为盗，再贬康州司马。乾符年间，累进左骁卫将军。当时郑畋辅政，上言仲武会昌时有大功，今其宗族百口，贫穷不能自存，每当内宴，直方因穿着破弊而辞不赴宴，请求唐僖宗给与优待。僖宗令仍兼检校右仆射，后升左金吾卫大将军。

广明元年（880）底，黄巢起义军兵进关中，唐僖宗与公卿四散奔逃。张直方见大势已去，被迫率领数十名在京官员至灞上迎接黄巢。张直方是伪降，逃亡公卿陆续投奔其家，潜藏起来，寻机起事反黄巢。广明二年十二月二十一日（881年1日24日），黄巢派兵突袭直方住处，凿开复壁暗室，搜出亡命之徒数百名，统统处斩。张直方一家亦被起义军灭族。

【剧可久】 （886—962）字尚贤，范阳（今定兴）人。他为人沉毅方正，明律令。与冯道、赵凤为友。后唐同光初年（923）被荐于后唐，补徐州司法，以干练闻名。召为大理评事，赐绯。过了一年，迁大理正，坐误治狱责授登州司户。遇赦，召为著作郎。仕后晋，历殿中少监、太子右谕德、大理少卿，赐金紫。

后周广顺初年（951），改太仆卿，复为大理卿。值郑州民李思美妻到御史台诉其夫私卖盐，罪不至死，判官杨瑛却判以死刑。杨瑛因此而伏法。剧可久判杨瑛减三等，徒二年半。宰相王峻欲杀杨瑛，召剧可久说：“死者不可复生，瑛枉杀人，其可恕耶?”剧可久坚持自己的判决，杨瑛免死。不过这也得罪了王峻，剧可久改任太仆卿，分司西京。

显德三年（956），剧可久因所举荐的官员贪赃，连坐停任。第二年复起用为右庶子。周世宗以刑书深古、条目繁细，难于检讨，于是命剧可久与张湜、率汀、邓守中、王莹、贾玭、赵砺、李光赞、苏晓、王伸等10人，用五年时间编成《刑统》30卷，颁布实行，与律、疏、令、式并行。剧可久复拜大理卿。北宋建隆三年（962）告老，改光禄卿致仕。

【赵上交】 （895—961）本名远，字上交，因避后汉高祖刘知远讳以字称。范阳（今定兴）人。他美风仪，善谈论。负才任气，为乡里所推重。曾到中山（今定州）投奔王都。因有人在王都面前诋毁他，所以没有得到王都的礼遇。他便南游洛阳，与中官骠骑大将军马绍宏交好。马绍宏领北面转运制置大使，上表任赵上交为判官，迁殿中丞。秦王从荣开府兼判军卫，以赵上交为虞部员外郎，充六军诸卫推官。累迁司封郎中，充判官。

后晋初年，召为左司郎中、度支判官，历右谏议大夫、中书舍人、知内外制，迁刑部侍郎。又迁户部侍郎，拜御史中丞，弹劾无所避忌。后周广顺初年（951）拜礼部侍郎。赵上交申明条制，颇为精密。显德二年（955）拜吏部侍郎，后免官。北宋初起用为尚书右丞。他好吟咏，著有《赵上交集》20卷。

（三）宋辽金

【张藏英】 （894—962）涿州范阳（今定兴）人。自称是唐朝宰相张嘉贞的后代。唐末时，他一家为人所害，于是他千方百计寻到仇人，将其杀死，燕、蓟间称他为“报仇张孝子”。契丹任他为卢台军使兼榷盐制置使，领坊州刺史。后周广顺三年（953），他率内外亲属及所属军士千余人，及煮盐户长幼7000余人，牛马上万，船数百艘，航海归后周。至沧州，刺史李晖报告朝廷。周太祖对他很怀疑，令人把他安排住在封禅寺，赐袭衣、银带、钱10万、绢百匹、银器、鞍马等。

过了数月，周世宗即位，授其为德州刺史。不久召回，在便殿询问他备边之策。张藏英请于深州李晏口置砦，及招诱境上流亡者从军。世宗听从他的建议，任他为缘边招收都指挥使，赐名马、金带。于是他筑城李晏口，几个月时间，招募劲兵数千人。这时朝廷派遣凤翔节度王彦超巡边，被契丹包围，张藏英率新招募的兵士前往解围，迫使契丹兵退去。后张藏英改任濮州（今山东鄄城）刺史，仍在边防任职。契丹将领高牟翰以精骑数千扰边，张藏英迎击于胡卢河北，从早晨战到下午，杀伤众多契丹兵。黄昏时收兵，契丹兵逃走。后领兵巡乐寿，契丹幽州骁将姚内斌侦知张藏英兵少，以精锐骑兵2000列阵于县北，张藏英率兵士向其攻击，从上午一直战到下午，张藏英部下士兵都殊死拼杀，姚内斌解围而去。世宗降玺书予以褒奖。

北宋初，张藏英任瀛州（今河北河间）团练使，并护关南军，逝于任上。

【刘载】 （913—983）字德舆。涿州范阳（今定兴）人。后唐清泰年间（934—936）考中进士。后晋初年，始任校书郎，迁著作左郎，赐绯，拜左拾遗、集贤殿直学士。后汉初，为殿中侍御史。后判西京（今河南洛阳）留台，改仓部员外郎。后周世宗初年，擢升知制诰。显德三年（956），拜右谏议大夫，与右拾遗郑起、尚书博士李宁同校道书。迁给事中，使许州（治今河南许昌）定田租，赐金紫，为魏王符彦卿加恩国信使。北宋初期，疏浚五丈河，自陈桥达曹州（今山东菏泽）之西境，朝廷命其监护这项工程。乾德元年（963）权知贝州事。后还朝知贡举，掌建安榷货务。开宝元年（968），就为江南国主生辰使，召还，令知镇州（今河北正定）。开宝四年（971），因与何继筠不协，改山南东道（今湖北襄阳）行军司马。曾受诏权点检州事。太平兴国初年（976），复入朝为给事中。三年（978），出知襄州。六年（981），上书告老，改工部侍郎退休。

刘载好学，善写文章，曾经作《为君》《为相》《为将》《去谗》《纳谏》五论，为当时文士所称赞。后受诏撰明宪皇后谥册文，又作《吊战国赋》万余言。

【刘审琼】 （？—997）涿州范阳（今定兴）人。家境贫寒。后汉乾祐年间（948—949），湘阴公刘赟镇守彭门（今江苏徐州），刘审琼隶属其帐下。周太祖郭威称帝后，审琼投靠永兴军（今陕西西安）节度使刘词，颇受赏识。刘词死后，又改隶大将赵匡胤帐下，颇受信任。

宋朝建立后，补为殿直，随宋太祖征李筠，兼泽（今山西晋城）、潞（今山西长治）二州知州，改供奉官。开宝年间（968—976），累迁至军器库使。适值枢密使李崇矩门人郑伸诬告李崇矩收受太原席羲叟的黄金，并私托翰林学士扈蒙，以甲科进士私授给席羲叟，引刘审琼为证人。宋太祖大怒，召刘审琼诘问原委，刘审琼如实上奏，为李崇矩辩诬，使真相大白。后出任镇州（今河北正定）知州。

太平兴国四年（979），宋太宗亲率大军攻打北汉，驻跸镇州月余，审琼供应充足，加领檀州（今北京密云西）刺史，改知谭州（今湖南长沙）。潭州多火灾，官府常调集百姓积水防火，劳苦不堪。刘审琼上任后，免去此役，深受百姓称颂。后徙知河阳（今河南孟县南）。淳化三年（992），因年迈改任坊州（今陕西黄陵南）刺史。至道三年（997）死于官位。审琼历任地方官，娴熟于酒令，善于应酬，80岁时仍精力旺盛，体力不衰。

【张鉴】 (约947—约1004)字德明。涿州范阳(今定兴)人。出身将门，为张藏英之孙。自幼好学，太平兴国三年(978)中进士，初授大理评事、监泰州柴墟(今江苏泰州东北)榷务。入朝为太子右赞善大夫，迁著作郎，知婺州(今浙江金华)。又拜监察御史，奉诏决狱于江东，昭雪冤滥，迁殿中侍御史。

雍熙三年(986)，宋太宗询问群臣北伐方略，张鉴上疏极言北伐不可。与赵延进同掌左藏库，上言揭发其贪赃枉法，延进罢而张鉴被擢为判三司度支、凭由催欠司官。旋为江南转运使，整顿吏治，江东为之震肃。又建议调整州县，吏民皆以为便，深得宋太宗赏识。淳化四年(993)，王小波、李顺起义于川蜀，王继恩率领官军镇压义军主力后，御军无方，恃功横暴，致使川蜀局势久不稳定。张鉴奉诏以近臣带兵入川增援和督促继恩分路讨平义军残部，整饬军纪，使川蜀局势恢复稳定。以功拜左谏议大夫、户部使。

至道二年(996)，宋军分五路反击西夏，保卫灵州(今宁夏灵武)，命张鉴至环州(今甘肃环县)，专督运送刍草军粮，而张鉴却上疏力主把灵州"赐"给西夏，偃兵息民。宋太宗不允，张鉴遂全力督运，使前线供应充足。宋真宗继位，迁给事中，改工部侍郎，出知广州，颇有政绩，民请刻石以纪其功。咸平三年(1000)，移知朗州(今湖南常德)，招抚当地土著民族首领，一境安宁。旋因病徙知相州(今河南安阳)。

【杨遵勗】 (生卒不详)字益诚，涿州范阳(今定兴)人，辽重熙十九年(1050)进士，调儒州军事判官，累迁枢密院副承旨。咸雍三年(1067)为宋国贺正使、都承旨。遵勗一目五行俱下，判决如流，敷奏详敏，皇上嘉之，拜枢密直学士，改枢密副使。太康初(1075)，任参知政事，徙知枢密院事兼门下侍郎、平章事，拜南府宰相。耶律乙辛诬皇太子，诏遵勗与燕哥按其事，遵勗没敢正言，时议短之。寻拜北府宰相。终年56岁，赠司空，谥"康懿"。子晦，任昭文馆直学士。

【杨延昭】 (958—1014)北宋名将。杨业之子，又称杨六郎，麟州(今陕西神木北)人。随父征战，为先锋。历保州(今保定)缘边都巡检使、高阳关(今高阳县东)副都部署等职。戍边二十余年，号令严明，驭军有方，屡破契丹军，名扬边关。咸平二年（999）冬，辽军南侵攻遂成（今徐水县境内）。时任保州缘边都巡检使的杨延昭，命军士汲水成冰墙，冰坚不可攻，辽军败退。又在保州（今保定）一带大摆牤牛阵，击退了辽兵。咸平三年（1000）冬，辽军南下入侵宋境，杨延昭把精兵埋伏在羊山（今徐水县西50里，今称“杨山”）西边，发起攻击，大败辽军。大中祥符七年（1014），杨延昭去世，终年57岁。

邵雍

【邵雍】 （1011—1077）北宋思想家、教育家。字尧夫，谥康节，范阳人（今定兴）。早年随父移居共城（今河南辉县）苏门山下，于苏门山百源上读书，学者称百源先生，仁宗皇祐元年（1049）定居洛阳，以教授生徒为生。嘉祐七年（1062）西京留守王拱辰建屋三十间，为雍新居，名安乐窝，因自号安乐先生。仁宗嘉祐及神宗熙宁初，曾两度被荐举，均称疾不赴。熙宁十年（1077）卒。他是北宋著名易学家、哲学家、思想家、教育家，象数之学的创始人，是“北宋五子”（周敦颐、程颢、程颐、张载、邵雍）之一，在学术上造诣很高，以治《易》为主，兼及《诗》《书》《春秋》，著有《皇极经世》《渔樵问对》《击壤集》等。在继承陈抟传下的《先天图》基础上，发展成为自成体系的气数易学，开宋代图书学之先河，创宋代明理学一大流派。政治家把邵雍的学术称为政治哲学，义理派义学家把邵雍的学术称为气数派、图书派，科学家从中发现自然科学的规律。邵雍辞世后，宋代君主赐谥“康节”，清代康熙皇帝题匾额“学达性天”。在民间也流传着许多他的故事，如“河水搬家、井吐莲花”“题诗断吉凶”“测字圆梦”等，深受百姓喜爱。

【牛温舒】 （生卒不详）涿州范阳（今定兴）人。为人刚正，崇尚节义。辽咸雍年间（1065—1074）中进士，被授任很小的官职。大安初年（1085），累迁户部使，转给事中、知三司使事。皇帝认为他能干，加户部侍郎，改三司使。寿昌年间（1095—1101），拜参知政事，兼同知枢密院事，代理中京留守，所辖地区的百姓到朝廷请求给他正式任命，辽道宗听从了这一请求，召为三司使。乾统初年（1101），又任参知政事，知南院枢密使事。

乾统五年（1105），西夏被宋朝攻打，请求辽朝从中调解。温舒与萧得里底出使宋朝。在宋朝为他们举行的盛大宴会上，有艺人穿着道士装，索要泥土抹药炉。艺人说："土太少不能和。"温舒赶紧起身，用手抓起一把土放进怀里。宋徽宗询问原因，温舒回答："我奉天子威命前来调和，若不听从，就应当卷起泥土收回去。"宋朝君臣大为惊恐，于是答应与西夏讲和。牛温舒回朝后，加为中书令。

【张九成】 （1092—1159）字子韶，南宋状元。其先范阳人，徙居开封。生于宋哲宗元祐七年（1092），卒于宋高宗绍兴二十九年（1159），享年68岁。清康熙十二年（1673）《定兴县志》有其记载。张九成少游京城，拜理学家杨时为师，曾有权贵托人馈赠钱物，言："肯从吾游，当荐之馆阁。"九成笑而却之。高宗绍兴二年（1132）廷试第一。中状元后，任镇东军签判，因对张宗臣不体察民情，滥捕百姓不满，与之争执，弃官而走。赵鼎为相，力荐九成，遂以太常博士被召入京，任著作郎，上疏请施仁政，被嘉许，授浙东提刑，力辞不就，回归乡里。不久，朝廷召张九成任宗正少卿，权礼部侍郎，兼侍读，兼权刑部侍郎。期间，张九成恪尽职守，平反一诬告案件，朝廷欲以嘉奖，九成辞却道："任职刑部，出现冤案，我本有责，怎可邀功?"赵鼎被罢相，九成因反对宋金议和及拒绝秦桧拉拢，被诬为赵鼎一党，屡遭陷害，虽高宗信任，亦不得救，被贬谪南安军长达14年之久。秦桧死，方起知温州，不久，病逝于任上，享年68岁。宝庆初（1225），朝廷特赠张九成为太师，封崇国公，谥"文忠"。张九成研究经学，多有训解，由于喜与佛者交游，被时论所不容。著有《孟子传》《横浦集》等传世。

【赵元】 （生卒不详）字善长。涿州范阳（今定兴）人。辽天庆八年（1118）中进士，仕辽，官至尚书金部员外郎。辽亡后滞留燕京（今北京），被宋守将郭药师委任掌机宜文字。金军攻燕京时，赵元随郭药师降金，金枢密院使刘彦宗欣赏赵元才干，任为枢密院令史。

金熙宗时规定，凡是在北宋任职者全部削官。赵元曾在郭药师手下任职，也在被考察之列。不久，金朝廷在开封置行台中书省，赵元被任为行省兵部郎中。完颜宗弼再取河南时，赵元代行户部之职筹运军用粮草，因供应及时，受到奖进，升任行省右司员外郎。在行省任上秉公执法，不徇私情。有人犯杀人罪，因与行省长官有旧被赦免，赵元屡次抗争，认为这是以情乱公法，迫使行省长官依法处治了罪犯。不久，赵元又改任左司员外郎兼吏部事。

赵元在行省十余年，处理政事极为迅敏得当。行省凡有事上奏朝廷，丞相都要问是否经赵元阅知。后任同签汴京留守事，改同知大名（今河北大名东北）府尹，又任河北西路转运使，历彰德、武胜等军节度使。

刘守真

【刘完素】 （约 1120—1200）字守真，乳名天喜，自号通玄处士。河间肃宁人。世称“刘河间”，金元时代“四大名医”之一。精于《素问》和《内经》中有关病机的理论，创制了不少治疗伤寒热病的方剂。一生行医民间，不肯为官，金朝三聘不赴，赐号“高尚先生”。主要著作有《素问玄机原病式》1 卷、《宣明论方》15 卷、《伤寒直格方》3 卷、《伤寒标本心法类萃》3 卷、《图解素关要旨论》8 卷、《治病心印》1 卷、《河间刘先生十八剂》1 卷、《伤寒心镜》1 卷、《素问原机气宜保命集》3 卷、《伤寒医鉴》1 卷等。为纪念这位医学家，据清康熙十二年（1673）《定兴县志》记载：刘守真君庙在定兴县南旺村，明万历三年（1575）三月破土动工，同年九月竣工。同时还建有南旺戏楼，清光绪年间曾修葺。每年农历三月十五、九月十五两次庙会，唱戏七天，以示纪念。

【苗道润】 （？—1218）里籍不详。金贞祐初年（1213）为河北义军队长。金宣宗迁都汴京（今河南开封）后，河北义军集结，抗击蒙古兵。因为他在与蒙古军作战中立有功劳，就派人到金朝廷求官封赏，于是金朝授他宣武将军、同知顺天军（治保州，今保定）节度使事。贞祐四年（1216），又因功升迁怀远大将军、同知中山府（今定州）事。过了一个月，又因为作战有功，迁骠骑上将军、中都路经略使、兼知中山府事。不久，再加中都（今北京）留守兼经略使。他先后从蒙古军手中夺回 50 余座城池。兴定元年（1217），皇帝下诏要他带兵恢复中都，并让他统辖山东兵。

苗道润与同知中都路经略使贾瑀不和，兴定二年（1218），贾瑀暗中伏兵刺杀苗道润。苗道润被杀，朝廷不敢过问。不久苗道润部将张柔（定兴河内村人）攻杀贾瑀，并将苗道润安葬于保州城北。

【郭济忠】 （1136—?）字子正，定兴县河内村人，郭隗后裔。为金正隆五年（1160）进士，授将仕郎，时年 25 岁。后调睢州知法，又迁他县主簿、骑都尉等职，后累迁安肃、云中、汾阳、德中四为县令，以廉能著称。其兄郭济道，也是金正隆年间进士，其墓在定兴河内村。据记载：金大定六年（1166），郭济忠奉命割涞、易二县地划县，取名定兴，大定兴盛之意。

【张世杰】 （？—1279）南宋名将，涿州范阳（今定兴河内村）人。张柔之侄。行伍出身。少年时从张柔驻守河南杞县，投南宋，被宋将吕文德任为小校。有功，升都统制，知高邮军。南宋咸淳五年（1269），元军围樊城，奉命抗战，九年（1273）入守鄂州（今湖北武汉）。失守后，入卫勤王，至国都临安（今浙江杭州）。德祐元年（1275）加保康承宣使，总督都府兵，遣将四出浙西，收复平江（今江苏吴县）、安吉、广德、溧阳诸城，兵势颇振。既而元兵大至，南宋皇帝以其为保康军节度使，同文天祥一同保卫国都。

元兵至皋亭山（今浙江杭州城北），世杰提兵入定海。元将石国英派都统卞彪劝说投降，世杰将卞割舌裂肢处死，以示决心抗战。不久，元兵进攻临安，国都危急，世杰建议帝、后入海，由他与文天祥背城决战，宰相陈宜中不从。临安失陷，从广、益二王入福州，奉益王赵昰为帝，拜签书枢密院事。祥兴元年（1278）赵昰死，又立卫王赵昺为帝，拜世杰为少傅、枢密副使。世杰徙幼帝至崖山（今广东新会南）。次年，元将张弘范率军攻崖山，世杰连接千余艘大船死守。兵败，丞相陆秀夫身背少帝赵昺投海而死。四日后，遏飓风，全船沉没，世杰落水溺死，南宋灭亡。

文天祥

【文天祥】 （1236—1283）字宋瑞，又字履善，号文山。吉州吉水（今江西吉安）人。南宋理宗宝祐四年（1256）考取进士第一名。历任湖南提刑，知瑞州、赣州。德祐元年（1275）正月，闻元军东下，文天祥在赣州组织义军，开赴南宋都城临安（今浙江杭州）。次年被任命为右丞相兼枢密使。景炎二年（1277）进兵江西，收复州县多处。后兵败被俘，妻子儿女皆被执，将士牺牲甚众，他只身逃脱，退至广东继续抗元。后因叛徒引元兵袭击，同年十二月，在五坡岭（今广东海丰）被俘。文天祥服毒自杀未遂，被元将张弘范（定兴县河内村人）押往崖山，一再强迫文天祥写投降书。文天祥将自己写的《过零丁洋》一诗抄录给张弘范，末句是“人生自古谁无死，留取丹心照汗青”。张弘范也受到感动，不再强逼他。次年，被押送至元大都（今北京），囚禁4年，经历种种严酷考验，始终不屈。于元至元二十年（1283）从容就义。著有《文山先生全集》。

（四）元

【张柔】 （1190—1268）字德刚，定兴县河内村人。自幼善骑射，以豪侠著称。金贞祐年间（1213—1217），河北治安不宁，张柔组织同族亲属和乡勇自卫，开始了戎马生涯。中都路经略使苗道润，秉承皇帝旨意任张柔为定兴县令，后继任青州（今河北青县）防御使。苗道润视其才，加任昭毅大将军，在元帅府供职。

不久，苗道润为同知中都路经略使贾瑀所杀，张柔遂以檄文通知苗道润部下，共谋为苗道润复仇。苗道润部下何伯祥把苗道润生前佩带的金虎符献给张柔，苗道润部下一致推举张柔代行经略使之职，皇帝又加任骠骑将军，留守中都路。蒙古军出兵紫荆关口，张柔迎战于狼牙岭（今易县狼牙山），激战中马跌被俘，遂率所部降蒙古。张柔因屡立战功，被授予保州（今保定）等处都元帅。当时，保州因几遭兵燹，荒废近15年。

公元1227年张柔把元帅府从满城迁至已是一片废墟的保州，开始重建保州城池，修整街道，建衙署、民居、军营，引泉入城，疏浚沟渠，排泄污水，使保州成为北方一座军事重镇，燕南一大都会。太宗五年（1233），参加破金汴京（今河南开封）之役，取《金实录》而归。次年在破蔡州（今河南汝南）之战中负伤，升至万户。曾随忽必烈围攻鄂州（今湖北武昌）。后被元封为蔡国公、荣禄大夫、河北东西等路都元帅、昭毅大将军。中统二年（1261）封为安肃（今徐水）公，卒年79岁。延祐五年（1318），加封汝南王，谥“忠武”。死后葬于满城县月明山下。

【乔惟忠】 （1209—1264）字孝先，涿州定兴人。从张柔起兵，保卫西山的东流埚，金行台授他为定远大将军、恒州（今曲阳）刺史。张柔投降蒙古军，招降乔惟忠，他不从。张柔攻克东流埚，乔惟忠被擒，张柔赞赏其义气，释放他，他归顺蒙古。正值投降蒙古的金将武仙又杀蒙古将领归金，张柔会诸将讨伐他，使乔惟忠摄元帅事。武仙迫于形势，想放弃真定（今河北正定），聚兵自保于狼山寨，乔惟忠对诸将说："他想归巢穴，我们阻止他，必然与我死战，不如开其归路，他得归，无斗志，是获兽于穴也。"众将听从。武仙既过，乔惟忠率兵冲击，大破武仙军。有一将陷于武仙阵中，乔惟忠横戈突入阵中，将其救出。遂会攻彰德（今河南安阳），转战至滕州（今属山东）。金军夜袭其营，乔惟忠挥戈陷阵，诸军跟进，金兵溃散。蒙古太宗四年（1232）随张柔渡黄河攻金，翌年陷汴京（今河南开封）。蒙古太宗六年（1234），破南宋枣阳等州。

张柔元帅府在满城时，以乔惟忠为元帅都监，迁副元帅。回师后，复从张柔镇新卫州。张柔移镇并重建保州（今保定）后，乔惟忠在保州建府第，据郝经所写《临漪亭记》载，其府第花园建有临漪亭，位置就在今保定古莲池内西北部，今已无存。

【解诚】　（？—1293）易州定兴人。善水战。从元军南下攻打南宋军，因功授金符、水军万户，兼都水监使。焦湖之战，获战舰300艘，宋军战船前来增援，解诚站在船头厉声呵斥，援兵竟不敢动，乘势追杀，夺南宋军粮300余石。既又从攻安丰、寿、复、泗、豪诸州，都立有战功。从下云南大理国，因功赐金虎符。又从攻鄂州（治今湖北武汉），夺取南宋战舰千余艘，受到元世祖的嘉奖，降玺书奖励他。李璮反元，解诚奉命率所部会东平，逝于军中。赠推忠宣力功臣、龙虎卫上将军、同知枢密院事、上护军，追封易国公，谥"武定"。其墓在定兴沽酒村。

【郝经】　（1223—1275）元代史学家。字伯常，山西陵川人，一说河北霸州人。金开兴元年（1232），蒙古军攻陷开封，举家迁居保定。幼时家贫，但勤奋好学，为保定守帅张柔（定兴河内村人）、贾辅所知，奉为上宾，常至万卷楼攻读。蒙古宪宗元年（1251），应忽必烈之召，条陈经国安民之道数十条，忽必烈大悦，遂留于王府。他较早地提出了"汉法"，主张迁都燕京、与南宋议和、偃兵息民等，均被忽必烈采纳。忽必烈称帝后，郝经为翰林侍读学

郝经

士，佩金虎符，充国信使，派往南宋议和。平章王文统平素忌恨郝经才德，故意秘令李理率兵侵宋，使宋怀疑郝经议和不诚，被宋拘禁十六年之久。元伐宋，宋亡，郝经方回大都（今北京）。累赠昭文馆大学士、司徒、冀国公。他曾在被扣押南宋十六年间，撰写了《续后汉书》《春秋外传》《太极演》《通鉴书法》《玉衡贞观》等，凡数百卷。在保定期间，遍游地方名胜，为赵简子祠（满城）、廉颇将军庙（保定市区）、万卷楼（保定市区）、铁佛寺（今易县）、四贤祠、完县（今顺平县）唐尧帝庙等均写了碑文或记。还写有《贤台行》《张燕公读书台》等诗传世。

【张弘略】 （？—1296）字仲杰。定兴县河内村人，张柔第八子。有谋略，通经史，善骑射。曾经跟从张柔镇守杞州，又移至亳州。蒙古宪宗五年（1255）入朝，宪宗授金符，权顺天（今保定）万户。从征蜀地，因年幼，赐锦衣，令回镇守之地亳州。张柔退休后，授张弘略金虎符、顺天路管民总管、行军万户，仍总领宣德、河南、怀孟等路诸军。

中统三年（1262），李璮反元，求救于南宋将领夏贵。夏贵乘虚北夺亳、滕、徐、宿、邳、沧、滨7州，新蔡、符离、蕲、利津4县，杀蒙古守将。张弘略率战船在涡口（今安徽怀远）阻击，夏贵退保蕲州，张弘略领驻亳军攻打，水陆并进，击败南宋军，收复了失地。元朝廷借李璮反叛一事，裁各驻地高级军官的兵权，解除了张弘略的兵职。至元三年（1266），建大都城（今北京），为修筑宫城总管。八年（1271），授朝列大夫、同行工部事，兼领宿卫亲军、仪鸾等局。十三年（1276），大都城建成，赐内帑金扣、玳瑁卮，授中奉大夫、淮东道宣慰使。十四年（1277），南宋广王赵昺占据福建、广东。当时东海县储存粮食上百万石，行省发檄文要张弘略带兵两千戍守，又命其造船把粮食运至淮安。张弘略雇用民船，载粮10石的给1石，人们争相来运，一月时间即运完。十六年（1279），任江西宣慰使，平息了那里的反叛武装，不久，他因病回到亳州。二十九年（1292），在龙虎台见元世祖，请求说："臣之子玠长成年了，愿备宿卫。"世祖允准，赐他酒说："卿年未老，谢事为何？"特命为河南行省参知政事。逝后，赠推忠佐理功臣、银青荣禄大夫、平章政事、上柱国、蔡国公，谥“忠毅”。随其父张柔葬于满城县月明山下。

【张弘范】 （1238—1280）字仲畴，定兴县河内村人，元初大将，张柔第九子。善马槊，能诗文，素有谋略。中统三年（1262）为行军总管，后为万户，参与围攻南宋襄樊之役，又随伯颜攻宋，为前锋先渡江。至元十五年（1278）任蒙汉军都元帅，镇国大将军，南取闽广。以弟张弘正为前锋，在五坡岭（今广东海丰北）俘南宋丞相文天祥。次年于崖山（今广东新会南）击败宋将张世杰所统水军，在石壁上刻“镇国大将军张弘范灭宋于此”凯旋，南宋亡。是年十月，世祖召弘范入朝，赐宴内阁，慰劳甚厚。未几，弘范瘴疠病突发而死，卒年43岁。赐平章政事，加太师，齐国公。延祐六年（1319）加封淮阳王，谥“献武”。著有《淮阳集》，有诗120篇、词30篇，词集名《淮阳乐府》。死后葬于定兴县河内村。

张弘范

王实甫

【王实甫】 名德信，字实甫，元代大都人。1953年著名元曲家孙楷第教授和1956年冯沅君教授等人考证王实甫是今河北定兴人。1982年，河北元曲研究会秘书长、河北师范学院中文系张月中教授进一步考定是今定兴县究室村人。1993年7月28日，首届元曲国际研讨会的代表云集定兴，到究室村参观，对王实甫故里予以确认，并立碑为证。著名作家、书法家张虎题写了碑名。王实甫约活动于元元贞、大德年间（1295—1307）。所作杂剧14种，现存《西厢记》《破窑记》《丽春堂》三种，《芙蓉亭》《贩茶船》各存一折曲词，另存散曲数首。其作品曲词优美，大部分是弃官后之作。王实甫曾在金朝任县令，声誉颇佳，升陕西行台监察御史。因与台臣议事不合，40多岁时就弃官不做。60岁时写成商调《集贤宾·隐退》一套散曲，描写了他隐退后诗酒琴棋、啸傲林泉的生活。《西厢记》是其代表作，古称“天下夺魁”，至今令人叹为观止。累封中奉大夫、参政知事、太原郡公，终年80余岁。

【张珪】 （1263—1327）字公端，号澹庵。定兴县河内村人，张弘范之子。少年时勇武善射，有一次跟父亲行进在山林中，遇到一只猛虎，张珪拔箭上前，猛虎像人一样站立起来，张珪一箭洞穿猛虎喉咙，全军一片惊呼。元至元十六年（1279），张弘范平广海，南宋礼部侍郎邓光荐要投水死，张弘范救下他并以礼待之，命张珪从他受学。

张珪16岁就摄管军万户，至元十七年（1280），直拜昭勇大将军、管军万户，佩戴其父虎符，统率其父原所统领的军队，镇守建康（今江苏南京）。不久，张弘范去世，丧礼完后，世祖召见张珪，亲自抚慰。十九年（1282），安徽一带地方武装蜂起，行省发檄文要张珪去讨伐，而军队多次失败，有的士卒杀百姓猪还打伤其主人，张珪处斩了骚扰百姓的士卒，很快平叛了地方武装。二十九年（1292）入朝，拜镇国上将军、江淮行枢密副使。

大德三年（1299），张珪出使川、陕，问百姓疾苦，赈恤孤贫，裁汰冗官，罢黜贪吏。回朝后擢江南行御史台侍御史、中奉大夫，迁浙西肃政廉访使，劾奏罢郡长吏以下30余人、府吏胥徒数百人。拜佥枢密院事，江南行台御史中丞。皇庆元年（1312），拜荣禄大夫、枢密副使。延祐二年（1315），拜中书平章政事。因忤权相铁木迭儿，受杖罚后谢病家居。六年（1319）七月，皇帝想起张珪的生日，赐上尊、御衣。

至治二年（1322），英宗起用张珪为集贤大学士，又拜中书平章政事，侍宴万寿山，赐以玉带。英宗被杀，张珪力请泰定帝诛杀凶手铁失及铁木迭儿之子治书侍御史锁南等。泰定元年（1324）六月，皇帝驻跸上都。因为连年灾异频繁，皇帝诏百官集议，张珪与枢密院、御史台、翰林、集贤两院官，极论当世得失，与左右司员外郎宋文瓒到上都上奏章。不久，张珪病情加剧，非有人扶着不能行走。皇帝下诏：常见免拜跪，赐小车，得乘至殿门下。张珪多次辞官，犹封蔡国公，知经筵事，别刻蔡国公印赏赐他。泰定二年（1325）夏天，得旨暂且回家乡休养。三年（1326）春天，皇帝又遣使召张珪，希望一定见到他。张珪到后，皇帝问："卿来时，民间如何？"张珪答："臣老了，很少见宾客，远的地方不知道，真定（今河北正定）、保定、河间是臣的乡里，百姓饥寒交迫，朝廷虽以金帛赈济，得到恩惠的不到十之五六，请陛下念之。"皇帝哀怜，下旨赈灾。拜翰林学士承旨、知制诰兼修国史。国公、经筵如故。后皇帝看他真的病重，就让他到西山养病，继而得旨回家。泰定四年（1327）十二月卒。致和元年（1328）二月葬于定兴县河内村。

【王结】 （1275—1336）字仪伯，易州定兴人。20多岁时，游历到元大都（今北京），给朝廷上书议政，针对时弊，陈述了8条政治措施。他搜集历代君臣政治得失，每日陈述于前。武宗即位后，任王结为典故。后迁集贤直学士，出任顺德路（今河北邢台）总管。所属巨鹿县沙河地区，有唐政治家魏徵、宋璟墓，于是在学校修建二公祠，并宣扬他们的言行，借以鼓励众生。后改任东昌路（今山东聊城）总管，辖境内有黄河故道，历年水漫成灾，他设法疏泄，耕地得保，民皆称颂。

至治二年（1322），授为中书省参议，不久，着手革除朝内积弊，并推荐名士宋本、韩镛等10人参政，政治焕然一新。泰定元年（1324）春，廷试进士时，任为读卷官，后又任集贤侍读学士、中奉大夫。泰定二年（1325），任浙西廉访使，中途因病复还，后改授辽阳行省参知政事。这年，辽东大水灾，粮价猛涨，民不聊生，他请示朝廷发谷数万石，赈济饥民。天历元年（1328）任陕西行省参知政事，改同知储庆司事。次年授中书参知政事，后奔丧归里。元统元年（1333），召拜翰林学士、资善大夫、知制诰同修国史，与张起岩、欧阳玄校"泰定、天历"两朝实录，拜中书左丞。王结还申请朝廷更改旧法，凡移乡发配之罪，多者不超过千里之外，改过自新，则令其还乡，深得人心。顺帝至元元年（1335），诏令复入翰林，因正在养病未应诏，二年（1336）正月卒。其一生言行皆效法古人，所以丞相张珪曾称赞说："王结非圣贤书不读，非仁义之言不谈，有识之士皆以所说为名言。"顺帝至元四年（1338）五月，诏赠资政大夫，河南江北等处行中书省右丞、护军，追封太原郡公，谥"文忠"。著有《文忠集》15卷行于世。

（五）明

【李福】 字伯贞，明永乐十二年（1414）举人，定兴县西靳村人。曾任监察御史、都督府督事、大理评事、山西按察佥事等职。其孙李翔凤、李鸣凤，曾孙李高，裔孙李文深、李润，相继在朝为官，皆以廉正著称。崇祯二年（1629）当地百姓于定兴县城南门内（距城约 30 米）为其家族建“六朝甲第”木坊一座（俗称木牌楼），解放战争时期毁于兵乱。

【终其功】 定兴县固城人。明永乐中，以译字为生，任鸿胪寺主簿。曾出使朝鲜。

【宋杰】 字廷英，定兴人。明宣德五年（1430）进士，初任兵科给事中，后升进光禄少卿，正统七年（1442）出使安南（今越南），又升陕西巡抚，辅佐甘肃军务。天顺元年（1457）降职，成化初（1466 前后）以右都御史巡抚苏松。

【李俊】 字文英，定兴人。六岁能文，二十明经传，善骑射。明正统初（1440 年左右）擢升御史，景泰元年（1450）侍经筵，后升任山西按察副使，又迁陕西按察使，解官 8 年后卒于乡里。

【许瑶】 字一斋，定兴县石象村人。学生时代就奋发图强，做事认真，不肯屈于人下。明天顺中（1461 年前后）曾任山东乐陵县令等职，为官清廉，执法公正，深受地方人士爱戴。德及长孙许从诚，娶明世宗嘉善公主，为驸马都尉，世袭锦衣，赠许瑶为少保。

【胡昂】 定兴人。明成化十七年（1481）进士，初令江苏如皋，自奉简朴，为政严明，后任湖南按察史，及归，居无庐，出无车，耕无驴，卒后入乡贤祠。

【王尧封】 字伯圻，定兴县西靳村人。清康熙十二年（1673）《定兴县志》记载其为定兴县南舍（今国兴村）人。明弘治十七年（1504）举人，十八年（1505）进士。正德中（1513 前后）授襄阳府推官（专管一府刑狱），先后升任御史、巡抚、户部尚书、南京兵部尚书等职。万历八年（1580）当地百姓在定兴城内南大街为其建两京都宪坊和大司马坊，俗称“石牌坊”，并在石碑坊上刻有“两朝甲第”匾额。现曲阳县北岳庙内“三尚书碑”中留有他写的篆书字体。后又于定兴城内两坊邻近建尚书坊，均因年久失修而毁。

杨继盛

【杨继盛】 （1516—1555）字仲芳，号椒山，明嘉靖进士，河北容城人。自幼家贫，就学于定兴县东江村永传寺，学习勤奋，秉性刚直，出仕后敢直言。嘉靖三十年（1551）任兵部员外郎，因弹劾大将军仇鸾误国，被贬官；三十二年（1553）再被启用，任兵部武选员外郎，因劾严嵩十大罪状，下狱受酷刑，被杀。著有《杨忠愍集》。其墓初在容城县东，明万历三十年（1602）移葬定兴东引村东（卧龙岗附近）。杨忠愍祠明天启中建于大沟村西，清康熙二年（1663）被洪水冲毁，继而移建北河店村北。

【张镐】 （生卒不详）字叔京，定兴县西相盖村人。清康熙十二年（1673）《定兴县志》记载其是定兴县杨村人。明嘉靖八年（1529）中进士。历确山（今属河南）、益都（今属山东）知县，勤于公务，皆有惠政。后迁刑部主事，升郎中，又出为大同府（今山西大同）知府，轻徭薄赋，民众称颂。升山西按察副使，掌刑狱之事。又转为右参政，分司诸兵备道。备兵岢岚（今属山西）时，张镐亲自操武，躬率士卒屯田。又视察偏头关（今山西偏关）等军事要地，并督修垣墙300余里，以利御敌。因备山西守御有功，升为宁夏巡抚。抚政安民，疏河修渠，屯田积粮，以备军储，同时练兵修武。当时鞑靼常南下侵掠，张镐屡败其军。又巡抚甘肃，政绩卓著。被誉为有明一代甘肃巡抚之冠。

张镐

【郭天禄】 定兴人。明嘉靖十四年（1535）进士，历任江西永新县令、山西御史、浙江参议、山东驿传副使等职，执法公正，不畏强暴。隆庆中（1570前后）当地百姓在定兴县城南大街为其建恩荣坊，今已毁。

【薛论道】 （约1531—1600）明散曲家。字谈德，号莲溪居士。定兴城内二街人。幼年身患重病，致一足残疾。他聪颖过人，8岁能文，喜好谈兵。父母早亡，家贫如洗，遂辍学自读兵书，充实智略。后声誉远扬，京城内卫呼之为“刖先生”。许襄毅（定兴石象村人）执掌密云督府，聘他为参谋。神堂峪有敌情，他建议用精兵出战，襄毅纳其策，敌兵10万之众畏而不敢进犯。从军30年，在抵御外患中屡建奇功，被任命为指挥佥事。万历初（1575年前后），总兵戚继光镇守蓟州，他在戚家军中，戚继光欲放弃黑谷关，薛论道闻之，力陈不可，但未被采纳。因此，二人主张不合，薛论道弃官称病著书。后被启用，作战于大水谷，薛论道筑城于关外，别人不解其意，后敌人进犯，被骗入城内杀伤无数。薛论道被擢升三级，任为神枢参将加副将。由于当时朝廷奸臣当道，于是其弃官归里。所作散曲，悲歌慷慨，多为抒发怀才不遇、报国受阻的感愤，描写战场的场景，对当时社会的丑恶现象也有揭露。著有《林石逸兴》10卷。

【薛虎臣】 （约1535—1610）字桓夫，初名好道。定兴城内二街人。素性刚正沉着，有威严，爱好读书，跟随其兄薛论道在密云供职。以官籍在当地报考童试，遭到拒绝。督府许襄毅（定兴县石象村人）闻知此事，遂亲自招试。见其神态，惊奇地说，“此虎臣也”，遂改名“虎臣”，并准予在武学场考试，名列第一。不久，薛虎臣被任为中卫镇抚司都司，奉命到长城外侦察，不料途中遇敌，战斗中失利，按军法当斩，但以敌我伤亡相当，被赦免，而薛虎臣仍跪而不起，原来他自知有罪，以刀自刺。

明万历朝鲜之役，其他路兵所到之处，奸淫掳掠，唯薛虎臣所率“王定营”兵员，以军纪严明著称。正当此时，南原失守，其他路兵溃散窜逃，独薛虎臣所部孤军作战，与日军持续作战一年有余，乘机夺取万山之老寨，保卫了朝鲜人民的生命财产，大获其功。朝鲜官民感激万分，向其赠送美女，薛虎臣坚决不受。其王下令筑宫，塑薛虎臣肖像于宫内，以彰其美德。薛虎臣性情刚直，遇事容易动怒，因与监军有嫌隙而致使其功勋被埋没，仅擢升标营游击。后迁石门参将，仍以动怒罢归。薛虎臣做官20余年，厅内从不接待嬉游、宴饮之人，帷幄中严禁妻妾陪伴，自奉俭朴，俸银供养父母和诸兄长，平生无暧昧欺人之事。

【赵宸】 定兴人。自幼聪慧，人称神童，博学有远志。明嘉靖三十三年（1554）进士，授洪洞知县，擢御史，巡按（遣御史至各地巡察）江西，以政绩又擢河南按察副使。著有《梅花堂诗稿》。

【任天民】 字拙斋，定兴县平堤村人。今定兴平堤任氏家族始祖。好读书，过目成诵。由贡生任灵宝教谕。明嘉靖三十九年（1560）编纂《定兴县志稿》3卷，此为定兴县首次修志。后因邑令赵讷迁官江都，未能付梓，稿亦散失。

【李希思】 字师贤，定兴人。明代贡生。知石州，有惠政。著有《鸡肋集》。

【马铎】 字警愚，定兴人。明万历七年（1579）举人，知陕西省同官县，因治水患有功，民称堤坝为“马公堤”，并植柳树于堤上，以示铭心，擢升西安府同知，后卒于官。

【范文源】 字景龙，定兴县相盖村人。范锡之子。自幼聪颖，才学过人。明万历间曾两任邑令。后调任永平府丞，累迁工部侍郎等职，皆有惠政。

【鹿久征】 （1541—1607）字豫轩，号行一。定兴县西江村人。明万历八年（1580）进士，初任职息县。当时，明神宗下诏在全国均田，部使者令地方府、县将土地分成上、中、下三类，息县奸民作怪，尽以下等之田上报。鹿久征对此严加核查。后任职襄垣。此县历年饥荒，流亡者甚众，前任以逃者之赋强加于未逃之人，鹿久征则按现存户籍征赋，去除悬额700户。传道授艺，贫不能婚者，为其择偶并予资助。因政绩突出，被擢为御史。当时明神宗令百官修省，鹿久征力陈修省三事：省圣躬、禁酷吏、恤民隐，明神宗采纳。后鹿久征按察苏松，兴革十六事，悉中切要。明神宗军政乏事，怒斥南北台50余人，鹿久征适服丧期满还朝，上疏申救，因言辞急切，疏入而贬官泽州（今山西晋城），施政有名，声动中外。后归乡里，杜门谢客，教子孙读书。天启年间（1621—1627），因孙鹿善继追赠光禄寺少卿。

【蔡梦齐】 字觉我，定兴县辛木村人。明万历二十年（1592）进士。明天启初（1622前后）三为县令，太原府同知。尤以山西屯留之任功绩最著，以素不重视官吏考核调任莱阳同知。现该村遗址尚存，留有其万历四十一年（1613）题写的“崇本楼”“忠孝世家之楼”匾额。邻村北城庙的建立与他有关。

【王家宾】 字国重，定兴县固城人。明万历三十二年（1604）进士，曾任户部郎中、青州府尹、陕西右布政使等职，一生为官清廉。天启六年（1626）在城内南大街为尚书王尧封、布政使王家宾二人合建两朝甲第石坊一座（俗称石牌楼），该石坊于20世纪60年代因拓宽公路被拆除。

【耿好仁】 字育我，定兴县百楼村人。明万历三十五年（1607）授彰德府推事，以功擢升为兵部侍郎，天启中（1625前后）累官宁夏右副都御史兼兵部右侍郎、宁夏巡抚，明崇祯十年（1637）奉旨赐还。

【客氏】 （？—1628）定兴县谭城村人。原名客印月，侯二之妻，入宫为朱由校（熹宗）乳母，明熹宗即位，封为“奉圣夫人”。与宦官魏忠贤狼狈为奸，干预朝政，残害忠良，思宗（朱由检）即位后被杀。其姐叫客栖月。其弟客光先封锦衣卫指挥，崇祯年间革去封号戍边。现谭城村还留有明天启四年（1624）客氏之弟客光先修谭城庙石碑。

【李定荣】 字君实，定兴人。明天启七年（1627）举人，初任山西阳城县令，适值地方奇荒，带头捐俸募赈，救活了数以万计的民众，后擢升东城兵马司指挥，功绩斐然。

孙承宗

【孙承宗】 （1564—1638）明朝大臣、军事家。字稚绳，号恺阳，今高阳县西庄村人，晚年居高阳县城南街，与定兴理学大师鹿善继友善，早年在山海关一起抗击清兵。来往于定兴、高阳之间。6 岁入私塾，13 岁应童子试，成绩优异。28 岁始辑高阳志略。万历二十二年（1594），应乡试中举。万历三十二年（1604），考取进士第二名，授翰林院编修。历任左春坊中允、左谕德、司经局洗马。天启元年（1621），充任日讲官，深得皇上嘉许，遂进少詹事，加礼部侍郎。次年二月，后金兵连克辽阳（今辽宁省辽阳市）、广宁（今辽宁省北镇县）重镇，危及京都。帝以孙承宗畅晓兵略，拜为兵部尚书兼东阁大学士，专理边防战守。孙承宗在关 4 年，先后修筑宁远等大城 9 座、堡 45 座，练兵 11 万，屯田 5000 顷，拓地 400 里。使宁远、锦州防线军威大震，论功加太子太师、世袭锦衣千户。后因宦官魏忠贤排挤，于天启五年（1625）十月解甲归乡。

崇祯二年（1629）十月，后金兵入大安口，陷遵化城，举朝惶恐。崇祯皇帝颁诏，让孙承宗以原职改兼兵部尚书，驻守通州。翌年五月，他一举收复永平、迁安、滦州、遵化等失地，将后金兵尽逐关外，京城舒解为安。崇祯四年（1631）一月，再出山海关。是年八月，遭后金兵围困，援军贻误战机，守将祖大寿粮尽援绝而投降后金。承宗因此遭弹劾，遂坚意请求辞职，告老还乡，在高阳县城南街闲居 7 年。崇祯九年（1636），后金改国号清，举兵南下，欲困高阳城。孙承宗率子弟固守，清兵知城中有备，遁去。崇祯十一年（1638）十一月九日，清兵再困高阳城。孙承宗在北城率家人英勇拒敌，因寡不敌众，城破。他在北城楼遭俘，被挟至圈头桥。清兵统领劝降，承宗不屈自缢，年 76

岁。他的 6 个儿子、11 个孙子也同时战死。十七年（1644），追赠太傅，谥号“文正”。著有《孙文正文集》一百卷。

鹿善继

【鹿善继】 （1575—1636）字伯顺，号乾岳。定兴县西江村人。明万历四十一年（1613）中进士，授户部山东主事，与同僚袁世振起草全国盐法，因母丧归里。后补河南，主管辽饷。万历四十六年（1618），朝廷以对辽用兵为名加征田赋，此后逐年增加。鹿善继体察民间疾苦，对此极为愤慨。辽饷告急，他主张以广东银改充辽饷。万历帝震怒，遂降职、减俸，责令补偿，并外调他职，后归故里。

泰昌元年（1620），鹿善继恢复官职。不久，改任兵部职方主事，跟随孙承宗阅兵，后率兵至榆关（今山海关），孙承宗任用鹿善继为参赞，后又拟调吏部，鹿善继拒绝。天启年间（1621—1627），宦官魏忠贤勾结熹宗乳母客氏专断国政，排斥异己。孙承宗对此不满，欲举兵，魏忠贤恨之入骨，百般刁难。孙承宗终被排挤去职，鹿善继亦随之罢归。

崇祯皇帝即位后，鹿善继被召为尚宝卿，掌守宝玺、符牌、印章等事，未就职，擢太常少卿，官光禄寺丞事，后因病回家休养。崇祯九年（1636）七月，清兵围定兴，鹿善继主动入城守卫，城陷而死。赠大理寺卿，谥“忠节”。著有《鹿忠节文稿》《四书说明》《无欲斋诗抄》等。

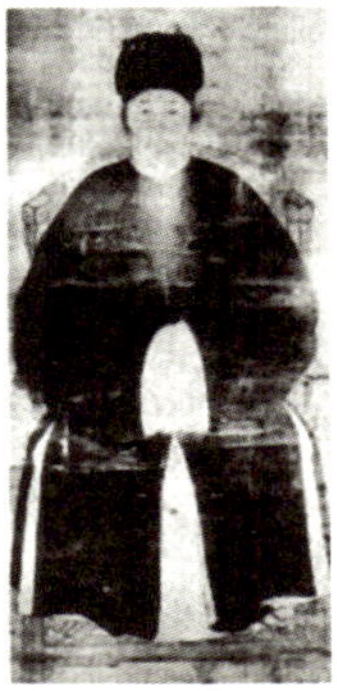
孙奇逢

【孙奇逢】 （1584—1675）清代学者。字启泰，号钟元，别号夏峰先生，容城县北城村人。孙奇逢从小心怀报国之志。以先贤刘因、杨继盛为榜样，嗜学成癖，亦十分注重个人品德修养。14 岁入县学，17 岁考中举人。父母接连过世，他在父母墓前结庐度过六年。与定兴鹿善继讲学，以圣贤相期许。

孙奇逢善交友，与东林党人左光斗、魏大中、周顺昌友善。明熹宗天启年间，宦官魏忠贤组成阉党，把持朝政，残酷迫害东林党人。左光斗、魏大中、周顺昌等先后被捕入狱。孙奇逢便冒着极大的危险，挺身营救。年幼的熹宗皇帝听信了魏忠贤的谗言，营救失败。孙奇逢又冒着身家性命危险，到处奔走，筹措募捐为左光斗等赎命。及至把钱数凑足，左光斗、魏大中、周顺昌已被杖杀于狱中了。世人高度赞扬孙奇逢等急人危难的高尚行为，把他与鹿正（鹿善继之父）、孙果中，誉为“范阳三烈士”。时畿内贼盗纵横，奇逢携家入易州五峰山，居住二十五年。屡征不就，清康熙十四年（1675）卒，享年 92 岁。奇逢弟子甚众，范阳耿极（定兴百楼村人）等从游最早。与李颙、黄宗羲齐名，合称明末清初三大儒。

【茅元仪】 字止生，浙江归安人，客居定兴。明天启中征为翰林，待诏从孙承宗督师于辽东为总兵，受魏忠贤朋党影响，在定兴西江村鹿正家及定兴杜越县城住宅内共避难四年，写了大量文章，著有《江村集》。

【魏大中】 （1575—1625）字孔时，号廓园，浙江嘉善人，明万历四十四年（1616）进士。历任行人司行人，工、礼、户、吏各科给事中等职。为行人时到访定兴西江村鹿正家，在鹿家居住，流连数月。与容城孙奇逢订交于椒山（杨继盛）祠下，后被迫害致死。

【鹿化麟】 （1593—1637）字石卿，号怡云，庠生。明天启元年（1621）解元，定兴县西江村人。鹿善继之子。生有夙慧。明崇祯十年（1637）因父鹿善继殉国难，悲哀成疾而卒。著有《北海亭集》。

【范士楫】 （生卒不详）字箕生，号橘州。定兴县相盖村人。明崇祯十年（1637）中进士，历任山西阳曲、洪洞知县，作《求其生录》一书。后弃官归隐。清朝建立后复出，先任礼部员外郎，后任吏部员外郎，升郎中。不畏权贵，遭上司嫉恨，终被罢职。后游扬州，卒于旅舍，被门人归葬于家乡。士楫有奇才，意气豪迈。倾囊购书万卷，冥心探索，夜以继日。少时与同邑鹿化麟（定兴西江村人）交善，商榷古今学业，掌论天下事。其父范文源曾编纂《范阳志》书稿，战乱中亡失，士楫重新采录，修旧起废，成书 10 卷，名为《范阳识略》。又撰有《橘州诗集》6 卷。

【杜越】 （1596—1681）字君异，号紫峰。定兴县东江村人。明天启五年（1625），宦官魏忠贤勾结熹宗乳母专断国政，兴大狱，发现有异议者，当即逮捕入狱。定兴靠近京城，尤为吃紧，杜越世交魏大中、左光斗被逮，杜越遂偕同鹿正、孙奇逢倡议赎回魏大中、左光斗。

杜越

明亡后，杜越隐居不仕。他家境贫困，布衣粗食，以讲学为生，一时名满天下，投师者众多。杜越素性与人和善，平易近人，一生无疾言厉色，晚年迁居安新。清康熙十八年（1679），诏举博学宏词之人，有人推荐杜越应试，杜越叹息说："我不愿图名。"坚辞不允。不多日，北直巡捕命令，以骡车载杜越至山西，又以槛车自山西载傅山，将二人送至京城。考期至，杜越以老、傅山以病皆拒绝应试，皇帝诏令将二人抬入考场，却依然伏地不起，遂免试。杜越暗中派遣其子问傅山"何日离京"，傅山说："即日出发。"二人即归。皇帝特旨授命中书，皆不拜受，时人以东汉初隐士严光、周党比之。杜越卒年 87 岁，他的弟子私谥为"文定先生"。著有《紫峰集》14 卷。

（六）清

【耿极】 字保汝，号诚斋。定兴县百楼村人。初从定兴学者杜越问学，后又师从容城学者孙奇逢。为学刻苦，严遵师教。其学"以慎独为宗""以存诚为要""以日用伦常为准绳"。对宋明理学诸家学说都多有涉猎，对王守仁"致良知"和"知行合一"说最为推崇，领悟最深。孙奇逢曾称赞说："知之真，信之笃，行之勇，于保汝仅见。"耿极对《易经》也颇有研究，认为易经"体天地之撰，通神明之德，类万物之情"，天地万物都离不开易理。但他主张学易不必"务求高深"，而应"专求简易"。

耿极是孙奇逢门下弟子中的佼佼者，所以同学中有疑难问题经常来求教，耿极都能给予明确的阐释，连汤斌、耿介、赵御众等直隶诸大儒对他都很敬服，自认居于其下。耿极中年从事教学，四方慕名来学者甚众。晚年归夏峰（孙奇逢），虽卧病在床，仍每日讲学不断，谆谆提携后进，直至病终。著有《王制管窥》《周易浅义》《古本大学绎言》《古本中庸绎言》《存诚集》等书。

【许启祥】 定兴县石象村人。清贡生。著有《邑史畜料》10 卷，并有

《督亢故址》《百楼耸翠》《石柱吟》等诗文留传至今。清康熙十二年（1673）由定兴知县张其珍主修，尚新民、许启祥编纂的定兴第一部《定兴县志》10卷发行。

【尚新民】 定兴人，清贡生。清康熙十二年（1673）由定兴知县张其珍主修，尚新民、许启祥编纂的定兴第一部《定兴县志》10卷发行。

【范勋】 清修志名家，定兴县相盖村人。恩科贡生，教习，专研古文辞30年，才情学问为乡党所推。清康熙十八年（1679）应锦州知府刘源博之召，参与纂修锦州地区地方志。参阅古籍，先后纂成《锦县志》8卷、《宁远州志》8卷、《广宁县志》8卷，最后修成《锦州府志》10卷。

【王之枢】 字桓麓，定兴人。清康熙二十四年（1685）进士，督学云南，典试江南，充会试总裁，出任湖南巡抚，以裁赋罢官。著有《历代纪事年表》100卷，康熙为之作序。

【王太岳】 （1722—1785）清文学家，字基平，号芥子。定兴县郑村人。幼年博览群书，尤善诗词古文，与邵斋焘、郑虎文友善，以文学知名当时。清乾隆七年（1742）中进士，授庶吉士，三年后授翰林院检讨。十九年（1754）擢侍讲，转侍读。二十年（1755）外授甘肃平庆道，二十三年（1758）调西安督粮道。咨民疾苦，“皆有惠政”。尤其留心水利，主张整修泾渠，兴利除弊。三十三年（1768），迁湖南按察使。三十六年（1771）调云南，次年擢布正使。鉴于滇省铜政弊端丛生，病国害民，王太岳追本穷源，毅然向督、抚条陈积弊，疏上，初不被采纳，旋因铜政日益困弊，遂“取其说，稍用之”，颇见成效。是年，以审拟逃兵宽纵罢官。乾隆四十二年（1777），任为《四库全书》总纂官。四十三年（1778），仍授检讨。四十七年（1782），擢国子监司业，逝于任上。滇省绅民感念其功，特于昆明五华书院立像祀之。著有《清虚山房集》《泾渠志》3卷、《芥子先生集》24卷，曾纂《四库全书考证》100卷。

【鹿荃】 （1735—1792），字馥园。清贡生，定兴县西江村人。鹿尽心曾孙。荃自幼有远志，清乾隆三十年（1765）拔贡，先后任三河县训导、山西灵石知县、永济知县。四十八年（1783）擢绛州知州，四十九年（1784）升任江苏镇江知府，又授浙江粮道，迁两淮盐运使。清乾隆五十六年（1791）著《鹿氏家谱》13卷，为其后世子孙定下“宗传理学，世笃忠贞，必有其本，时乃日新”十六个字轮转。死后葬于定兴县田侯村。

【鹿丕宗】 （1787—1856）字杰人，号简堂，鹿荃第五子。定兴县西江村人。清嘉庆十八年（1813）拔贡。道光二十年（1840）被选派至贵州。刚上任，逢开州（今贵州开阳）有反案，当事者难以捕获，前任因而负罪，一时无官敢代此职。鹿丕宗奉命审理，不逾月即结案，补救施秉（今属贵州）知县。当时，施秉阴雨连绵成灾，鹿丕宗开仓放粮赈民，救活数万百姓。又署桐梓县，上任即断一疑案。时值温水教初发，鹿丕宗密捕其首领，事遂平，擢升平越州（今贵州福泉）知州。

道光二十四年（1844），升都匀府（今贵州都匀）知府。三十年（1850），太平军攻陷河池（今广西河池县旧河池北）、思恩（今广西平果东北）等地，鹿丕宗奉调增援，筑垒练兵，诱降义军中不坚定者为密探，遂擒获义军首领朱三、何大及士卒百余人，迫使义军东奔。咸丰二年（1852），游二等据山集众千人，欲投奔太平军。鹿丕宗率兵冲入山寨，俘获游二等人。

咸丰五年（1855），驻遵义太平军杨凤部经安顺攻麻哈（今属贵州），鹿丕宗率兵救援。义军恐被围，乘夜改道转至黄平州（今贵州黄平）的安江，正欲渡河，鹿丕宗追至，重创义军，俘杨凤，因功获赏顶戴花翎。同年，台拱苗民举事，巡抚拟用安抚之策，鹿丕宗反对，巡抚不从，派二人前往招安，苗民不服，杀二人。巡抚急调兵进攻，兵未至，起义军民已连陷数城。七月，苗民进攻都匀。龙里、贵定苗民乘机起事，两支义军东西合攻都匀。时城中官军仅二百人，粮食亦匮乏，鹿丕宗急募民训练。又令一军驻城外，一军驻城内，互为掎角。义军来攻，鹿丕宗登城督战，左右皆中炮阵亡，战况激烈。义军一时难以攻下城池，遂以重兵据要隘，断绝粮道，阻隔援军。鹿丕宗仍死守，粮食渐尽，士民死亡相继。坚持至咸丰六年（1856）七月，援兵至，义军撤围隐去。总督桓春偏听都匀境内已无义军之言，调离援兵。鹿丕宗请求留兵防备义军，桓春不听，并将鹿丕宗免职。后18日，义军回马乘夜攻城，城陷，鹿丕宗与妻萧氏自焚而死。巡抚蒋霨远据实奏报，诏按三品例赐恤，国史立传，谥“壮节”，赐世职骑都尉。

【鹿传霖】 （1836—1910）字滋轩，号迂叟。定兴县西江村人。父丕宗，官至贵州都匀知府，鹿传霖是其第五子。咸丰六年（1856）七月，苗民攻都匀

鹿传霖　1903 年摄

城时，鹿传霖正率健卒外出迎饷，听说城危，急驰回城助战，坚持 10 个月之后，援绝城陷，鹿丕宗自焚身亡。鹿传霖投贵州总督府，哭诉其父死状，并随军收复都匀。后鹿传霖扶丧乞讨回故里，时年 20 岁，由此而出名。

咸丰八年（1858）乡试中举，从钦差大臣胜保征讨捻军，以功授同知。同治元年（1862）中进士，次年任广西兴安知县，后升桂林知府。光绪四年（1878）调廉州，升惠湖嘉道。六年（1880）升福建按察使，后调四川迁布政使。九年（1883）授河南巡抚，清理州县纳粮积弊，年增收 30 余万石。十一年（1885）调陕西巡抚，因病归故里。在家乡督办纂修《定兴县志》，并作序。十五年（1889）复任陕西巡抚，时值黄河西侵，将与洛河相通，鹿传霖增筑石坝 30 余座，免除水患。二十一年（1895）升四川总督。鹿传霖特立一军稳定社会秩序，创办四川中西学堂（四川大学前身），大兴教育。时夔、万两县灾荒，鹿传霖发上游积谷，运下游救济灾民，又采购湖北粮米平价卖给灾民，使境内灾民渡过难关。鹿传霖乘机进兵征讨瞻对（今四川新龙土司），当地土司慑服，均依附鹿传霖。接着上疏朝廷，陈善后之策，主张派汉官在此屯田，开垦荒地，并建立通讯设施等。但其支持者李鸿藻不久逝世，满族大员恭寿、文海从中设阻，其策未被采纳，鹿传霖解职。二十四年（1898），诏授广东巡抚，后转江苏巡抚摄两广总督。二十六年（1900）八国联军入侵北京，慈禧太后携光绪帝西逃，鹿传霖募兵三营入卫，奔及大同遇乘舆，得慈禧欢心，护驾至太原，授两广总督，入值军机。后随光绪帝至长安，升左都御史，迁礼部尚书，兼署工部尚书。二十七年（1901）掌户部，兼督办政务大臣。三十年（1904）权工部尚书，转吏部尚书。三十二年（1906）实行新官制后，被罢值军机，专治部事。宣统元年（1909）与摄政醇亲王同授遗诏，加封太子少保，晋太子太保，历任体仁阁、东阁大学士兼经筵

四川中西学堂内景

讲官，德宗皇帝实录总纂，国史馆总裁。宣统二年（1910）春染病，七月卒。死后赠太保，谥号“文端”。朝廷以“一事不苟，一言不欺”之语褒扬。著有《筹瞻疏稿》等。

二、近现代名人

【孙双顺】 （1853—1933）定兴县北柳卓村人。自幼家贫，12 岁入涿县双顺和戏班学唱河北梆子，工青衣，五年出科。后在北京海淀搭班唱戏，经常活动在北京及周边县市。他嗓音清脆，身段好，扮相俊美，做功细腻，演出的剧目多达 90 余出，在北京一带颇有声望。清末，他多次进皇宫唱御戏，深得慈禧太后赏识。在多年的艺术生涯中，培养出不少徒弟，如张连仲、帽圈儿顺天红（房玉顺）、田老怀、沈春亭等，并将自己的一身技艺倾囊传授给本村业余剧团，为发展戏曲事业做出了贡献。1933 年病逝，享年 80 岁。

孙禄堂

【孙禄堂】 （1861—1933）近代著名武术家，孙氏太极拳创始人。名福全，字禄堂，晚号涵斋，望都县东任疃村人。幼时家境贫寒，9 岁丧父。13 岁跟吴姓拳师练武，学得六十四手散打、七十二把擒拿、童子功、轻功、铁锡碑等少林基本功。17 岁到保定毛笔店当学徒，业余时间读书习武，被后来成为其岳父的举人张瑞发现，推荐到著名镖师李奎元名下学习形意拳。李奎元遂推荐到河北形意拳大师郭云深处深造。郭云深将形意拳真功倾囊相授，又令他投奔京城八卦拳师程延华处学习。孙禄堂在京苦练三年，八卦连环掌功夫已出神入化。光绪十八年（1892），孙禄堂随一县令到定兴赴任，在定兴传播孙氏武艺。收定兴内章孙振岱、孙振川等为徒，使孙氏武艺在定兴发扬光大，影响至今。后只身徒步游南北十一省，访少林，朝武当，上峨眉，凡有武林名家无不拜访，与其切磋武功，研讨拳理。光绪二十三年（1897），孙禄堂回到老家东任疃村，在蒲阳河畔办起蒲阳拳社。

光绪三十三年（1907），孙禄堂受东北三省总督徐世昌之聘，到总督府任武术教官。翌年，俄国大力士彼得洛夫来到奉天，要与武技之邦的中国高手决一雌雄，并且立了擂台。孙禄堂用半步崩拳，把300多斤的彼得洛夫击下了擂台，为国人扬了威。1912年夏，孙禄堂与郝氏太极拳创始人郝为真相遇，郝以平生所学尽授孙禄堂。孙禄堂得郝为真传，苦心研究，创立了独具一格的“孙氏太极拳”，自成一家，为当时武术界之领袖人物。孙禄堂虽生性好武，然极崇文，先后撰写出《形意拳学》《八卦拳学》《太极拳学》《拳意述真》《八卦剑学》等武术著作，成为我国近代武术史上武术家有著作传世的第一人，并被译成日、英等文刊行海外。

【李彩亭】 （1872—1930）武术名家。字呈章，定兴县张祖庄人。著名镖师李梁栋长子。自幼随父习武，擅长地趟拳、地趟刀、米砂刀、米砂剑、翼德枪。30岁时与弟李文亭、李耀亭到鄚州拜形意拳名师李存义为师，学习形意拳，在祖传外家拳的基础上，又学内家拳，博彩众家之长，技艺更加扎实全面。

清光绪年间，定兴城内驻一王爷，十六七岁的李彩亭受聘到王爷府任武术教师，教其家人及保镖。李彩亭认真施教，循循善诱，王爷府内很快就有了一支武艺高强的保镖队伍，势力显赫。王爷凭借皇室特权横行霸道，无恶不作。后来这个王爷被抄家、治罪，才知他原来是个假王爷。李彩亭从此也离开定兴，行走江湖，从事保镖业，足迹遍布大江南北。

清王朝覆灭后，李彩亭回到定兴故里，从事武术教习活动。民国七年（1918），他去天津李善人家教习武术，常常用他为假王爷做保镖的切身经历教育弟子们识别好人坏人，注意崇尚武德。

李彩亭不仅武功出众，还通医理，能医治数种疾病。其子李春海，承袭祖业，勤学不辍，后曾充任临淮关监督署武术教员。

【王常兰】 （1874—1956）艺名兰沟酸，原新城县李庄村人，8岁时被父母送给定兴县巨兰沟王玉福为子，取名王生发。当年，他被送到新城县小营常顺和戏班学戏，工花旦、刀马旦，别名王常兰。学习3个月即登台演出。清光绪十三年（1887）去北京等地搭班，曾被召进皇宫为光绪皇帝唱戏。十六年（1990），回到家乡和师兄弟搭班唱戏。经常活跃在定兴、新城、徐水、雄县等地，并曾远涉内蒙古献艺。出演的主要剧目有《杀子报》《走雪山》《大登殿》《曹庄杀狗》等。他的戏路子广，花旦、刀马旦行行精通，尤其是泼旦，形象逼真，面部表情、动作念唱很受欢迎，因此群众送他个绰号——“兰沟酸”。人们流传着“小官宝（《杀子报》中人物），死得冤，狠心的后娘兰沟酸”。晚年，先后在定兴县河内村、雄县大印、新城徐庄、容城午坊等地教戏，徒弟90余人。1956年在巨兰沟病逝，终年82岁。

【郭葆昌】 （1879—1942）字世五，定兴城内三街人。著名古瓷学家、收藏家。初在北平西华门一家古玩店当学徒，后任袁世凯总统府庶务司长。民国二至四年（1913—1915）为九江监督，监制“洪宪瓷”。其瓷品以“居仁堂”“觯斋”为记。所收藏乾隆皇帝命名“三希堂”中的《中秋帖》《伯远贴》和《本草品汇精要》为孤本珍品。撰有《瓷器概说》1卷；编有《清高宗御制咏瓷诗录》1册、《校注项氏历代名瓷图谱》（明项元汴编），并有《觯斋瓷乘》40册传世。

李文亭

【李文亭】 （1879—1948）武林名家。字星阶，定兴县张祖庄人。著名镖师李梁栋次子。自幼天资聪慧，刻苦好学，备受父亲喜爱。他自十二三岁便随父走镖，走南闯北，后在东北奉天（沈阳）开设“常胜镖局”，开始了保镖生涯。20岁那年，他走镖路过津门，遇上形意拳名师单刀李存义，对李的形意拳内功羡慕不已，即拜李为师，改练内家拳法。在李存义的精心传授下，李文亭潜心钻研，苦练不辍，终于修得形意内功精髓，成为形意门的一代拳师。

袁世凯称帝后，李文亭终日忧国忧民，毅然结束保镖生涯来到北京。一天，他路过被侵略军霸占为练兵场的东单体育场，见四周围着一大群人，走近一看，是几个日本兵在练剑。他看着看着不禁哈哈大笑，谁知这一笑却触怒了日本兵。一个日本兵骄横地问他为何发笑，李文亭闭口不答，这个日本兵想显示一下自己的剑术，便递给李一把剑，硬要与他比个高低。李文亭为给中国人出口气，便毅然应允。两人站定后，日本兵挥剑向李文亭脑门劈来，李从容地横剑一挡，跟着一抖手腕，一个“海底捞月”，剑锋正点中对方手腕，吓得这个日本兵一声惊叫，手中的剑“当啷”落地。当另外几个日本兵赶过来时，李文亭早已消失得无影无踪。这件事不仅很快传遍了北京的街头巷尾，也传到了当时正被袁世凯软禁在京的蔡锷将军耳朵里。蔡锷对李文亭十分赞赏，便与李文亭结成好友。后来，李随蔡锷潜回云南起兵讨袁。在讨袁战斗中，由于他武功出众，作战勇敢，官职晋升至营长。

民国初年，李文亭解甲回到天津，辅佐师傅李存义兴办“天津中华武士会”，致力于传授形意门拳术。到了民国七年（1918），70岁高龄的李存义返回河北深州故里，“天津中华武士会”便由李文亭执掌。李文亭虽然身手不凡，却不故步自封，他在执掌“天津中华武士会”期间，广交武林高手，博采各派之长，为丰富本门拳法做出了贡献。1928年，天津有位武术名家叫李景林，武功出众，尤以武当剑术见长。无论男女老少，凡想跟他做事当差者，均要比武录用。李文亭对李景林的武艺十分赞佩，曾亲自登门拜访，并结为知己，各自取长补短，共同提高。

抗日战争爆发后，李文亭毅然离开天津回到故乡，先后在当地组织联庄会、自卫会，后投奔江东升领导的华北民众抗日自卫军，从事抗日活动，并担任了定兴抗日自卫队副队长。在十四年抗日战争中，他带领抗日自卫队出生入死，转战定兴一带，给日寇以沉重的打击。抗日战争胜利后，年逾六旬的李文亭重操旧业，奔走于北京和保定两地教徒传艺，为传播形意拳术做出了贡献，被后人誉为形意门的一代宗师。1948年，李文亭去世，享年69岁。

【李耀亭】 （1883—1956）武林名家。字子阳，定兴县张祖庄村人。李梁栋三子。体魄健壮，待人温和。早年随父习武，后在郑州拜李存义为师，精于形意拳，善三合剑、龙形剑、杂式锤、锁口枪，各种兵械无不通晓。自民国二年（1913）任北洋大学武术教员，历时30余年，弟子遍及海内外，成就斐然。当时的国民党显要陈立夫、陈果夫、曾养甫等都曾亲临其门。民国七年（1918）秋，北京开万国赛武会，其师李存义为维护国术，率弟子数人入京比武，拟与俄国大力士康泰尔角逐。当时，步军统领李阶平将军负责赛场，微服坐在台上，未交手前邀李耀亭表演剑术，他舞六合剑，身势低，走剑缓，气贯串，李阶平看后十分感慨地说：“子阳的剑术太神妙了，这样高大的身躯，舞起剑来，身势低而灵活，少见，少见！”1928年在南京举行第一届全国国术比赛时，李耀亭与其兄李文亭一起受聘担任裁判委员会委员。比赛结束时，浙江省主席张静江赠李耀亭及其兄李文亭龙泉宝剑各一口。1956年，李耀亭去世，享年73岁。

【姬奠川】 （1889—1960）定兴县石柱村人。早年毕业于北洋师范学校、中国大学商科。历任甘肃省西北银行经理兼银行总办、绥远平市官钱局、察哈尔省官钱局、甘肃平市官钱局、河北省银行经理。抗日战争期间，任西安裕华银行经理。抗日战争胜利后，任河北省银行经理兼天津市银行经理、中原银行董事长、天津市商会理事长。民国二十五年（1936）9月，姬奠川会同定兴县长解殿臣等人捐资修建了位于本村的义慈惠石柱碑楼，本村趣园逸士、书法家梁瑞五题写碑记。该碑楼由于结构不合理，四面不通风，于1955年被拆除。1949年后姬奠川去台湾，行宪后，当选为“立法院立法委员”“立法院财政金融委员会委员”。1960年逝世于台湾，享年71岁。

朱国福

【朱国福】 （1891—1968）著名的形意拳家、摔跤家、拳击家。字果夫，号炳公。定兴县大朱庄村人。曾创立“武学会”和“凤凰武术学校”。在20世纪30年代，就与其弟朱国禄、朱国祯、朱国祥以精湛的技艺蜚声武坛，人称“朱氏四杰”。另有称“福”“禄”“祯”为“朱家三虎”。

朱国福幼年拜铁罗汉张长发为师，学习少林“罗汉门”拳术。后来跟随一老道学医，兼习拳脚和刀枪等十八般兵器。12岁时，拜形意名家马玉堂为师，专攻内家拳术。又深得李存义、郭云深、张占魁等老前辈的指教。后又拜在孙禄堂、吴有横门下，学习八卦、太极和摔跤。24岁时学拳击，融中西拳法为一体，其功深技高，威震拳坛，堪称中国拳击运动的先驱。

1923年8月，白俄著名大力士裴益哈伯尔来华，参加德国和英国举办的国际拳击比赛。擂台设于上海法租界。朱国福与白俄大力士拼斗激烈，战至第四个回合，朱国福使了一个八卦中的乾步飘到大力士身后，待他转身之际，一个穿心崩拳击中他的胸口，哈伯尔像死熊一样重重地摔在擂台上，口吐白沫，再也无力站起。霎时，擂台下观众欢呼雀跃，人们簇拥着为民族争光的武林英雄，直到走出法租界仍不离去。

1928年10月，全国600多名武林高手齐聚南京，朱国福技艺超群，夺得武状元。冯玉祥将军亲赠中山服、龙泉剑给他，并题“爱人如己”四字奖励，还请其主持训练“大刀队”。1930年，国民党政府的中央美术馆和后来成立的国术体育专科学校都把拳击作为必修科目之一。朱国福被聘为中央国术馆教务处长，并担任拳击科目教授。其间，他培养出不少人才，如张文广、温敬铭、李浩、卜恩富、吴玉池、蒋浩泉等。

中华人民共和国成立后，朱国福一直在重庆大学任教，并任全国武协委员、重庆武协主席，曾多次担任全国武术比赛裁判，还担任北京中医学校教师、卫生部医学科学委员会委员、北京针灸委员会顾问、北京积水潭医院针灸主任等职。部分著作收入《北京市老中医经验汇编》。

【李燕亭】 （1893—1964）原名李长春，定兴县姚村人。1910年考入天津政法专科学校附属中学，同年与同学李大钊等人参加全市学生请愿示威游行。1914年考入北京大学预科，1917年入本科，后由李大钊介绍到苏联大使馆教国语。1919年参加五四运动，同年赴美留学，入加州理工学院学习理论化学和高级分析化学。同时，在洛杉矶市华侨夜校教国文。翌年转入南加利福尼亚大学生物系，选修植物生理、细胞、细菌及土壤学，兼任该校中文讲师。1922年夏开始学习图书馆学。1923年获南加利福尼亚大学生物学硕士学位。留学期间，李燕亭先后数十次在美中协会、中国学生会、万国学生会、华侨总商会公开演讲，宣传中华民族文化。1921年冬，美国召开华盛顿会议时，李燕亭与爱国华侨黄剑农创办《洛华》刊物，亲自撰稿、编辑、付印、发行，免费赠阅，广泛宣传爱国主义思想，呼吁取消“二十一条”卖国条约。1922年秋，留美中国学生会西部分会改选，李燕亭当选为副会长。1923年秋李燕亭回国后，应聘到北京农业大学任教授。1924年春，应中州大学文科主任冯友兰邀请，任中州大学图书馆主任兼理科教授。1927年4月，到北京农业大学任教，兼政法大学英语教师。同年7月，学校待命改组，李燕亭生活无着落，经同乡张清源介绍，到山西大同张励生处任英文秘书兼秘书长。三个月后，河南大学（中州大学改组后更名）开学，李燕亭辞职绕道三千里，于同年冬到达开封，继任理科教授兼图书馆主任。1956年，李燕亭到新乡师范学院任化学系教授、图书馆主任。1964年病故。李燕亭生前著有《图书馆学》一书。他精通英语，通晓日、德、俄语，曾指导整理中外图书资料的编目分类等重大工程。

【谢采江】　(1893—1984) 原名谢长枢，曾用名谢庚辰，笔名子波、子兮。定兴城内四街人。1917 年考入直隶保定第二师范学校。1919 年北平爆发五四运动，5 月 22 日保定学生联合会召开成立大会，发表《宣言》，谢采江以“二师”学生代表的身份参加了《宣言》的起草工作。事后校方将谢采江开除学籍。时任保定育德中学校长的王国光深知谢采江的为人与才华，便以不收学费等优惠条件答应他在育德中学插班学习。1920 年我国早期传播马列主义的先驱邓中夏到校演讲。谢采江受邓中夏革命思想的影响，很快成为该校文学研究会的主要成员，积极宣传新思想、新文化。1921 年他以优异成绩毕业于育德中学并留校任初中部国文教员。1925 年 1 月，在谢采江倡导下，文学研究会创办了文学期刊《微声》旬刊，先后出刊了 5 期，同年秋终刊。不久，文学研究会更名为海音文艺社，活动中心由保定移到北京沙滩 31 号，该社社员也有增加，除保定育德中学历届校友外，还有北京大学和女师大的部分学生。同年，谢采江暑假回家，与原育德中学的同学、同乡张秀中（定兴一街人）商定，按股份制集资创办了海音书局，出版了《海音社文学丛书》，并陆续出版了一批中外文学译著。从那时起，他先后有 9 种诗集问世，影响较大的有《荒山野唱》《梦痕》《野火》和《不快之意歌》等。他也曾尝试写小说，著有《爱的浪费》。1929 年海音文艺社停止活动。1937 年七七事变后，育德中学南迁，谢采江回定兴故里隐居。抗战胜利后，到唐山开滦一中任教，直至 1962 年退休。1984 年病故。

冷楚（右）

【冷楚】　(1889—1962)，定兴县早期共产党组织的开拓者。原名杨述孝，易县后部村人。冷楚从小聪明好学，因生活所迫，只上了三年私塾就到北京去谋生。1922 年开始自学英文、数学，并开始接触西方文化。后来他读了易卜生、鲁迅的大量进步文学作品，并结识了李大钊。1924 年冬，冷楚到绥远主编《教育政报》，认识了绥远地下党路作霖。1926 年 2 月，由路作霖介绍加入中国共产主义青年团，6 月转为中共正式党员。冷楚入党以后担任绥远团地委书记。1927 年 3 月，冷楚发动和领导了声势浩大的孤魂滩农民暴动，直至将归绥县长撤职查办。4 月，蒋介石在上海发动政变。6 月，国民党绥远省对路作霖、冷楚二人下了通缉令。党组织决定派冷楚赴北平向北方区委报告工作。当冷楚准备去火车站时不幸被捕，被判处死刑，关进死囚牢里。11月，国民党中央势力败退山西，原看管冷楚的人逃走。绥远特别法庭审判处处长王荣欣被冷楚的爱国之心所感动，将冷楚放出监狱。临行时，因大雪封地，化名“冷楚”以留作纪念。是年冬天，冷楚回到了易县家乡。1928年，冷楚为了寻找党组织离开易县，先后到新乡、南宫、保定等地开辟党的工作，并先后担任天津市委组织部长，定（兴）易（县）涞（水）县委书记，北平市委组织部长、代市委书记。1936年3月，冷楚被任命为晋察冀边区特委书记来保北一带开辟工作。七七事变后，转战太行山，先后担任太行党校校长、地委书记、军分区政委、太行军区政委。1962年6月17日病逝于北京，骨灰存放在八宝山革命公墓。

【张秀中】　（1905—1944）诗人，文艺理论家。定兴城内一街人。1923年，其第一首新诗《春风》问世，随后在校发起成立文学研究会并创办《微声》文学旬刊。1925年，第一部短诗集《晓风》在北京出版，并得到鲁迅先生指导。1929年5月经平杰三同志介绍，加入了中国共产党。1932年调中共河北省委先后任秘书、副秘书长，参加省委机关刊物《北方红旗》的编辑工作，同时参加北平左联组织的文学活动，与张万美同志合编左联机关刊物《文学前哨》。先后出版诗集《五洲大示威》《血在沸》等，主办《理论与创办》《荒草》。在《救亡》周刊上发表了《关于通俗文艺的创作方法问题》《青年怎样克服自己的矛盾》《论文艺通俗化》《关于战时文艺》等论文。1940年，在太行抗战学院任研究员，同年秋转太行文联，任文联秘书、常委等职。主编《华北文艺》，发表了《鲁迅与新文学》等有影响的文章。1944年病逝于涉县河南店。

【李凤云】　（1913—1981）女，定兴县景安村人。幼年在城内一家戏馆以说鼓书为主。1930年北昆著名演员白云生随班到定兴，通过看戏，二人产生爱慕之情，于唐山演出时结婚。凤云随丈夫学习，边学边演出，成为当时北昆戏班中唯一的女演员。不久，她学会了众多旦角戏，如《仰像哭像》的杨贵妃、《扫花三醉》的何仙姑、《折柳杨关》的李夫人、《闹学》的春香、《玉簪记》的陈妙常、《藏舟》的邬飞霞、《绣襦记》的李亚仙。李凤云的加入使北昆队伍改变了只有男演员的局面。

李凤云向白云生和其他师傅学习，在昆曲艺术上得到了王益友等前辈的教诲。白云生改唱小生，凤云与他配戏。1936 年至 1938 年，曾随祥庆社到南方六省演出。她嗓音好、扮相漂亮，又是唯一的坤角，深受观众的欢迎。中华人民共和国成立后，李凤云随丈夫加入北京人民艺术剧院。1952 年转中央实验歌剧舞剧院。1956 年参加全国南北昆剧大汇演。1957 年调北方昆剧院。

【范宗先】 （1913—1979）定兴人。1941 年毕业于河北师范学院体育系。曾任国民政府教育部体育师资训练所教师、武昌体育专科学校副教授、湖北教育学院体育科主任。中华人民共和国成立后，历任华中师范学院体育系主任、教授，武汉体育学院教务处副主任，田径球类系主任、教授。中国民主同盟盟员。编有《体育统计学》《体育理论》《篮球》等，均作为体育院校、师范院校体育专业教材。

【娄文彬】 （1923—1984）定兴县沿村人。14 岁开始在河南新乡随父学徒，后去安阳拜许连元为师。出师后，到丰台涌泉阁澡堂当修脚工。一年后，到北平（今北京）隆福寺浴堂工作。中华人民共和国成立后，他潜心研究治疗脚病的方法，开始每天治三四人，后来每天三四十人，到 1960 年能治疗脚病 40 多种。1963 年浴堂内设立了脚病治疗室，娄文彬带一名徒弟，两个人每天接待脚病患者 80 余人。在治疗过程中，他发现不少人患有脉管炎。从 1965 年开始，他又对脉管炎进行研治，三年后取得了突破。此后名扬北京市，被誉为脚病治疗专家。娄文彬苦心钻研修脚技术，由一个普通的修脚工逐渐成为一级技师。从 1968 年开始，年年被评为先进工作者，先后被选为北京市东城区人民代表和北京市人民代表，应邀参加过党中央、国务院主办的春节茶话会。《北京日报》《光明日报》《大公报》分别刊登过他的事迹。曾获得金质奖章。

【赵佩云】 （1924— ）女，北京人，客籍定兴。9 岁拜著名琴师张泉学戏。三年后，随马凤兰班到山西太原演出。15 岁加入王永顺、杨显亭戏班，活动于石家庄地区。1946 年至 1949 年间在北京天桥吉祥剧场、万盛轩剧场演出。1950 年 1 月调保定专区实验评剧团。1961 年任定兴评剧团副团长。1982 年 9 月调河北艺术学校任教。1985 年 5 月退休。佩云出身贫寒，自幼从艺，天资聪颖，勤奋好学。她嗓音洪亮圆润，吐字清楚，深得观众好评，在保定一带有“卖了窗户门，也要看看赵佩云”的顺口溜。1956 年她参加了中国戏剧家协会主办的戏曲讲习班，受到梅兰芳、程砚秋、张庚等艺术大师的指导。她主演的现代戏《刘胡兰》《小女婿》《小二黑结婚》《龙江颂》《锻炼》《会计姑娘》《向阳商店》等受到观众好评，主演的《金黛来》《吕布与貂蝉》《穆桂英挂帅》等剧也深受观众赞誉。佩云到定兴后，积极培养扶植年轻演员，为定兴戏曲事业的发展和兴盛起到了积极的推动作用，剧团上演的《好队长》曾受到省委领导高度评价，在北京演出的《花为媒》《张羽煮海》曾被《工人日报》载文介绍。

【白景晟】 （1927—1991）定兴城内三街人。从1935年起在北平（今北京）读小学、中学，1944年在北平京华美专学习绘画，后又在中国大学中文系学习。1949年2月参加民主青年联盟。1949年入华北大学戏剧系读书，扮演过《雷雨》中的周朴园、《日出》中的李石清、《原野》中的常五等角色。毕业后分配至东北电影制片厂，任译制演员，后转入长春电影制片厂，先后任译制片演员、导演。1956年11月任长影艺术处副处长。在此期间，译制导演了苏联影片《我的大学》《萨特阔》《未完成的故事》《教师》等。同时他又是《格林卡》《忠实的朋友》《游泳者》的主要配音演员，还为影片《万水千山》《林海雪原》《海霞》等配音。尤其给人深刻印象的是白景晟以他深厚的艺术修养、优美雄厚的声音为列宁、斯大林配音。

王明显

【王明显】 （1933—1967）定兴县究室村人。祖父王精一（1876—1919），清末民初著名乡绅。伯祖父王纲常（1872—1936）是清末武秀才。父亲王永祜（1899—1935）是民初早期实业者，曾在包头、张家口开设钟表店，引进畜养德国、意大利蜜蜂，在易县西陵旺隆水库北大峪沟一带购置田产、创办实业。大哥王明初（1918—1974）抗战时曾任晋察冀军区一分区司令员杨成武的警卫员。二哥王明耀（1929—1953），解放战争时期入伍，曾参加解放石家庄、元氏县等战斗，见过朱德总司令。王明显自幼受家庭熏陶，性格刚毅、果断。1952年3月，为响应中华人民共和国成立初期“支援大西北”号召，毅然投奔大西北，支持西北铁路建设。先后在渭南、宝鸡、天水等地修建西北铁路。他和队员们战严寒、斗酷暑，开山破路，抬筐砸石，为1952年10月1日兰州铁

兰州通车纪念章

路顺利通车做出突出贡献，获“通车兰州纪念”章一枚，纪念章背面刻有“西北铁路干线工程局”“1952年10月1日”字样。该铁路是1952年国庆节我国完成的第一项西北建设重点项目，它的通车对于加强大西北与中原华北、西南地区的联系，发展西北经济、保卫边防有着重要意义。其本人多次被西宁铁路分局评为“铁路建设先进工作者”。1967年阴历四月二十三日病逝，时年35岁。

潘志忠

【潘志忠】 （1940—2012）祖籍定兴。西安石油大学毕业，1960年参军，1997年任中国文联音像出版社社长。在文联音像出版社工作期间，参与制作影片70多部。他是《半生缘》《双响炮》《萍踪侠影》《射雕英雄传》（内地版）的总监制，《京华烟云》《逐日英雄》《浅蓝洋蓝》的出品人等。在任期间，中国文联音像出版社获得飞跃式发展，其强大的发行网络遍及海内外，平均年生产电视剧近500集，长度达22 500分钟，其产量在国内同行业中名列前茅，音像制品年销售额过亿元。其本人也因此成为多部影片的出品人、总监制、总顾问、总策划，被业界人士誉为“影视界的领军人物之一”“影视教父”等。

张少佐

【张少佐】 （1962— ）原名张晓光，定兴人。1980年参加绥化文工团。自幼随父亲张振佐学说评书，后师从著名评书表演艺术家袁阔成。擅长说袍带书《薛家将》《杨家将》和短打书《九义十八侠》《童林传》。自1989年开始在黑龙江电台、中央电视台播讲评书，先后播出20余部长篇评书，如《大明剑使》《光武争霸》《吕四娘刺雍正》等。其播讲的评书既有传统评书，也有自己的创作，如《恨别长安》《明史奇侠》等。多次在全国故事大赛中获奖。1990年被黑龙江省政府列为“尖子人才”，现为黑龙江省曲艺家协会理事。2001年建立了全国性的“大地评书俱乐部”，在全国200多家广播电台相继建立了“张少佑书场”。2007 年 8 月 15 日，时任国际奥委会名誉主席萨马兰奇出席国际公平竞赛奖颁奖仪式，并为中国评书演员张少佐颁奖。

常春生

【常春生】 （1966— ）京剧净角。回族。定兴城内四街人。1982 年考入河北省艺术学校表演系，专攻铜锤花脸。1987 年毕业后分配到河北省京剧院担任主演。1988 年 2 月拜京剧表演艺术家方荣翔先生为师。2006 年 7 月 1 日调到重庆市京剧团任团长，并在新编历史剧《大足》中担任主演。代表剧目有《大探二》《铡美案》《赤桑镇》《赵氏孤儿》《将相和》《野猪林》等。2008 年 1 月被评为重庆首届“巴渝新秀”青年文化人才。

三、将校篇

本篇收录了抗日战争、解放战争和社会主义建设时期定兴涌现出的将领。他们既有革命战争时期南征北战、戎马一生的璀璨将星，又有和平时期建功立业的共和国骄子。这些将星，产生于不同的历史时期，有着不同的工作岗位，他们以实际行动，诠释了忠诚于党、热爱人民、报效祖国的革命军人价值观、坚定的理想信念和崇高的人生品质。

李君彦

【李君彦】 （1913—1999）定兴县史家庄人。1933 年加入中国共产党，1938 年参加八路军。土地革命战争时期，历任共青团北平市委宣传干事、河北省委巡视员、江苏省委组织干事、共青团北平市委书记、天津市委组织部部长等职。在中共北方局领导下从事党的地下工作。抗日战争时期，历任抗日军政大学大队政治教员、抗日军政大学第二分校大队政治主任教员、分校训练部教育科科长、冀察军区政治宣传部部长等职。参加了百团大战和晋察冀抗日根据地反“扫荡”等战役战斗。解放战争时期，历任晋察冀军区独立第 4 旅政治部主任、第 1 纵队 3 旅政治部主任、第 19 兵团政治部宣传部部长。参加了绥远、张家口、平津、太原、兰州等战役战斗。中华人民共和国成立后，历任海军政治部宣传部部长、政治部副主任、海军副政治委员兼政治部主任、海军顾问等职。1961 年晋升为少将军衔。荣获二级独立自由勋章、二级解放勋章。1988 年 7 月荣获独立功勋荣誉章。是中国共产党第十二届中央纪律检查委员会委员。1999 年 9 月 8 日因病在北京逝世。

李雪炎

【李雪炎】 （1913—1999）定兴县杨村人。1937 年参加河北游击军，1938 年加入中国共产党。抗日战争时期，历任河北游击军第 10 路连长，冀中军区游击第 3 支队政治部宣传科科长、组织科科长，独立支队第 25 团政治处主任，冀鲁边军区第 1 军分区政治部主任、第 3 军分区副政治委员等职。参加了百团大战和冀中、冀鲁边抗日根据地反“扫荡”等战役战斗。解放战争时期，历任渤海军区第 7 师 20 团政治委员，东北民主联军第 7 师 19 旅政治委员，东北民主联军第 6 纵队兵站司令部政治委员、教导团政治委员，东北军区工兵学校政治委员等职。参加了山海关、三下江南，1947 年东北夏季、秋季、冬季攻势，辽沈等战役战斗。中华人民共和国成立后，历任中南军区空军工程部政治委员、志愿军空军后勤部政治委员、空军后勤部副参谋长、后勤部副部长兼后勤部参谋长、空军学院院务部部长、空军后勤部副部长、后勤部顾问等职。参加了抗美援朝战争。1964 年晋升为少将军衔。荣获朝鲜民主主义人民共和国二级国旗勋章，荣获二级独立自由勋章、二级解放勋章、独立功勋荣誉章。1999 年 8 月 23 日在北京逝世。

史一民

【史一民】 （1915—1996）原名史纪勋。定兴县易上村人。1931 年 1 月加入中国社会科学家联盟。1938 年 8 月参加八路军，同年 12 月加入中国共产党。抗日战争时期，历任晋察冀边区定兴县易上村抗日救国会会计、八路军第 3 纵队兼冀中军区独立第 3 支队干部训练所书记、独立第 3 支队供给部会计、晋察冀军区第 1 军区 5 支队供给科科长、第 25 团供给处处长、第 1 军分区供给部军用经济股股长、冀热辽军区司令部管理科兼直供科科长等职。参加了百团大战和晋察冀抗日根据地反“扫荡”等战役战斗。解放战争时期，历任晋察冀军区、冀热辽军区、冀东军区供给部副部长，东北民主联军第 9 纵队供给部部长，东北野战军第 46 军供给部部长，第四野战军第 12 兵团 46 军供给部部长等职。参加了锦州、辽沈、平津、和平解放长沙、衡宝等战役战斗。中华人民共和国成立后，历任第四野战军兼中南军区湖南军区第 46 军后勤部部长、华南工作团后勤顾问组组长、后勤学院高级班学员、高等军事学院后勤教授会教员、总后勤部军需部计划处处长、军需部副部长、供应部副部长等职。1955 年 9 月被授予上校军衔，1960 年 5 月晋升为大校军衔。荣获越南民主共和国一级红星勋章、二级红星勋章，荣获二级独立自由勋章、二级解放勋章，1988 年 7 月荣获独立功勋荣誉章。1996 年 12 月 23 日因病在北京逝世。

牛喜元

【牛喜元】（1917—　）定兴县阎台人。1938 年 10 月参加八路军，1939 年 10 月加入中国共产党。抗日战争时期历任晋察冀军区第 1 军分区教导队学员，第 1 军分区第 5 支队 25 团副排长、排长、副连长、连长，易县支队司令部参谋，冀察军区第 1 军分区司令部参谋等职。参加了百团大战和晋察冀抗日根据地反“扫荡”等战役战斗。解放战争时期，历任晋察冀军区冀察纵队第 10 旅司令部作战科科长、独立第 8 旅司令部作战科科长，察哈尔军区独立第 4 旅司令部作战科科长，晋察冀军区第 1 纵队 3 旅 9 团参谋长，华北军区北岳军区第 1 纵队 3 旅 9 团参谋长，华北野战军第 3 兵团 1 纵队 3 旅 9 团参谋长、第 20 兵团 66 军 198 师 594 团副团长等职。参加了绥远、保北、察南绥东、平津、太原等战役战斗。中华人民共和国成立后，历任华北军区第 66 军 594 团副团长，志愿军第 66 军 198 师司令部办公室主任，第 198 师司令部副参谋长、参谋长、副师长，河北省衡水军区副司令员，第 66 军 197 师副师长，天津警备区副司令员、顾问。参加了抗美援朝战争。1955 年 9 月被授予上校军衔，荣获三级独立自由勋章、三级解放勋章。1988 年 7 月荣获独立功勋荣誉章。

王珍堂

【王珍堂】（1918—1978）定兴县贤寓村人。1937 年 12 月参加河北游击军，1944 年 7 月加入中国共产党。抗日战争时期，历任河北游击军第 3 支队会计，八路军第 3 纵队兼冀中军区独立第 3 支队会计股长，晋察冀军区第 1 军分区 5 支队 26 团供给处主任，第 2 军分区政治部宣传科科长、总务科科长、民运科科长，晋察冀军区冀晋军区第 2 军分区供给处副处长等职。参加了百团大战和晋察冀抗日根据地反

“扫荡”等战役战斗。解放战争时期，历任晋察冀军区冀晋军区第2军分区供给处处长、独立第1旅后勤处处长、北岳军区第1纵队独立1旅后勤处处长、华北军区第20兵团66军196师后勤部部长、第66军后勤部副部长等职。参加了清风店、石家庄、平津、太原等战役战斗。中华人民共和国成立后，历任第66军后勤部副部长，志愿军第66军后勤部代理部长，华北军区后勤部训练处处长，北京军区后勤部副参谋长、参谋长，天津警备区副司令员等职。参加了抗美援朝战争。1955年9月被授予上校军衔，1960年晋升为大校军衔。荣获二级独立自由勋章、二级解放勋章。1978年7月4日在天津逝世。

【洪仆】　(1918—1991) 原名王士瑗，定兴县南旺村人。1933年考入保定第二师范学校。1937年七七事变后，学校停课，洪仆与学友在家乡串村宣传抗日救亡。1938年8月参加八路军，同年10月加入中国共产党。历任分区政治部工作团连政治指导员、营副教导员、团政治委员、装甲兵学院教育长、政治部副主任、副政委等职。1960年授大校军衔。1988年被中央军委授予红星功勋荣誉奖章。1991年12月30日在北京逝世。

洪仆

【李振策】　(1919—　) 曾用名李瑞三。定兴县易上村人。1938年2月参加河北游击军，1939年9月加入中国共产党。抗日战争时期，历任河北游击军第10路3团书记，晋察冀军区第1军分区第2团书记，第25团连政治指导员、营副政治教导员等职。参加了百团大战和晋察冀抗日根据地反“扫荡”等战役战斗。解放战争时期，历任冀察军区司令部警卫连政治指导员、警卫营政治教导员，察哈尔军区第22军分区昌宛支队支队长、第22军分区独立2团副团长，华北军区第206师616团参谋长等职。参加了保北、平津等战役战斗。中华人民共和国成立后，历任空军混成第4旅13团参谋长，空军第5师干部部长，空军第5师副师长，空军司令部军务部副部长、部长，北京军区空军副参谋长等职。1955年9月被授予空军中校军衔，1961年晋升为空军上校军衔。荣获三级独立自由勋章、三级解放勋章。1988年7月荣获独立功勋荣誉章。

【阎仲川】　(1921—2002) 定兴县杨村人。1938年入伍，1939年加入中国共产党。抗日战争时期，历任见习排长、参谋、股长等职。参加了讨伐石友

阎仲川

三战役、1942 年春季反“扫荡”突围作战。解放战争时期，历任东北民主联军司令部参谋、副科长等职。中华人民共和国成立后，历任中南军区司令部作战处副处长兼军区战史编研室副主任、副师长兼参谋长，广州军区司令部作战处处长、作战部部长，广州军区司令部副参谋长兼作战部部长、司令部参谋长，中国人民解放军副总参谋长兼作战部部长等职。中国共产党第九届中央委员会候补委员。1983 年离职休养。2002 年 6 月 22 日在北京逝世。

周春生

【周春生】　（1922—2009）定兴人。1938 年 4 月入伍，同年 11 月入党。抗日战争时期，历任侦查员、副班长、班长、学员、营部支部书记，连副政治指导员、副连长、连长，晋察冀军区涞源支队特务连连长，涞源第 1 大队大队长，定兴支队第 3 连连长，新 1 团侦察连连长、特务连连长，晋察冀军区第 6 旅 18 团 1 营副营长、营长等职。参加了百团大战、涞（源）灵（丘）战役、涞水城攻击战、涞源东团堡战役，绥远省龙胜庄、武川、应县等战斗。解放战争时期，历任晋察冀军区第 5 分区易县大队大队长、第 5 分区独立团 2 营营长，华北军区第 1 纵队 3 旅 8 团 2 营营长，第 65 军 193 师营长，第 592 团 2 营营长、副团长等职。参加了察南绥东、平汉线、易涞、保南、清风店、绥远、保北等战役战斗。中华人民共和国成立后，历任第 66 军 197 师 589 团第一副团长、第一参谋长，第 24 军 197 师 591 团副团长、团长，第 591 团团长，秦皇岛市武装部部长，唐山军分区参谋长，张家口军分区副司令员，河北省军区副参谋长，河北省军区副军职顾问等职。参加了抗美援朝战争第一至四次战役和龟城阻击战、博川攻击战、三八线攻击战、斧岗里攻击战、五音山阻击战。1964 年晋升为上校军衔。荣获朝鲜民主主义人民共和国自由独立勋章，荣获三级解放勋章、三级独立勋章和独立功勋荣誉章。1983 年 12 月离职休养。2009 年 1 月 16 日因病在石家庄逝世。

【张波】　（1923—　）定兴人。1938 年 10 月参加八路军，1939 年 6 月加入中国共产党。革命战争年代，历任班长、县大队政治委员、营教导员、团政治处主任等职。抗日战争时期，参加了百团大战和1942年反“扫荡”等战役战斗。解放战争时期，参加了保北、张家口、太原等战役战斗。中华人民共和国成立后，历任第66军198师政治部保卫科长，第196师587团政治委员，第196师政治部主任、副政治委员、政治委员，第66军政治部主任，北京军区步兵学校副政治委员，天津市革命委员会政治部主任等职。参加了抗美援朝战争第一至四次战役。1960年被授予上校军衔。荣获三级独立自由勋章、三级解放勋章。1983年12月离职休养。

【房依山】　(1923—　)曾用名房益三。定兴县房家庄村人。1938年5月参加八路军，1939年8月加入中国共产党。抗日战争时期，历任副班长、班长，营青年干事，晋察冀军区锄奸部训练队学员，第1军分区5支队政治部特派干事、第25团营特派员，第1军区分区政治部锄奸科特派干事、第1团营特派员，第1军分区雁北指挥所政治处特派干事、第6团连政治指导员等职。参加了百团大战和晋察冀抗日根据地反“扫荡”等战役战斗。解放战争时期，历任晋察冀野战军第4纵队11旅6团营代理政治教导员、第11旅政治部秘书兼总务科科长，第3纵队9旅25团副参谋长、第9旅司令部侦察科科长，华北野战军第1兵团8纵队司令部侦察科科长、第19兵团65军司令部侦察科科长等职。参加了新保安、平津、太原、扶郿等战役战斗。中华人民共和国成立后，历任总参谋部情报部侦察处科长、总参谋部情报部第2技术侦察支队支队长、外军研究处副处长，济南军区司令部情报部副部长、部长等职。参加了抗美援朝战争。1955年9月被授予中校军衔，1960年晋升为上校军衔。荣获三级独立自由勋章、三级解放勋章、独立功勋荣誉章。

房依山

【房扬达】　(1924—　)曾用名房养达。定兴县房家庄村人。1938年5月参加八路军，1939年4月加入中国共产党。抗日战争时期，历任晋察冀军区冀中军区独立第三支队干训所学员、政治部宣传队分队长，晋察冀军区第1军分区25团队政治指导员，抗日军政大学第二分校学员，第1军分区25团连政治指导员、连长等职。参加了百团大战和晋察冀抗日根据地反“扫荡”等战役战斗。解放战争时期，历任晋察冀军区第1军分区3团营政治教导员、热辽纵

房扬达

队第27旅70团政治处股长、热辽军区独立第17旅70团营长、东北民主联军第8纵队24师70团营长、第四野战军第12兵团45军135师司令部科长等职。参加了辽沈、平津、衡宝等战役战斗。中华人民共和国成立后，历任第135师403团副团长，第134师402团团长，志愿军西海岸防御指挥部第54军134师402团团长，第134师副师长，第54军副参谋长、参谋长、副军长，国防科工委第一研究院军管会主任、党的核心小组组长，第43军副军长等职。参加了抗美援朝战争和青藏平叛、边境自卫反击战。1955年9月被授予中校军衔，1961年6月晋升为上校军衔。荣获朝鲜民主主义人民共和国二级自由独立勋章，荣获三级独立自由勋章、三级解放勋章。1988年7月荣获独立功勋荣誉章。

【肖丰堂】 （1929— ）定兴县固店村人。第66军政治部副主任，第28军政治部主任。1988年9月被授予少将军衔。

【李广泰】 （1939— ）定兴人。武警技术学院副政治委员。1996年7月晋升为武警少将警衔。

【徐德章】 （1941— ）定兴城内四街人。1958年1月应征入伍，1959年11月加入中国共产党，1970年1月调军委装甲兵司令部工作，先后任参谋、科长、处长。1978年3月在国防大学学习。1988年8月任装甲兵工程学院副院长（副军级），1990年6月任南京通信学院副院长，1993年授少将军衔，1994年6月任石家庄陆军参谋学院副院长。在学习期间被评为优秀学员，并在工作中立三等功3次。

【姚汉信】 （1947— ）定兴县姚家庄村人。1965年12月应征入伍，中共党员。1969年8月任21军61师183团工营部书记，1973年3月至1974年3月在中央民警干校刑侦技术系学习，1982年6月任兰州军区政治部保卫部部长、政治部党委委员，1995年被聘为甘肃省公安厅首批刑侦专家，2002年2月任甘肃省军区副司令员，2002年12月至2008年2月任甘肃省第九届政协常委。2004年6月被授予陆军少将军衔。

【张启华】 （1952— ）定兴县贤寓镇陈村人。1970年12月应征入伍，

张启华

1971 年 12 月加入中国共产党。研究生学历，少将军衔。入伍以来，先后任总政第 187 部队战士、副排长，80411 部队连长、作训股营长，80302 部队司令部作训处副处长，80407 部队参谋长，第二炮兵指挥学院训练部部长，96151 部队参谋长、副司令员。2007 年 4 月任第二炮兵党委常委、装备部部长、党委书记。多次参加全军重大任务，立二等功 1 次、三等功 6 次。

四、英模篇

【曹兰芝】 （1897—1974）女，定兴县易上村人。1938年八路军到易上村开展抗日工作，经常住在曹兰芝家，她家便成了抗日军政干部的“堡垒户”。1942年9月的一天，县武功队长朱博黑带领4名战士住在她家，翌日拂晓，日伪军数百人突然包围了易上村，挨家挨户地搜查，曹兰芝急中生智，紧闭院门，把朱博黑卷进一领苇席里，用玉米秸把4名战士掩盖起来。敌人进院后，曹兰芝沉着镇静，巧妙应付，使5名同志安全脱险。1943年8月的一天夜晚，朱博黑率领队员住在曹兰芝家，次日上午敌人包围了该村，曹兰芝让他们藏在后院仓库里，躲过了日军的搜捕。

“拥军模范”碑　杨成武题

1944年麦收时，曹兰芝的儿子耿瑞吉从军分区集训队结业回到家中，晚上又有几名武工队员来到她家。次日上午，伪保安大队长卢化南带日伪百余人扑进村抢粮抓劳工。曹兰芝得知后，催促同志们下了地道，但是儿子耿瑞吉被敌人抓住，并从他身上搜到两颗手榴弹，随即用绳子捆起来。耿瑞吉深知难以逃脱，当他走到村中一口井边时，突然纵身跳入井中牺牲。事后，曹兰芝毅然送次子耿瑞建参加抗日队伍。

曹兰芝在艰苦的战争岁月里，掩护了很多革命同志，深受人们尊敬，人称“耿大娘”。曾出席晋察冀边区群英会，晋察冀军区司令员聂荣臻亲授“爱国拥军模范”称号。中华人民共和国成立后，曾任县政府委员、县政协委员、县妇联委员，河北省第一、二届人大代表，政协河北省第一、二届委员会委员，省妇联委员等职。1974年10月11日病逝，享年78岁。1993年杨成武将军亲笔为其题词“拥军模范”。

【张绍堂】　（1900—1942）化名刘济民，字汝钦，曾用名张稚生。定兴县张里村人。1927年毕业于定兴县师范讲习所，后任容城县北张村小学教师。1930年4月参加阴一刚等发起的革命文艺研究会，1931年4月26日加入中国共产党。1937年抗日战争全面爆发后，化名刘济民，任容城三区区长，组织起青救会、儿童团、妇救会，组织群众挖交通沟，坚壁清野，实行二五减租，优待抗属等，受到群众的爱戴和拥护。1941年在全县民主选举中，被选为容城县抗日民主县长。他认真执行中国共产党的各项政策，统一粮款征收制度，发动青年参军参战，掀起支援抗日前线参军热潮。因环境恶化，他改任容定新兴霸第一联合县政府粮食局局长，经常冒着生命危险到各村征收粮款支援抗战。1942年8月，他奉县委指示，到定兴平汉铁路路东恢复和重建抗日民主根据地。同年10月到容城三区开展抗日工作，在西江村被日伪军包围，突围时壮烈牺牲。

【何泽民】　（1900—1942）原名何恩波，曾用名何剑平。定兴县南店村人。幼读私塾，1924年定兴师范讲习所毕业。1925年在定兴城内模范小学教书。1930年在县建设局当技术员。1933年加入反帝大同盟，同年加入中国共产党。1935年2月被国民党当局抓捕，以“危害民国”罪判刑两年半，关入北平（今北京）第二监狱。1937年抗日战争全面爆发后不久，何泽民获释。同年投奔华北民众抗日救国军，曾先后任冀中军区三支队（后改称五支队）除奸科副科长。1941年任晋察冀军区后勤部政治部主任。1942年12月，在阜平县柏崖战斗中牺牲。

【王效尧】 （1903—1942）学名王永年，曾用名王占熬、王静宇，定兴县究室村人。1930年在定兴县财政局当文牍员。1933年8月经张琴南介绍加入反帝大同盟，并任反帝大同盟定兴县委宣传委员，后经冷楚介绍加入中国共产党。同年10月参与领导反福泰盐店的斗争。1935年2月被国民党当局以“危害民国”罪判刑两年半，关入北平第二监狱。抗日战争爆发后被营救出狱。1937年8月参加华北民众抗日救国军，曾任晋察冀军区三支队政治宣传科长，《曙光报》编辑，后任五支队一团宣传干事、一分区宣传干事。1942年8月，在行唐县陈庄行军途中遭敌机轰炸，不幸中弹牺牲。1983年7月1日，被追认为革命烈士。

【王士荣】 （1905—1946）化名苏爱，字跃先。定兴县南旺村人。1921年在本村小学任教。1933年8月参加反帝大同盟，同年加入中国共产党，以小学教员身份为掩护进行革命活动。年底参加了定兴反福泰盐店舞弊的斗争，组织青年学生游行示威并取得胜利。他利用暑假回家宣传党的主张，发动农民同土豪劣绅作斗争。1937年抗日战争全面爆发后赴延安，被分配到八路军总部特务团三营十连当战士。1938年入抗日军政大学学习。1939年分配到晋察冀军区二军第十九团直属队任指导员。1942年调二分区任除奸科干事。

1946年1月调任定襄县大队副政委。同年7月国民党发动内战，定襄县大队与阎锡山部队在定襄境内作战，在北林木、南王、崔家庄等村给敌人以沉重打击。同年12月，定襄县大队在西力村重创敌人，阎军调集千余人伺机反扑。定襄县大队在李家庄休整，拂晓被围。激战后，他和警卫员赵会良与大队失去联系，在大凹口附近以土洞为掩护与敌对峙，最后拉响仅剩的一枚手榴弹，与敌人同归于尽。

【张彭年】 （1908—1938）革命烈士。原名张鹏年，字薇星，笔名笨牛，定兴县固城镇国兴村人。1925年，上海五卅运动波及华北大地，正在保定直隶省立第二师范学校读书的张彭年，积极参加声援活动。不久加入共产主义青年团，年底加入中国共产党。1929年9月，保定二师校长秦万瑞克扣学生伙食费，解散进步学生团体，张彭年等广大同学与之针锋相对，奋起斗争，取得了胜利。1932 年春，张彭年在保定积极投入抗日救亡学生运动，他组织演讲会、印传单、写标语，开展各种形式的抗日宣传活动。1933 年 6 月，冯玉祥、吉鸿昌在张家口建立察哈尔民众抗日同盟军。张彭年毅然离开家乡，投奔抗日同盟军，在政治部做宣传工作。曾任《民众》编辑部战地记者，写下了一篇篇感人肺腑的战地通讯。抗日战争爆发后，他对母亲和妻子说："国难当头，匹夫有责，我张彭年，宁做战死鬼，决不当亡国奴!"1938 年初，党中央为争取改造孙殿英打着抗日旗号组建的"冀察游击队"，任命张彭年为该大队政训室主任。他经常深入各中队，宣传抗日民族统一战线政策，激发士兵的民族爱国觉悟。率部在沁北县城郊准备抗击日寇，后被反动分子杀害，年仅 30 岁。

【赵建庵】 （1908—1941）原名赵守乾。曲阳县城东大街人。童年家境贫寒，1925 年考入保定大中职业学校，因参加反对反动校长的学潮，后转交通中学学习。1926 年回乡任高门镇小学教员、校长。1928 年创办"城厢临时平民学校"并任校董事。1937 年 10 月，被八路军派到唐县开展抗日活动，组织成立战地武装动员会，任唐县一区（大洋区）区长。1938 年 5 月任定北县县佐。1939 年指挥京汉铁路望都至新乐段 120 余里交通破袭战，被誉为"敌工大王"。1940 年加入中国共产党，同年 5 月起任晋察冀三专署机关秘书室敌工秘书、秘书主任、敌工科科长等职，后到易县龙华、蔚县、定兴敌占区开展抗日工作。

1941 年初，赵建庵率工作团 20 余人，在定兴县敌占区张家庄、南大牛、南旺、西幸等村发动群众抗日。2 月中旬的一天，工作团在北幸村召开抗日群众大会，会后，被日伪步、骑兵 200 余人包围在屋内。赵建庵与工作团顽强抵抗，直至弹尽。敌人在房顶及四周堆积起柴草，洒上汽油，放火烧毁房屋。赵建庵与 3 名战友壮烈牺牲。赵建庵牺牲后，三专区党政军各界人士百余人在易县松山村为其召开追悼大会，专员陈一凡致悼词，将其灵柩安葬在松山村半山坡上，后移葬在曲阳县城。

【于江】 （1914—1940）原名于镇华，又名于铁生。河北沧县人。1933 年考入天津商职学校，1935 年"一二·九"运动时成为天津学生运动的骨干。翌年，加入中华抗日解放先锋队，后经刘济光介绍加入中国共产党。由于天津白色恐怖日益加剧，党组织号召学生到农民当中去开展抗日宣传工作。于江到天津北郊小仓附近农村开办了一个小学班，专门吸收贫苦子弟入学，借机开展抗日宣传。

1937 年抗日战争全面爆发后，天津各校被迫停课，大批学生流亡各地。于江随同学先后到济南、合肥等地开展抗日救亡工作，同年 9 月到达南京，随同学到国民党当局请愿。日军进攻上海后，于江投奔延安，入抗大第四期学习。学习期间有幸聆听毛泽东主席讲课。毛泽东还在于江的笔记本上题字："碰了钉子时，就向钉子学习，问题就解决了。"

1938 年 9 月底，于江进中央党校学习。1939 年 2 月，被分配到晋察冀边区一地委，先到涞源县任农会主任，不久调任定兴县农会主任。于江到定兴后，很快成立了中共定兴县工作委员会和一批农村基层组织。1940 年 3 月 2 日，原一分区五支队司令赵玉昆叛变投敌，县内局势严重恶化。当时，于江和警卫员王炳文、李嘉银正在易上村开展抗日工作，尚不知赵玉昆叛变。3 月 11 日被赵玉昆抓捕，杀害在仓巨村北。

【聂顺田】　(1916—1991）定兴县尤旺村人。小学文化。1938 年参加进步组织，宣传抗日。组织进步青年成立"同心会"，并任会长。1940 年加入中国共产党，1942 年同心会改为"抗联会"，任主任。1946 年 8 月任定兴县第七区行政秘书。1947 年 3 月调定兴县工商行政管理局工作，10 月任定兴县独立营交通站站长，12 月任独立营三连文化教员。1948 年 3 月任定兴县敌工部外勤干事，12 月调华北军区联络处工作，北京和平解放后任第四野战军 42 军 115 师宣传科干事。1949 年 5 月转业到新城县城关区任行政秘书。1991 年 11 月病逝，享年 76 岁。

【陈忠】　(1918—1976）定兴县西相盖村人。1938 年 7 月参加革命工作，历任村武装大队队长，定兴县三区区长，徐定县、定易涞县抗日民主政府二区区长等职。

在抗日战争的艰苦岁月里，他出生入死，不畏艰难，出色地完成了党交给的各项光荣任务。1941 年夏，县武工队成立，朱博黑任队长。他随朱博黑等同志一起，发动群众，狠狠打击叛徒赵玉昆及其特务组织。先后镇压了南章村何华清、贤寓村李洛登等汉奸特务；带领武工队员经常袭击大任、富位一带炮楼。1942 年 9 月的一天，陈忠在易上村开展抗日活动，翌日拂晓，日伪军数百人突然包围了易上村，挨家挨户搜查，他急中生智，沉着冷静，终于安全脱险。1943 年春，陈忠同志假扮一个拾粪的人到定兴城内了解敌情，被日军发现，他机智勇猛，打死了几个日本鬼子，撤回边区。他的英雄事迹得到了上级的表扬，并刊登在《察哈尔日报》上。

在解放战争期间，陈忠同志响应党的号召，继续配合大部队工作，抓特务，除汉奸，破坏敌人的交通线。1948 年，中国人民解放军解放石家庄，上级分配给三区的任务是配合大部队阻击华北剿共总司令傅作义的部队，增援石家庄。陈忠带领队员夜晚摸进敌人的防线，炸毁了通过定兴的北河铁路大桥，切断了敌人的交通线，为我军顺利解放石家庄做出了重要贡献。

中华人民共和国成立后，他全身心投入社会主义建设事业，默默无闻，任劳任怨，积劳成疾，于 1976 年病逝，享年 59 岁。

【梁卫三】 （1919—?）定兴人。1937 年 11 月入伍，1939 年 11 月加入中国共产党。抗日战争时期曾任五台支队 1 大队排长。1943 年 5 月，在山西省繁峙县魏家庄村伏击战斗中，他机智果断，用手榴弹炸死日军机枪手，缴获敌轻机枪 1 挺，身负重伤，仍坚持不下火线，继续战斗。共消灭伪军 100 多人、日军 12 人，取得伏击战的胜利。晋察冀三分区授予他“二级战斗英雄”荣誉称号。

【陈昆】 （1920—1946）原名田占祥。定兴南大牛村人。1940 年协助八路军地下交通员古建标转送情报、购买食盐药品等物资。1941 年春，因汉奸告密，被日伪军吊在村中大槐树上毒打拷问，直打得遍体鳞伤，昏死过去。后经武工队转移到后方养伤。1941 年夏伤愈后，加入中国共产党。受组织派遣，回村任保长、中共村支部书记。从此，南大牛成了八路军的堡垒村。在其掩护下，一分区司令员杨成武多次在村中召开会议。1944 年秋，陈昆任定易涞县二区敌工委员、区武委会主任。白天仍以保长身份深入敌人据点和附近村庄侦察敌情，夜晚带领民兵配合县区干部去炮楼前喊话，敦促敌伪人员弃暗投明。抗日战争胜利后，陈昆于 1945 年 9 月任沽源县二区武委会主任。1946 年 10 月 13 日在小榆树林沟剿匪战斗中，为掩护部队突围英勇牺牲。

【孙生禄】 （1928—1952）定兴县坊上村人。抗美援朝战斗英雄。1945

孙生禄

年8月参加八路军，1947年4月加入中国共产党。历任战士、通信员、文书、文化教员、飞行员、飞行中队长等职。在抗美援朝空战中，作战勇敢，多次舍身救战友。1952年他和战友马连玉、王海等参加了大同江、鸭绿江上的空战，在清川江上空与敌作战中，他领导的中队共击落击伤敌机12架，其中他个人击落敌机6架、击伤1架，为保护战友的安全壮烈牺牲，年仅24岁。被誉为“空中突击手”。1952年12月中国人民志愿军总部追记他特等功，并授予他特等功臣、一级战斗英雄称号。孙生禄所在的中队被授予“英雄中队”锦旗一面，并记集体一等功一次。同时，朝鲜民主主义人民共和国授予孙生禄“一级国旗勋章”称号。

五、军政篇

【张培林】 （1934— ）定兴县中连村人。1949 年 8 月参加工作，曾在定兴任小学教师，县干部业余学校专职干部。1956 年被选送到中国人民大学学习，1963 年毕业。先后在北京工商管理专科学校、北京工业大学马列主义教研室任教。1975 年 10 月任邯郸冶金矿山建设指挥部党委宣传部科长、部长。1983 年 7 月任中共邯郸市常委、宣传部长，中共邯郸市委副书记。1986 年 4 月任中共河北省委宣传部副部长。1989 年 11 月任河北省文化厅厅长、党组书记。曾主编《河北十年改革文集——先进人物卷》《河北十年改革文集——先进典型卷》。与他人合著《毛泽东的独特创造》《中共党史研究评述》等。

【杨伯亚】 （1935— ）定兴县城内一街人。1951 年 2 月定兴师范毕业，任固城完小教师，同年 9 月保送涿县师范学习。1954 年 7 月分配到河北省荣军速成中学任教。1956 年 8 月加入中国共产党，调任河北省直属机关党委会马列主义教研室教师、宣传部干事。1956 年 9 月调任河北省委宣传部理论干事。1971 年底调任中共河北省委党校马列主义教研室教师、副主任、政治经济学教研室主任。1983 年 11 月任中共河北省委党校副校长、常务副校长等职。著有《政治经济讲座》《新编政治经济学》《县经济发展概论》等。

【孙健】 （1936—1997）定兴县西里村人。1958 年 12 月加入中国共产党。1951—1969 年在天津内燃机厂先后任班组长、工段长、团委书记、武装部长、政治部主任、党委副书记、书记、厂长，曾多次被评为先进工作者、优秀共产党员和天津市劳动模范。1970 年在天津第一机械局任革命委员会副主任。1972 年任天津市经委副主任。1973 年任中共天津市委书记、天津市革命委员

孙健

会副主任。1975 年在第四届全国人民代表大会上，经国务院总理周恩来提名选举为国务院副总理。1978 年任中国机械工业供销华北公司总经济师、机电部总经理。1997 年 11 月在天津病逝，享年 61 岁。生前爱好书法，其作品曾在中国文联、中国书协、天津文联共同举办的天津书法艺术节百名企业家、百名公仆、百名将军“三百”展中获奖。

【张树魁】　（1936—　）定兴县龙华村人。1959 年加入中国共产党。1964 年清华大学毕业。1964 年在北京 774 厂任车间副主任。1970 年调贵州，在 873 厂任车间主任、总工程师。1980 年调贵州都匀 4433 厂任总工程师、厂长。1984 年先后调任四机部贵州管理局副局长、中国振华电子工业公司副总经理。1985 年任贵州省委常委、常务副省长兼省体改委主任、省科协主席、电子工业部副部长等职。

张树魁

张玉梅

【张玉梅】　（1945—2011）女，1945 年 3 月出生，1965 年 7 月入伍。定兴县长安城村人。1984 年成为我国空军第一位女飞行员，中国第一位也是唯一的女试飞员。历任飞行学员、飞行员、中队长、副大队长、试飞员等职。曾荣立二等功 12 次、三等功 2 次，完成了 6 个机型、553 个架次的科研试飞任务，安全飞行 3124 小时，先后出色完成了森林灭火、人工降雨、抢险救灾、科研试飞、新机出厂试飞和定型试飞等任务。中国共产党第十次全国代表大会代表。1987 年被总政评为“全军先进妇女”，并出席“全军妇女先进集体和先进个人表彰大会”。1994 年被评为西安市首届“巾帼十杰”和“三八红旗手”。在30年飞行生涯中曾受到毛泽东主席、周恩来总理亲切接见；被空军授予一级飞行员、航空工业总公司授予特级飞行员。

【张春富】 (1945—) 定兴县古桑村人。1970年中国人民大学毕业。1982年11月任涿县县委书记，1984年6月任保定地委副书记，1987年任河北省新闻出版局局长，1991年12月任中共邢台地委书记，1993年7月任中共邢台市委书记，1994年11月任河北省司法厅厅长等职。中共第十四次全国人大代表。

【范福春】 (1948—) 定兴县老里村人。1982年起任北京一轻局办公室副主任、体制改革办公室主任，1987年任中国康华发展总公司业务部一处主任经理，1989年任中华全国工商联经济部处长、副部长，1993年任中国证券监督管理委员会上市公司部主任，1997年任中国证券监督管理委员会副主席、党组成员，2000年7月任中国证券监督管理委员会副主席、党委委员，2002年7月兼任纪委书记，2003年11月任中国证券监督管理委员会副主席、党委副书记。

【卞晋平】 (1953—) 定兴县章村人。中共党员。1970年5月参加工作，研究生学历，法学硕士。现任全国政协文史和学习委员会驻会副主任。兼任中国统一战线理论研究会副会长、中国人民政协理论研究会副会长、中国科学社会主义学会副会长、中央社会主义学院兼职教授、北京社会主义学院兼职教授、中国新闻工作者协会第五届理事会特邀理事。在各级刊物上发表论文100余篇，主要著作有《笔耕拾漏集——人民政协理论与实践问题探讨》，主持或参与编写《当代中国的人民政协》等专著10余部。

【王宝弟】 (1953—) 定兴人。中共党员，研究员，研究生学历。历任天津化工厂党委副书记、副厂长，天津市化工局党委副书记、书记、副董事长，天津市化学工业总公司党委书记、副董事长，天津渤海化工集团公司党委书记、副董事长、总经理，天津渤海化工（集团）股份有限公司副董事长、董事长、总经理，天津渤海化工集团公司党委书记、董事长、管委会主任，中国石油和化学工业协会副会长。2009年3月任中共天津市西青区区委书记，2010年1月任天津市人大常委会副主任、中共天津市西青区区委书记等职。

于春生

【于春生】 （1961— ）定兴县西刘庄村人。1982年12月加入中国共产党，1979年11月参加工作。中央党校在职研究生学历（中央党校研究生院法学专业），硕士学位。曾任北京市朝阳区人民检察院党组成员、副检察长、反贪污贿赂局局长，北京市人民检察院第二分院党组成员、副检察长，北京市人民检察院党组成员、反贪污贿赂局局长，中共北京市纪委副书记。2009年10月，任中央纪委第四纪检监察室主任。2012年10月任监察部副部长兼中央纪委第四纪检监察室主任。2015年3月任广西壮族自治区区委常委、纪委书记，第十八届中央纪委委员。

李进军

【李进军】 （1967— ）定兴县杨庄村人。现为中国人民解放军北京军区政治部战友歌舞团口技演员。先后师从刘文志、刘化吉、赵连甲等著名曲艺表演艺术家，形成了惟妙惟肖、幽默诙谐的艺术风格，每年下部队慰问演出百余场次。多次参加国家的重大外事演出任务，为党和国家领导人及美国、俄罗斯、秘鲁、南非等外国来宾演出，受到一致好评。1999年获北京军区战友文艺特别奖，2000年化妆相声《急于求成》获第八届全国人口文化奖一等奖。被评为“为兵服务标兵”，荣立三等功一次。

【姜云燕】 （1976— ）女，定兴县李郁庄乡杨各庄村人。解放军第十八医院传染科护士长。扎根高原，累计为7000多名病人进行了护理，出色完成了各种任务。先后荣立一等功、二等功各一次，荣获第三十九届“南丁格尔奖”、兰州军区“巾帼建功先进个人”以及“全国三八红旗手”等称号，是党的十七大代表，被誉为喀喇昆仑山上的“生命女神”，受到了时任中共中央总书记胡锦涛的接见。

六、书画篇

定兴文化源远流长，早在夏商时期，从定兴考古发现的陶器上就刻有钟鼎文字。至秦时，王次仲隐居范阳，把篆、籀之体始变成隶书，开创了中国书法史上一种新的书风；南北朝时期，位于定兴的义慈惠石柱“颂文”，字体隽美，既有隶书的蚕头燕尾，又有魏碑的遒劲端庄，还有楷书的笔意灵秀，集隶书、魏碑、楷书为一体，是中国书法从汉隶到魏碑再到楷书转化的重要的实物见证，弥足珍贵。

本篇以时间为顺序，汇集了定兴古今书画方面的知名人士。这里有古来将相的书法墨迹，有定兴部分知县、进士的题词匾额，以及客居定兴的名流贤达，如秦代的王次仲，晋代的卢谌，唐代的卢鸿，元代的张珪，明代的鹿善继、蔡梦齐，清代的张椝、鹿传霖，民国初年的徐世昌、华士奎等，从古至今，一脉相承。特别是 20 世纪 30 年代以前，定兴的书画事业非常繁荣。以定兴城内慈云阁为中心，在定兴鹿宅（鹿传霖院）、徐宅（徐坊院）、郭宅（郭葆昌院）、“瑞兴”商栈、“同兴”典当行内聚集了鹿浔理、徐坊、徐世昌、郭葆昌、华士奎、潘龄皋、吴德镇、陈云浩、张寿岩等许多社会名流，他们以文会友，相互切磋，推动了定兴书画事业的进一步发展。1949 年中华人民共和国成立以来，特别是 1978 年改革开放以来，定兴书画创作方兴未艾，涌现出大批书画人才。张虎，当代著名书法家，曾任中国书法家协会副秘书长、《中国艺术报》社长，作品多次参加国内外书法大展；李文新，著名篆刻家，曾为芬兰前总统吉科宁、日本前首相田中角荣等篆刻印章；梁梦龙，其指墨书法独树一帜，1991—1995 年先后在承德避暑山庄、北京中国革命博物馆举办指墨元曲书画展；孙占祥，著名画家，善写意花鸟，尤以画牡丹、雄鹰、葡萄等见长，等等。每逢元旦、春节等重大节日，县文联都会组织书画家开展不同形式的书画联谊会、笔会、书画展等活动，丰富群众的文化生活。

【王次仲】 北魏郦道元《水经注》记载：秦王次仲，隐居范阳，把篆籀之体始变成隶书。秦始皇诏之不至，命使臣用槛车把他载来，次仲忽然化作一只大鸟，翻然出车飞向天空。意思是说，秦时王次仲不满秦始皇暴政，逃到燕国，隐居范阳（今定兴固城），苦练书法，将篆籀之体合在一起，始创隶书，成为中国书法史上一种新的字体，流传至今。

【卢谌】 （284—350）范阳人。卢植五世孙，东晋文学家、书法家。攻读老庄哲学，善诗文，也工书。《北史》卷二十一说：卢谌与清河崔悦博艺齐名，学书取法钟繇和卫瓘，并共同学习索靖草书，尽得其妙。所撰《祭法》《庄子注》及文集十卷，已散失。卢谌传其子卢偃，卢偃又传子卢邈，世不替业，皆有书名。

【卢藏用】 字子潜，范阳人。举进士不第，乃隐居终南山，广泛结交权贵以邀时名。长安（701—704）中征拜左拾遗，仕至御史中丞、修文馆学士。开元初卒。卢氏有书名，张怀瓘《书断》列其隶（楷）、行、草为能品。传世有隶书长安二年（702）《纪信碑》、景云元年（710）《苏瑰碑》，颇具时风而格调不凡。

【卢鸿】 又名卢鸿一。字颢然，又字浩然。生卒年不详，公元720年前后在世。唐代诗人、书法家、山水画家。原籍范阳，徙居洛阳。善画山水树木，有平远之趣。笔意奇特，清气袭人，与王维相仿。《草堂十老图》为其传世之作，构图丰满，造型严谨，人物生动，意境独特。

【卢弘宣】 字子章，范阳人。唐元和年间（806—820）进士，开成三年（838）迁京兆尹、刑部侍郎、东川节度使。会昌五年（845）改任义武节度使、历工部尚书，封固安县伯，以太子少傅退休，享年77岁。赠右仆射，善书法，工篆书，著有《家祭仪》。

【张珪】 （1264—1327）字公端，号澹庵。元大臣。易州定兴（今定兴县河内村）人。元蒙古汉军都元帅张弘范之子。历任江淮行枢密使、浙西廉访使、中书平章政事、集贤大学士等职。右上图是张珪为隋代展子虔《游春图》

卷题的跋。该书法字体隽秀，一气呵成，既有汉隶笔法，又有颜筋柳骨笔意，章法有度，喻意深邃，充分描写了江南二月桃杏争艳时人们游春的场景。该卷为历代鉴赏家珍藏，它经宋徽宗题签后，被南宋奸相贾似道收藏。宋亡后，元成宗之姐鲁国长公主得到此画，命冯子振、赵严、张珪等文人赋诗卷后。此诗正是在这种背景下，张珪看后题写的，是难得的一件元代书法墨宝。

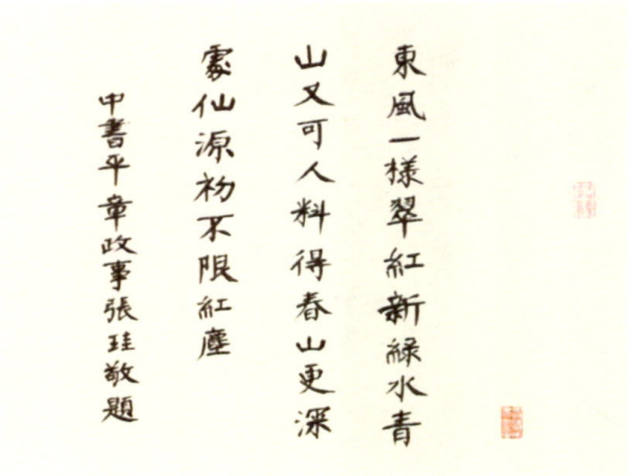

张珪书法

【洛贞】 明正统九年（1444）任定兴县知县。明正统年间为定兴县姚村镇重修护国观音寺赐匾“善泽均霑”。该牌匾长 2 米，宽 1 米，悬挂在护国观音寺（今姚村小学）大门上端。牌匾四个大字中间刻有一枚方形印，字体已破坏，右边竖行刻有“定兴县姚村阖镇诸位先生善行”，左边竖行刻有“……□盛会檐聪万善”字样，左边框落款处被人为毁掉，只看出“贞”字。比照清同治四年（1865）定兴知县德成为城内清真寺题写的“遵训无差”牌匾，字体中间也有一方形印象，刻有“定兴正堂”等规制，此牌匾应为定兴知县所题。查定兴明代定兴知县，所题者应为洛贞。该牌匾字体端庄、雄厚，笔力遒劲，具有颜体风格。它记载了明代重修护国观音寺后，定兴姚村合镇时的一次善行活动，具有很高的书法、史料价值。

洛贞题写牌匾

杨继盛书法对联

【杨继盛】 (1516—1557)字仲芳，号椒山，明嘉靖进士，容城县人。早年就学于定兴东江村永传寺，工诗善文，脍炙人口的联句“铁肩担道义，辣手著文章”即出自杨氏之手，后人李大钊改成“铁肩担道义，妙手著文章”以为座右铭。继盛科举出身，楷书功夫极扎实，尤精于小楷，法“二王”，尤见献之《十三行》笔意。《自书年谱》秀劲虽不见颜真卿法，但儒雅绝俗中英气慑人，不可逼视。后世多重其人，实书法亦可光照后世。有《请罢马市疏》《请诛贼臣疏》《自书年谱》及多种书件传世。今镇江博物馆藏其《谪所诗文稿墨迹》，亦为其一生精绝之作，书风之古淡，可与明书法家董其昌相媲美。

【蔡梦齐】 字觉我，定兴县辛木村人。明万历二十年（1592）进士，明天启初（1622 年前后）三为县令，以山西屯留之任功绩最著，以素不重视官吏考核调任莱阳同知。善书法，知任乡里，邻村北城庙的建立与其有关。明时在辛木村建有宅邸，房屋前墙体上刻有“崇本楼”、明万历四十一年（1613）蔡梦齐书丹和“忠孝世家之楼”。蔡家坟在辛木村南，这里埋葬着蔡梦齐和其哥哥蔡应齐等先人的遗体，旧时林木茂盛，有众多石像生。1966 年“文革”至今，破坏殆尽。

蔡梦齐故居 1983 年摄

蔡梦齐题写匾额　明万历四十一年（1613）

【鹿善继】　（1575—1636）明官员，字伯顺，定兴县西江村人。万历四十一年（1613）进士，授户部主事，天启元年（1621）改兵部职方主事。崇祯九年（1636），清兵攻破定兴县城，城陷而死。著有《鹿忠节文稿》《认真草》等。其书法字体流传至今的很少，此帖来自其所著的《无欲斋诗钞》，是其为老亲丈写的家书，行草体，字体潇洒、有力，浑然一体。

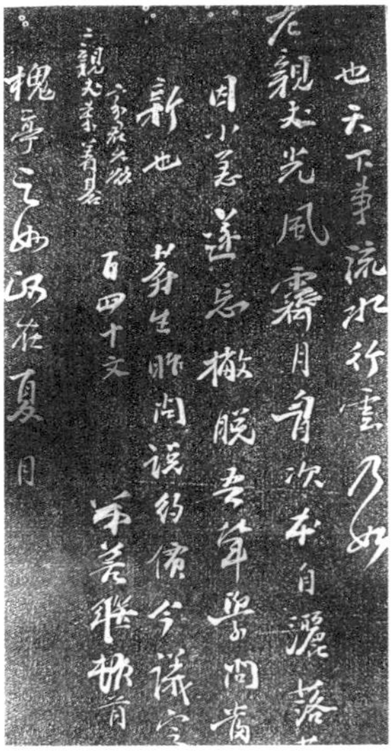

鹿善继墨迹

【鹿化麟】　（1593—1637）字仁卿，号怡云。庠生，明天启元年（1621）解元，累征不就，以长子鹿尽心任山西平阳府安邑县知县，入乡贤祠。此帖系明崇祯九年（1636）清兵攻陷定兴县城，其父鹿善继死后，鹿化麟上书崇祯皇帝的帖子。崇祯皇帝下旨，谥“忠节”，赠大理寺卿。崇祯十年（1637）四月，鹿化麟奉旨在定兴县城东南隅建鹿忠节公祠。该帖记载了明末清初清兵攻打定兴，鹿善继保卫定兴县城英勇牺牲的史实，有重要的史料价值。

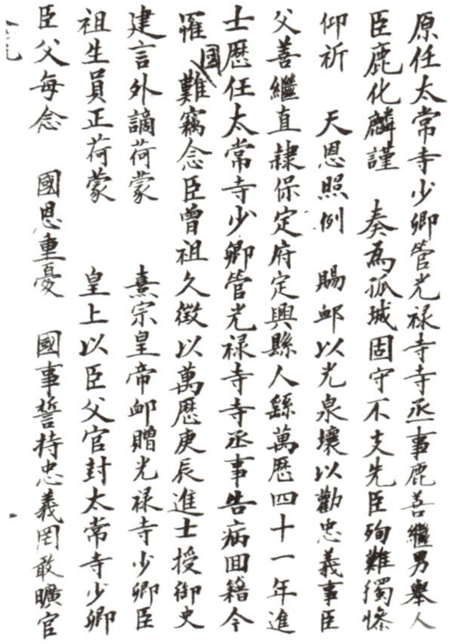
原任太常寺少卿管光禄寺寺丞事鹿善繼男舉人
臣鹿化麟謹 奏為孤城固守不支先臣殉難獨條
仰祈 天恩照例 賜卹以光泉壤以勸忠義事臣
父善繼直隸保定府定興縣人繇萬歷四十一年進
士歷任太常寺少卿管光禄寺寺丞事告病回籍今
遭國難竊念臣曾祖久徵以萬歷庚辰進士授御史
建言外謫荷蒙 熹宗皇帝卹贈光禄寺少卿臣
祖生員正荷蒙 皇上以臣父官封太常寺少卿
臣父每念 國恩重憂 國事誓持忠義罔敢曠官

鹿化麟书法

“喜鹊登梅” 王余佑画

【王余佑】 （1615—1684）字申之，号介祺，别号五公山人。先世为小兴州人，宓姓，明初迁到新城，改王姓。入清，侍父避居易州五公山双峰村，后定居河间府献县。自幼聪慧，师从于定兴鹿善继、容城孙奇逢、定兴杜越，著有《居诸编》10 卷、《诸葛八阵图》1 卷、《万胜车图说》1 卷、《河间府志》等书籍。此画画于清顺治三年（1646），长 120 厘米，宽 45 厘米，画的主要内容是“喜鹊登梅”。该画构图新颖，笔意流畅，喜鹊在梅花枝干上向天鸣叫，神态自得，活灵活现。梅花枝干遒劲有力，梅花设色巧妙，疏密有度。落款丙戌秋日，是指清顺治三年（1646）秋天。五公山人，是王余祐的别号。

此画旧时在定兴馆藏，距今已有300余年的历史，是难得一见的珍品。

【范士杭】 定兴县相盖村人。清康熙年间画家，明末清初文学家范士楫的堂弟。范士杭从小随范士楫在京城读书，喜欢绘画。清康熙十一年（1672）秋与门生苗天培（定兴人）受范士楫相托绘制定兴八景图。其中“督亢春晴”“金台夕照”“河阳晚渡”“百楼耸翠”四景由范士杭绘制；“长安晓月”“易水秋风”“巽阁笼烟”“北海孤亭”四景由苗天培绘制。“定兴八景”图笔法细腻，构图巧妙，师生二人技法相似，体现了清初的绘画风格，向我们展示了清康熙年间定兴优美的画卷。“定兴八景”图已收入清康熙十二年（1673）《定兴县志》中，流传至今。

【张檠】 （1812—?）原名祚枝，字小蓬，号圆腹道人。直隶定兴（今定兴城内一街）人。清代著名画家。是清末民初画家张寿岩的祖父，官至山东武定同知，工篆隶，放情诗酒，余事作花鸟，亦能山水。《中国美术家人名词典》列有辞条。现有作品陈列在北京荣宝斋和山东济南博物馆，被国家文物局限定为作品不能出口的画家之一。

张檠画

【德成】 正白旗，满州桂祥佐邻下人，都察院笔帖式，清同治三年（1864）正月任定兴县知县、候选知府。清同治四年（1865）八月为定兴城内清真寺题写匾额“遵训无差”。匾额中间刻有“定兴正堂”方印。字体从颜入手，笔力遒劲，端庄隽丽。清真寺位于定兴城内三街，是定兴县最大的回民居住区，民国七年（1918）重修。现匾额悬挂在清真寺大殿中央。

清定兴知县德成书写匾额　清同治四年（1865）

【鹿传霖】 （1836—1910）字滋轩，定兴县西江村人。清同治元年（1862）进士，历任广西兴安知县、桂林知府、河南巡抚、陕西巡抚、四川总督、军机大臣、工部尚书、吏部尚书等职。曾督办集修清光绪十六年（1890）

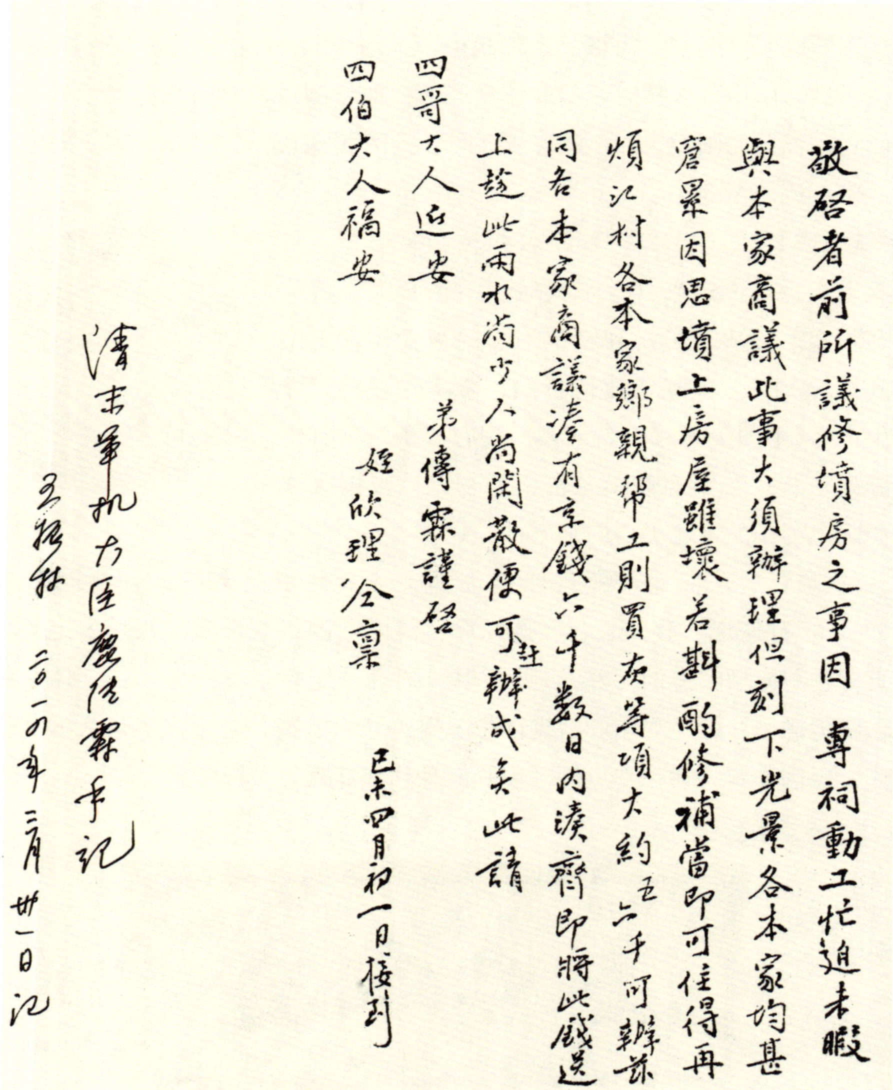
敬启者前所議修墳房之事因 專祠動工忙迫未暇
與本家商議此事大須辦理但刻下光景各本家均甚
窘累因思墳上房屋雖壞若斟酌修補當即可住得再
煩汇村各本家鄉親帮工則買灰等項大約五六千可辦訖
同合本家商議湊有京錢六千數日內湊齊即將此錢送
上趁此雨水尚少人尚閑散便可赶辦成矣此請
四哥大人近安
弟傳霖謹啓
四伯大人福安
姪欣理仝稟
己未四月初一日接到
清末軍机大臣鹿傳霖手記
二〇一〇年三月卅一日記

鹿传霖书法 清咸丰九年（1859）

《定兴县志》，光绪二十一年（1895）任四川总督时创立四川中西学堂，创立文学堂及算学馆，大兴教育。著有《砚斋书集》，善书法，留有大量墨迹，此为《鹿传霖日记》部分手札。

【沈曾植】　（1850—1922）字子培，号巽斋、乙盦，晚号寐叟。浙江嘉兴人。光绪六年（1880）进士。学识渊博，博古通今，学贯中西，誉称“中国大儒”。历任总理衙门章京等职。书法由帖入碑，取法广泛，熔汉隶、北碑章草为一炉，个性强烈，影响了于右任、马一浮等一大批书法家，为书法艺术的发展做出了突出贡献。清光绪十三年（1887），定兴义慈惠石柱被碑工李云从发现，欲拓石柱文字，村民不从，鹿乔笙（字瀛理）说服村民，募拓碑文，并将其中一份交给沈曾植。沈曾植为石柱题跋，录在了清光绪十六年（1890）《定兴县志》上，石柱文字资料逐渐被人熟知。

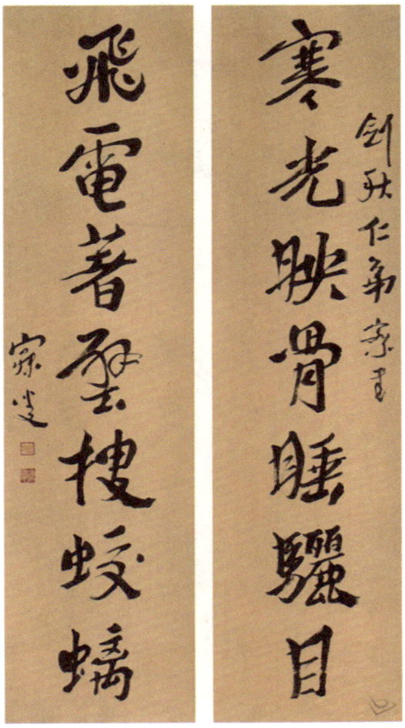

沈曾植书法

【徐世昌】　（1855—1939）字卜五，号菊人，又号弢斋、东海、涛斋、水竹邨人。直隶（今河北）天津人。清举人、进士。自袁世凯小站练兵时就为袁世凯的谋士，并为盟友，一文一武，互为同道。1905年曾任清军机大臣，1916年为国务卿，1918年10月被选为民国大总统。1922年辞去总统职务后，多次拒绝日本人的劝诱不供伪职，退出政界，于天津“退耕堂”过隐逸生活。著有《退耕堂政书》《东三省政略》等书。书画作品颇有声誉，曾在国内外多地展出。徐世昌早年曾寄居定兴鹿宅、徐宅，在定兴生活、工作过多年，留有墨迹。

徐世昌

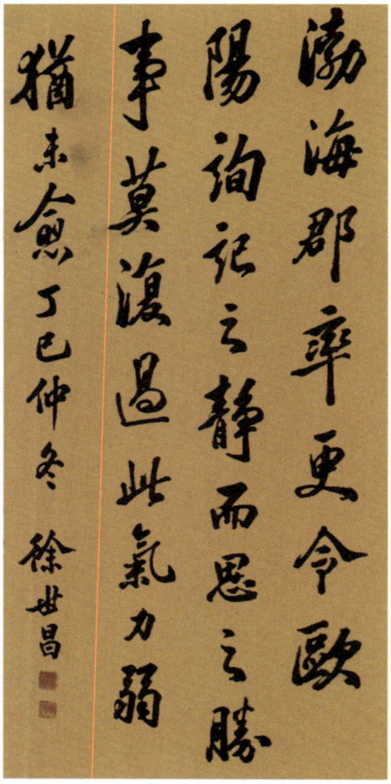

徐世昌书法

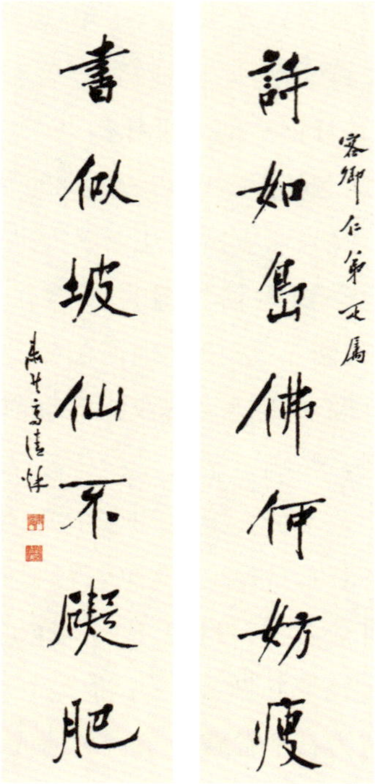

高清秋书法

【高清秋】 （1860—1933）字素然。定兴县高家庄人。秀才出身，自学医术，知识渊博，善于钻研，医术高明，医德高尚。曾在涿州开设保和堂药铺行医。以擅长内科、妇科而闻名遐迩。安新、雄县、徐水、易县、涞水等地慕名前来就诊者络绎不绝。民国十六年（1927）曾应张作霖之邀去东北为其六妾治病。他亲手配制的丹、散、丸、膏多有神效。其善书法，笔力遒劲，享誉四方。

【华士奎】 （1864—1942）字启臣，号壁臣、恩闇。祖籍江苏无锡。著名书法家，曾在北洋政府任职。16 岁中秀才，29 岁中举人。1911 年辛亥革命后，以省亲为名，返回天津，以卖字为生，是天津“八大家”之一。曾客居定兴城内，其女与定兴鹿氏名门为亲。真、草、隶、篆诸体，无有不精。而最能代表其书法风格的是楷书作品，走笔取颜字之骨，骨力开张，功力甚厚。

华士奎

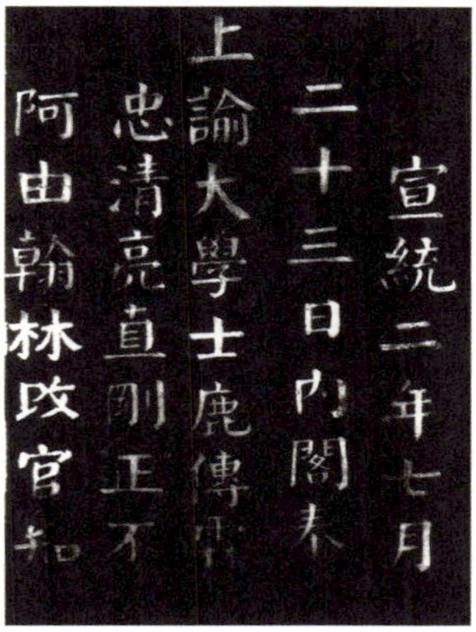

华士奎书法拓片

【徐坊】 (1864—1916)字士言，号梧生。清代官员，著名藏书家。山东临清人，后定居河北定兴。出身官宦世家，为宣统户部主事。光绪二十六年(1900)，八国联军入侵北京，两宫西逃，徐坊追随而去。光绪二十七年(1901)以尚书荣庆推荐，越级擢升国子丞，后为宣统皇帝的老师。卒后为正一品封典，晋赠太子少保衔，谥“忠勤”，国史馆为其立传。定兴城内有其宅院，人称“徐宅”。徐宅题有著名书法家华士奎等人书写的“藏书楼”“大学士第”等匾额，现已毁，遗址尚存。死后葬在定兴南关，其墓志铭由晚清重臣陈宝琛、民国总统徐世昌等撰写，已佚。

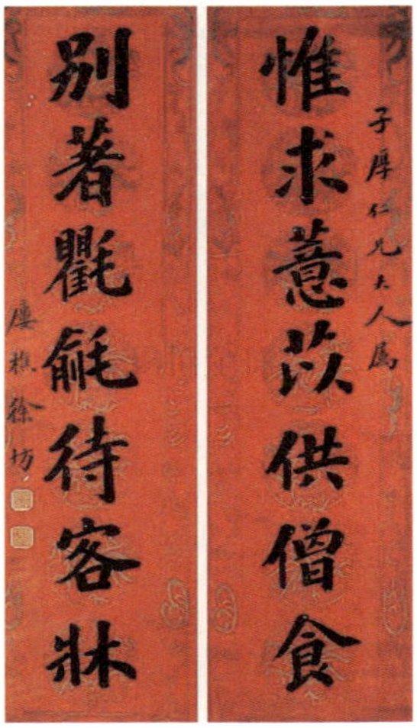

徐坊书法对联

【鹿福世】 (1864—1930)字益占、行一、增生。定兴县西江村人。清光绪二十三年(1897)拔贡，光绪三十年(1904)举人，拣选知县，授文林郎。早年随曾叔祖鹿传霖赴陕川谋事。光绪十五年(1889)到全县各村调查文物资源，参与清光绪十六年(1890)《定兴县志·金石志》的编纂等工作，撰写了许多有关鹿氏家族的文章，为后人研究鹿氏文化提供了大量的史料。其书法初学欧体，后学颜体，由楷入手，字迹端庄，遒劲有力。

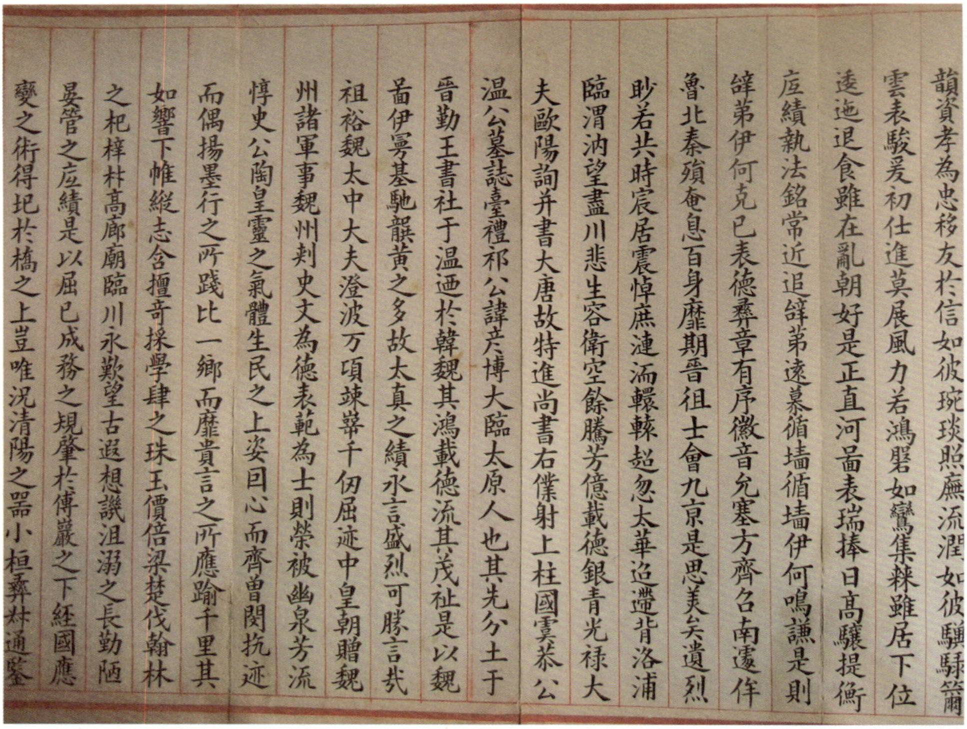

鹿福世书法

张文焕书法对联

【张文焕】 （1865—1933）字子静。定兴县东落堡村人。清光绪十六年（1890）进士，曾任工部主事。清廷退位后返回故里。清宣统二年（1910），清末军机大臣鹿传霖去世后，曾作为乡绅奏表朝廷，建议对鹿传霖予以表彰。善书法，曾写对联：“即事想多梅蕊句，劝农曾入杏花村。”

【张寿岩】 （1867—?）字第恩。定兴城内一街人。清末民国时期画家，清代著名画家张槃之孙。善花鸟，声名享誉北京、天津等地。民国年间曾在北京、保定等地售画。民国十九年（1930），他将出售的书画作品所得捐出，用于定兴四个城门楼的修缮工程。

张寿岩画

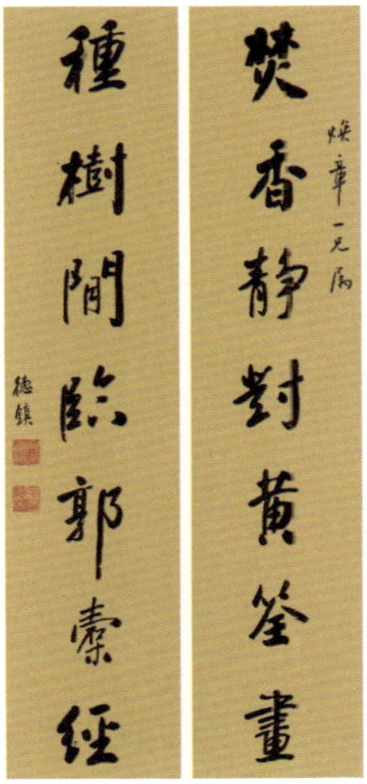

吴德镇书法对联

【吴德镇】　（1873—1930）字清藩，号寅升。清翰林进士、封疆大吏。直隶新城（今河北高碑店）人。光绪三十年（1904）甲辰恩科进士，殿试位列第二甲第四十六名。散馆授编修。民国年间，历任山东政务厅佥事、察哈尔兴和道尹、察哈尔政务厅长等职。与定兴究室王氏家族有联姻，是究室王氏家族王新洲的舅舅。清末民国年间活跃在定兴书坛，与后来民国总统徐世昌、宣统皇帝的老师徐坊、进士张文焕等经常在定兴城内慈云阁旁的鹿宅、徐宅交流书画艺术，为清末民初定兴书画艺术的发展起到了推动作用。

【郭葆昌】　（1879—1942）名世五。定兴城内三街人。著名收藏家。下图所展示的是郭葆昌为元代画家邹复雷画的《春消息图卷》作的跋。该画作于元至正二十年（1360），画中所绘梅花干苍枝劲，花朵繁密。卷尾有元杨维桢、顾宴跋。该画还有清高宗弘历诗题，清卞永誉、安岐，清乾隆、嘉庆内府，晚清缪素筠，近现代郭葆昌、金城等鉴藏印，为邹复雷唯一的传世画作。该跋字体清秀，笔力遒劲，气韵深厚，一气呵成，是作者于民国十四年（1925）秋天的有感之作。《春消息图卷》现藏于美国弗里尔美术馆。

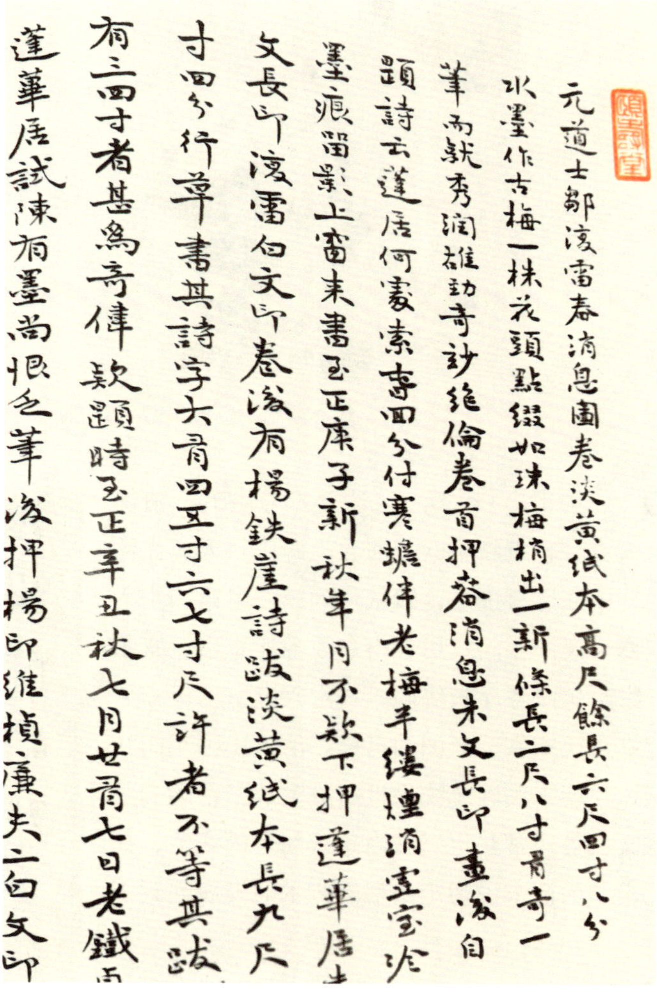

郭葆昌书法

《春消息图卷》（部分）　（元）邹复雷画

【刘树人】　民国十九年（1930）国民政府时期定兴县县长。下面的书法墨迹是刘树人为《定兴县乡治章程汇编》一书题写的书名。字体从颜入手，具有明董其昌馆阁体风格，端庄隽美，印有方形篆书“定兴县印”“刘树人”字样。

刘树人

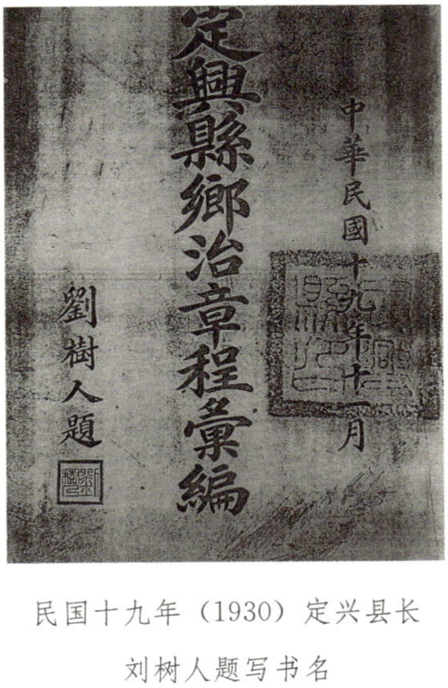

民国十九年（1930）定兴县长
刘树人题写书名

【王金璧】　民国二十五年（1936）国民政府时期定兴县县长。此书法作品是为悼念天津赵朗亭先生逝世的题词。题目是“朗翁老伯大人像赞”。该书法字体清秀，章法有序，有魏隶风格，气韵贯通，是难得的书法墨迹。

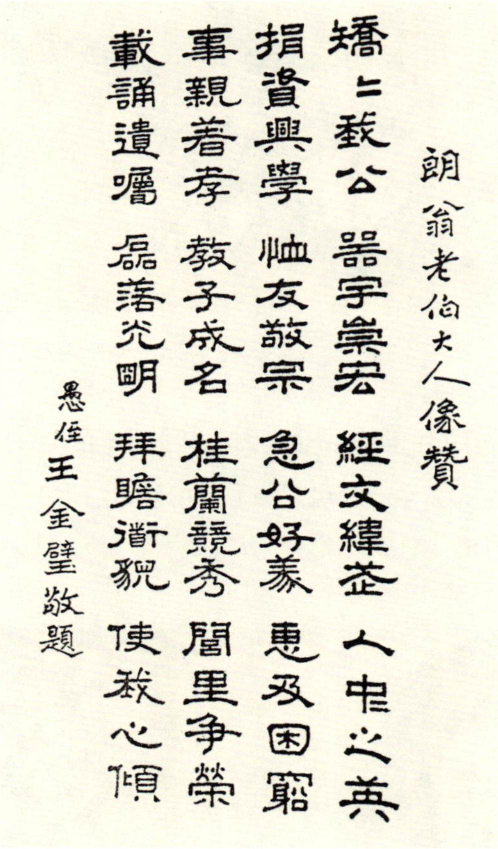

民国二十五年（1936）定兴县长王金璧
悼念天津赵朗亭先生题词

【鹿冠世】 （1892—1966）字冕廷。定兴县西江村人。民国年间定兴县教育局局长。其前任是民国十九年（1930）定兴县教育局局长韩卓云。民国二十二年（1933）11 月定兴鹿氏家族后裔鹿笃周去世后，鹿冕廷率刘爽亭、孙乾一、赵冲霄等乡绅 20 人为其送匾，并题写“仁术堪钦”四个大字。鹿笃周，字恪亭，生于清光绪四年（1878），卒于民国二十二年（1933），享年 56 岁。该书法笔力遒劲，一气呵成，是典型的张裕钊体。

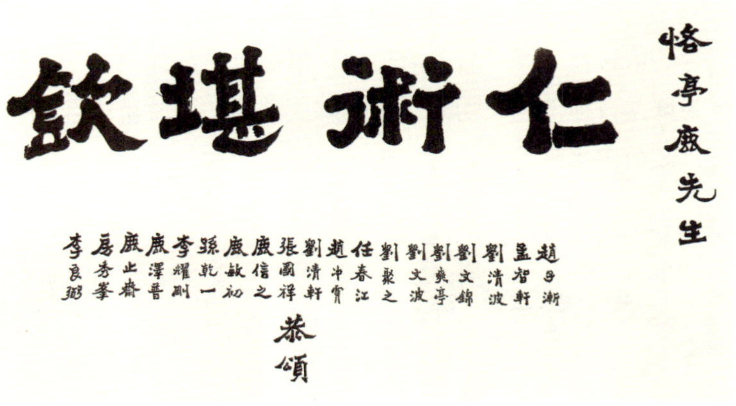

鹿冠世书法

【梁瑞五】 （1896—1965）字云卿，号去非。定兴县石柱村人。书法家。著名书法家华士奎弟子。初临赵之谦、钱南园等帖，后入颜真卿体，他一生书写的碑帖、中堂、对子等不下千件，但留下的墨迹很少，其中北京的“南池子”就是他的字体。现石柱村还保留着他于民国二十五年（1936）撰写的修建义慈惠石柱保护亭的石碑。图中对联是他为其岳母所书的寿联。

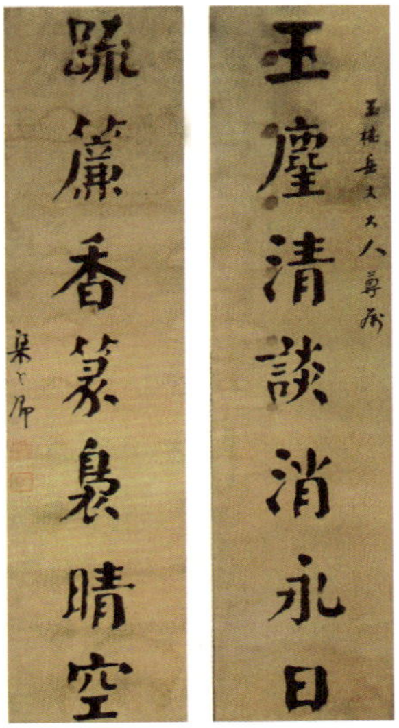

梁瑞五书法对联

【张珍甫】 （1908—1990）定兴城内二街人。北京辅仁大学毕业。自幼酷爱书法艺术，以柳体入门，后改习魏碑，形成自己的风格。与当代著名书法家启功先生为姻亲，他们相互切磋，交流书法技艺。张珍甫生前为河北省书法家协会会员，政协定兴县委员，曾多次参加国家、省、市展览并获奖。

张珍甫

张珍甫书法

【张子春】 （1928— ）名启高，号来一，笔号石龙。定兴县固城人。国家一级画师，中国老年书画研究会理事，中国指画研究会常务副会长。其作品多次参加国家、省、市画展。1982 年、1983 年在保定莲池、北京紫竹院两次举办个人画展。1984—1985 年应邀东渡日本，在东京、名古屋等地举办指墨画展并进行艺术交流。日本《读卖新闻》等报纸及电视台都做了专题评价报道。1987 年指画《王维诗意》应邀参加首届中国艺术节，并被选入《纪念册》。1989 年又在北京中国画研究院举办个人画展，《白梅》为该院收藏。1990 年应天安门管理处之邀作指墨，《戏梅》巨屏为该处收藏和陈展。

张子春

张子春画

【李文新】 （1931—2012）字石夫，著名书法篆刻家。定兴县李八营村人。中国书法协会会员、北京书法家协会常务理事、东方书画社副社长。自幼爱好书法篆刻，12 岁拜书法家魏长青为师。在北京和平门外琉璃厂“萃文阁”执教数十年。在金石篆刻方面，取法秦汉，擅长急就印、铁线篆印。他的篆书、隶书也受到爱好者的好评。曾多次赴日、法、美等国访问，传播书法篆刻艺术。其作品曾在美国、法国、荷兰、新加坡、日本、韩国等国展出。

李文新

李文新书法

【梁梦龙】 （1931—2000）定兴县石柱村人。书法家梁瑞五之子。曾任中国指墨研究会理事、中国老年书画家协会会员、中国书法艺术研究院教授。

梁梦龙

1943年考入北平艺专。1949年从事教育工作，曾任中国书画函授大学定兴分校教师。1982年出版《河北金石》《中小学生书法教学》两书。1991年出版《梁梦龙书“西厢”百韵》一书。1991年10月在北京劳动人民文化宫举办个人书法展，著名书法家沈鹏题写展标，著名书法家高占祥、张虎等题词。1995年10月在北京中国革命博物馆举办元曲指墨书画展，高占祥题词，国内外知名人士500余人参加。1997年其作品参加“香港回归书画展”。1999年国际老人节，他将耗时七年创作完成的共三万多字的指墨长卷《三代领导论文艺》（长500米，宽64厘米）献给祖国五十周年大庆。数十年来多次受到上级表彰，获奖状30个、奖章2枚、证书14个。举办个人书画展8次，集体书画展（省级以上）16次。《人民日报》《中国妇女报》《河北日报》等十几家新闻媒体对其进行过报道。

梁梦龙书法

梁梦龙书法

【古今生】　（1935—　）定兴县张家庄村人。中华老人文化交流促进会执行会长。做过小学教师，当过机关干部。爱好文艺、书画，提笔几十年，至今仍运笔不辍。先后担任中国老年书画研究会副会长兼秘书长、中国社团研究会常务理事、《澳门神州画报》社长、澳门《中华企业与文化》名誉社长、深圳东方医院名誉院长及北京工笔重彩画会顾问等职。多年来组织义演、义画等社会活动几百次，受到人们的赞誉。

【翟品善】 (1938—) 定兴人。清华大学建筑专业毕业，国家一级注册建筑师，享受国务院特殊津贴专家。现任中国文联书画艺术交流中心副主任。自幼喜欢绘画，考入清华大学后受教于油画、水墨画老师王乃壮、曾善庆，水彩画老师华宜玉、程果英，雕塑老师宋伯、郭德奄，向他们系统学习绘画技法和理论。后又拜山东著名书画家王君华先生为师，学习写意花鸟画及篆刻。其作品被日本等十几个国家的国际友人收藏。

花红人寿 翟品善画

【张虎】 (1941—) 著名书法家、作家。定兴县南营邱村人。曾任《北京日报》记者、编辑，《中国艺术报》社长兼总编，中国书法家协会常务理事、副秘书长，中国国际广播出版社顾问。曾获中国书法艺术特别贡献奖。自幼喜爱书法艺术，在书法创作上，博采众长，形成了自己独特的风格。他的大字气势磅礴，神韵夺人，行草潇洒随意。作品多次参加国内外书法大展，《人民日报》、中央电视台和北京电视台均做过专题介绍，日本《朝日新

张虎

闻》曾专派记者到北京采访并以显著位置介绍他的书法艺术。他曾为日本的议会代表团书写篆书“和为贵”，作品被收入《中日名家作品选》《中国现代画家作品集》《国际书法精品选》，还被日本、美国、英国、法国、瑞典、新加坡等国家收藏，并多次赴日本、新加坡、马来西亚讲学和做书法交流。张虎作为一名书法家，不只是文字上的书写，更注重字外功。他涉猎广泛，博学多才。他的小说和散文曾获得全国性的征文比赛优秀奖。有的作品被改编成电视剧或翻译成外文。出版了《西北风情》《休闲漫笔》《翕砚歌》等多部作品。

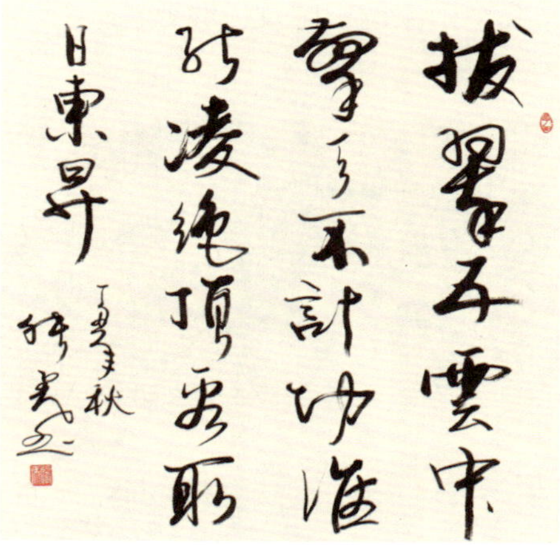

张虎书法

钝丁

【钝丁】 （1943— ）原名藏鹤龄，又名藏钦。生于天津，祖籍定兴县藏官营村。师承“湖社”李鹤筹（枕湖）老师学习恽南田、新罗山人画法；从梁崎（漱湖）老师学习八大山人、石涛画法。并私淑多家，如林良、吕纪、陈洪绶及扬州八家等。书法受教于天津龚望老师，研习两汉碑帖。楷书宗李北海、赵孟頫，兼蓄诸家名帖精华。款识有清人风致，龚望为其治印，取字钝丁。文学受教于文安纪端甫老师，造诣颇深。著有《三页书屋题画诗抄》一书。

钝丁集诗、书、画、印于一体，追古朴之风，酿书卷之韵，不屑物形于画面，但求素养蕴于其中。如唐朱景玄所说：“移神定质，轻墨落素，有象因之以立，无形因之以生。”其作品显现出一代文人之新风。

钝丁扇面画

【杜玉田】　（1943—　）字田人，号华蹊山人。定兴县仓巨村人。曾任中国书画家联谊会理事、中国书法研究会会员、中国书法艺术研究院特聘教授。

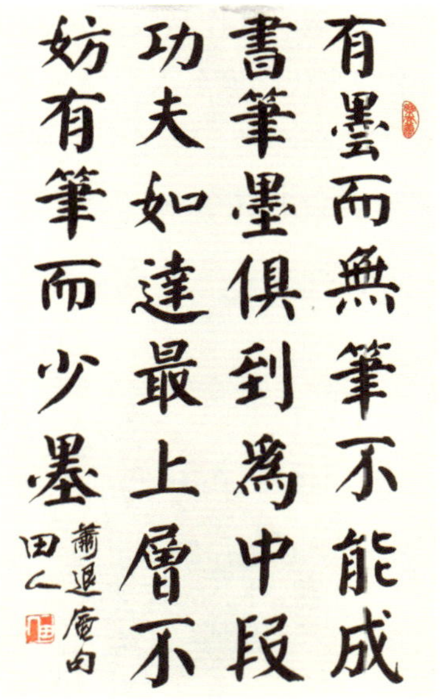

杜玉田书法

杜玉田出身于书法世家，自幼受到父兄的指点。学书从楷书入手，先学欧，以求其平，后学柳，以求其骨，最后专心颜书，以取其筋，贯之以气。遨游于唐碑晋帖之间，博采北魏晋唐诸家之长，几十年如一日，浸润于无际的艺海之中，全国各地的名胜古迹、古老店铺匾牌，都是他潜心研究的好教材。他不但能写一手挺拔秀丽的小楷、苍劲有力的草书，而且尤善颜体楷书，深受行家好评。日本书法家代表团团长斋藤良和先生在一次中日书法家联谊活动中对其作品的评价是："先生作字，骨气内含，拙朴厚重，气运生动。"日本著名书法家中岛司有先生的评价是："生动拙朴。"中国书法家协会副主席李铎先生的评价是："楷书很有功力。"1984 年以来，其作品在国内外大赛上多次获奖，参加过在日本、新加坡、香港等地举行的作品展。出版了《颜勤礼碑训练教程》《硬笔书法训练教程》等教材。

和芝圃

【和芝圃】 （1944— ）字云行。定兴县南章村人。自幼喜爱绘画，先后师从北京著名花鸟画家杨敏先生和著名写意大师、北京画院院长王雪涛先生。其工笔花鸟画构图简洁，清爽悦目，笔触细腻，色泽鲜艳，鲜而不火，艳而不俗，精巧秀雅，富有情趣。其写意花鸟画用笔奔放洒脱，沉着厚重，给人以结构严谨、意境高远之美感。其作品曾在美国哥伦比亚大学、佩斯大学等多处展出，还曾参加了美国华裔画家作品展及海内外知名画家邀请展等多次大展。1985 年在纽约联合国大厦举办了大型个人画展。其作品被编入《海内外知名画家画集》《中国百位书画名家影相集》《中国当代画家名人大辞典》等。现为美国国际文化艺术交流中心委员、中华名人协会会员、孔子中国画院名誉院长、中国诗书画研究会顾问、中国书画名人联合会理事等。

和芝圃画

【王家斌】 （1945— ）定兴县藏官营村人。擅长雕塑。1975 年毕业于天津美术学院并留校任教。曾任天津美术学院教务处处长、美术教育系主任、院长助理。作品《姑娘追》入选第五届全国美展，《律动》入选第八届全国美展。出版了《华夏五千年艺术·雕塑集》《画动物》等，1999 年为定兴设计县标——“盛世之星”。

王家斌画

孙占祥

【孙占祥】 （1949—2016）定兴县老里村人。定兴文联二级美术师。政协定兴县第八、九届常委，政协保定市第八届委员。中国艺术研究院特约画师、中华文化交流促进会国画部委员、河北省美术家协会会员、范阳书画院院长。幼承家学，师从著名画家乔文科、王志林。擅写意人物、花鸟，尤爱画梅花、牡丹、雄鹰、葡萄等。作品明艳灿烂中流露出一种清丽淡雅的气质。1984 年《新春雨后》参加河北青年画展。1985 年《双鹰图》参加由中国美协举办的优秀作品展。1989 年《硕实图》参加当代名人画展。1993 年《祖国万岁》参加河北省纪念毛主席诞辰 100 周年书画展。1996 年《国色天香》、1997 年《柏鹰图》由中华文化艺术交流促进会结集出版。1998 年 8 月，中央电视台为其播发艺术专访。2000 年《富贵图》在《中国文化报》上发表。2005 年书画集《太行雄鹰》由澳门晨辉出版社出版。2007 年《红高粱》入选《中国书画名家大典》。2009 年《腾飞》参加纪念中华人民共和国成立 60 周年书画展。2011 年《在太行山》应邀参加中、日、韩书画联展。2014 年 1 月，《当代中国

牡丹图 孙占祥画

书画名家——孙占祥》，由河北美术出版社出版。其多件作品被中国香港、台湾地区，以及韩国、菲律宾、新加坡等国家收藏。

【孙银生】 （1950— ）定兴人。原为长春电影制片厂电影美术师。擅长版画、水粉画、水彩画、油画。中国美术家协会会员、中国版画家协会会员、中国藏书票研究会会员、吉林省美术家协会理事、吉林电影家协会会员、国际版画研究会美国洛杉矶分会会长兼秘书长、吉林省美术家协会版画艺术委员会学术秘书、美国纽约国际版画研究会秘书长。作品曾多次参加全国性美术作品展览，并在日本、韩国、美国、新西兰、德国、加拿大、新加坡、马来西亚、荷兰、墨西哥等国家展出。

孙银生画

陈士奎

【陈士奎】 （1952— ）定兴县西江村人。国画家，国家一级美术师。历任河北省青联委员、河北省政协委员、河北省花鸟画研究会副会长兼秘书长等职。现为北京竹文化书画院院长。作品以花鸟画为主，兼画人物及山水，尤长墨竹，题材涉猎广泛，不拘一法，善于求变，风格清新质朴，理深墨润。他潜心向优秀的传统文化学习，从古今中外各门类艺术中汲取营养，力使作品达意而传神。其作品不论是笔墨淋漓的巨幅大写意还是盈尺小品及工笔草虫，都能体现出画家或豪放或严谨的多层面修养。几十年来他创作了大量的作品，被多家报刊发表，多次参加大型书画展并获奖，多幅作品被国内外博物馆收藏。先后在河北、江苏、山东、广东、台湾等地举办个人画展。出版有《陈士奎作品选》《陈士奎画集》等。

丽日清风　陈士奎画

【任东会】　（1963—　）号石公，斋名省心斋。定兴县肖村人。自幼学习书法，从唐楷入手，初习《颜勤礼碑》，打下了扎实的楷书功底。继学汉隶，遍临汉隶碑帖，尤对《曹全》《乙瑛》《张迁》《石门》用功最勤，并旁涉行草。之后上追三代金文，得力于《虢季子白

任东会

盘》，以行书笔意书写金文、汉隶，其线条质朴而富有意趣，浑厚而不失率真。1986 年始学篆刻，从汉印入手，上追战国玺印，后学晚清诸家，临摹作品近千方。书法作品曾入选“全国第二届书坛新人展”“全国第一届正书大展”“全国第二届楹联书法大展”。在“全国职工书法、美术、摄影展”中获铜奖。荣获“河北省职工美术、书法、摄影展”一等奖。书法篆刻作品多次在国内外报刊发表。现为中国书法家协会会员、河北省书法家协会主席团委员、中国石油书法家协会副秘书长、中国石油《四方印社》副社长等职。

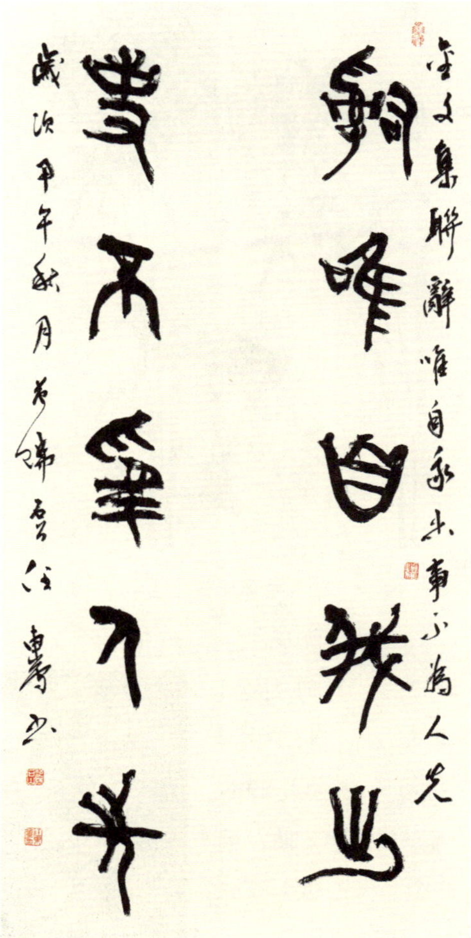

任东会书法

王嘉信

【王嘉信】 （1963— ）定兴县西江村人。毕业于河北师范大学美术系。2000年考入天津美术学院国画系研究生课程班，师从霍春阳、何家英、杨沛璋等老师。2006年进修于北京画院高研班莫晓松老师工作室。现为中国美术家协会会员、中国工笔画学会会员、河北美术家协会会员、保定幼儿师范高等专科学校美术教师。1998年作品《向日葵》获文化部第八届“群星奖”，1999年《向阳》获中国美协“鑫光杯”迎澳门回归全国中国画精品展铜奖，2000年《秋实》获中国美协“亚亨杯”全国书画精品大展优秀奖，2002年《金堂积雪》获全国第五届工笔大展优秀奖，2006年《冬日荷塘》入选全国第六届工笔大展，2007年《花间行》入选中国美协全国小幅工笔重彩作品展。

向日葵　王嘉信画

【康向阳】　（1963—　）满族，定兴县西江村人。现任文化部艺术服务中心辅导员、河北省群文协会会员、定兴县文化馆馆长、定兴县美协主席等。自幼酷爱美术，11 岁时为部队宣传队画幻灯片，14 岁随父转业到定兴，师从花鸟画家孙占祥先生。1979 年高中毕业分配到定兴县文化馆从事美术工作，得到全国著名水粉风景画家铁扬和国画人物画家梁岩两位老师的指点，主攻国画、人物和山水。1986 年宣传画《双手浇开幸福花》入选河北省“人口、家庭、绿化”为主题的美展，并获一等奖。1987 年水粉作品《春潭》、版画《血染的风采》和《南疆情》分别在河北省展出并获奖，同时在《杭州日报》《保定日报》上发表。1988 年参加河北省版画创作，国画《童年》和《远古的回忆》等作品在《保定日报》和《雁翎》上发表。1990 年国画《农家小院》参加了河北省民间美术展并获优秀作品奖。1991 年国画《藏女》在保定地区“雁翎杯”美术创作活动评比中获“优秀作品奖”。1994 年被抽调到山东烟台参与创建封神宫，负责插图、雕塑工作，历时一年，塑造了一大批生动的人物形象，被永久保存。1999 年国画《老屋》入选北京当代“艺苑杯”美术展并荣获一等奖。2002 年国画《太行秋色》被广州艺术品鉴定中心评为“最有潜力的收藏作品”。2005 年荣获河北省“文化之星人物”的称号。2008 年国画《大好河山》入选北京市迎奥运“百年梦想”画展并获国画类成年组金奖。2010 年人物画《护法罗汉》系列的 5 幅作品被台湾佛教协会收藏。

康向阳

康向阳画

【王振林】 （1965— ）定兴县究室村人。1998年至1999年在河北省书法家协会工作。现为中国书协学术委员会委员、河北省书法家协会会员、保定市书协理事、定兴县文联主席。在河北省书法家协会和《中国艺术报》社工作期间，其作品先后得到了当代著名书法家、中国书协副主席旭宇和中国书协副秘书长、《中国艺术报》社长张虎的亲自指点。书法幼学颜、柳，后取张旭、怀素精华，笔力遒劲，线条流畅，张弛有度，潇洒俊逸。1998年入选第四届中国书法新人新作展。2005年参加中国书协培训中心教学成果展并获金奖。题写了“傅庄儿”“东方之宝”等河北省著名商标。先后出版了全国文化先进县定兴丛书《范阳风》《义慈惠石柱 》《中国民间故事全书 河北·定兴卷》《黄金台》等书籍。其书法作品被北京、天津、台湾、香港等地收藏。

王振林 1984年4月摄

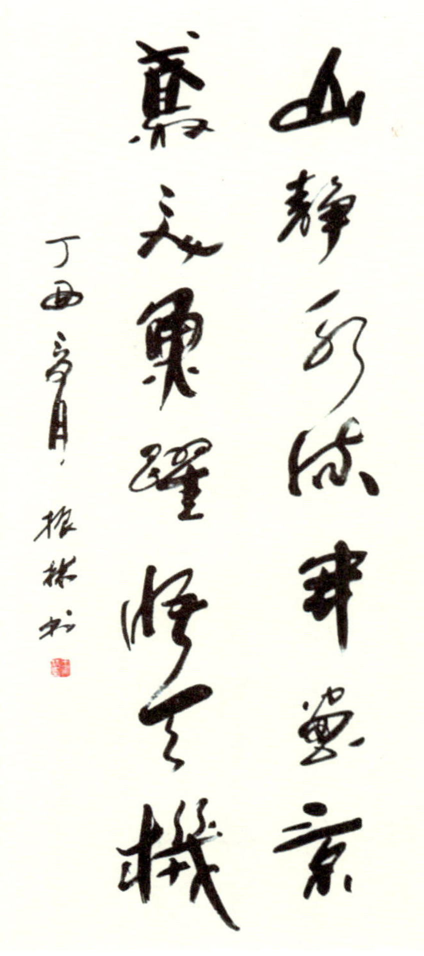

王振林书法

【卢进文】 （1965— ）逸趣斋主人。定兴县中陶沈村人。毕业于河北师范大学美术系，保定幼儿师范高等专科学校美术教师、副教授。现为中国书法家协会会员、人民艺术家协会常务理事、国际工艺美术师协会理事、金台书画院院长、定兴县书协主席。书法主攻楷书、行草。悉心临摹古代碑帖，书作力求清隽秀雅，洒脱自然。著名书法家张虎老师对其书法评

卢进文

价为："笔力遒劲，气韵生动。"作品多次参加全国大展并获奖。

2011年2月25日《中国公益》对卢进文书法做了专题介绍；2013年5月3日《光明日报》对卢进文书法做了专题评论；2013年12月31日四川宜宾旅游摄影网对卢进文书法展做了纪实报道；2013年7月卢进文书写的《心经》由保定市佛教协会会长真广法师作为保定市佛教协会礼品赠送给台湾佛光山寺，星云大师在卷尾题跋："般若智海"；2014年6月20日，中央电视台对卢进文书写的《心经》做了专题介绍；2015年1月15日，《羲之书画报》专版刊登了卢进文书法作品选。

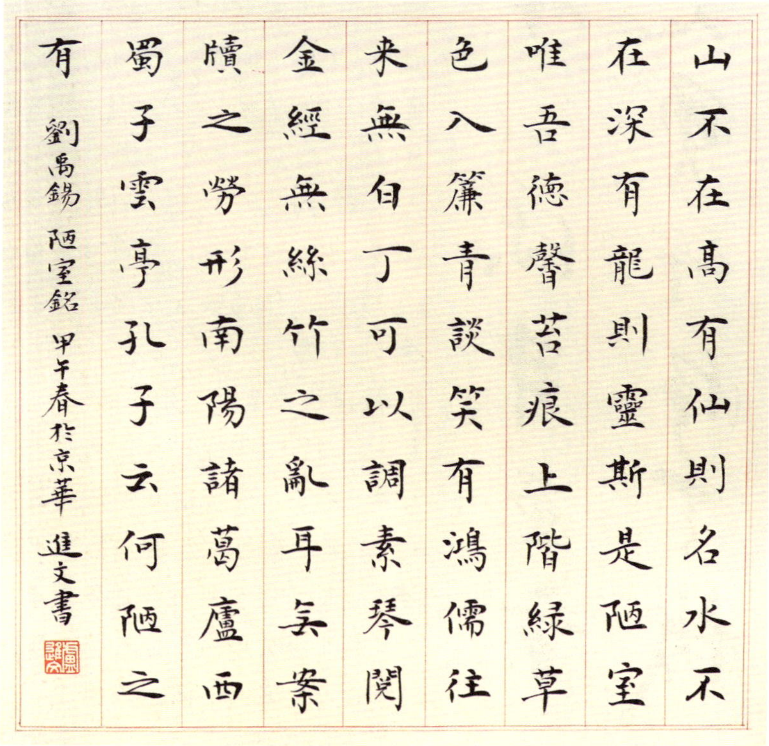

卢进文书法

【李金梅】 （1972— ）女，定兴人。现为北京市东城区美术家协会会员，河北省美术家协会会员。自幼喜爱书画，师从中国花鸟画研修院院长徐湛先生，著名画家、天津美术学院霍春阳、贾宝珉老师，后在清华大学美术学院、霍春阳花鸟画高级研修班学习。工楷隶，善花鸟，亦能山水。其书法作品笔力遒劲，墨韵深厚，潇洒自然；工笔画笔法细腻，精巧秀丽，情趣盎然；写意画用笔奔放，结构严谨，意境高远。多次参加国家、省、市展览并获奖。2009 年 9 月，在纪念孔子诞辰 2560 年书画大展中，作品《富贵牡丹》获金奖。2014 年 6 月，作品《清夏图》被北京市慈善基金会收藏。2016 年 9 月，作品《凌寒图》在北京市总工会举办的庆祝中华人民共和国成立 67 周年“祖国颂首都书画大展”中入展。

李金梅

硕果累累　李金梅画

孙永健

【孙永健】　（1973—　）又名湧兼、继明。祖籍河北涞水，客居定兴。曾任高碑店职中书法教师，就读于中国书法家协会培训中心胡立民导师工作室。现为中国楷书艺术研究院研究员、河北省书法家协会会员、保定市书法家协会理事、定兴县书法家协会副主席、高碑店市政协委员、高碑店市书法家协会理事、白沟新城书法家协会理事，河北保定四库广告有限公司总经理。作品多次参加国家、省、市书法展，2006 年 10 月获保定市首届文明生态村书画摄影展优秀奖；2008 年 8 月获中国书画研究院“风雅杯”书画展二等奖；2009 年 10 月获保定市第六届社区艺术节书法作品一等奖；2012 年 2 月入选河北“白沟新城杯”全国书法大展；2012 年 12 月获“善美保定”电视书法大赛中青组优秀奖；2013 年 9 月入选河北省首届楷书大展；2014 年 6 月组织中国书协培训中心胡立民导师工作室高碑店雅集等活动。

孙永健书法

【祖彦飞】　（1977—　）定兴县北章村人。1992 年学习书法，师从卢中南、李铎先生。2002年就读于中国美术学院书法系。2003年12月获中国美术学院一等奖学金。2005年9月获“全国第五届篆刻艺术展览”提名奖。2006年5月获第六届潘天寿奖学金。2006年7月毕业于中国美术学院书法系，获学士学位。2007年就读于中央美术学院中国画学院，师从著名书法家王镛先生。2008年获“全国第六届篆刻艺术展”三等奖。2009年成为北京印社社员。2010年7月获第十届硕士研究生毕业展优秀创作奖。2011年任教于中央美术学院中国画学院。2014年中央美术学院博士研究生毕业，工作至今。

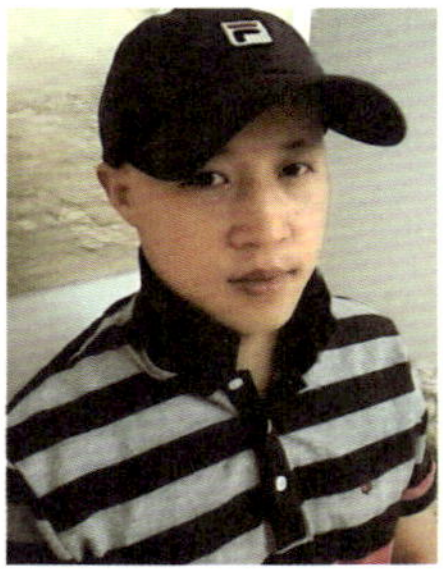

祖彦飞

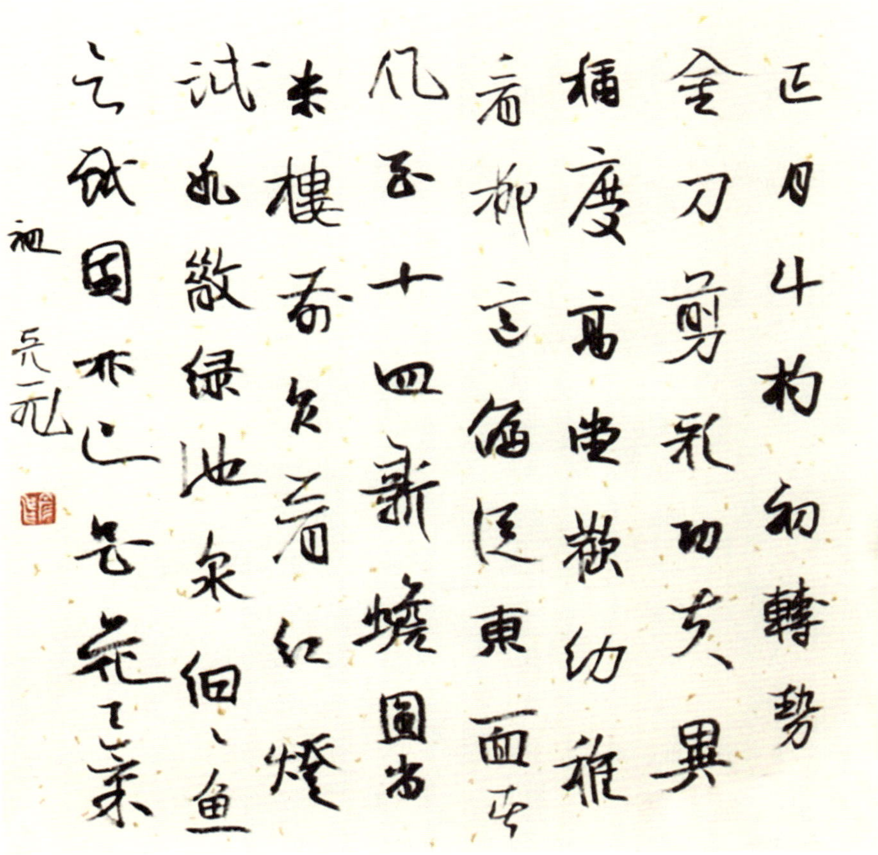

祖彦飞书法

附：

定兴县书画人士名录

姓名	性别	出生年月	类别	籍贯	备注
任忠	男	1937. 7	国画	长安城	县美协顾问
张岚	男	1942. 8	书法	北城	县书协顾问
杨树霖	男	1946. 2	书法	庞各庄	省书协会员
张杰	男	1947. 2	书法	祖村店	县书协理事
李洪祥	男	1948. 6	国画	杨家庄	省美协会员
张树林	男	1949. 6	书法	南旺	
蒋克学	男	1949. 10	书法	雄县	省书协会员
孙成彰	男	1951. 11	国画	内章	县美协顾问
杨才	男	1955. 4	书法	北关	县书协理事
李进博	女	1955. 7	国画	国兴	县美协理事
胡梦	男	1961. 2	国画	小牛	县美协副主席
刘更生	男	1962. 2	书法	南章	省书协会员
李贺	男	1963. 3	国画	后所营	县美协理事
李文何	男	1963. 7	书法	西章	省书协会员
温德贵	男	1963. 8	书法	东辛告	县书协理事
李志国	男	1963. 9	国画	易县	县美协副主席
董俭	男	1964. 7	书法	小北头	县书协理事
李灶	男	1965. 11	国画	满城	县美协副主席
梁文祥	男	1965. 11	国画	石柱	市美协会员
耿爱娟	女	1966. 10	国画	百楼	县美协理事
王春光	男	1966. 12	国画	陈村营	县美协副主席
鹿合起	男	1966. 12	书法	西江村	县书协理事
吕铁柱	男	1967. 8	书法	易上	省书协会员
杨安先	女	1967. 8	书法	易县	市书协会员
梁兴义	男	1967. 12	国画	南大牛	省美协会员
刘志赋	男	1968. 2	国画	西韩村	县美协理事

续表 1

姓名	性别	出生年月	类别	籍贯	备注
赵长雨	男	1968. 3	国画	南关	县美协副主席
冯国臣	男	1968. 6	国画	太平庄	县美协理事
韩振元	男	1968. 6	书法	张家庄	县书协理事
刘学华	女	1968. 10	国画	易上营	省美协会员
张春雪	男	1969. 2	国画	东韩村	县美协理事
焦立初	男	1969. 10	国画	韦家营	北京市美协会员
罗焕全	男	1969. 11	国画	西册	县美协理事
周会元	男	1970. 6	书法	周家庄	省书协会员
程寞然	男	1970. 9	国画	郝家庄	县美协理事
白雪鹏	男	1971. 5	国画	沟头	县美协理事
王树学	男	1971. 7	书法	古桑	市书协会员
付艳明	男	1973. 3	油画	东淘沈	县美协理事
张国良	男	1973. 4	国画	郝家庄	省美协会员
田卫东	男	1973. 12	书法	南大牛	市书协会员
侯春喜	男	1977. 12	书法	城内	市书协会员
王涛	男	1978. 11	书法	周家庄	市书协会员
李哲	男	1981. 2	国画	西靳	县美协副主席
卢淑娟	女	1984. 5	国画	中陶沈	县美协理事
高洪升	男	1987. 3	国画	常乐富	县美协理事
张子琛	男	1991. 6	书法	西晓村	县书协理事
王瀚	男	1992. 7	书法	河内	中国艺术研究院硕士研究生

七、范阳卢氏

范阳卢氏出自姜姓，齐国后裔，封地卢邑，受姓卢氏。公元前385年，田和伐齐，卢氏被逐赶，离开山东长清卢邑，散居于燕、秦二国之间，主要一支聚居于范阳，以范阳为郡望，后世遂成范阳人。范阳卢氏在秦始皇时，有大名鼎鼎的五经博士卢敖。西汉初期有燕王卢绾，东汉末有大儒卢植。魏、晋、南北朝和隋时，有卢植后裔卢志、卢谌、卢偃、卢邈、卢玄等人。从卢玄起至其曾孙，一家百口，共财同居，为官著名而被史传记载的就有18人。史上有四海大姓“崔、卢、王、谢”之说，“望出范阳，北州冠族”。至唐代尤为突出，有“初唐四杰”之一的卢照邻、“大历十才子”卢纶、“禅宗六祖”慧能等。自汉末至唐代600多年中，卢氏22人位居宰相，正史中有记载的卢氏历史名人达840人之多。清乾隆皇帝也写下“自古幽燕无双地，天下范阳第一州”的诗句。

范阳，古地名，始于周代，位于今天的定兴固城。因“范水”而得名，如同洛水之北称“洛阳”一样，范水之北称“范阳”。范水，在今定兴固城、阎台附近，是古时从范阳古城（今定兴固城）通往西北“燕下都”（今易县郎井）的一条运粮河。

定兴，夏属冀州、商属幽州、周属并州。春秋战国时为燕国地。秦嬴政二十一年（前226）始置范阳县，治所在今定兴固城。至此，定兴始有县名。历经西汉、东汉、三国、两晋、南北朝、隋、唐，定兴一直称范阳。千百年来，定兴一直是范阳的主体，范阳卢氏皆出本地。定兴旧志中也有许多范阳卢氏名人，诸如卢照邻、卢藏用、卢纶等。今将范阳卢氏独立成篇，是对范阳卢氏的一个总结，对范阳文化的歌咏，彰显定兴有着深厚的文化底蕴和丰富的文化内涵。

【卢敖】 （生卒年不详）即卢生，秦代博士，齐国（一说燕国）方士。曾为秦始皇寻求长生不老药，秦始皇赏赐甚厚，进为博士。后见秦始皇刚愎拒谏，专横失道，遂避难隐遁，居于故山（今诸城市区东南13公里处）。秦始皇大怒，下令搜捕，终因未得而作罢。故山后改名卢山，山前有卢山洞，内置卢敖像。

卢敖

卢绾

【卢绾】 （前256—前194）汉初诸侯王。沛丰邑（今属江苏）人。秦末随刘邦起义于沛县，入汉中为将军。楚汉战争时，官至太尉。后与刘贾击灭临江王共尉，又从刘邦破燕王臧荼，封燕王。汉高祖十一年（前196）赵相国陈豨叛乱，他派人前往联合，并与匈奴贵族勾结，事败，逃亡匈奴，匈奴单于以为东胡卢王，汉惠帝元年（前194）死于匈奴，享年63。

【卢植】 （？—192）东汉末年官吏、学者、政治家。字子干，范阳人。卢植少年时与郑玄（东汉著名经学家）共同事于马融，能通古今学问，好钻研精义而不拘守章句。灵帝建宁时，任博士。熹平四年（175），由于广才学，通文武，被任为九江太守，之后转庐江太守。后任议郎，与谏议大夫马日磾，议郎蔡邕、杨彪等共校中书《五经》传记，补续《汉记》。后来历任侍中、尚书。黄巾起义时，他任北中郎将，进攻广宗（今河北广宗），被张角击败。后因得罪董卓，被罢职。著有《尚书章句》《三礼解诂》，今已失传。

卢植

卢植在东汉末年名望甚高。他不但对经学深有研究，而且在政治和军事上均有建树。特别是董卓乱政时，他挺身而出，犯颜抗争。蜀汉昭烈帝刘备少时曾拜卢植为师。卢植死后，其子遵遗嘱用布单裹体，不用棺椁下葬。建安十二年（207），曹操北征柳城过范阳时云：“故北中郎将卢植，名著海内，学为儒宗，士之楷模，国之桢干。”卢植以儒学宗师、士人楷模、国家忠良著称于世。卢植家族也是人才辈出。从东汉至隋唐，历时数百年之久，以卢植为始开列22世，凡668人，有官爵者308人。有子卢毓（三国）、曾孙卢志（西晋）等22人出任宰相，又有卢钦（三国）、卢文伟（北齐）等一批文臣武将，还有卢谌（东晋）、卢照邻（唐）、卢纶（唐）等诗人、学者及一代高僧慧能（唐）等。卢植成为范阳卢氏的始祖。

【卢毓】　（？—257）字子家。三国魏范阳人，卢植子。东汉末，曹操为丞相，任他为法曹议令史，转西曹议令史。魏文帝时，历任黄门侍郎，济阴相，梁、谯二郡太守，又迁安平、广平太守，在任上都很有政声。明帝即位后，任侍中，擢升为礼部尚书。齐王时，被曹爽贬为廷尉、光禄勋。司马懿主政时复为吏部尚书，后迁司空。明帝命刘劭等增删《甲子科》（曹操所定法令），参酌《汉律》另订《新律》，他上书论古今科律之意，主张对于人才举荐，先举性行，而后言才。认为“才所以为善也，有才而不能为善，是才不中也”。迁司空，封容城侯。著有《九州人士论》一卷。

【卢钦】　（？—278）字子若。西晋范阳人，卢毓之子。出身于名门望族，淡泊名利有远见，笃志于经史，被魏大将军曹爽征为掾属，位至尚书郎。曹爽被杀后，他也被免官。司马懿为太傅时，出为阳平太守，迁淮北都督、伏波将军，有政绩。征拜散骑常侍、大司农，迁吏部尚书，进封大梁侯。晋武帝代魏后，任平南将军。入为尚书仆射，加侍中、奉车都尉，领吏部。卢钦荐举人才，能做到廉洁公平。逝后晋武帝下诏称颂，谥“元”。又因卢钦忠清高洁，不营产业，身死之后，家无一点资财，特赐钱50万。著诗赋数十篇，以《小道》最为出名。

【卢志】　（？—312）字子道。西晋范阳人，卢钦之侄。少年时即好学，朝夕唯焚香读书，曾对书盟誓：“誓与此君共老。”善书法，取法钟繇。初辟公府掾、尚书郎，出为邺令。司马颖镇守邺时，爱其才量，视为心腹，用为谋主。齐王司马冏起兵，遣使告颖。司马颖问计于卢志，卢志认为赵王无道，有篡逆之举，应该举兵讨伐他，为司马颖所采纳。朝廷封卢志为武强侯，加散骑常侍。西晋永嘉末年，转尚书。由于时局变乱，卢志携家北投并州（今太原）刺史刘琨，路上遇害。

【卢循】 （？—411）字于先，小名元龙。东晋范阳人，卢谌曾孙。东晋皇族会稽王司马道子及其子司马元显当政，横征暴敛，激起民众反抗。隆安三年（399），琅琊人孙恩借机起事，并以江南沿海岛屿为根据地，多次向江南八郡（今浙江、江苏一带）进攻。卢循为孙恩妹夫，参加了这场起义。元兴元年（402），孙恩率军进攻临海失败投水自杀后，卢循被推为义军领袖。元兴三年（404），卢循率军到达广州一带沿海，占番禺，派徐道覆乘胜攻占始兴（今广东韶关），自此岭南均为卢循所有，卢自称平南将军。义熙元年（405）自任广州刺史。义熙六年（410），取江陵（今湖北荆州）。义熙七年（411）于交州兵败，投水自杀。

【卢度世】 （418—471）字子迁。南北朝时期范阳人。幼年时聪明颖悟，有心计。北魏时为中书学生，应选东宫。后因为崔浩一事，弃官逃于高阳郑罴家，郑罴把他藏起来。使者囚禁郑罴长子，对其殴打。郑罴告诫儿子说："君子杀身以成仁，汝虽死勿言。"子遵父命，遂被拷打折磨致死，最终也没说什么。卢度世后来让弟弟娶了郑罴的妹妹，以报其恩。太武帝至长江，宋文帝刘义隆使其殿中将军黄延年朝贡。太武帝问延年："范阳卢度世坐与崔浩亲通，逃命江表，应已至彼?"延年回答："都下无闻，当必不至。"太武帝诏东宫赦卢度世宗族逃亡及抄没者。度世才又出世，拜中书侍郎，袭爵。北魏文成帝兴安初年（452），兼太常卿，立保太后父辽西献王庙，进爵为侯。后任散骑侍郎，使宋，应对宋侍中柳元景不当，回来后就被弹劾囚禁起来，一年后才被释放，任济州刺史。济州接近边境，双方将士相互侵掠。卢度世严格要求自己的部属，送还其俘虏，边境安宁。延兴元年（471）被任为青州刺史，没到任而逝，谥"惠"。

【卢渊】 （？—501）字伯源，小名阳乌。北魏范阳人。性格文雅寡欲，崇尚学业，家门和睦。袭侯爵，拜主客令，典属国。迁秘书令、始平王师。以例降爵为伯，给事黄门侍郎，迁兼散骑常侍、秘书监、本州大中正。会南齐雍州刺史曹虎遣使请降，以卢渊为使持节、安南将军，督前锋诸军赴樊、邓。卢渊推辞不成，他认为曹虎是假投降，应加以防范。果然如他所言，他因带兵少，为曹虎所败，坐免官爵为民。不久卢渊母亲去世，孝文帝遣谒者到他家宣慰，后兼太尉长史。孝文帝南讨，又兼彭城王中军府长史。不久又兼徐州京兆王元愉长史，元愉是一少年，事无巨细，都由卢渊做决定，他以诚信待人接物，使得东南百姓和睦。景明元年（500），除秘书监。第二年逝于任上。赠安北将军、幽州刺史，复爵固安伯，谥“懿”。卢渊秉承家学，善书法，京城宫殿题字多是卢渊所题。

【卢道将】（生卒不详）字祖业。北魏范阳人。卢渊长子，应袭父爵，却让其八弟道舒。他涉猎经史，颇有文才，为一家后来之冠，连他的长辈对他都很敬畏。北魏彭城王元勰、任城王元澄都想把他征到自己身边。元勰为中军大将军时，任卢道将为行参军，迁司徒东阁祭酒、尚书左外兵郎中，转秘书丞。出为燕郡太守。到任后，表乐毅、霍原之墓，而为之立祠。优礼儒生，鼓励学业，劝课农桑，垦田辟荒，岁收成倍增长。仕终司徒司马。逝后赠龙骧将军、太常少卿，谥“献”。著文章几十篇。

【卢昶】（？—516）字叔达，小字师颜。南北朝时期范阳人。祖父卢玄、父卢度世均知名当时。卢昶治学广博，经史皆通，声名远播，早有时名。北魏太和初年（477）为太子中舍人。太和十八年（494）以兼员外散骑常侍职与王清石、张思宁等出使南齐。临行前受到孝文帝元宏接见，令至南齐后要以诚见信，以和为贵，不失国使风度。当他到达南齐时，正值萧鸾夺得帝位，元宏遂以讨逆为名南伐萧鸾。两国交兵，使者便受凌辱。南齐给使者吃腐米、臭鱼、莝豆。随行谒者张思宁对此不满，斥责齐官员，遂被害于馆舍中。卢昶却泪汗横流，哭泣悲叹。返北魏后受到元宏痛斥，被罢官。后起为王友，转秘书丞。随后又迁中书侍郎、给事黄门侍郎、本州大中正，曾请求魏宣武帝元恪任外州官，以求多得俸禄，未准。后迁散骑常侍，兼尚书。当时洛阳县捕获一只白鼠，他借此上奏，认为根据《瑞典》记载，刺史、县令不从上命，对百姓苛刻残暴，致使人民怨怒，就会出现白鼠。希望皇帝能多了解民情，除免苛政，轻徭薄赋。因论谏之功，历官侍中、吏部尚书，备受宣武帝宠信，出任徐州刺史。由于爱兵至诚，番兵年满不愿离队返乡，自愿充当兵役，待他离任，老兵才与他同时离去。永平四年（511），出兵攻取朐山戍（今江苏连云港），设兵驻守，后萧梁派兵反攻，卢昶请兵支援，魏宣武帝派河北四州中品羽林、虎贲4000增援。卢昶本不懂军事，又信任羊祉的儿子羊燮，命其专任军事，遂使将士生怨。朐山戍主傅文骥在粮草军需尽绝之时，投降了萧衍。卢昶见势不好，害怕南梁和傅文骥军夹攻，先行退军，诸军遂相互奔逃。时值仲冬寒盛，又遇大雪降温，军人冻死及脱落手脚者有三分之二，成为北魏与南朝政权间进行战争失败最惨的两次战役之一。卢昶被押至京城免官。不久，又拜为太常卿，任雍州（今陕西西安西北）刺史，进号镇西将军，加散骑常侍。熙平元年（516）死于任所。赠征北将军、冀州刺史，谥号“穆”。

【卢广】 （生卒不详）南北朝时期范阳人。自称卢谌之后。自幼好学，精通儒学经典。梁天监年间（502—519）南归梁超。先任员外散骑常侍，后出为始安（今广西桂林）太守，坐事免官。不久，又起为折冲将军，率领100人北伐。回来后拜步兵校尉，兼国子博士，遍讲《五经》。当时北方南来的儒者有崔灵恩、孙祥、蒋显等多人，只有卢广言论清雅，最合南方士人口味。尚书仆射徐勉兼通经术，二人交好。不久迁员外散骑常侍，兼任国子博士，后出为信武将军，桂阳嗣王萧象长史、寻阳（江西九江西南）太守。中大通元年（529），武陵王萧纪任江州（今江西九江）刺史，卢广又改任武陵王长史，仍为寻阳太守。死于任上。

【卢景裕】 （？—540）字仲儒，小字白头。南北朝时期范阳人。少年时就很聪敏，专心学习。先居拒马河，后又避于大宁山，不问世事，一心为经典作注解。他的叔父卢同地位显要，而他却居住于园舍，寄情于郊野，谦恭守道，因此世人称他“居士”。北魏时，任国子博士。东魏天平年间（534—537）回归故里，与邢子才、魏季景、魏收、邢昕等一同赴邺。东魏权臣高欢听说了卢景裕的学问和高行，特意把他请来，让他教诸子。

卢景裕先注《周易》《尚书》《孝经》《礼记》《老子》，之后注《毛诗》《春秋左氏》，高欢的儿子高澄掌握东魏大权后，搜求当时的名士在府第讲经典，令卢景裕讲解所注《易》。有时高澄声色俱厉，出言不逊，而卢景裕神色自若，态度娴雅，讲解从容，受到士人的赞美。他所注《易》流行于世。

【卢同】 （477—532）字叔伦。南北朝时期范阳人。卢玄之族孙，父卢辅，为本州别驾。卢同容貌魁伟，善于为人处世，于北魏太和年间（477—499）入仕，为北海王国常侍。后来渐升为司空祭酒、昌黎太守，入朝为河南尹丞。永平元年（508），豫州（今河南汝南）民白早生杀刺史司马悦举城南降萧齐。卢同随同都督王英、尚书邢峦以军司马职前往豫州，镇压白早生。因功为冀州镇东府长史。后历任司空谘议参军、通直常侍、尚书左右丞、征虏将军。

北魏孝明帝元诩即位后，朝政渐渐衰败，特别是选官混乱，资格与资历相杂，政绩与勋业呈报不实。尤其是军人，多冒窃军功。卢同任尚书左丞，披阅礼部呈报军人勋业簿书，逐个核实，发现冒窃勋阶者300余人，可疑者千数。上书魏孝明帝，派官员对勋功名级加以认真核实，属实者发给黄素楷书证件，并加盖本主管部门朱印，一式两份，吏部留一，兵局留一。要求上报尚书省的勋书簿籍，必须列载姓名、籍贯、历阶，加本军骑缝印记，各报所属上级主管部门；统将、都督都要在勋书上加盖印记，然后上报行台；行台报太尉，太尉精简后报尚书省。尚书省重新复查后，报皇帝批准，批准后，将黄素朱印转存并通知吏部授官阶职位。为保证勋簿真实，防止在军中即行作弊，行台、军司、监军、都督都要各自建立文书档案，做详细记录。军人每有进一阶功勋，即给一证券，一半付行台，一半给有勋之人。记券送门下省，分别函存，以备查证。为防止作弊和遗误，军还之日就上报军人勋簿，不允许拖延至月。上述建议实行后，军勋伪滥之弊大为减少。

卢同曾赞同元叉废胡太后，且镇压过反对废太后并乘机夺取朝政的元熙。后来，胡太后重新执政，卢同作为元叉党人被黜贬除名。孝昌三年（527）复职，历任左将军、太中大夫、左丞、齐兖二州行台。魏孝庄帝即位，任都官尚书兼七兵。魏节闵帝元恭即位后，任侍中、骠骑将军、左光禄大夫。历任六朝，官高位重。永熙初年（532）死。赠骠骑大将军、司空公、冀州刺史，谥“孝穆”。

【卢文伟】 （481—541）字休族。南北朝时期范阳人。少孤，有高远志向，颇涉经史，乐于交游，为乡里所敬重。州辟为主簿。38岁时始举秀才。授本州平北府长流参军，说服刺史裴俊按旧迹修督亢陂（今定兴固城阎台附近），灌溉良田万余顷，当地百姓深得其益。卢文伟既善于经营，又一向勤俭，因此致富。北魏孝昌年间（525—527），朝廷下诏兼尚书郎中，行台常景上奏朝廷，把卢文伟留为行台郎中。

北方变乱，卢文伟积稻谷于范阳城（今固城），当时闹饥荒，他对灾民多有赈济。后为杜洛周所虏，杜洛周失败后，复从葛荣，葛荣失败，他回到家中。当时韩楼占据蓟城，卢文伟率乡闾屯守范阳（今固城），与韩楼相抗。进朝廷以文伟行范阳郡事。防守二年，与士卒同劳苦，分散家财，拯救贫乏，人们对他称赞有加。卢文伟以功封大夏县男，邑二百户，授范阳太守。此时，侯深留镇范阳。可是文伟知侯深难信，于是诱之出猎，把侯深拒之城外，侯深只得奔中山（今定州）。中兴初年（531），授安东将军、安州刺史。太昌初年（532），迁安州刺史，累加散骑常侍。东魏天平末年（537），东魏权臣高欢以卢文伟行东雍州事，转行青州事。

卢文伟轻财，爱宾客，善于与人交往，好行小惠，因此所到之处颇得人情。由于他很会经营，所以积累不少财富。逝后，赠使持节、侍中、都督定瀛殷三州军事、司徒、尚书左仆射、定州刺史，谥“孝威”。

【卢元明】 （生卒不详）字幼章。南北朝时期范阳人。他涉猎广泛，兼有文义，少年时，北魏中山王元熙见到他赞叹说：“卢郎有如此风神，惟须诵《离骚》，饮美酒，自为佳器。”累迁中书侍郎。永熙末年（534），居洛阳东缑山，作《幽居赋》。东魏天平初年（534），拜尚书右丞，兼黄门郎，本州大宗正。逝后赠太常卿。他性好玄理，作《史子杂论》数十篇，又著有《卢太常集》17卷。《全上古三代秦汉三国六朝文》存其文2篇，《先秦汉魏晋南北朝诗》存其诗2首。

【卢诞】 （生卒不详）本名恭祖。南北朝时期范阳人。卢诞幼年颖悟，博学有词彩。北魏时，郡辟功曹，州举秀才，均不起。起家侍御史，累迁辅国将军、太中大夫、幽州别驾、北豫州都督府长史。当时东魏北豫州刺史高仲密以州归西魏，西魏朝廷遣大将军李远率军赴援，卢诞与2000余人奉候大军。以功授镇东将军、金紫光禄大夫，封固安县伯，邑500户。不久加散骑侍郎，拜给事黄门侍郎。皇帝下诏说：“经师易求，人师难得。朕诸儿稍长，欲令卿为师。”于是亲幸晋王府第，敕令晋王以下，皆拜之于皇帝前。因赐名为“诞”，加征东将军、散骑常侍。西魏权臣宇文泰又以卢诞儒宗学府，为当世所推，于是拜国子祭酒。进车骑大将军，仪同三司。西魏恭帝二年（555），除秘书监。

【卢辨】 （生卒不详）字景宣。南北朝时期范阳人。博览经籍，北魏正光初年（520）举秀才，为太学博士。高欢起兵，卢辨抗节不从。北魏孝武帝到关中，卢辨来不及至家，单骑跟从至长安。授给事黄门侍郎，领著作。西魏大统年间（535—551）任太常卿、太子少傅，封范阳公，转少师。西魏太子、诸王都跟从他学习。凡朝廷宪章，乘舆法服，金石律吕，晷刻浑仪，都由卢辨创制。北周孝闵帝代魏后，迁尚书右仆射。明帝即位后，进位大将军，出为宜州刺史。有《大戴礼记解诂》若干卷、《祀典》5 卷、《称谓》5 卷、《坟典》30 卷。

【卢光】　（506—567）字景仁，小字伯。南北朝时期范阳人。他性格温谨，博览群籍，精于三礼（《周礼》《仪礼》《礼记》），善阴阳，解音律，好玄言。北魏孝昌初年（525），始任司空府参军事，迁明威将军、员外侍郎。及魏孝武帝西迁，卢光在东部呼应。西魏大统六年（540），携家至西魏。西魏权臣宇文泰对他极为礼遇，授职丞相府记室参军，赐爵范阳县（今定兴固城）兴伯。不久拜行台郎中，专掌书记。十年（544），改封安息县伯，邑 500 户。迁行台右丞，出为华州（今陕西华县）长史。西魏废帝元年（552），加车骑大将军、仪同三司，除京兆郡守，迁侍中。授匠师中大夫，进爵为侯，增邑 500 户，转工部中大夫。

入北周后，大司马贺兰祥讨吐谷浑，以卢光为长史，进爵燕郡公。武成二年（560），诏卢光监营宗庙，既成，赠邑 400 户。出为虞州刺史，不久治陕州总管府长史。逝后赠少傅，谥“简”。著有《道德经章句》。

【卢怀仁】　（？—569）字子友。南北朝时期范阳人。博学有文采。性情恬静，淡然闲放。善与人交往，与琅邪王衍、陇西李寿交情很好。曾任北齐太尉记室、弘农郡守。后卜居陈留（今河南开封陈留镇）。所著诗、赋、铭、颂有两万余言，又撰《中表实录》20 卷。

【卢勇】　（513—544）字季礼。南北朝时期范阳人。父亲卢壁为北魏下邳太守。以武猛见称。18 岁时被幽州造反者僕骨那封为本郡阳王。后葛荣起义，又被封为燕王。高欢起兵，卢文伟奉命召纳卢勇，卢勇不应。待东魏权臣高欢消灭尔朱氏后，卢勇赴晋阳（今山西太原西南），被任命为丞相主簿。迁汝北（今河南登封西南）太守，行陕州（河南陕县）事，转行洛州（今河南洛阳）事。东魏元象元年（538），卢勇随行台侯景围攻西魏广州城（今河南襄城），数旬未拔。侯景闻西魏救兵将至，召集诸将商议办法。卢勇观看形势后，率百骑至大隗山，知西魏将军李景和率兵将至，遂多置幡旗于树头，分骑为 10

队，鸣角直前，擒西魏仪同程华，斩仪同王征蛮。广州守将骆越以城降。高欢令卢勇行广州事。后以功授阳州（今河南宜阳东）刺史，镇守宜阳。韩木兰、陈忻等常为边患，卢勇大破之。上表请求入朝，高欢赐卢勇书称："吾委卿阳州，唯安枕高卧，无西南之虑矣。"武定二年（544）病逝。赠司空、冀州刺史，谥武贞侯。

【卢潜】 （约517—约574）南北朝时期范阳人。他善言谈，少年时有大志。仪同贺拔胜辟开府行参军，补侍御史，后被东魏权臣高澄引为大将军。卢潜做事机敏果断，为高澄所了解，说他终可大用。西魏大将王思政被俘获于颍川，高澄重其才识，卢潜从容对高澄说："思政不能死节，何足可重！"

北齐天保初年（550），授中书舍人，以奉事忤旨免官。未久授左民郎中，坐讥议《魏书》，与王松年、李庶等同被禁止。正值清河王高岳将救江陵，特赦卢潜以高岳行台郎。还朝后迁中书侍郎，又迁黄门侍郎。不久授司州别驾，出为江州（今江西九江）刺史，治理有方。后被任为扬州道行台左丞。扬州与陈接壤。卢潜内调外和，边境为之和睦。陈秦、谯二州刺史王奉国、合州刺史周令珍曾前后入侵，都被卢潜打败，以功加散骑兵常侍，迁合州刺史，左丞如故。又授行台尚书，再授仪同三司。又授扬州刺史，领行台尚书。

卢潜在淮南13年，为南朝陈所忌惮。陈主曾给他的边将书信说："卢潜犹在寿阳，闻其何当还北，此虏不死，方为国患，卿宜深备之。"武平三年（572），征为五兵尚书。至邺都不久，陈将吴明彻渡江侵扰掠夺，于是朝廷又以卢潜为扬州道行台尚书。五年（574），扬州城被陈兵攻陷，卢潜被捕，死在陈都城建业（今江苏南京）。赠开府仪同三司、尚书右仆射、兖州刺史。

【卢叔武】 （生卒不详）南北朝时期范阳人，卢文伟的侄子。他少年机警颖悟，豪率轻侠，好出奇策，慕诸葛亮的为人。曾为贺拔胜荆州开府长史。贺拔胜不用其计，弃城奔梁。后回到本县，在水边建房居住，优游自适。东魏权臣高澄下书征他到朝廷做官，他以疾病推辞。北齐天保初年（550）再征，授予司徒谘议，称病不受。北齐孝昭帝高演即位后，召为太子中庶子，加银青光禄大夫。以当时政事相问，卢叔武劝讨关西，并陈述一番理由，得到孝昭帝的认可，令元文遥与卢叔武参谋此事，撰《平西策》一卷。不久孝昭帝死，这件事作罢。武成帝高湛即位后，拜仪同三司、都官尚书，出任合州（今重夫合川）刺史。武平年间（570—576）迁太子詹事、右光禄大夫。

北齐灭亡后，卢叔武回到范阳，遭变乱城陷，卢叔武与亲族兄弟都冻饿而死。北周将领宇文神举因为卢叔武有名德，将其尸骸安葬。

卢思道

【卢思道】 （约 531—586）字子行，范阳人。年轻时师事“北朝三才”之一的邢邵（字子才），以才学重于当时，仕于北齐。文宣帝卒，朝臣各作挽歌十首，择善者用之，思道十得其八，时称“八米卢郎”。北齐末待诏文林馆。北周灭齐后入长安，官至散骑侍郎。

卢思道诗可分为古诗、乐府两类，风格也迥然不同。乐府诗大多模仿南朝艳情诗，明显受到南朝诗华艳软媚的影响；但卢思道的《从军行》变传统的五言短诗为七言长篇，把征人思妇的乡思离愁与常年不断的征战生活结合在一起，融柔婉轻倩的情调于刚健俊逸的气势之中，对仗工整，用典贴切，较好地融合了南北文风，开初唐七言歌行之先声。古诗多为赠别、应酬、咏物，内容无甚新意，但善于从苍秀清远的景色中寻味一种凄迷的情调。《听咏蝉篇》以蝉声的哀嘶对应游子的悲鸣，用蝉的高洁反衬尘世的鄙俗，表达了作者出世的愿望。今存《卢武阳集》。

【卢恺】 （？—592）字长仁，范阳人。其父卢柔为魏中书监。卢恺聪明有才干，被北周齐王宇文宪引为记室。后袭爵为容城伯，食邑 1100 户。从齐王伐北齐，卢恺游说下柏杜镇，迁小吏部大夫，赠邑 700 户。转内史下大夫，再转礼部大夫，为聘陈副使。原使者多从陈国礼节，卢恺为使，都依北周礼仪，陈人不能使其屈服。建德四年（575）秋，为李穆攻拔轵关（今河南济源西北）、柏崖，十分得皇帝欢心。不久授襄州（今湖北襄樊）总管司录，转治中。北周大象元年（579），征拜东都吏部大夫。隋开皇初年（581），加上仪同三司，除尚书吏部侍郎，进爵为侯，仍摄尚书左丞。开皇九年（589）七月，拜礼部尚书，摄吏部尚书事。国子博士何妥上奏苏威阴事，卢恺坐与苏威朋党，被关进监狱。卢恺为自己辩白，触怒隋文帝。十二年（592）七月，被除名为民，不久逝于家中。

【卢贲】 （生卒不详）字子征，卢思道族弟，范阳人。他略通经史，颇解音律。北周时，袭爵燕郡公。后历任鲁阳太守、太子小宫尹、仪同三司、司武上士。他为隋文帝顺利受禅立下功劳，所以隋朝建立后，即命卢贲清宫，典宿卫。卢贲奏改周代旗帜，青龙、驺虞、朱雀、玄武、千秋、万岁之旗，都是卢贲所创。不久拜散骑常侍，兼太子左庶子、左领军、右将军。当时高颎、苏威共掌朝政，卢贲心中不满，即联合人谋划整掉高颎和苏威，并谋立晋王杨广，事情泄露，隋文帝穷追此事，卢贲被除名为民。一年多后，卢贲恢复爵位，任检校太常卿。他上表改定宫中音乐，奉诏删定周、齐音律。后相继任郢州（今湖北京山）、虢州（今河南灵宝）、怀州（今河南沁阳）、齐州（今山东济南）刺史。著有《乐书》。

【卢昌衡】 （约534—约605）字子均，小名龙子，范阳人。其父卢道虔为尚书仆射。卢昌衡博涉经史，精草书行书。与从弟思道，为宗族精英。北齐时，历任平恩（今河北丘县东南）县令、太子舍人。不久，为仆射祖孝征所荐，迁尚书金部郎，后兼散骑侍郎。周武帝平北齐，授为司玉中士。隋开皇初年（581），拜尚书祠部侍郎。隋文帝曾大集群臣，令自陈功绩，人人都自我称誉，只有卢昌衡无言。

陈朝使者贺彻、周溃相继来聘，卢昌衡经常奉命接待。出为徐州总管长史，甚有能名，被吏部尚书苏威称为："德为人表、行为士则。"后转寿州（今安徽寿县）总管长史，为总管宇文述所敬重，委以州务。岁余，迁金州（今陕西安康）刺史。仁寿年间，奉诏持节为河南道巡省大使，及还，以奉使称旨，授仪同三司。请求退休，不许。大业初年（605），征为太子左庶子，赴洛阳，逝于路途。

【卢楚】 （？—618）范阳人。祖父卢景祚，官至魏司空掾。卢楚少有才学，性情耿直，着急时口吃。隋大业年间为尚书右司郎，甚为公卿所畏惮。大业十二年（616）七月，隋炀帝巡江都（今江苏扬州），卢楚奉命与越王杨侗等留守东都（今河南洛阳）。东都官僚多不奉法守纪，卢楚经常纠举，无所回避。

大业十四年（618）五月，东都留守官闻隋炀帝被杀，奉越王杨侗为帝，改元皇泰，卢楚为内史令、左备身将军，摄尚书左丞、右光禄大夫，封涿郡公，与元文都等戮力同心辅佐皇泰帝。六月，宇文化及兵临东都，卢楚等谋划使李密攻打宇文化及。李密归降，拜为太尉、尚书令、东南道大行台行军元帅，封魏国公，引起王世充不满。卢楚又与元文都谋划伏兵于室，擒杀王世充，机密泄露。七月，王世充发动政变，带兵攻太阳门，武卫将军皇甫无逸斩关逃难，呼卢楚一同去。卢楚表示与元文都有约，若社稷有难，誓以俱死。乱兵入，卢楚藏匿于太官署，被乱兵所执，送于王世充所。王世充令斩之。

【卢承庆】 （？—670）字予余，范阳人。他风度翩翩，博学有才干，少年时承袭父亲的爵位。唐太宗贞观初年（627），为秦州都督府户曹参军。因奏河西军事，太宗欣赏其明辩，擢考功员外郎，累迁民部侍郎。太宗曾经问历代户口的数量，卢承庆叙夏、商至于周、隋，都有依据，太宗赞赏许久。很快就令他兼检校兵部侍郎，仍知五品选事，他推辞说："选事职在尚书，臣今掌之，便是越局。"太宗不许，说："朕今信卿，卿何不自信也？"又历雍州别驾、尚书左丞。

他在典选校百官时，有一官督漕运，因遭遇风浪损失了米，他考评说："监运损粮，考中下。"那人容色自若，无言而退。他看重那人的雅量，改注说："非力所及，考中中。"那人既无高兴的样子，也无愧词。他很赞许，又改评语："宠辱不惊，考中上。"高宗永徽时，因事出为益州大都督府长史，又贬简州（今四川简阳）司马。一年多后，转洪州（今江西南昌）长史。高宗将临幸汝州（今河南汝州）温汤，擢卢承庆为汝州刺史，入为光禄卿。

显庆四年（659），代杜正伦为度支尚书，仍同中书门下三品。又因坐度支失所，出为润州（今江苏镇江）刺史，再迁雍州长史，加银青光禄大夫。总章二年（669），代李乾祐为刑部尚书，以年老致仕，仍加金紫光禄大夫。次年病卒。赠幽州都督，谥"定"。

卢照邻

【卢照邻】 （约635—680）字升之，自号幽忧子。范阳人。十余岁从曹宪学习文字训诂学与经史，博学善文。又从王义方学经史。之后，至唐都城长安（今陕西西安），游于公卿间。在中书令来济的关照下，于永徽五年（654）任邓王李元裕府典签，甚受爱重，邓王曾对人说："此吾之相如（司马相如）也。"他在邓王府10年，先后随任于寿州、襄州等地。

显庆五年（660），西使庭州（今新疆吉木萨尔），会见被贬庭州刺史的来济，并体验了边塞生活，以边塞为题材写了《刘生》《紫骝马》《关山月》等边塞诗。总章元年（668），任益州新都（今四川新都）尉。翌年秋末，以邓王谋反武则天事，受到株连，被捕下狱，幸被友人救护，免遭于难。后迁陕西太白山草屋居住。曾拜名医孙思邈为师，求治病之法，因服丹药中毒，病势加重，手脚残疾。后徙居阳翟（今河南禹州）具茨山，著《释疾文》《五悲》以自述其苦。终因病痛不堪，自投颍水而死。

卢照邻擅长诗歌与骈文，尤以七言歌行最佳，对推动七言诗的发展有贡献。杨炯誉之为“人间才杰”。代表作《长安古意》，诗笔纵横奔放，华丽而不浮艳，为初唐脍炙人口的名篇。他与王勃、杨炯、骆宾王齐名，并称“初唐四杰”。原有集，已佚，后人辑有《幽忧子集》7卷，附录1卷，今存诗90多首。

【卢粲】 （？—约713）范阳人。博览经史，20岁左右考中进士。唐景龙二年（708），累迁给事中。安乐公主婿武崇训为节愍太子所杀，特追封为鲁王，令司农少卿赵履温监护葬事。赵履温要公主上奏请为崇训造陵，诏从其请。卢粲两次上书驳奏，皇帝依从了他。安乐公主大怒，以卢粲忤旨出为陈州（今河南淮阳）刺史，后转秘书少监，封固安县侯。开元初逝于邠王府任上。

【卢齐卿】 （生卒不详）范阳人。父承泰，曾任齐州长史。长安初年（701），齐卿为雍州（今陕西西安）录事参军。当时武则天令雍州长史薛季昶选择僚吏中胜任御史的人，季昶问齐卿谁可充选，齐卿推荐长安县尉卢怀慎、李休光，万年县尉李乂、崔湜，咸阳县丞倪若水，新丰县尉崔日用等，诸人后均为显官，时人称齐卿有人伦之鉴。景龙年间，齐卿出任徐州刺史，谒访道士王希夷，求教抚民良策，希夷回答：“‘己所不欲，勿施于人’，可以终身遵行。”齐卿深表赞同。齐卿好饮酒，性格宽厚和悦，为士友所称道。累迁太子少詹事，封广阳县公。不久逝于任上。

【卢征】 （737—800）祖籍范阳，后移家中牟（今属河南）。少年时涉猎书传。唐永泰年间（765—766），江淮转运使刘晏辟为从事，以善理财被用为腹心，累授殿中侍御史。刘晏获罪后，卢征被贬为珍州（今贵州桐梓）司户。兴元年间（784），为刘晏门人户部侍郎元琇荐为京兆司录、度支元外郎。及元琇得罪，卢征又被贬为信州（一作秀州）长史。入为右司郎中，骤迁给事中。后为户部侍郎窦参所赏识，迁户部侍郎，判户部事。贞元八年（792），唐德宗特诏为同州刺史。数年后，转华州（今陕西华县）刺史，潼关防御、镇国军使。

【卢迈】（738—798）字子玄，范阳人。少年时以孝友谨厚为人称道。明经及第后，历任太子正字、蓝田尉。以书判拔萃，授河南主簿，充集贤校理。朝臣荐其文行，迁右补阙、侍御史、刑部吏部员外郎，授滁州（今属安徽）刺史。入朝为司门郎中，迁右谏议大夫，后迁尚书右丞。唐贞元九年（793）担任宰相职，权力达到顶峰。当时的大政方针由李贽、赵憬等决定，而卢迈谨身中立，守文奉法而已，为人友爱恭俭。贞元十二年（796）九月，卢纶在办公时中风，用肩舆送回家，五次上表请辞官，始得到允许，除太子宾客。贞元十四年（798）卒，时年60岁。逝后赠太子太傅。

卢纶

【卢纶】（739—799）字允言，范阳人，后徙家于蒲（今山西永济）。唐天宝末年考进士不中。为避战乱，择居鄱阳湖，与吉中孚结“林泉之友”。安史之乱后他写了若干以漂泊为内容的诗歌，如《夜泊金陵》《晚次鄂州》《渡浙江》等。《晚次鄂州》写得尤为出色，是唐代七律诗中的名篇。他的边塞诗，在中唐也尤为突出。

永泰元年（765）应试失利。大历五年（770）又一次落第，赋诗《落第后归终南别业》表达自己郁闷的心情。大历六年（771）任阌乡（今属河南）尉，不久，被推荐为集贤殿学士、秘书省校书郎。德宗建中元年（780），为昭应（今陕西临潼）令。兴元元年（784）五月为京城副元帅、浑瑊府判官、检校金部（户部）郎中。贞元十三年（797）三月，卢纶入内殿，和御制诗，拜户部郎中。就在这次德宗召见后不久，卢纶在长安去世。

卢纶死后，文宗派宦官把卢纶家里所藏的文稿都搜集起来，得诗500首。卢纶为“大历十才子”之一，《全唐诗》编写卢纶诗5卷，收诗300多首。辑有《卢户部诗集》。

【卢群】（741—800）字载初，范阳人。少年时好读书，初学于太安山。淮南节度使陈少游闻其名，辟为从事。唐建中末年（783），荐之于朝廷，时值李希烈反叛，下诏诸将征讨。以卢群为监察御史、江西行营粮料使。

兴元元年（784），江西节度使、曹王皋奏为判官。曹王移镇江陵、襄阳，卢群都随从，幕府之事都委托他咨决，以正直闻名。贞元六年（790），入拜侍御史。先后任左司、职方、兵部员外郎中。淮西节度使吴少诚擅自开决司、洧等水漕挽灌田，卢群命人制止，吴少诚不奉诏。卢群派使者到蔡州诘问，吴少诚说："开大渠，大利于人。"卢群答："为臣之道，不合自专，虽便于人，须俟君命。"吴少诚从命，即停工役。卢群涉猎广泛，有辩才，好谈论，与吴少诚言古今成败之事，无不耸听。卢群以奉使称旨，迁检校秘书监，兼御史中丞、义军节度行军司马。

贞元十六年（800）四月，节度姚南仲归朝，拜卢群义成军节度、郑滑观察使。先寓居郑州，典质良田数顷。同年十月病逝。皇帝罢朝一日，赠工部尚书。

【卢仝】　（约 795—835）自号玉川子，范阳人。年轻时隐居少室山，家境贫困，刻苦读书，不愿仕进。后居洛阳，破屋数间而已。韩愈为河南尹时，对其颇加礼待。卢仝曾作《月蚀诗》，讥讽当时宦官专权。《走笔谢孟谏议寄新茶》是卢仝的代表作，是同陆羽《茶经》齐名的玉川茶歌。全诗共 19 句，诗人通过对制茶、饮茶的描写以及产生的联想，表达了他愿为苍生请命的思想感情。成语"大同小异"就是出自卢仝《与马异结交诗》"昨日仝不同，异自异，是谓大同小异；今日仝自同，异不异，是谓同不往兮异不至"的典故。甘露之变时遇害。其诗刻意求险，语言晦涩，颇受韩愈、孟郊的赞许。以险怪风格在诗歌史上自成一家。严羽在《沧浪诗话·诗体》中列有"卢仝体"。著有《玉川子诗集》1 卷、《啸旨》1 卷、《春秋摘微》4 卷。

卢仝

【卢弘宣】　（生卒不详）字子章，范阳人。唐元和年间（806—820）进士。初佐襄阳使府。裴度留守东都，辟为判官。累迁给事中。唐宪宗任命驸马都尉韦处仁为虢州（今河南灵宝）刺史，弘宣以为不当，封还诏书。朔方灵盐节度使王晏平居官贪浊，擅征马及兵仗自卫，拟处死刑，弘宣便请河北藩镇为其求情，诏改抚州（今属江西）司马。唐文宗只得命宦官宣谕，才得施行。

开成三年（838），奉命赈恤陈、许、郑、滑、曹、濮等遭水灾之州，迁京兆尹、刑部侍郎，出为东川节度使（今四川绵阳东北）。时遇饥荒，境内蛮酋开仓聚众，自立为王，骚动数州。卢弘宣檄告所部，软硬兼施，反者多降，遂将强者补军，弱者还农，捕诛逃酋，反者皆平。会昌五年（845），由秘书监改任义武节度使（今定州）。次年春旱，先有军粟贮在飞狐（今涞源），路险未运，乃令民去自取，至秋偿还，民免饥馑，军食亦足。历工部尚书，封固安县伯。以太子少傅退休，终年 77 岁，赠右仆射。善书法，工篆书。著有《家祭仪》。

【卢商】 （779—849）字为臣，范阳人。少年时孤贫，自学上进，后中进士。初授校书郎，历宣歙从事、西川幕府记室，入为尚书郎，历京兆少尹、权知大理卿事。开成元年（836）为苏州刺史，革除烦苛盐法，令民随需购买，不强配定额，百姓便利，奸吏被制，税收锐增。迁浙西节度使，入为刑部尚书，转京兆尹。会昌三年（843），以户部侍郎兼供军使，讨伐上党刘稹诸军。唐宣宗登基，由东川节度使入为兵部侍郎。不久升宰相，封范阳郡开国公。大中元年（847），出为鄂岳观察使。三年（849），征拜户部尚书，途中死。

【卢延让】 （生卒不详）字子善，范阳人。天资聪明，曾拜薛能为师学习诗词，他作诗词意偏僻，不尚纤巧，多壮健语，为当时人所嗤笑。侍御史吴融到峡州做官，当时卢延让是一介平民，贫无游资，没有立即去拜谒。正好吴融的表弟得到卢延让的诗百余篇，吴融读后，大为惊叹，认为其诗虽然浅近，然而自成一体，于是厚礼待之。吴融被征用回京，经常在大臣中间称赞卢延让。光化三年（900），卢延让从襄南到京应试，与吴融一见如故。卢延让感激泪下，于是两人成为至交。卢延让就在此年考中进士。王建建蜀，授水部员外郎。累迁给事中，官终刑部侍郎。著有《卢延让诗集》1 卷。

【卢程】 （？—923）范阳人。祖卢懿，官至凤翔陇右节度使。卢程于唐天复末年（904）中进士，任盐铁巡官。唐昭宗迁洛阳，柳璨陷害大族，卢程避地河朔，羁游燕、赵，或穿道士服，人们不识。至中山（今定州）投旧相知豆卢革、卢汝弼，不受藩帅重视。又至太原，经汝弼推荐，在晋王李存勗署为推官，不久改任支使。卢程才疏学浅，口多是非。掌文翰判官王缄死后，按资历当由卢程接任，但先前晋王曾召卢程草奏文，卢程推辞不能。后历河东观察判官。李存勗将即位，求四镇判官可任宰相者，卢程遂被升为行台丞相，及存勗即位魏州（今河北大名东北），卢程任中书侍郎、同平章事。

卢程本非宰相才，骤至显位，举止不恒，受命当天，就与豆卢革乘小轿上朝，一片喧沸。不久，卢程奉使太原册立皇太后，山路险阻，却安坐小轿，所至州县，驱役丁夫，令长吏迎谒拜伏，稍有忤意，便加笞辱。存勗从姊女婿任圜恃宠诣卢程，卢程正身穿鹤氅，头戴华阳巾，凭案决事，见任圜后怒骂其似是虫豸，依恃妇力。任团无言退去，连夜驰告存勗。存勗怒对权臣郭崇韬说："朕误以此痴物为相，胆敢辱我九卿!"促令卢程自尽。崇韬亦怒，赖卢质挺身救解，卢程得免死，降为右庶子。同光元年（923），存勗定河南，卢程随百官赴洛阳，途中坠马，中风而死。

【卢导】 （866—941）字熙化，范阳人。唐天祐初年（904）中进士，历县令、监察御史、职方员外郎，充史馆修撰，转右司郎中兼侍御史。因病免官，闲居汉水旁。后唐天成年间（926—930）以本官征入朝，拜右谏议大夫。长兴四年（933）为中书舍人，权掌贡举。次年，潞王李从珂自凤翔拥大军赴京，唐闵帝李从厚奔卫州（今河南汲县），宰相冯道集百官于天宫寺将迎潞王，当时军众溃散，人情惊骇，百官迟迟不到，惟卢导与张昭远先至。冯道请卢导起草劝进表，卢导不肯，冯道逼迫，卢仍坚持己见。潞王止于上阳门外，冯道又请卢导写劝进表，卢导坚持如初。宰相李愚说："卢舍人之言为是，我辈真是罪人啊!"冯道乃止。卢导后仕晋，天福年间（936—944）由礼部侍郎迁尚书右丞，判礼部尚书，任满，拜吏部侍郎。六年（941）秋死于东京（今河南开封）。

【卢文进】 （？—944）字大用，一字国用。范阳人。少年时为幽州帅刘守光骑将，迁纳降军使。后唐庄宗李存勗攻幽州，文进首降，遥授寿州（一作蔚州）刺史。李存勗与刘郡对垒于莘县（今属山东），令爱弟新州（今河北涿鹿）团练使李存矩于山后招募劲兵，又令山北居民出战马器仗，百姓卖牛十头才换马一匹，人心怨愤。当时存矩令文进率500骑同行，至祁沟关（即岐沟关，在今涿州境），军士不愿远行送死，聚谋拥文进北返新州，据城自守，杀存矩。先前，存矩见文进幼女美丽，取为侧室，文进不敢抗拒，心常不满，遂从乱军。引契丹兵攻新州，不克，夜走坠于堑中，一跃而起。再攻武州（今河北宣化），又不利。为后唐兵所追，遂奔契丹，受命守平州（今河北卢龙）。不久，又引契丹兵攻克新州，再败周德威数万军，进攻幽州。教契丹做攻城之具，飞梯、冲车毕陈于城下，凿地道，起土山，四面急攻。李存勗亲率兵援救，方解围而去。契丹以文进为幽州兵马留后、卢龙军节度使，令统帅汉军，文进教契丹务农桑，契丹由此更加强盛。

天成元年（926），文进率众 10 余万归降后唐，备受宠待，授检校太尉、同平章事，充滑州（今河南滑县）节度使。三年（928），移镇邓州，同年，入为左卫上将军。长兴四年（933），出镇潞州（今山西长治）。清泰元年（934），改安州节度使。居数镇，颇有善政，为兵民所爱。晋高祖即位，与契丹修好，文进不自安。

天福元年（936）末（一作二年正月），卢文进杀行军司马冯知兆、副使杜重贵等，率部众渡淮奔金陵（今江苏南京），为南唐主所礼重，授宣州（今安徽宣城）节度使，后移润州（今江苏镇江）节度使。召为左卫上将军，兼中书令，封范阳郡王。保大二年（944）死于金陵。

卢挚

【卢挚】　（约 1243—1315）字处道，一字莘老，号疏斋，又号嵩翁。范阳人。元至元五年（1268）中进士，累迁少中大夫、河南府路总管。大德年间（1297—1307）授集贤学士，迁江东道廉访使。后为翰林学士，迁承旨。散曲与姚燧齐名。今有传世散曲 120 多首（《全元散曲》）。他常与散曲作家马致远、女艺人珠帘秀唱和，作品多以怀古为题，写兴亡感慨，文辞典雅华美，如《折桂令》等。在元散曲作家中，作品之多仅次于马致远。古人称其散曲风格妩媚、“天然丽语”“自然笑傲”。诗文与刘因、姚燧齐名，世以“刘卢”“姚卢”并称。著有《疏斋集》，已佚。清人文廷式曾据《永乐大典》辑有其诗文数十篇。

非遗卷

定兴历史悠久，文化底蕴深厚，有着丰富的文物遗存和非物质文化遗产。目前，定兴有国家级非遗保护项目 1 项，即定兴“京绣”；省级非遗保护项目 3 项，即贤寓调、黄金台传说、金台陈村九曲黄河灯阵；市级非遗保护项目 9 项，分别是：小朱庄珐琅工艺，石象村戏剧盔头、服装、道具制作工艺，张家庄中堂墨液制作技艺，张家庄中堂书画毡制作工艺，金台陈村南乐会，金台陈村活盘旱船会，西辛告后土文化，韦家营南乐圣会，小牛清道音乐圣会；县级非遗保护项目 11 项，分别是：高里南章玉石雕刻技艺、贤寓西幸河北梆子发源地、黄金薄饼、杨村火烧、搓澡修脚技艺、青冢粉条制作工艺、民间合碗肉制作技艺、李氏（张祖庄）形意拳、少林戳脚翻拳等。通过对全县非遗项目的调查整理，发现定兴的非物质文化遗产星罗棋布，传承久远，内涵丰富。多年来，非遗项目的传承人，或是团队型，或是家庭型，或是民间型，他们坚持不懈、持之以恒，使这些民间文化瑰宝得以长期保存和传承，展现出定兴特有的文化底蕴和风采。

2012 年 3 月 30 日—4 月 5 日，定兴成功举办了为期一周的“中国·定兴首届非遗文化旅游节”，河北省文化厅、保定市文广新局、保定市旅游局领导莅临现场，观摩指导。文化旅游节集中反映了定兴非物质文化遗产项目的历史和现状，展示了非遗项目的技艺和产品，取得了良好的宣传效果，扩大了定兴文化的影响力。随着王实甫文化创意产业园、玫瑰坊时装民间刺绣基地、小朱庄珐琅礼品生产等项目的启动实施，定兴非遗项目开始向产业化转型，向文化旅游业发展，呈现出良好的发展潜力和前景。

一、黄金台传说

黄金台，又名“金台”“郭隗台”，是战国时期燕昭王招贤纳士所筑，据今已有2300多年的历史。其台高约10米，台面面积10亩，台上建有后人修筑的殿、祠，共分三层。头层殿为昭王殿（明代修建），昭王居中而坐，左有郭隗，右有乐毅；第二层殿隆兴寺（元代修建）为佛殿，左有药王殿，右有观音阁，并有石像多尊，钟鼓楼矗立，其大钟高6尺，重1吨；第三层殿为圣人殿，有夫子造像，也是私学馆。黄金台上有井一口，井深近30米，供台上众人生活之用。台上楼、殿、祠、阁建筑共25间，僧众几十人，为后人歌颂敬仰昭王礼贤下士之所。

黄金台遗址

传说，定兴有“八景”，其中“金台夕照”就是说的“黄金台”。每到傍晚太阳快下山时，就会有一道非常艳丽的余辉照射到黄金台上，别有一番景色。“金台夕照日，松身柏叶枝，芦苇通天草，甘泉圣水池”就是真实写照。

黄金台旧貌

传说金台上有棵古树，为松柏环抱相串而生，身为松皮枝叶为柏树枝。台上井中长一芦苇，一直爬到大殿顶上。井很深，其殿亦伟，台上孔夫子，殿后有一大理石，其间一泉池，常年有水，传说能治眼病，故称甘泉圣水池。

昭王礼贤下士的精神为历代文人称颂，李白、杜甫、司马光、汤显祖、焦竑等名人志士留下了许多美好诗篇。现黄金台遗址尚存。

二、金台陈村九曲黄河阵灯会

金台陈村地处县城西南15公里的定兴、易县交界处。西距燕下都遗址5公里，距清西陵30公里，距京昆高速1000米，距定易路（京昆—京珠高速引线）800米。

九曲黄河灯阵阵门

据史料记载：战国时期燕昭王在此命军士用土筑高台，置黄金于台上，以延天下士，又于此陈兵布阵，故得名金台陈村。该村又以九曲黄河阵灯会闻名于世。九曲黄河阵灯会传承到现在，历史渊源由来已久。据传说，商朝末年赵公明应闻太师之邀携带胞妹的“金蛟剪”助纣，大败武王兵将。后来矮脚道人用“扎草人”的法术将赵公明杀害。赵公明的胞妹发誓要为哥哥报仇，摆下九曲黄河阵，打败武王。到了战国时期，燕昭王在黄金台招贤馆下（今金台陈村南苑）设此阵考验前来应聘的各国名将。此阵按阴阳五行布局，分金木水火土，依八卦方位，中间设一指挥塔，为八卦九莲之形。灯阵由四组组成，若是兵阵便是四营人马，进阵必须按“进六转六、六进记五、过五望四、见三便走、一字拐弯、回头顿首”的秘诀循行，不然只进不退，一个营也杀不出去。经过几千年的演变，成为今天的金台陈村九曲黄河阵灯会。

据道光二十七年（1847）碑文记载：道光以前谱系不详，道光元年（1821），王天禄、孙庭禄组织 50 余户人家，每家捐资 600 文资助元宵灯会，道光二十七年（1847），传承给白云龙。白云龙组织 30 年，传承给秦泰来。秦泰来组织 20 年，到同治十三年（1874）传承给王国春。王国春组织 20 年，到光绪三十一年（1905）传承给王洛卓。王洛卓组织灯会 30 年，其间他创造了独具一格的活盘旱船会，随南乐会闹元宵，1950 年传承给秦兰亭。秦兰亭组织 26 年，到 1976 年传承给王国春后代王福荣至今。

九曲黄河（八卦迷魂）阵

灯会占地 10 亩，阵门坐北朝南，以中间木制牌为主，高粱秸秆为辅，用松柏进行装饰。阵内每 5 尺一灯，全阵 439 盏灯。每 6 根 2 米长的高粱秸秆扎成一耙子，共扎 244 个耙子。耙子之间用秸秆连接组成甬道，交织成迷魂阵，进退循行，错综迷幻，又名八卦迷魂阵。每个耙子顶端顶一盏油灯。油灯用泥土手工制作而成，首先用和好的泥土捏成直径约 3 厘米的圆形碗状物，然后放在火炉边上烘干，再放入火炉里烧制，最后放入锅里用面汤煮半个小时左右，取出晾干。用圆木板做成底座，圆木板用五色彩纸粘成高约 15 厘米的桶状，置于耙子顶部。中间放置灯碗，灯碗内倒入香油，用棉纸捻制灯芯。阵中间立一个 15 米的高杆，张起一个大宫灯，灯下悬起八卦九莲灯，共九层，每层八盏灯，俗称塔灯。

每年元宵节，灯会吸引着八方来客前来观灯赏月。一轮明月高悬，灯会正式开始。首先举行隆重的开阵仪式，燃放鞭炮、礼花，燃香，申表，祭天，以企盼来年风调雨顺、五谷丰登。接着南乐会奏起古乐步入灯阵，观众紧随其后，俗称“转灯”。据民间传说，人们在灯场转一圈，可以驱灾祛病，健康长寿。进入灯阵，不识者有进无退，转完全程约 1 小时。整个灯场游人如织，天上明月，地上灯火，鼓乐笛声，人们欢歌笑语，一幅欢乐祥和的景象。自 1978 年改革开放以来，省、市、县各级领导和周边县市群众不断前来观灯，观众达十几万人次。原河北省人大副主任王加林观灯并题词：“华夏之宝”。2009 年元宵节，中国民间文化遗产保护中心领导到金台陈村观灯赏阵。

三、金台陈村南乐会

金台陈村是战国时期燕国的一个古村落。据考证，金台南乐与金台九曲黄河阵有很深的渊源。清同治元年（1862）以前谱系不祥，清同治十一年（1872）谱系传承给秦凤阁等人；光绪二十九年（1903）传承给孙云奎等人；1942 年传承给孙老仲等人；1951 年传承给孙代先、秦启、孙凤林、孙宝文、秦世旺、孙乃刚、杨春华、孙乃度等 40 余人；1998 年又传承给刘跃先、孙术珍、何永、秦志永等 29 人。每逢正月十五元宵佳节，南乐会成员都会带领人们在灯阵前边演奏边转灯，以示祛邪除病之意。

金台陈村南乐会

金台陈村南乐会曲牌有《柳青娘》《满堂红》《哭皇天》《万年欢》《朝天子》等，其中融合了宫廷音乐的许多成分，如曲牌《朝天子》，相传为百官朝贺天子的曲目。

乐器大多为民族乐器，有大锣、海锥、海笛、云锣、胡琴、唢呐、板胡、大管、笙、梆铙、钵、大鼓、小锣、手鼓、手锣等多种。演奏时，有固定的演奏仪式，主要为民间喜庆、丧葬、祈福、花会、灯会等各种民俗活动服务。先由大管领奏，打击乐器配音，乐曲大多保留了传统的工尺谱。传统曲目有正字调《踩坡街》、正字调《小二幡》、凡字调《报龙台》、正字调《报龙台》等。

许多古乐亟待挖掘整理，金台陈村南乐会有很深的历史研究价值，已被列为保定市非物质文化遗产。河北省心连心艺术团曾前来演出，金台南乐会也参加了联谊活动。

四、金台陈村活盘旱船会

金台陈村旱船会起源于清朝中期，内容均为口传身授，师徒传承形式延续至今，形式内容均以白蛇传的故事为背景。据考证，清道光以前谱系不详，道光十一年（1831）谱系传给孙亭录、白天龙；道光二十六年（1846）传承给王天录；同治十二年（1873）传承给王老玉；光绪三十年（1904）传承给王老卓；其间他创造了独具一格的活盘旱船；1951 年传承给王福荣；1999 年传承给秦丙书等。

金台陈村活盘旱船会

船体帷幔均为西湖景色，有荷花、鱼、亭台楼阁等。陈村旱船会以白蛇传中西湖望月、水漫金山寺两个故事为主，表演分文武两场。文场以白蛇、青蛇游西湖为开场，先由船夫吟开场诗五首，其中一首为："燕子双双绕楼台，荷花出水向日开。桥断流水人难过，六月之夏小舟来。"然后由船夫解缆开船。以金山寺救许仙为武场，有许多的传统套路动作，如《四门斗》《双四门斗》《盘肠》《推碾子》《珍珠倒卷帘》《五丰寿》《九龙套》《散子把》《双散子把》《五角星》等。坐船的白蛇、青蛇与船夫三个人动作配合默契，浑然天成，极力展现出与法海斗法的激烈场面，演出高潮迭起。再如《推碾子》，船夫直接坐船上，船上放置一碗清水，旱船旋转几十圈清水不洒，要求演员有较高的身体素质和演技。文武场之间以唱摆头歌为衔接，摆头歌曲牌共有 14 段，700 余字，唱腔皆为金台陈村旱船独有的曲调，整个唱腔委婉动听。

金台陈村旱船会与众不同的是活盘。所谓活盘，是人体与船体结构处可自由旋转，船头与船尾可互换。相传清朝末期，旱船会到一地方演出，误入一死胡同，众人皆认为不可退，但活盘旋转 180 度后，顺利退出，一时传为佳话。

陈村旱船会还有其独特之处，就是坐船二人均有假肢盘腿坐于船上，配以绣花鞋，俗称"三寸金莲"，极似真人坐船演出时的情景。

五、后山奶奶庙

后山奶奶庙也叫后土皇帝庙，定兴的西辛告、固城、北关、周家庄、北七、究室、肖村、巨兰沟、太平庄都有后山奶奶庙，分布非常广泛。其中影响最大的是西辛告后山奶奶庙。

后山老奶奶

西辛告位于定兴县城东北 2 公里处，西临 107 国道，民风淳朴，环境幽雅。每年农历三月十五日前后，近至周边县市及十里八乡，远至北京、天津、河南、东北等地的香客都会来这里焚香祈福，每年的客流量达 15 万余人次。西辛告后山奶奶庙之所以影响巨大，是因为西辛告后山奶奶庙被视为正宗后土皇帝庙。传说后山奶奶是一位勤劳善良的妇女，光武帝刘秀被敌兵追赶，在易县后山被她所救，刘秀称帝后，封她为“后土皇地”。后来她继续在山中修行，终于得道成仙，被人们亲切地称为“后山老奶奶”。后山奶奶的娘家在定兴西辛告村，她幼年不幸，逃婚出走，一路讨饭来到易县后山中，终生未婚。传说易县后山庙开庙时，需等定兴西辛告人到后方开正门，这才正式开庙。

西辛告后山奶奶庙始建于清乾隆五十五年（1790），道光年间及同治十一年（1872）重修，中华人民共和国成立后仅存碑刻。1992 年西辛告村委会在遗址西南重建，1994 年经河北省宗教委员会同意定为宗教、道教活动场所。现占地 19 亩，庙内建六个大殿，正中为九玄宫，供有后土皇地及其结拜姐妹共九个老奶奶，东有药王殿，西配护幼天尊殿和财神殿，并建有后殿，东南有观音殿。

后山奶奶的许多传说，归结起来就是倡导一种“与人为善、救死扶伤、惩恶扬善”的精神，让人们知道什么是“善”，什么是“恶”。人们对后山奶奶的崇拜，也是对善和美好幸福生活的向往，并促使更多的人积德行善。这些传说经过千百年的传承和积淀，形成了独具特色的地方文化，在民间有非常广泛的影响。

六、小牛村清道音乐圣会

小牛村清道音乐圣会，历史悠久，距今已有一千多年的历史。传说西汉末年，王莽篡位，刘秀被敌兵追赶，在易县被一位后山奶奶所救，刘秀认后山奶奶为干娘，称帝后封后山奶奶为“后土皇帝”。以后每年农历三月十五日光武帝刘秀都要到后山看望干娘，当地官员组织民间乐班，鼓乐相迎，其中就有小牛村的音乐圣会。光武帝刘秀听了这优美的演奏后，龙颜大悦，称音乐圣会为“清雅之道”，并赐“清道”大旗及龙凤旗，“清道”大旗一直传承下来，音乐圣会也因此得名。后来，后土皇帝得道成仙，这种音乐也被民间称为“宫廷音乐”“仙乐”。从此小牛村的清道音乐圣会每年后土皇帝庙会都要去演奏，并成为一种习俗，传承千年至今。

小牛村清道音乐圣会

音乐圣会演奏形式分前堂、后堂两部分，前堂以吹奏为主，乐器有管、笙、笛子、云锣，后堂为打击乐，乐器有钹（大镲）、铙、铛铛儿，前后堂节奏、节拍由鼓、小镲（称为板）协调指挥。

前堂曲目有小曲、中曲、大曲三种，《金字经》《引路》等为小曲；《走马》《新水泠》等为中曲；《玉夫荣》《挑袍》等为大曲。这些曲目中有的是独立曲目，如《金盘落》《金字经》《走马》；有的是成套曲目，如《引路》《海清》《战刁》《平调鹅郎》《木那鹅》为一套，《新水泠》《将军泠》《玉夫荣》为一套，《一枝花》《挑袍》为一套。

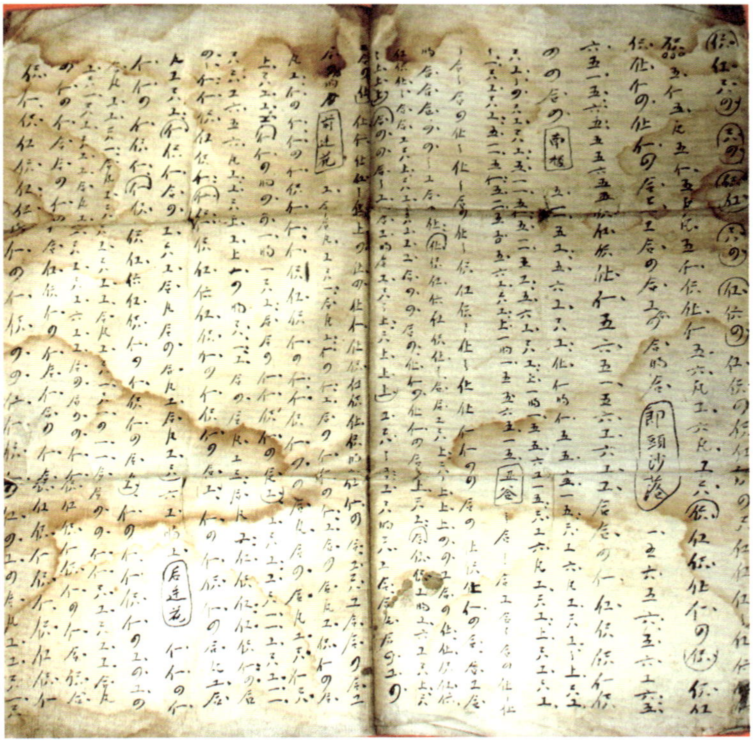

小牛村清道音乐圣会曲谱

演奏时，“主管儿”领奏，称为“头管儿”，曲目的板式分“流水板”和“慢板”，后堂打击乐曲目有《长三牌》一首，称为“牌子”，《粉蝶子》十三首，称为“套子”。演奏时，“主镲”为领奏，称为头镲。《长三牌》与前堂吹奏曲目交替进行，俗称“吹一通，打一通”，形成了文武交替、刚柔相济的艺术风格。

小牛村清道音乐圣会植根于农村，它讴歌真善美，陶冶人们情操，营造了一种健康文明、积极向上的文化氛围，虽历经千年，但仍受到广大群众的喜爱。演奏乐曲时前后堂配合巧妙，达到了优美和谐、悦耳动听的艺术效果。

七、韦家营村南乐圣会

混元门邱祖弘扬道教兰旗南乐圣会，简称南乐圣会，位于定兴县韦家营村。据考证，南乐圣会与九圣宫有传承关系。九圣宫的前身为唐代建的兴国寺，后来演变成供奉玉帝、后土皇帝、药王等九位神仙的宫殿。林爷、申唐波二人四百年前在兰沟九圣宫立会，后传至韦家营，流传至今。

音乐会演奏从打击乐开始，大管领奏，十几攒，笙、笛子、板胡、二胡、云锣等伴奏，曲调吹奏起来非常悦耳动听，演奏技巧很高。

韦家营村南乐圣会

韦家营南乐圣会曲牌有《柳青娘》《哭皇天》《朝天子》《胖娃娃》《放驴》《织布心》《哪娥》《放风筝》《采茶歌》等，其中融合了许多宫廷音乐的成分，如曲牌《朝天子》。

乐器都为民族乐器，如大钹（大镲）、铙、大鼓、小锣、手鼓、大管、小管、笙、云锣、板胡、二胡、笛子、海锥、海笛等。有固定的演奏形式，有会址。该村有传统的三个会庆日，即农历正月十五日、三月十五日、七月十五日。

现存的古乐谱有十多首，乐曲大都保留了传统的工尺谱，传统的曲目有《三宝》《大赞》《小赞》《浪淘沙》《报龙台》《踩坡街》《跑方》《渡桥》等。古老的打击乐一至七身，乐曲既活泼又稳健，与九圣宫文化一脉相承，有极深的文化渊源。

南乐音乐会以传统曲调为主要演奏内容，不仅反映了当地的民俗、民风等各种文化背景，而且教育群众养成尊祖先、孝父母、敬师长、爱乡亲的美德。它讴歌真善美，陶冶情操，让人身心都得到美的享受。抗日战争时期，韦家营南乐圣会演奏了《共产党好》《大刀向鬼子头上砍去》等许多革命歌曲，为宣传党的抗日政策做出了突出贡献。地下党员侯金坡、宋林波等老会成员，以音乐会为掩护，组织与敌人斗争。南乐会还成立了游击队打击敌人，受到人民群众的赞许。

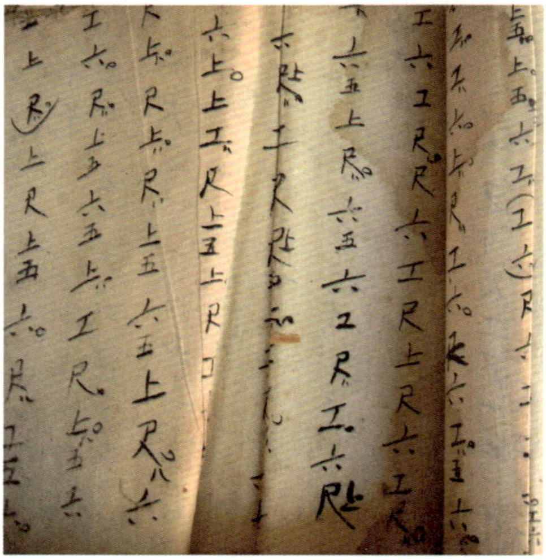

韦家营村南乐圣会曲谱

八、石象村戏剧盔头

盔头，也就是戏曲中的冠、盔、巾、帽等。冠多为帝王贵族所戴，有九龙冠、平天冠、紫金冠（太子盔）、凤冠、过翅等；盔为武官武士所戴，有帅盔、草王盔、倒缨盔、中军盔、八面盔等；巾有皇巾、相巾、文生巾、武生巾、学士巾、八卦巾、员外巾等；帽有皇帽、侯帽、相貂、纱帽、毡帽、太监帽、皂隶帽、凤帽等。

戏剧盔头

此项非物质文化遗产是定兴县石象村许茂臣的手工艺制作。许茂臣这门手艺是祖上传下来的。自明清开始，许家就开始做各种盔头、道具和民间花会用品，据说清乾隆皇帝曾经接见过许家先人。此后，这门手艺代代相传，直到现在。清末，许茂臣的爷爷许志贵在北京老盔头社做活，当师傅。后来，许茂臣的父亲许凤瑞继承了这门手艺，曾在定兴北河老盔头社做过活。

许茂臣生产的戏具盔头和各种道具，以及各种民间花会用品，全部是纯手工制作。以前，做的项目很多，如刺绣、成衣、鞋帽等，多达几十种。现在主要以做盔头、头饰为主，也可以做脸谱、道具、服装。其中唱戏的各种头饰就有 100 多种，可根据戏的内容，也就是唱什么年代的戏，什么角色，就做什么样的盔头、头饰。产品美观大方、做工精细，符合剧情和朝代特征。民间花会用品有舞龙、舞狮、大头人、旱船、跑驴等，也多达几十种。脸谱达百余种。

盔头的制作工序有 30 多道，用料主要是棉纸、铁丝和过去木工用的古水胶。要想制作一件好的盔头，首先，要先设计图样，根据历史、朝代和剧情唱段来设计适合的盔头、头饰。然后，用刻刀把设计好的图样刻下来，用水胶按工序粘合起来，这样盔头的胎形就做出来了。再刷红土，立粉，刷胶，贴金银，点翠，上绒球、各种仿真珠子、各色大小穗子，把位置摆好，这样一件盔头成品就做好了。

许茂臣制作的盔头、道具等产品主要销往中央电视台制作中心、中国京剧院、北京京剧院、中国戏剧学院等文艺团体和各地文化馆。《垂帘听政》、1986 版《西游记》等十几部大戏，都使用过许茂臣提供的头饰。导演、制片主任、剧务主任常来许茂臣家订货，著名相声演员郭德纲说相声用的古装盔头也是许茂臣提供的。许茂臣还和导演宋大明、制片主任许佐中、剧务主任高方、京剧院院长刘和平、戏剧学院专家吴光玲等知名人士探讨研究盔头道具的制作方法。2007 年，中央电视台曾对许茂臣进行过专访。

九、孙氏太极拳

驰名中外的孙氏太极拳的创始人是孙禄堂先生。孙禄堂（1860—1933），名福全，字禄堂，晚号涵斋，别号活猴，是清末民初蜚声海内外的著名武学大家，堪称一代宗师，在近代武林中素有虎头少保、天下第一手之称。1912 年孙禄堂在北京遇到太极名家郝为真，郝将自己所习太极拳之心得传于孙禄堂。孙禄堂武功卓绝，德高望重，誉满京城。1918 年孙禄堂融会贯通，革故鼎新，创立了孙氏太极拳，自成一家。先生一生弟子众多，遍布海内外，其女孙剑云曾任中国孙氏太极拳研究会会长，孙氏太极拳的第二代掌门人。

定兴是孙氏太极武学文化重要传播地。孙禄堂先生于 1894 年在定兴县衙任职，长达十几年。在定兴收孙振川、孙振岱等为徒。孙禄堂合形意、八卦、太极三拳为一，创立孙氏形意拳。1918 年，孙禄堂宗老子自然之道、合易经两经之义、用周子太极图之形、取河洛之理、依先后易之数，融合形意、八卦、太极三门拳术之真谛创立了孙氏太极拳的理法，同年开始撰写《太极拳学》。太极拳虽然名之为拳，但实际上一直在向功的方向转化。从创举初始的技击效应，到近代的强调健身和养生，都说明了这种变化。因此，近年来，大多数人习练的各式太极拳，称之为太极拳功，其实更为合理。

孙禄堂先生在定兴收授的门徒众多，流传于定兴的拳种主要是形意拳、八卦拳及刀、枪、钩、剑、推手等。后又传给部分门徒孙氏太极拳、太极剑等。从此，孙氏太极拳在定兴奠定了牢固的基础，传承后世。

孙雨人先生是孙禄堂先生的再传弟子，孙振岱之子，家住定兴城内二街。生前为定兴县政协委员，13 岁起跟随父亲习武，为孙氏太极拳的发扬光大起到了推动作用。如今定兴的太极拳传承人有孙雨人之子孙玉奎等。

孙禄堂之子孙存周（二排左三）等人在定兴合影，

二排右一为孙雨人　（1953 年 9 月摄）

孙氏太极拳的创立和发展至今有着广泛的影响，它在扶正祛邪、防病健身、延年益寿、修身养德和掌握必要的技击攻防等方面具有重要意义。2007 年定兴举办了第三届全国孙氏武学文化观摩交流大会，11 个省市的孙氏太极爱好者参加。

十、李氏形意拳

李氏形意拳，又称张祖庄形意拳，传承已久。清朝咸丰年间的著名镖师李鉴（字铁珊），精通少林拳及各种器械。其子李梁栋（字国钧），也是一位身怀绝技的镖师。他秉承家学且功夫过人，在河北一带赫赫有名，以德交友，弟子数百人。李国钧将家传绝技传授给三个儿子，还让三个儿子拜到形意拳大师李存义门下，学习形意拳。李存义赴天津创建了“中华武士会”，在北京创建了“尚武学社”。李国钧的三个儿子李彩亭（字呈章）、李文亭（字星阶）、李耀亭

“李氏三杰”：李彩亭（中）、李文亭（右）、李耀亭（左） 1912 年摄

（字子扬）嫡亲三兄弟，是定兴县张祖庄人，在清末民初的形意拳界，“定兴三李”是赫赫知名的人物，被武林界誉为“李氏三杰”。民国七年（1918），70岁高龄的李存义返回深县故里，天津“中华武士会”和北京“尚武学社”便由“李氏三杰”执掌。后来，武馆发扬中华传统武术，培养了一大批优秀武坛名将。“李氏三杰”同其他名家一样功不可没，名留武史。

形意拳是我国三大著名内家拳拳种之一（形意、太极、八卦），是中国四大名拳之一。形意拳从动作看简单无华，外形好做，实质难悟。形意内功属内家功，源于道家，自商朝就已大成，老庄孔孟皆以此修身，讲究以意领气，以气导力，意形二表，形意一体。通过对形与意的相互调节，内与外的相互作用来达到体用兼修的功效。形意拳以冶炼操守、强健体魄为宗旨，不仅有强身健体、修身养性之功效，而且具有实战的技击效果。形意拳基本属于象形拳，它的主要套路多是模仿一些动物的捕食及自卫动作而成，即所谓“象形而取意”，如龙、虎、猴、马、鼍、鸡、鹞、蛇、鹰、熊，等等。

形意拳雄浑质朴，动作简单实用，整齐划一，讲究短打近用，快攻直取。形意拳的基本套路，如五行拳、十二形等，多是单练式，练功不练拳。在技击原则上，形意拳主张后发先至，抢占中间。拳谱说：“视人如蒿草，打人如走路。”“练拳时无人似有人，交手时有人似无人。”在交手时，则要求“遇敌犹如火烧身，硬打硬进无遮拦”，“拳打三节不见形，如见形影不为能”，“起如风，落如箭，打倒还嫌慢”。形意拳要求在最短时间内解决战斗：“不招不架，只是一下。”基本拳法都以三体式、五行拳（劈、钻、崩、炮、横五式）、十二形拳为主。单练套路有五行连环、杂式捶、四把拳、八式拳、十二洪捶、出入洞、五行相生、龙虎斗、八字功、上中下八手。对练套路有五行相克、三手炮、五花炮、安身炮、九套环。器械练习有连环刀、三合刀、连环枪、连环棍、三才刀、三才剑、行步六剑、六合刀、六合枪、六合大枪、凤翅镗，等等。

形意拳自李氏形意拳第一代传人李彩亭、第二代传人李敦素等，至现在已有第四代传人。门人众多，在历年国家、省、市级武术比赛中，张祖庄李氏形意拳都取得了较好的成绩，为发扬中国传统武术和弘扬武学文化做出了重要贡献。

十一、贤寓调

贤寓调起源于清光绪三十四年（1908）。据老传承人讲，贤寓村很早就有戏。若干年前，村里有花会十几道，其中村北头有落子会，东头有小车会、旱船会、南乐会等。村子东头、北头各有一个戏楼。每逢佳节，特别是春节，都有外地戏班演出，加上本村花会，节日气氛特别浓厚，很受群众欢迎。在1908年春节，落子会登台演出，剧目有《借女吊孝》《王定保借当》等，故事情节曲折，板胡、笛子、笙等很动听，当时就有了贤寓调的雏形。于是两头的人就有了竞争的状态，东头有人扬言说："今年的麦子不收了，我们也要搞戏。"于是由赵兴、赵春等人组织演员排戏，秋后终于排出了《王定保借当》《打狗劝夫》等一些贤寓调戏曲。从那年起，村两头的贤寓调就产生了。因为当时村里文化人特别多，文风很盛，有"一京（北京）二卫（天津）三贤寓"之美称。秀才、举人和他们的后人都能自编自演、排节目、做曲谱。

由于曲调动听，表演形象化，生活气息浓厚，贤寓调很受人们欢迎。著名演员有赵兴、赵春、郭震芳、王申亭、李瑞、王冲等，到1937年发展近30年，巡回演出许多场次。

1942年毛主席《在延安文艺座谈会上的讲话》发表后，延安抗日根据地派往晋察冀边区剧社的张老师来到贤寓村，带来剧本《血泪仇》，宣传农村土地改革、共同合作联合抗日等内容，改编成贤寓调。该戏共演出38场。还有《过光景》等十几出戏。从1942年到1945年，每当八路军打下日本一个炮楼，贤寓调剧团就去战地慰问，在定兴、易县、涞水、徐水巡回演出。在定兴易上村演出时，日军突然包围易上村，并打伤一名演员。因演出效果特别好，贤寓调剧团多次受到县委表扬，并授予贤寓调“大众文艺冠军”的称号，赠锦旗一面。

贤寓调

贤寓调汇演

1949 年中华人民共和国成立后，贤寓调宣传新婚姻法，先后演出了《小女婿》《刘巧儿》《早婚害》等十几出戏。2005 年定兴县举办戏曲大赛，贤寓调被授予“优秀节目奖”。为继承和发展贤寓调，培养一批年青人，把贤寓调传承下去并发扬光大，县有关部门正积极采取措施对贤寓调进行挖掘整理和保护。

2006 年 5 月贤寓调被列入河北省第一批非物质文化遗产保护名录。

十二、杨村火烧

火烧是人们日常生活中的食用品，不同地域，口味各异。仅定兴的火烧就有好几种，工艺不同，各有传承。而杨村火烧别具特色，远近闻名。北京、天津乃至东北均有杨村火烧。凡是到过杨村的人，多以杨村火烧为主食。

杨村距定兴县城 15 公里，位于拒马河南岸，是一座有着悠久历史的古镇。因南拒马河贴村而过，明清时河两岸曾设码头，逆水而上至北河、定兴，顺流而下直达天津。旱路西至易州，东达白沟，北抵新城，南通容城。1937 年七七事变前曾设两家汽车行，有长途汽车直通天津。因优越的地理位置，杨村曾是新城、定兴、容城、易县、涞水、涞源等县的物资商品集散地，街面繁荣，买卖兴隆，东西大街店铺林立，南北道路商贾毗邻。

杨村火烧的特点：气鼓如蟾，焦嫩适宜，油不多而层层叠叠，水不多而干酥可口，存放数天不变味，远路携带不变形，是旅途就餐之佳品，深得远近客商之喜爱。

杨村火烧的制作工艺：选用上好面粉，以水、盐适量，和成面团，比一般面食制品稍硬，以揪面掉渣为宜，再将面团擀平，用油（香油为宜或植物油）、黄米或玉米面调和，擦酥，使之能起层、香、酥。然后拉山子，揪面团（一手面做 7—8 个面团），然后上铛烙，到一定程度小火烤熟。以前多以炭火烤制，烤的火烧味道好，现多用煤火烤制。杨村火烧工艺关键在和面、擦酥和烤制。

杨村火烧的传承：杨村火烧约始于清末，当时杨村火烧有“耳朵眼儿”和“高台阶”之说。“耳朵眼儿”火烧比“高台阶”火烧更有特色。“耳朵眼儿”火烧的师傅任世长，后传于赵艳杰，现传承人为赵连波，三代传承。“高台阶”

火烧与之齐名，创始人许宝深，传于许文治，现传承人为许永才，三代传承。许永才的二伯父许文敏在北京天桥以烙火烧而出名。杨村火烧名传天津、北京，也有定兴人闯关东将火烧带至东北。

杨村火烧

如今，杨村街市上约有20余户人家以烙火烧为业，定兴县城杨村火烧约有40余家，北京、天津皆有名号。杨村火烧以其独特的制作工艺，特有的风味，世代传承，声名远播。

十三、棒子面饼

棒子面饼又称黄金薄饼、玉米面饼，是定兴传统的民间食品。它圆如月，薄似纸，黄似金，硬而酥，柔而韧，放置时间长而不变质。此饼只有定兴人制作，也只有定兴人或久居定兴的人爱食用，在外地的定兴人也让亲友送棒子面饼，以享家乡美食。

棒子面饼

以前，每到雨季，气候潮湿，其他食品容易发霉，不宜存放，而且小麦产量低，人们舍不得食用白面，一般都是来客或过节才吃白面，从而发明了用棒子面（玉米面）烙薄饼。也有用薯干面、高粱面烙饼。棒子面饼因为不易成形，因此要掺些白面、榆面（用榆树皮制成的面），使其有韧性（俗话说有劲儿），将面用开水或用粥打糊（将面放入开水中搅拌），和成面团，擀成薄饼，放在铛中烙熟，焦嫩适中即可。有的直接煸干，有的经过晾干，存入缸内，随食随取，以当主食，加以酱、葱、肉、蔬菜等共食，尤以锅巴鱼共食为佳，为定兴人所喜爱。

如今人们的生活水平提高了，大米白面充足，各种食品丰富多彩，已无人食用高粱面、薯干面和榆面了，但定兴人还是忘不了棒子面饼。棒子面饼已进入市场，定兴各大饭店也都将其推上餐桌。棒子面饼是定兴的特色食品，是定兴人民的饮食文化遗产，定兴人将使之传承下去，走向更广大的市场。

十四、究室村“小核桃纹”白菜

究室村位于定兴古城西 6 公里处，东靠北易水河岸，土质肥沃，人口 3100 多人。究室历史悠久、人杰地灵，是元代戏剧家王实甫故里。2004 年 4 月 4 日，时任国务院总理温家宝到定兴视察农业、农村工作，曾到过这里，在田间地头和农民们进行交谈。该地盛产小麦、玉米、红薯等农产品，其中尤以“小核桃纹”白菜最为出名。

究室村“小核桃纹”白菜

“小核桃纹”白菜，是北方地区最主要的蔬菜之一。种植年代由来已久，早在清代以前，这里就有大规模种植。该菜细长，葱绿，茎短，水分少，纹理细腻，似“小核桃纹”，吃到嘴里干脆、香甜，最适合冬季和春节期间包饺子用，深受人们的喜爱。究室气候适宜、阳光充足、土质肥沃，土壤环境适于“小核桃纹”白菜的生长。因此，该村种植的“小核桃纹”白菜，远销北京、天津、保定等地，享誉四方。

十五、南章村玉石雕刻

位于定兴县城西 15 公里的南章村，有着一项传承已久的手工艺技术——玉石雕刻。其雕刻技艺自清初何家第一代始祖何恩师从宫廷老艺人起，传承第二代何童海，第三代何胜，第四代何艺青，第五代何志恒，第六代何泽成，第七代何清河，第八代何玉章，第九代何明光，第十代何进友。

何进友是这一古老技艺的现代传承人。20 世纪 80 年代末，何进友秉承父业，经多方努力创办了自己的工艺美术工作室，从艺二十多年来，逐渐形成了自己的艺术风格，其作品工艺精湛、简洁大气、格调高雅、古韵流长，深受众多玉器收藏者及玉雕爱好者的喜爱，作品远销全国各地。

手工玉石雕刻第十代传承人何进友

手工玉雕刻件

手工玉雕的材料有白玉、青白玉、青玉、碧玉、黄玉、墨玉等，其中新疆和田玉最佳。

玉石雕刻所用的工具主要是：水凳、金刚砂、开料机、冲铊、压铊、砂纸等，以及绘图工具。一件手工雕刻的玉器，其制作是十分复杂的。玉石雕刻工艺极为考究，要充分表现材质与雕工的完美统一。一块到手的玉料，雕工针对其形态、色泽等，或略施雕琢，或竭尽雕琢之能，以使其产生更高的艺术文化价值及经济价值。

手工玉雕加工过程为：1. 选料，2. 开料，3. 画活，4. 出坯，5. 找细，6. 上光，7. 成活包装。手工玉雕的主要特点是器物形态各异，线条流畅，刀工顿挫有力，充分地将作者的思想融入其中。器物形态分圆雕、平面雕刻。雕刻手法分为高浮雕、浅浮雕、阴刻等。取的题材十分丰富，如人物、动物、花草、山水以及传说中的龙凤等，每一种题材都寓示着一种吉祥祝福在其中。

十六、定兴“京绣”

皇袍

南大牛“手工刺绣”属于“京绣”，又称定兴“京绣”，是一门古老的汉族传统刺绣工艺，位于定兴县贤寓镇南大牛村。其传承已久，明清时期开始大为兴盛，多用于宫廷装饰、服饰。该手工刺绣用料讲究，技术精湛，格调高雅。

梁淑平女士是手工刺绣的传承人，她自幼喜爱刺绣，受先辈刺绣艺术的熏陶，秉承父业，走上“手工刺绣”之路，以精湛的技艺延续着“手工刺绣”工艺。历经三十多年的艺术实践，终于从20世纪70年代末的绣花作坊发展到今天拥有上百绣娘的龙凤刺绣厂。

龙凤织锦

“手工刺绣”的针法极为考究，对不同的具象图案都有较严格的要求，如在龙袍纹饰图案中，龙眼、鳞片、毛发、五彩祥云等，都有严格的规范和标准。定兴“京绣”针法遒劲有力，排列整齐，针针到位，毫厘不差，与画师配合默契，从而达到绣艺的最高境界。

“手工刺绣”的主要艺术特点是图案工整绢秀，格调清新高雅，针法丰富，雅艳相宜。刺绣的针法极其丰富且变化无穷，主要有齐针、套针、乱针、滚针、平金、打点、打籽、盘金绣、锁绣、垫绣、纳锦、穿珠针、立体绣等，不同的针法可以产生不同的线条组织和艺术效果。

“手工刺绣”的常用工具有：打版工具——铅笔、小刀、尺子、扁铲、打版纸、圆规等；印刷工具——案子、版刷、版垫、色盆、印画刷子、砂纸等；绘稿工具——垫板、硫酸纸、裁纸剪刀、磨刀石等；面料——库缎、软缎、真丝缎等；工料——蚕丝线、花线、纱线、金线、银线及绒线等；绣制工具——绣针、卷绷、绷架、剪刀等。

定兴“京绣”传承人梁淑平

定兴“京绣”艺术品，如龙袍、凤袍、仿古衣，唐卡、各种绣片等早在20世纪80年代就远销海外，其中许多精品刺绣艺术品被故宫博物院收藏。2008年北京奥运会上，礼仪小姐颁奖礼服中的刺绣全部是由这里的绣娘绣制。其产品受到歌唱家宋祖英、张也，主持人杨澜、周涛、董卿，导演张艺谋等人的好评。东南亚客商也纷纷前来订制产品，中央电视台曾多次对其进行专题报道。2014年，定兴“京绣”被评为国家级非物质文化遗产项目。

十七、珐琅制作工艺

景泰蓝又称珐琅，明代景泰年间其制作工艺达到巅峰。近年来定兴县小朱庄乡先后有珐琅厂几十家，产品销往北京、天津、美国、澳大利亚及世界各地。其中东沟河村的顺起珐琅厂规模最大，建厂最早，产品有上千种。东沟河村位于定兴县城东南 18 公里处，112 公路辅道旁。顺起珐琅厂在东沟河村村西，于 1983 年建厂，占地 6 亩，厂房 15 间，是一个有 30 余年历史的生产工艺美术品的专业老厂，是华北地区生产景泰蓝产品的主要厂家之一。

景泰蓝制品

目前，顺起珐琅厂生产的景泰蓝，品种繁多，有花瓶、罐、碗、盘、盒、烟缸、牙签筒、套件及小摆件、项链、手镯、珠子等，造型美观大方，色彩鲜艳，图案华丽多姿，具有独特的民族风格。在继承传统技术的同时，又创造了很多新产品，如圣诞礼品系列，有吊铃类、吊球类、吊钟类、吊蛋类、动物类，等等，花色达几百种，形态各异，色彩鲜艳夺目。

景泰蓝的制作工艺复杂，一件产品从生产到出厂要经过铜板、下料、掐丝、粘丝、焊丝、点蓝、喷绘、镀金等十几道工序，最后再烧制，包装出厂。其中点蓝就要 5 次，所有工序全部都是手工制作。

珐琅手工艺带动了周边农村经济的发展，使一部分人先富起来，同时给农村剩余劳动力提供了新的就业岗位。随着市场经济的发展和人们物质生活水平的提高，景泰蓝产品制作呈现出美好前景。

十八、中堂书画毡制作

书画毡又名“文房第五宝”，是据几千年传承下来的毛毡制业加工演变而来。

我国劳动人民早在几千年前就开始了毡制品的生产，据《周礼》《说文解字》等记载，周官掌皮供其毳为毡。到汉代，制毡技术有了进一步发展，汉元帝时王昭君远嫁匈奴，曾讲到“胡地毡为帐”。东汉蔡文姬所作《胡笳十八拍》词曲中有“毡裘为裳兮”之句。制毡技术传入中原后，与当时刺绣技术相结合，使用范围进一步扩大，作帐篷的毡称为“帐毡”，铺在床上的称为“张毡”，细而柔软作服装的谓之“掌毡”，饰以美丽花工的薄毡为“华毡”，《文志》记载羌族姑娘用它来作节日盛装。

中堂画毡

书画毡是文房四宝必需的辅助材料，原材料为60支以上多种羊毛，其表面有一层天然弯曲的竖立的纤维，将宣纸放置书画毡上，在作品墨多时不会跑，故此具有托墨作用，为文房必备之品，羊毛可吸烘水分，因此画毡还具有吸墨作用。

何深先生在三十多年前拜老艺人为师，掌握了制作书画毡的技艺，后又积极改进，于1986年成立中堂画毡厂，现有员工68名。该厂具有国内最先进的宽3.5米的毛毡生产设备，年生产不同规模的毛毡8000万米，颜色以白、黑、灰为主，产品包括混纺（羊毛＋化纤）、一级书画毡、特级书画毡、YT型、描摹（印字及笔划）印格画毡等几十个品种，产品销售遍及全国各地，如北京（荣宝斋）、上海（朵云轩）、天津（杨柳青画社）、广州、西安、成都、南京、杭州等几十个大城市，还远销到中国香港、澳门、台湾等地区，以及日本、朝鲜、韩国、新加坡、加拿大等国家。1998年，中堂牌书画毡获得中国文房四宝协会评定的“金质奖”。

书画艺术是中国的国粹，书画毡与中国书画艺术相伴而生，形影相随，同时也传承着中华民族优秀的传统文化。

十九、中堂墨液制作

在中国悠久的历史和璀璨的文化中，墨和笔、纸、砚一起并称为“文房四宝”，为文人雅士喜爱和推崇。历史上上谷郡的墨名重天下，为宫廷必用品。

中堂墨液

战国时期，定兴为上谷郡属地，那时这里集中了全国有名的制墨名家和制墨工厂作坊。连年的战乱和灾荒使这里的人口南迁，逃荒的人们搬迁到今安徽歙县，并在那里定居下来，把制墨的技术也带到了那里。所以定兴为制墨名家的燕赵故里，为制墨渊源之所在。

挖掘整理千余年燕赵传统制墨技术，又用现代先进设备和工艺精心研制，2001年何深先生创建了中堂墨液厂，员工近150名。他们生产的中堂墨液，数百名当代书画家使用后认为，其质量堪与国内著名的“一得阁”相媲美，被书画权威人士称为文房四宝中的又一奇葩。该产品销售遍及全国各地，以及日本、朝鲜、韩国、新加坡、加拿大等国家。其产品特点为：墨润黑亮、冷蓝色相、染黛留香、掭笔不胶、入纸不晕、浓不凝滞、淡不浮薄、层次丰富、积墨厚重、浓破淡立得住、淡破浓不走形、书画均宜、适于拓裱，深受广大书画家及爱好者的喜爱。中堂墨液集众墨汁之长处，其突破点与独创之处在于，墨色更黑，层次更丰富，给使用者带来梦幻般的愉悦，使书画作品更理想、更完美。墨液外包装古典、文雅、精细，有50克、250克、500克、1000克不等，适用于各类需求的人群。

墨液的制作传承了文化，发展了技艺，为中华书画艺术增添了独特的风采。

二十、修脚、搓澡业

在定兴有这样一句顺口溜："定兴县，三宗宝，开澡堂子带修脚，摇煤球的也不少。"清末民初，北京许多地方开澡堂子的多是定兴人。他们开设的不是什么高级澡堂，而是那种白天可以供民众泡澡，夜晚还可以租住的简陋澡堂，多半兼顾搓澡、修脚服务，服务方式自成一体，叫作"北方派"。

洗浴的历史可追溯到商周，但新式的澡堂子，也就是公共浴池，最早出现于清朝光绪年间，大概在有了澡堂子的同时，也跟着有了搓澡的。修脚的历史更早于公共浴池。

先说搓澡。澡堂子，也就是公共浴池的产生和发展衍生了搓澡业。明清时期，搓澡技艺达到鼎盛。搓澡分南派和北派，南派以扬州为主，搓澡的手法细腻，讲究手轻力匀，而且搓完澡按摩头部；北派以河北定兴及易县、涞水为主，讲究手法稳、劲头匀，功夫都在手劲儿上。搓完要浑身通红，除去身上的污垢，止痒，给人以舒服轻松之感。可以说定兴西半部的大小村庄，村村都有搓澡工，铁路沿线及东半部的个别村庄也有不少人从事此业。中华人民共和国成立前大约有 1100 余人从事这个行业，几乎遍布全国各地，特别是北京、天津、沈阳、西安、郑州、南京等城市从业者众多。直至现在仍有不少人从事此业。

再说修脚。修脚业大有来头。据说，进到这个门来，首先要按规矩参拜祖师爷，这祖师爷不是别人，正是八仙之一的吕洞宾。至于这传说中的白衣秀士是怎样当上这一行当的祖师爷，那可就说不清了。这行当大概可以追溯到魏晋南北朝或唐朝了。早年间，修脚的也称为江湖艺人，有本行的"切口"（行业暗语），以便行业之间交流。后来，由于公共浴池的发展，人们在洗浴后治疗脚病，修脚工因此走进了浴池，就有了“开澡堂子带修脚”之说。因为开浴池的定兴人多，所以掌握修脚技术的师傅也多为定兴人，成为定兴的一大特色。

修脚技术是硬工夫，同样是脚病，由于得病原因各异，病状也不尽相同，需要对症治疗。其手法、刀法分别为：戗、断、劈、削、挫、片、撕、分、挖、起。自身特色则不单纯是修脚，而是辅以治疗，外加自身研制的特效药，由师傅手把手传授，一代传一代。

定兴南关有位修脚师傅叫刘汉，十几岁时赶上家里遭灾，逃荒到了山西，昏倒在一个小饭馆边。跑堂的救了他，之后他就留在那儿帮忙。后来，有一位定兴的修脚师傅路过，听到他的同乡口音，就问：“你愿意跟我走吗?”从此，他就一心一意地学起了修脚。很快，他就“出山”自立门户，由于手艺好，人们称其为“金刀刘”。据说，他的同门师兄曾经被召进宫，为光绪皇帝修过脚。而他，也曾经在南京天后宫摞摊的时候，被李鸿章的下人找去，为李鸿章修过脚。清末民初，定兴究室村在奉天（今沈阳）开澡堂、修脚的人很多。究室村郝贵在长春、奉天等处曾为末代皇帝溥仪修过脚。

刘汉（左）修脚照片　摄于清光绪二十六年（1900）

搓澡、修脚这些特殊技术，难度大，技术性强，不易操作，不是外地人轻而易举能掌握的，就是定兴本地人，一般也是传给自己的得意门生，久而久之，定兴人开澡堂子、搓澡、修脚的便占了上风，形成了定兴的一大行业和独具特色的地方产业。

二十一、王村刘氏正骨、推拿疗法

在中国，运用正骨、推拿疗法治疗疾病、强身健体的历史十分悠久。早在春秋战国时期，正骨、推拿技术就已被广泛应用。

定兴县王村刘氏正骨、推拿疗法继承了中国传统的正骨推拿疗法，并将其发扬光大。其创始人是刘德福先生。刘德福（1896—1980），定兴县王村人，自幼酷爱武术，早年拜“神拳”王合（正骨、推拿名家）为师，苦心研习翻子拳术和正骨推拿疗法。他从师学习十余年，尽得其师精髓，并将老师所传《正骨推拿秘诀》融会贯通，发展创新，运用一力浑元气，采用点穴疗法，取得了良好的祛病效果。民国时期，刘德福先生曾经给军阀吴佩孚治疗腰部顽疾。20世纪50年代，曾多次受到中央干部接见并为他们诊治疾病。1960年，河北中医学院聘请刘德福先生讲授正骨、推拿疗法，为国家培养了大批骨科人才。

刘氏正骨推拿疗法是通过疏通人体经络，按照人体穴位，用手、指、掌、肘、脚，通过抚摩、揉压、推摩、擦动、推、捏揉、搓揉、揉捻、抚抹、按压、指点压、提揪、抖、捶打、拍打等术，加以内功而达到舒筋活血、祛病健身的目的。刘德福先生在潜心为广大患者治病的同时，深入研究正骨推拿疗法的理论，创新治疗方法，应用于临床实践，不断总结前人留下的经验，博采其他推拿流派之精华，使王村刘氏正骨推拿疗法更加丰富完善。经过几十年的临床实践，他创新发明了分型复位法治疗典型腰椎间盘突出，疗效显著，受到广大患者的欢迎。

刘德福把全部技法传于其子刘振河，刘振河又传给他的儿子刘金柱。刘金柱除从事中学教师工作外，大部分时间以家传绝技为人们治疗疾病，受到广大患者的一致好评。刘金柱又将技艺传于其子刘桂玉。刘桂玉继承传统正骨推拿疗法，从事临床工作 10 余年，在治疗软组织损伤、颈椎病、腰椎间盘突出、关节炎、脱臼等方面有丰富的经验。

经过刘氏几代人的大量临床实践、不懈钻研和融会贯通，王村刘氏正骨推拿疗法发展成独特的祛病良方，为发扬和传承祖国传统的民间技术做出了贡献。

刘金柱　1981 年摄

编 后 记

感悟生活，留住记忆，让历史告诉未来

王振林

光阴荏苒，日月如梭。自从笔者 2000 年出版《范阳风》，至今已有 17 年的时间了。17 年来，《范阳风》一书承载历史，传承历史，在定兴文化生活中起到了重要作用，深受人们的喜爱。随着时间的流逝，这本书在世面流传的数量越来越少，应广大读者的要求，有必要对《范阳风》中的资料进行补充和完善，再出版一本类似《范阳风》的书籍。本着这样的想法，多年来，我对定兴文化资源进行了进一步调查研究，积累了大量资料，并勤勉工作，夜以继日，持之以恒，拙笔不断，相继出版了《义慈惠石柱》《中国民间故事全书　河北·定兴卷》《黄金台》等书籍。自 2013 年起，经过四年多的努力，悉心编纂了又一部大型志书——《范阳潮》，呈现给大家，以飨读者！

《范阳潮》是《范阳风》的姊妹篇，是对《范阳风》的补充，确切地说，这两本书都是定兴的风物志。本书分为文物卷、艺文卷、人物卷、非遗卷四部分，上至远古，下迄 2016 年末，图文并茂，收录图片 350 余张。文物卷中把《范阳风》中的文物部分进行了细化和重新排序，适当增加了一些文物资料和图片；人物卷中除古代名人、近现代名人按时间排序外，还增加了抗日战争、解放战争中定兴出现的共产党将领及范阳卢氏等篇章。关于风俗卷、地名卷，由于《范阳风》中已有过叙述，这次就不再录用。相对于《范阳风》一书，

《范阳潮》这本书的知识含量更多，知识面更广，书卷排序更为具体，条目排列更为合理、清晰，可读性更强。

本书由当代著名作家、书法家张虎题写书名并作序，保定市人大常委会主任马誉峰、中共定兴县委书记赖晓庆题词。在《范阳潮》一书的编纂过程中，县委、县政府领导非常重视，县委书记赖晓庆多次听取编纂情况的汇报，并亲自为本书命名。范阳，古地名，始于周朝，因范水（位于定兴固城）之北称范阳而得名。《范阳潮》书名，喻示了定兴文化的“潮”水波涛汹涌，淘尽了历史的风霜雪夜，荡涤了无数慷慨悲歌之士和英雄豪杰，古往今来，代代相传，永不止歇，滚滚向前……

定兴是全国文化先进县，有着丰富的文化底蕴和深厚的文化内涵。定兴文化源远流长、积淀很深，从古至今，一脉相承。在漫长的岁月中，虽然有些事物在历史的长河中逐渐消失，有些文物远离我们而去，但在1949年中华人民共和国成立前夕，仍有大部分文物、遗存保留下来。1966—1976年“文化大革命”期间，定兴文化资源遭到极大破坏。本书本着对历史负责、对后人负责的原则，把定兴历史上曾经出现和至今仍然存在的文化资源进行疏理和盘点，是对定兴文化的全面总结。

总结回顾历史，挖掘文化资源，主要是促进本地经济文化建设的发展。一个地方知名度的高低，吸引力的大小，除经济实力外，一个很重要的因素就是看其文化底蕴如何，文化含量的大小。我国自古就有“重人”“重文化”的传统。苏州的寒山寺因唐人张继的一首《枫桥夜泊》而名扬四海；武汉的黄鹤楼、南昌的滕王阁因崔颢、王勃的诗文而身价百倍，成为历代游人游览的热点。当代，文化作为综合实力的重要方面，在经济生活中的作用越来越重要。文化资源作为重要的文化资产，是一种可以创造效益的文化资本，关键是我们怎样认识文化的经济价值，如何开发和运用这些文化资本。因此，我们要用历史和现实的眼光全面审视和看待定兴的文化资源，也就是用历史的眼光充分把握定兴历史发展的脉搏和轨迹，用现实的眼光合理利用这些有效的文化资源，使其成为县域经济发展的主导产业之一，在京津冀协同发展中发挥出更大的作用。

对于此书的编纂，笔者始终抱有一种强烈的责任感、使命感，先后到北京、天津等地搜集资料，足迹踏遍了定兴的每个村庄，无论是调查研究、组织撰搞，还是编纂成书，都是加班加点，不辞辛劳。在笔者笔下，一组组历史镜头，把人们带到了那刀耕火种的时代，或置身于群雄争霸的古战场，或看那涓涓细流的拒马河、古易水，或静听那古刹的晨钟暮鼓，或体味那身居陋室、惟吾德馨的高尚情怀，让人们在元曲中放歌，在河北梆子中抒发闲情逸志，寄托着对美好生活的无限向往……

《范阳潮》作为地方史志和全国文化先进县定兴丛书之一，坚持用辩证唯物主义和历史唯物主义的世界观和方法论，客观地反映定兴的物质文明、精神文明的历史与现状，坚持思想性、科学性、资料性与可读性相统一，是一部很好的乡土教材和工具书。作为了解定兴的一扇窗口，它的出版有利于提升定兴的整体形象，为定兴经济的发展提供智力支持，有利于让全国人民了解定兴，让定兴走向世界。

本书在编纂过程中，得到了县教育局局长王椿生、县政府办公室主任郑长海、县文物所所长丁金铎、县文化馆馆长康向阳、县书协主席卢进文、县政府办公室副主任王颖莉、县妇联副主席张华、县政协副主任科员王祎以及社会各界人士的大力支持和帮助。在此，我们对出版《范阳潮》一书做出突出贡献的各界人士表示深深的谢意！

由于本人知识有限，在编纂过程中难免有纰漏和不足，有些观点把握得不一定准确，谨请各位专家、读者不吝赐教，批评指正！

2017 年 6 月 30 日

主要参考书目

1. 明万历《保定府志》。
2. 清康熙十二年（1673）《定兴县志》。
3. 清乾隆四十四年（1779）《定兴县志》。
4. 清光绪十六年（1890）《定兴县志》。
5. 民国二十年（1931）《定兴县新征志料》。
6. 民国二十八年（1939）《河北省定兴县事情》。
7.《定兴县戏曲志》，1987 年 10 月印刷。
8.《定兴县公路交通史》，1989 年 1 月印刷。
9.《五言杂字》，1993 年 12 月印刷。
10.《定兴县志》，方志出版社 1997 年版。
11.《绿牡丹》，花山文艺出版社 1997 年版。
12. 常振家主编：《定兴县水利志》，1998 年 12 月印刷。
13. 李云峰、王振林编著：《范阳风》，河北大学出版社 2000 年版。
14. 司存喜主编：《保定文化资源概览》，河北大学出版社 2009 年版。
15. 张殿军、张业文主编：《保定历代名人录》，华夏出版社 2009 年版。
16. 保定人物志编辑委员会编：《保定人物志》，中央文献出版社 2011 年版。
17. 河北省军区政治部编：《燕赵将领录》，2011 年印刷。
18. 保定市道教协会编：《保定道教文化志》，2013 年印刷。